U0805535

普通高等教育“十一五”国家级规划教材
科学方法大系·地理学思想与方法丛书

地理科学导论

（第四版）

潘玉君　武友德　编著

国家自然科学基金项目
科技部创新方法工作专项项目
国家级一流本科专业（地理科学）建设点
国家级一流本科课程“地理科学导论”
云南省“万人计划”教学名师潘玉君工作室
云南省博士生优质课程“地理学思想方法”
成果

科学出版社
北京

内 容 简 介

本书是关于地理学思想、理论和方法的具有鲜明哲学性质的基础理论学术著作，是系列学术著作“地理学思想与方法丛书”中的一部，是地理学思想方法国家自然科学基金项目等成果，也是普通高等教育“十一五”国家级规划教材。本书系统阐述了地理科学的研究对象、研究核心、学科体系、基本价值、研究范式、基本原理、基本方法和现代发展等基本理论问题。

本书可作为高等学校地理科学类专业本科生教材、地理学研究生以及相关学科研究生教材，也可供有关科研人员和政府工作人员参考。

图书在版编目（CIP）数据

地理科学导论 / 潘玉君，武友德编著. -- 4 版. --北京 ：科学出版社，2025. 6. --（普通高等教育“十一五”国家级规划教材）（科学方法大系）.
ISBN 978-7-03-082201-7

Ⅰ. K90

中国国家版本馆 CIP 数据核字第 2025DY7383 号

责任编辑：杨　红 / 责任校对：杨　赛
责任印制：赵　博 / 封面设计：迷底书装

科学出版社 出版
北京东黄城根北街 16 号
邮政编码：100717
http://www.sciencep.com
三河市骏杰印刷有限公司印刷
科学出版社发行　各地新华书店经销
*
2009 年 7 月第 一 版　开本：787×1092 1/16
2014 年 6 月第 二 版　印张：15 1/2
2021 年 4 月第 三 版　字数：384 000
2025 年 6 月第 四 版　2025 年 6 月第二十五次印刷

定价：56.00 元

（如有印装质量问题，我社负责调换）

一个民族想要站在科学的最高峰，就一刻也不能没有理论的思维。

每一个时代的理论思维（我们这一时代的理论思维也是如此）都是一种历史的产物，在不同的时代具有非常不同的形式，并且具有非常不同的内容。

——恩格斯

衷心感谢郑度院士、陆大道院士的悉心指导和对本书的审定

第四版序

地理学是研究地球表层自然要素与人文要素相互作用及其形成演化、地域分异与人地关系的学科体系。它所面对的是复杂的地球表层巨系统，是由大气圈、水圈、岩石圈、生物圈与人类圈所构成的统一整体，是各种自然现象、人文现象组合在一起的复杂体系。因此，地理学是具有跨越自然科学与社会科学性质的一门科学。随着社会经济的发展和科学技术的进步，地理学不断扩大并深化其研究领域，在理论、方法和技术上都取得了前所未有的进展。现代地理学继承和发展了近代地理学综合性、区域性的观念，已经形成了涵盖自然地理学、人文地理学和地理信息科学等众多分支的科学体系。

当今世界面临着人口、资源、环境和发展的一系列重大问题。在我国的现代化建设实践中，也有许多问题需要解决，如自然资源的合理开发利用、农业生产潜力的发挥与提高、国土整治与区域发展规划、城镇化与新农村建设，以及环境评价、预测与保护和自然灾害及减缓对策等。无论从学科发展角度，还是从经济建设与社会进步的国家需求看，中国地理学都面临着严峻的挑战，同时也迎来发展的有利机遇。我们要以地球陆地表层系统与人地关系地域系统为指导，促进地理学各分支学科的交叉和渗透，加强综合与跨学科研究，要继续引入新理论和新思想，应用新技术手段，加强实验模拟和定位观测试验，进行系统分析与综合论证，建立模式、发展理论，将中国现代地理学提高到国际地理学研究的新水平。

在地理学人才的培养中，专业主干课程的设置很重要。“地理科学导论”是一门使学生全面了解地理科学和初步掌握地理科学研究方法，力求培养学生的地理科学思维和地理科学能力的专业主干课程。早在20世纪80年代，老一辈地理学家和地理教育家就提出，应该在大学本科开设一门介绍地理科学，使学生整体了解地理科学的课程。他们的真知灼见得到国家教育主管部门的高度重视。20世纪80年代中期，国家教育委员会召开的地理教学研究会决定，在各大学地理专业开设“地理科学导论”（或“地理学引论”）的主干课程。因为“地理科学导论”所讲授的不是各种具体的地理知识，而是“关于地理学或地理科学”的知识，所以它在培养大学地理科学诸专业学生的地理科学思维和地理科学能力方面，具有其他课程无法替代的作用。

地理学家潘玉君教授，勤奋踏实，虚心好学，多年来专注于地理学理论与区域实践的科学研究和教学工作，主持了多项国家及地方重大课题，出版了20余部著作。这些科学研究成果奠定了他从事专业主干课程“地理科学导论”教学和编撰相关教材的重要实践基础。这部《地理科学导论》（第四版）是潘玉君和武友德两位教授在此前出版的《地理科学》（1995）、《地理科学与地理信息系统》（1998）、《地理学基础》（2001）、《地理科学导论》（第三版）（2021）基础上的修订、拓展与创新。

这部教材力求使学生在理论学习的基础上把握现代乃至未来地理科学的基本知识。全书包括地理科学的研究对象、研究核心、学科体系、基本价值、研究范式、基本原理、基本方法以及地理科学的现代发展等八个部分。全书构成了严密的逻辑体系，使学生全面了解地理科学，初步掌握地理科学研究方法，力求达到培养学生地理科学思维和地理科学能力的目的。各部分都安排有思考题，不仅有常规性思考题，而且还有研究性思考题。所以，这是一部很好的针对“地理科学导论”课程的配套教材，对地理学的建设具有重要意义。

在全球环境变化与可持续发展的大背景下，地理学家面临着一系列重大的理论和实践问题。地理学传统的地球整体观被赋予全新的内涵。作为可持续发展战略重要科学基础之一的地理科学，是连接自然科学与社会科学的桥梁，但要实现跨学科的综合集成却面临着新的挑战。积极参与当前落实科学发展观的伟大实践，是中国地理科学发展的良好契机。中国地理科学的发展呼唤高等地理教育培养出高质量的合格人才，而合格人才的培养需要高水平的教材。我期望有更多更好的地理科学教材出版。

中国科学院院士　郑度

2024 年 5 月

第四版前言

地理科学的现代发展与古代发展和近代发展有着本质区别，其最重要基础之一是地理科学家们的理论自觉。理论自觉是多方面的，其中之一是哲学意义的理论自觉，主要表现在要对地理科学进行元研究，发现和总结地理科学规律性知识以及构建以地理科学规律性知识为主要内容的地理科学原理。这些需要不断探索、研究和阐释以及表述的地理科学规律性知识，需要通过一组关于地理科学的基本理论命题即地理科学元命题来完成。这一组地理科学元命题主要包括地理科学的研究对象、地理科学的研究核心、地理科学的学科体系、地理科学的基本价值、地理科学的研究范式、地理科学的基本原理、地理科学的基本方法和地理科学的现代发展等八个地理科学元命题。地理科学——无论是古代地理科学、近代地理科学还是现代地理科学和当代地理科学以及未来地理科学的发展，主要表现为地理科学家群体贡献的“系统发展”和主要表现为地理科学家个体贡献的“个体发展”——始终体现在或自觉或自发地对地理科学元命题的设立、追问、探索和求解以及表述上。求解路径多元化和答案表述多样性，不仅取决于地理科学家（们）有别于地理常识经验的科学经验，而且还取决于地理科学家（们）的包括本体论、认识论、方法论和知识论在内的以哲学观念为核心的哲学基础，最终表现为地理科学的各种主义的形态。在现代、当代和未来，哲学基础的差别是求解路径多元化和答案表述多样性的最重要原因。具有一定哲学基础的各种主义——科学主义、人文主义、经验主义、实证主义、结构主义等——形态的地理科学均是地理科学的组成部分，对于地理科学，特别是地理科学的思想、方法和理论等基础地理科学及其发展有重要贡献。在这些贡献中，评论成分和批评成分多，而构建成分少，系统构建成分更少。而对于当代的和未来的地理科学而言，最重要的是在继承基础上的系统构建。显然，地理科学的系统构建及其探索应该有坚实的哲学基础。地理科学家（们）应该接受什么样的哲学呢？这是一个很难回答的问题。以不仅重视解释世界而且重视改造世界的马克思主义哲学，特别是马克思主义科学哲学是地理科学及其发展的哲学基础。在科学认识各种主义的地理科学的基础上，吸收它们的合理成分，系统阐述地理科学，既是地理科学自身发展的必然要求，也是科学和社会对地理科学的必然要求。拙著《地理科学导论》就是这样探索尝试的成果。

《地理科学导论》作为科技部创新方法工作专项项目、国家自然科学基金项目、云南省“万人计划”教学名师潘玉君工作室和国家级一流本科课程“地理科学导论”的重要成果，既是地理科学基础理论学术著作，又是普通高等教育“十一五”国家级规划教材。

《地理科学导论》（第四版）的重要著作基础是《地理学导论讲义》（潘玉君，1987）、《地理科学》（潘玉君等，1995）、《地理科学与地理信息系统》（潘玉君等，1998）、《地理学基础》（潘玉君，2001）和《地理科学导论》（第一版）（潘玉君，武友德，2009）、《地理科学导论》（第二版）（潘玉君，武友德，2014）、《地理科学导论》（第三版）（潘玉君，武友德，2021）。这些著作曾获云南省自然科学奖二等奖、云南省教学成果奖一等奖，并被推荐参评国家教学成果奖等，支持了云南省第一个地理学一级学科博士点的申报和建设，支持了云南省第一个国家级一流本科专业（地理科学）建设点建设、支持了国家级一流本科课程“地理科学导论”的申报和建设、支持了国务院批准的重大知识工程《中国大百科全书（第三版）·地理学》的编纂，为地理科学的基础理论研究及发展和地理科学的学科建设及发展，以及地理科学人才的系统培养做出微薄贡献。

《地理科学导论》（第四版）保持了《地理科学导论》（第三版）的知识结构和框架结构，增加了地理环境分异性原理和地理环境尺度性原理等重要内容，形成了包括地理环境整体性原理、地理环境分异性原理、地理环境人地性原理和地理环境尺度性原理在内的关于地理科学的基本原理。在“人地关系”理论、地域系统理论、人地关系地域系统协调共生应用理论、地理研究范式理论等方面有一定系统的探索。其中，在地理研究范式理论上，我们提出、构建和阐述了与其他学者所阐述的地理研究范式理论有异同的“地理研究综合范式理论”。“地理研究综合范式理论”主要经历的阶段有：①“地理研究综合范式理论”的朦胧时期，即思考和追问地理科学有没有一定的研究框架和地理科学到底应该研究什么的时期，大概是 20 世纪 80 年代初、中期。②“地理研究综合范式理论”的萌芽时期即初步探索时期，是在 20 世纪 80 年代末期。③“地理研究综合范式理论”的初步构建和初步形成时期是 20 世纪 90 年代中期，主要反映在拙著《地理科学》和《地理科学与地理信息系统》中。④“地理研究综合范式理论”的基本形成时期是 21 世纪初叶，主要反映在拙著《地理学基础》中。在这些时期中，地理科学的研究范式主要表述为不断完善的地理科学研究维度。⑤“地理科学研究综合范式理论”的形成时期是 2005 年，主要反映在《地理科学导论》中。《地理科学导论》中较为系统阐述了“地理研究综合范式理论”，是我们在地理科学研究范式问题及其理论上的现阶段的认识。“地理研究综合范式理论”主要包括两部分：第一部分是地理科学研究的起点即“地理科学问题”；第二部分是应该从哪些角度或方面对地理科学问题进行研究即“地理科学维度”。地理科学研究维度包括：①主要回答“是/否问题”的包括空间秩序、时间序列和动因机制在内的科学研究维度。②主要回答“有用/无用问题”的价值研究维度。③主要回答“（今后）应该/不应该问题”的伦理研究维度。

我们一直走在地理科学基本理论探讨、研究、成果总结以及出版的路上，正所谓“路漫漫其修远兮，吾将上下而求索”。在这个过程中，钱学森院士、吴传钧院士、孙鸿烈院士、陆大道院士、郑度院士、傅伯杰院士、陈发虎院士、李文华院士、陈传康教授、景贵和教授、王恩涌教授、吴三保编审、杨勤业研究员、蔡运龙教授、宋长青研究员、冷疏影研究员、张国友研究员、白光润教授……都给予过多方面的关怀、指教和帮助。同时，使用、阅读和研究拙著的很多学界朋友们，也曾给予赞扬和建议。他们的关怀、指教、帮助、赞扬和建议，是我们在地理科学基本理论方面探索和研究的动力。在此，衷心感谢他们！

潘玉君

2024 年 10 月于昆明地台寺

第一版前言

如何通过高等地理教育特别是本科地理教育，培养出具有一定地理科学精神、地理科学意识和地理科学能力的地理科学工作者，是新世纪高等地理教育的重大任务。如何完成这个重大任务呢？其最重要的路径或方法就是通过地理科学类三个专业——地理科学专业、资源环境与城乡规划管理专业和地理信息系统专业——课程体系的优化和主干课程的设置，以及国家级规划教材的编撰等多重控制因素的系统综合来完成。正在编制的“高等学校地理科学专业规范”系统阐述和规定了大学本科学生应该掌握的重要的地理知识单元。其中，一部分知识单元特别是关于“地理科学整体”方面的知识单元，势必通过专业主干课程“地理科学导论”的教学来完成。

支撑“地理科学导论”这门专业主干课程的最重要的基础是《地理科学导论》教材。自20世纪80年代以来，已经出版或编撰的关于“地理科学导论”方面的教材或讲义主要有《地理学引论》（白光润，1989）、《地理学导论讲义》（潘玉君，1989）、《地理科学导论》（王铮，1991）、《地理学导论》（白光润，1993）、《地理科学》（潘玉君，1995）、《地理科学与地理信息系统》（潘玉君，1998）、《地理学基础》（潘玉君，2001）、《现代地理科学导论》（白光润，2003）、《地理科学导论》（白光润，2006）。这些工作，是我编撰普通高等教育“十一五”国家级规划教材《地理科学导论》、主持云南省一类精品课程“地理科学导论”的基础。

《地理科学导论》为国家自然科学基金课题“中国20世纪初叶以来地理思想发展研究”的主要研究成果和云南省一类精品课程“地理科学导论”重要成果之一，得到云南师范大学高等教育质量工程教材建设的支持。

本书共分为地理科学的研究对象、研究核心、学科体系、基本价值、研究范式、基本原理、基本方法和现代发展等八章。这八章构成比较严密的逻辑体系，目的是使学生全面了解地理科学，初步掌握地理科学研究方法，培养学生的地理科学精神、地理科学意识和地理科学能力。在每一章中都安排有思考题，在这些思考题中，不仅有常规性思考题，而且还有研究性思考题。

在教学和研究过程中，钱学森院士、吴传钧院士、陆大道院士、郑度院士、陈传康教授、景贵和教授、吴三保编审、蔡运龙教授、白光润教授、张国友研究员、伊继东教授、曾华教授、骆小所教授、杨林教授、明庆忠教授和骆华松教授等都给予我多方面的关怀、指教和帮助。如果没有这些专家的鼓励、关怀和指教，我也就没有勇气申请、也无法编撰出可以为“地理科学导论”这门地理科学专业主干课程所使用的《地理科学导论》。

《地理科学导论》教材和“地理科学导论”课程应该是博大精深的，由于我们水平有限、研究经验不足，本书一定还存在很多缺点和不足，诚请各位专家和同仁批评指正。

地理科学导论网页：http://dlkx.jpkcl.ynnu.edu.cn/，作者电子邮箱：p17406@vip.km169.net

潘玉君

2009年5月于昆明地台寺

目　　录

第一章　地理科学的研究对象

古老而年轻的地理科学，至今仍面临着“地理科学的研究对象是什么”等问题没有形成全国乃至全世界范围内的共同答案的局面。具有中国特色和时代特色的中国地理科学要形成与完善学科建设工程，必须要回答的基本问题之一就是“地理科学的研究对象是什么”。为什么呢？原因是，一门学科的研究对象问题之所以是这门学科的最根本问题，是因为其研究内容、与其他学科的关系、社会功能等都是由其研究对象决定的。学科的研究对象是否明确，直接决定着学科的发展水平和成熟程度，决定着学科科学性的含量。

如何回答“地理科学的研究对象是什么”这个问题呢？对于学科的研究对象的最一般认识、哲学认识和科学实践认识，是回答地理科学的研究对象乃至任何一门学科的研究对象的重要理论基础。《现代汉语词典》对研究对象的解释为：研究对象“是指行动或思考时，作为目标的人或事物”。《毛泽东选集·第一卷》从马克思主义哲学的角度，阐述了研究对象问题，写道：“科学研究的区分，就是根据科学对象所具有的特殊的矛盾性。因此，对于某一现象的领域所特有的某一种矛盾的研究，就构成了某一门科学的对象。”杰出的科学家钱学森院士从科学哲学层面和科学实践角度，在其《论地理科学》中更加精辟地论述了学科的研究对象问题。他论述道：“各个学科所面对的研究对象都是客观实际，不同学科之间的差别，不在于研究对象，而在于它们研究的角度不同，研究的侧面有所不同。”所以，从研究对象的矛盾特殊性、研究角度的独特性和研究侧面的选择性等方面切入是回答地理科学的研究对象的方法论。

地理科学的研究对象到底是什么？对于这个地理科学的基本问题，应该遵循马克思主义关于理论创新的最高原则——历史的与逻辑的统一来进行回答。本书从地理科学大师和优秀地理科学家对地理科学研究对象既有的科学认识、地理科学研究对象的圈层基础和对地理科学研究对象的逐级逻辑分析来探索地理科学的研究对象。

第一节　地理科学研究对象的既有认识

在漫长的地理科学的发展历史中，自近代地理学以来，很多杰出的地理学家在从事大量具体地理问题实证研究的同时，始终关注着地理科学的研究对象是什么等方面的问题，并对其进行了探索，形成了具有一定地域特点、时代特点和学科特点的各种既有共性又有个性的观点。对地理科学的研究对象的认识深度和系统程度，反映了对地理科学本质的认识的深度和系统程度。他们对地理科学研究对象问题的不断认识，促进了地理科学的学科发展。这些地理学大师和地理学家关于地理科学研究对象的有关认识，构成了遵循马克思关于理论创新的最高原则——历史的与逻辑的统一回答地理科学的研究对象这个地理科学的基本命题的认识历史。

一、国外部分学者的主要观点

近代地理学时期，很多有作为的地理学家思考并探索了地理学的研究对象问题。他们的答案是直接地表述或者是隐含在他们的地理学思想中。他们的观点影响深远。

（一）近代地理学开山大师的观点

近代地理学的开山大师亚历山大·冯·洪堡（1769—1859）和卡尔·李特尔（1779—1859）在地理科学研究中，逐渐认识并阐明了地理科学的研究对象。他们关于地理科学的研究对象的思想深远地影响着此后的地理学家对地理科学的研究对象是什么问题的探索，也是本书明确提出并阐释的地理学具有三个有一定逻辑顺序的研究维度的重要的学术的历史基础。

1. 洪堡的观点

以自然地理学见长的洪堡，运用地理大发现所带来的大量资料和自己系统的科学考察所得到的资料，完成了大量的学术著作，其中最重要的是5卷本的科学巨著《宇宙：物质世界概要》。他受德国哲学家康德关于地理学研究区域联系与分布问题的思想和沃纳关于某自然地理要素与其环境关系思想影响，认为地理学是对地球的描述，研究位于地球上某一区域或者片段上的各种相互联系的现象的多样性。地理学史专家刘盛佳教授在其《地理学思想史》中较多地引用了洪堡在《宇宙：物质世界概要》中的原文。从这些原文可以看出洪堡关于地理学的研究对象等方面的思想和概念。洪堡认为“……宇宙著作的基本法则，……就是企图把宇宙现象作为一个自然整体来认识，并揭示在这些现象的个体组织中，怎样认识它们所受到的共同制约——或者说大自然规律的支配，以及通过怎样的途径来从这些规律提高到因果关系的探讨”……“如果要正确地理解自然，我们就绝不把事物的现状与其过去的发展截然分开。不回顾事物的形成过程，就不可能获得对事物性质的正确理解。……对于地球的自然面貌进行描述时，现在和过去两者之间很明显是相互渗透的”……“人类在生活上到处与土地发生最根本的联系……他借助于精神活动和智慧教养的提高来轻易地摆脱自然力的控制，还具有使他自身适应于各种气候下生活的惊人能力”。洪堡所探索的不是个别的空间现象，而是空间分布的各种现象的复合体。在他的与现在地理学的观念非常接近的思想观点中，鲜明地体现了地理环境整体性、地理要素及其关系、地域等级系统、地理事物发展历史即时间序列和人地关系等方面的观念或思想。

2. 李特尔的观点

以人文地理学见长的李特尔主要利用地理大发现所带来的地理资料，完成了一系列地理学论著，最早阐述了人地关系和地理学的综合性、统一性，奠定了地理学特别是人文地理学的理论基础。19卷本的《地学通论》是其最重要的地理科学著作，又名《地球科学与自然和人类历史》，全名为《地学通论——它同自然和人类历史的关系》或者《普通比较地理学——自然和历史科学研究与教学的坚实基础》。他认为，地理科学是研究人类的家园即布满人的空间的地表空间的科学，不以整个地球为研究对象而以地球表层为研究对象，重点是研究和理解在地区上结合在一起的各个地理事物的相互联系和因果关系，人是整个地理研究的核心和顶点。在他的地理科学的观念和思想中，地理科学不是研究整个地球而是仅研究地球的一个部分，即地球表层上的地理事物的区域分布及其联系、地理要素之间相互联系和因果关系的科学。

（二）其他学者的观点

1. 部分德国学者的主要观点

费迪南德·冯·李希霍芬是一位野外考察研究经验丰富的地理学家，认为地理科学必须限于研究地球表层，即岩石圈、水圈、大气圈和生物圈相互接触的地方，地理科学的最高目标在于发掘人类和物质的地球以及与自然现象也有联系的生物现象之间的关系。弗里德里希·拉采尔出版了《人类地理学》和《政治地理学》等著作。他关注各种自然现象对历史发展的影响和在某些地区文化的差异比自然特征的差异更重要的思想，透射出他所理解的地理科学主要是研究人地关系的科学的思想。以《地理学：它的历史、性质和方法》著称的阿尔弗·赫特纳回答了这样的一个地理科学的基本问题——地理科学是否只限于叙述发生在空间联系上的独特事物还是也应该设法创立一般的地理科学概念？他认为：地理科学研究的是地球表面的差异性，或者说地理科学是按照总特性研究地球表面的不同地区，既要研究地理规律又要研究具体的地理事物。地理科学是研究区域差异的科学。

2. 部分法国学者的观点

地理学家或人文地理学大家 P. V. 白兰士在其《人生地理学原理》等论著中，阐述了地理学的目的是研究地面相关现象的因果关系和“或然论”或“可能论”的人地关系学说。他既反对拉采尔的地理环境决定论，又反对佩舍尔的地理环境二元论，认为在人和地理环境的关系中，除了地理环境的直接影响外还有其他因素在起作用，自然环境提供了可能性的范围；而人类在创造他们居住地的同时，又反过来按照他们的需要、愿望和能力来利用这种可能性。他坚持认为，地理学的研究应集中在个别区域上，力求通过一系列具体区域的实证研究来阐明人地关系的一般关系或一般原理。

3. 部分苏联学者的主要观点

苏联地理学家 C. B. 卡列斯尼科对自然地理学特别是综合自然地理学的发展有重要贡献，他在其《普通地理学原理》中阐述道：“地理学是研究地球地理外壳结构的科学，是研究这个结构的构成法则、空间分布法则以及发展法则的科学。”苏联地理学家马尔科夫在“苏联地理学第二次代表大会”上的报告“论大学地理系学生的培养”中阐述了地理学的研究对象问题，认为“地理学研究各地方及整个地球表面的自然、经济和人口的相互依赖性”。A. Г. 伊萨钦科在其《今日地理学》中阐述了地理科学的研究对象。他在引述了《苏联大百科全书》中的地理学定义，即地理学是研究自然综合体和生产力地域综合体及其组成成分的自然科学和社会科学系统的基础上，从结构和功能统一的角度阐述了地理学。他写道“首先应该研究事物的真实情况，即研究历史上实际形成的现代地理学结构和组成这个结构的一系列部门；然后，应该阐明它们是如何联合的，即阐明地理科学系统的统一是建立在什么基础上的”。B. Б. 索恰瓦在其《地理系统学说导论》等论著中阐述道：随着系统科学在地理研究中的应用，人们逐渐认识到地理环境实质上是一个巨系统，可以用“地理系统”这个概念来表述地理科学的研究对象。地理系统是位于地球表面附近由各种自然、经济和社会因素相互作用形成的统一体。

4. 部分美国学者的观点

主编长达一千余页巨著《人类在改变地球面貌中的作用》的伯克利学派地理学家W. 托马斯阐述了该学派对于地理学特别是地理学的研究对象的认识。他认为，地理学是关于最近数百万年——人类栖息时期——在地球表面上发生之事的研究，特别关注地球产生区域差距的自然-生物过程的结果，通过了解与人类发展历史有关的问题——文化差别对资源认识、利用方式的差别的作用和人的群体在对地球的面貌的改变中的作用问题——而逐渐构建地理科学知识体系。这样理解的地理学特别是其研究对象，显然具有鲜明的文化背景和地理环境背景特色。R. 哈特向对地理学的区域研究的范式进行了系统地理论总结，主要反映在其理论著作《地理学的性质》中。他认为：地理学是关于世界上区域分异的复杂知识，“地球表面就是岩石圈、水圈、气圈、人圈相互混合的地球外壳部分，这就是地理学的研究领域。”H. 巴罗斯认为，地理学应当致力于从考察多个要素之间关系的角度研究人类的生态或人类对其自然环境的适应等方面的问题，这些才是地理学的研究对象。因编写《景观形态学》而产生很大学术影响的卡尔·苏尔认为,地理学的研究对象是地球表面，主要研究自然事物和人文事物的区域特征及其区域差别。詹姆斯在其《地理学思想史》中讨论了美国的新地理学，并对他的观点进行了归纳阐述：苏尔认为地理学研究区域，不仅在于对各个区域的专门研究，而且还在于对各个区域的一般特征和规律的研究。

二、国内部分学者的主要观点

自20世纪初以来特别是20世纪中叶以来，很多学者诸如竺可桢院士、钱学森院士、黄秉维院士、吴传钧院士、陆大道院士、郑度院士、林超教授、李春芬教授、李旭旦教授、陈传康教授、蔡运龙教授、傅伯杰院士、陈发虎院士、潘玉君教授、白光润教授……以地理科学实践为客观基础，以马克思主义哲学为指导，在吸收历史和国外地理学思想的基础上，探讨和回答了地理学的研究对象这个问题。他们的这些观点，深远地影响着中国地理学在20世纪和21世纪的发展。

1. 竺可桢院士的观点

地理学家竺可桢院士既是科学家又是科学发展的管理者。他从地理学的学科属性和服务于国家社会经济发展特别是农业发展方面，阐述了地理学的研究对象和学科任务等方面的问题。他编撰了我国第一部地理学理论著作《地理学通论》。他在中国地理学会第三次全国代表大会及1963年综合性学术年会开幕词中和在1965年中国科学院地理工作会议上的报告“中国科学院地理研究工作的方向”中，阐述了地理科学的研究对象等问题。他阐述道：“地理学是一门面向各个自然要素和整个地理环境、综合性和地区性很强的科学”“是研究地理环境的形成、发展与区域分异以及生产布局的科学，它具有鲜明的地域性与综合性特点，同时具有明显的实践作用，与国民经济建设的各个部门有着极其密切的关系……地理环境是各种自然条件有机结合而成的，是一个完整的自然综合体……因此，综合研究应当成为地理学发展的主要方向，只有这样才能充分发挥地理学综合性、地域性的特点……地理学综合水平的提高，有赖于地理学各分支学科的发展，因此在向综合研究方向发展的同时，亦应当注意各部门地理学的研究”“地理科学是研究地面环境的科学，应着重研究地球表面的岩石圈、水圈、大气圈和人类的相互作用，其任务是研究地球外壳的结构及其组成部分的发生、发展和各组成成分之间的相互制约和相互转化。”

2. 钱学森院士的观点

杰出的科学家钱学森院士和一切有社会责任感和历史责任感的科学家一样，长期以来在探索和思考着人类的生存与发展方面的问题。他在诸多学科中认识到地理学是进行思考人类生存与发展问题的理想学科，所以他特别关注地理科学的基本问题，其中之一就是地理科学的研究对象问题。他在“发展地理科学的建议”等中明确提出并系统地阐述了这些观点和思想：“‘地理科学’就是一门综合性的科学，地理科学的研究对象就是地球表层……地球表层对人的影响、对社会的发展都有密切的关系，地球表层往外的部分和地球表层更深的部分是地球表层的环境……地球表层是一个系统，而且是一个非常复杂的系统”“地球表层学是自然科学和社会科学的交叉学科”，等等。他的观点，通过中国科学技术协会和中国地理学会等科学共同体的媒介作用而在中国地理科学界有重大影响。

3. 黄秉维院士的观点

以主编《中国综合自然区划》而著称的地理学家黄秉维院士在《1956～1967年基础科学学科规划》之“地理学学科规划说明书”和“自然地理学一些最主要趋势”等有关论著中，阐述了地理学的研究对象问题，认为“自然地理学是研究地理环境的成分及各成分之间物质、能量交换及其地域差异的科学”“自然地理学全面研究由地貌、气候、水文、土壤、植被、动物等相互关联的因素所组成的自然综合体，研究它的类型及其发生、发展与分布规律，并在此基础上，分析其对人类社会的有利方面与不利方面，指出充分利用与改造的可能性与方向”，即地球陆地表层系统是地理学的研究对象。他认为地球陆地表层研究的主要领域有：①地理学传统研究对象是作为人类居住的地表或作为人类生存的环境；②生态学研究生物与环境的关系，对象全在地球表层；③自然资源研究主要是研究自然界中物质和能量的利用与保存，对象是地球表层；④环境研究有狭义和广义之分，狭义指消除和避免环境污染，广义的则涉及一切与人类活动有关的环境，这与地理学传统定义相同；⑤国土整治研究，其对象仍然在地球表层中；⑥地圈、气圈相互作用，其研究内容是研究地表对大气的影响和大气变化对地表的影响。

4. 吴传钧院士的观点

地理学家吴传钧院士在《自然科学学科发展战略调研报告：地理科学》、中国地理学会第四次全国代表大会上的报告“地理学的今天和明天”和发表的论文《地理学的特殊研究领域和今后任务》中，论述了地理科学的研究对象问题。他阐述道：“地理学是一门研究地球表层自然要素与人文要素的交互关系与作用的科学。研究范围十分广泛，上至大气圈对流层的顶部，下至岩石圈的表层，处于大气、陆地、水域的交合面，由大气圈、水圈、岩石圈、生物圈与人类智慧圈五大圈层所构成……”在“地理学的今天和明天”中有如下论述：第一，地理学着重研究有关事物的分布。地理学要回答的问题不仅是分布在哪里（where），而且要回答在什么时间（when）条件下、为什么（why）分布在那里和形成怎样（what）的分布类型等问题。地域结构和地域过程的统一是地域系统。人类就活动在地球表面的地域系统之中。第二，地理学所研究的地理环境，不限于狭义的自然环境，而是由无机的、有机的、社会的三方面要素构成的地理环境。这三方面要素分别受自然规律、生物规律和社会经济规律的支配，包括了自然环境、生态环境、人文（社会、经济、文化）环境。作为整体的地理环境，其发展是由于上述三方面要素相互作用的结果。有不少其他学科研究这些要素的个别方面，而地理学则综合研究其整体。地理学要分析研究地域综合体内部各个要素的相互关系、它的结构和地域分异规律。第三，地理学研究具有因果反馈性质的人地关系。

5. 陆大道院士的观点

地理学家陆大道院士在“地球表层系统研究与地理学理论发展”等论著中，从历史（地理学发展历史）与逻辑（遵从系统论的逻辑分析）相结合的角度，论述了地理科学的研究对象问题。第一，他从历史的角度论述道：“无论古代、近代和现代，地理学的研究对象都在地球表层。而且地理学研究的着眼点不是个别事物的规律，而是现象之间的联系。近代地理学的奠基人亚里历山大·洪堡……将地球作为一个整体……为地球表面相互联系的自然地理要素和自然现象的研究开辟了先河。美国地理学家哈特向认为地理学的焦点是区域差距，这种差距‘包括每个地方上现象的组合与任何其他地方上现象的总体组合之间的差异’。这里的‘总体组合’我们也可以理解为地球表层现象有机联系的‘综合’……”。第二，他从逻辑的角度论述道：“一般认为，系统研究是1962年由乔莱首先引进地理学……‘系统研究的关键是事物的联结性’‘系统分析一个系统包括三部分：一系列要素因子，要素因子之间的一系列联系（关系），系统与环境之间的一系列联系’。如果按照我国杰出科学家的解释，认为地球表层‘这个巨大的范围是一个巨大系统，它并非是与其周围隔绝的，而是一个开放的、运动的、有交换的系统’。这个‘巨大系统’不仅是综合体系，而且具有‘层次’和‘层次结构’……”。接着，他还从科学概念和理论课题孕育、萌芽和形成的一般规律，分析论述了为什么在20世纪中叶之前没有出现“人-地”综合系统这一重要科学概念和重大理论课题的重要的客观原因。陆大道院士的这种历史与逻辑相统一的研究方法，完全符合马克思主义哲学所阐述的理论创新的最高原则——历史的与逻辑的统一。

6. 郑度院士的观点

地理学家郑度院士在《地球科学进展》和《地理学名词》（第二版）等论著中阐述了地理科学的研究对象问题。他和陈述彭院士在《地理学研究进展与前沿领域》中写道：“地理学是一门研究地球表层自然要素与人文要素相互作用与关系及其时空规律的科学。它所面对的是复杂的地球表层巨系统，是由大气圈、水圈、岩石圈、生物圈与人类圈所构成的统一整体，是由各种自然现象、人文现象组合在一起的复杂体系。因此，地理学是一门运用现代科学技术手段，具有跨越自然科学与社会科学性质的科学，向来以综合性和区域性为其特色，在当前的大学科体系中占有重要地位。”他主持审定的《地理学名词》（第二版）中对词条“地理学”和地理科学的研究对象进行了界定：“研究地球表层自然要素与人文要素相互作用及其形成演化的特征、结构、格局、过程、地域分异与人地关系等。是一门复杂学科体系的总称。”他在“阐释地理科学护育人类家园”中写道：“作为一门研究地球表层自然要素与人文要素相互作用及其时空规律的科学，地理学具有跨越自然科学与社会科学的性质，向来以综合性和区域性为其特色，在当今的大学科体系中占有重要地位。”

7. 林超和杨吾扬教授的观点

《中国大百科全书·地理学》的卷首词条“地理学”是由地理学家林超和杨吾扬教授撰写的。他们阐述了地理学是随着人类社会的发展和地理知识的积累而逐步发展起来的研究地球表面自然现象和人文现象以及它们之间的相互关系和区域分异的科学，就是研究人与地理环境关系的学科。地理研究的目的是更好地开发和保护地球表面的自然资源，协调自然与人类的关系，使人地关系向着有利于人类社会生活和生产的方向发展。

8. 李春芬教授的观点

以区域地理研究著称的地理学家李春芬教授在《地理学的传统与近今发展》等论著中认为："地理学的对象，是地球表面的地理环境。研究这个对象时，主要关注其组成要素的分布、组合和它们之间的空间关系。这里所谓的空间关系，即地域上的关系……"地球表层这个表面，不是几何学上的表面，而是指水陆气三界的交错地带，即土地、空气、阳光和生命集合的面体。这个面体是立体的，不是平面的……是上下左右前后三度空间，相互联系形成一个整体。地理学对于地球表面的研究主要从空间与过程、人地关系即生态研究和区域研究三个角度去进行。

9. 李旭旦教授的观点

人文地理学家李旭旦教授致力于人文地理学、区域地理学和地理教育理论的研究，翻译了具有重要影响的《地理学思想史》。他在《现代地理学的几个问题》中写道："我们一致承认，地理学的研究对象是地球表面。地球表面既包括自然现象，如高山、大河、森林、草原等，也包括社会经济现象，如都市、农田、工厂、交通线等。因此，地理学既要论述自然现象，也要论述人类的社会经济现象。现代地理学显然趋向于着重研究人类的社会、经济问题……现代地理学走的是社会科学的道路，用的是自然科学的方法。"地理学研究的目的是谋求人地关系的协调。

10. 陈传康教授的观点

地理学家陈传康教授在《二十世纪科学思潮的变革与地理学的发展》中系统地阐述了地理学的研究对象问题。他写道：作为地理学研究对象的地理环境，包括天然环境、人类作用于自然界后发生变化的人为环境，这两者合称为自然地理环境，还包括人类社会本身所形成的经济环境和社会文化环境。对地理环境可以进行分析研究，也可以进行综合研究。从系统论角度看，地理学研究对象包括下列三级层次（组织水平）：①部门地理学研究构成自然地理环境的各个成分（地貌、气候、水文、土壤、植被和动物等）和构成经济地理环境的各个成分（工业、农业、交通、服务行业等）；②综合研究地理环境的自然方面、经济方面和社会文化方面的综合自然地理学、综合经济地理学和综合社会文化地理学；③在更高一级层次上，对地理环境进行全面综合研究，这就是综合地理学。综合地理学着重研究地域综合分异规律和地域综合单位的划分，自然资源的综合评价，人类活动与地理环境关系的综合分析，区域改造利用和综合开发规划的理论。综合地理学是提高区域地理研究水平的基础研究。

11. 李振泉教授的观点

以人地关系论理论研究著称的地理学家李振泉教授，在其《论统一地理学》等论著中，从地理思维角度，阐述了地理学的研究对象问题。他认为："辩证唯物主义是地理思维的根本指导思想，矛盾对立统一规律是统一地理学的哲学基础。任何一门科学或一个科学体系，都必须研究一种特定的物质运动形式。毛泽东同志在《矛盾论》一文中提出的'科学研究的区分，就是根据科学对象所具有的特殊的矛盾性。'地理学研究的特殊矛盾，就是人地关系的运动形式，就是探讨人类社会与地理环境之间适应、协调、控制和改造的科学……人地关系的地域性或地域组合，是地理学研究的特殊对象。人地关系是控制整体地理学各分支学科的基因，也是维系地理学统一的基因。”

12. 其他诸多学者的观点

除了上述学者对地理学的研究对象的阐述外，其他很多优秀的地理学家或学者也阐述了地理科学的研究对象问题。

王铮和丁金宏等学者的《理论地理学概论》专门论述了地理科学的研究对象问题，认为地理科学的研究对象是以环境和区域为代表或表象的地理事物，并专门阐述了由一般事物到地理事物的两条原理——地域化原理和景观化原理。他们在《地理科学导论》中明确提出“地球表层是地理科学所研究的主要对象”。刘南威教授在其主编的《自然地理学》中阐述道：“地球表层是人类赖以生存的地理环境。地理（科）学就是研究地理环境的科学……作为地理学研究对象的地理环境，是自然环境、经济环境和社会文化环境相互重叠、相互联系所构成的整体。”伍光和和田连恕等教授在《自然地理学》中写道：“地理学是研究地理环境的科学，即只研究地球表层这一部分人类环境。所谓地球表层，实际上是指海陆表面上下具有一定厚度范围，而不包括地球高空和内部的地球表层。这个表层内存在着人类社会及各种地理要素，具有独特的地理环境结构和形式。”伍光和和蔡运龙教授在其所编著的《综合自然地理学》中认为“地理学的研究对象是地球表面的地理环境……地理环境可以分成两部分即天然环境和人为环境”。景贵和、周人龙和徐樵利教授在《综合自然地理学》中写道“地球表层，这个特殊的物质体系，过去是，今天仍然是包括自然地理学在内的地理学的研究对象”。陈效逑教授在其编写的《自然地理学》中认为“现代科学意义上的地理学是研究地球表层物质系统与人类社会-经济-文化系统在组成、结构、功能、空间特征和时间动态等方面相互作用与相互依存的学科体系”。韩渊丰、张治勋和赵汝植教授在《区域地理理论与方法》中认为“地理学是一门以多种新的科学方法研究作为‘人类之家’的地球表层及其改造利用的科学。地球表层中的人与自然的关系是地理学研究的重点，也是地理学的优势”。刘艳芳教授等在《经济地理学——原理、方法与应用》中认为“地理学的研究对象……是研究地理环境在空间上的变化发展规律及人类活动与地理环境的关系，……地理环境指包括大气圈、水圈、岩石圈、生物圈等 4 个圈层的地球表面或地球外壳”。王恩涌、赵荣、张小林、刘继生、李贵才和韩茂莉教授在《人文地理学》中阐述道：“当代地理学是研究地球表面地理环境的结构、分布及其发展变化的规律性以及人地关系的学科。作为地理学研究对象的地球表面是一个多种要素相互作用的综合体……”王建教授在其主编的《自然地理学》中认为：“地理学是研究人类赖以生存的地球表层环境，以及人与环境相互作用的学科。也就是说，人类生存环境是地理学研究的主要对象与内容。”徐建华教授在《现代地理学中的数学方法》中认为：“现代地理学，是现代科学技术社会，即信息社会的产物，他把地理环境及其与人类活动的相互关系看作统一的整体，采用定性与定量相结合的方法，规范研究与实证研究并举，是一门以解释地理现象的内在机制并预测未来演变的科学。”韦玉春教授等在《地理建模原理与方法》中认为“地理学研究人地关系、研究空间格局、研究地理现象在空间和时间上的演变等问题”。潘玉君教授在其有关论著中提出和阐述了地理科学的研究对象是地球陆地表层空间（系统）的重要观点。

上述论述表明专家和学者对地理科学研究对象的认识不断加深，观点逐渐统一。地理科学的研究对象不是整个地球系统，而是地球系统的一个子系统——地球表层子系统。这个地球表层子系统是地球系统的诸多圈层子系统之间相互联系相互作用所形成的系统。

第二节 地理科学研究对象的基本认识

诸多学者对地理学研究对象的不断追问和努力探求，表明了地理学的研究对象这个问题确实是地理学的基本理论问题之一。他们之所以追问和探求，就是想通过研究对象的明确确立，来逐渐建立具有严密体系的地理科学。这些地理学家的各种观点，构成了回答地理科学的研究对象的重要的认识基础。地球表层的圈层基础及其基本特征的认识，构成了回答地理科学的研究对象的重要的客观基础。这两个基础实际上构成了理论创新的最高原则——历史的与逻辑的同一中的“历史”。本节主要从逻辑的角度逐级分析对地理科学研究对象的基本认识，力求实现“历史的与逻辑的同一”。地理科学的研究对象不是地球系统，不是地球表层系统，也不是地球表层陆地系统，而是地球表层陆地空间系统。地理科学在固守自己的学术家园——地球表层陆地空间系统的同时，已向地球表层陆地系统、地球表层系统乃至地球系统适度拓展了研究空间。

一、地球表层系统

（一）地球表层的基本特征

地球表层或作为其一部分的地球表层陆地系统以及它们的一部分的区域或地域，具有鲜明的整体性和分异性、人地性以及变动性等基本特征。对于这些基本特征的系统认识，可以构建出地理科学的系统的基本理论。在这些基本理论的基础上，还可以构建出运用这些基本理论寻求人类美好未来——人地关系地域系统的协调共生的地理科学的基本原理：地理环境整体性原理、地理环境分异性原理和地理环境人地性原理。古今中外很多杰出或优秀的地理学家在他们的论著中或系统或零散地阐述了他们自己所认识到的地球表层或作为其一部分的地球表层陆地系统以及它们的一部分的区域或地域的基本特征。其中，作为我国当代地理学对它的基本特征的全面认识的《中国大百科全书·地理学》，系统介绍了地球表层或地球表层系统的基本特征。实际上，地球表层特别是地球陆地表层除了这些特征以外，还应该有其他的特征，如地球表层的人地性和地球表层的尺度性。

1. 地球表层的整体性

地球表层的六个圈层指大气对流层、岩石圈上部、水圈、生物圈、土壤圈和人类圈（又称智能圈）。每个圈层各由许多不同的要素组成，在地理综合体中具有不同的功能。大气对流层主要由气态物质组成，也包括部分液态水和固体颗粒。由于对流层直接同地面和水面接触，因此大气中各种要素（如气温、气压、湿度、风速、风向等）都受到下垫面的强烈影响。同时，大气对流层对地球表面其他圈层的性质和特征也有重要的制约作用。岩石圈上部主要由固体物质组成，包含部分气态、液态物质和微生物。它是生物和人类所依附的场所，也是各种圈层相互影响、相互作用最为集中的地方。水圈主要由液态水组成，也包括溶解和悬浮在水中的固体物质，以及部分气体和水生生物；水圈以海洋为主，还有陆地地表水和地下水。水圈在地球表面物质和能量循环中起着十分重要的作用，并且是生物圈和人类圈得以存在和发展的基础。生物圈是有生命活动的圈层，包括植物、动物和微生物。生物的作用促进了大气圈、水圈和岩石圈的演化，为人类的生存和发展提供了物质基础。生物圈同大气对流层、岩石圈上部、水圈互相交错，组成一个巨大的复杂的自然综合体。人类的出现是地球表面形成和发展过程中的一个重要转折。人类以其特有的智慧和劳动，通过社会生产和生活的各个方面对地球表层施加影响，形成了一个新的圈层——人类圈。人类圈与组成地球表面的其他圈层有显著的不同，其他五个圈层完全是物质自然发展的产物。随着人类圈的扩大，改造的范围由局部扩大到整个地球表层。现在地球表层已很少有不受人类影响的地方了，而且改造的深度和复杂程度也逐渐加强。

上述各圈层所组成的地球表层这个综合体，是自然历史发展的结果。各圈层的形成在时间上亦有一定的顺序：岩石圈、大气圈和水圈是无机的物质，首先出现；有机的生物圈及与其相关的土壤，是在无机圈层基础上发展起来的；人类则是生物圈发展到一定阶段的产物。这个顺序是不可逆的，而使这种发展得以进行的基本动力是来自地球内部的动力和来自地球外部的动力——太阳能。由于内力和外力的共同作用，才形成今天我们所见的地球表面的自然状态。从组成地球表面的要素的稳定性来看，可以区分为稳定要素和活动要素。岩石圈和地貌属于稳定要素。虽然从地质时间尺度讲它们是活动的和有变化的，但是从现代地理环境来看它们是相对稳定的，如大陆和山脉的轮廓。空气、水、植物、动物以及一定程度上的土壤则是活动要素。虽然它们是由地质时期的物质发展而来，但是它们的分布格局和区域属性基本上缘于太阳能的分布，受现代气候的控制。另外，人类出现后的各种活动也是影响上述要素的一个重要方面。人类既受到自然界的制约，又具有其他物质世界所没有的特点，即能主动地改造自然。地球表层的这三种主要影响力是相互联系和相互作用的。我们现在所见的各种地理现象就是它们共同作用的结果。佐内维尔德认为可以把地球表层的综合体看作一个系统，在这个系统中上述三种影响力成为三个叠加的烙印。地壳和地貌是第一个烙印，为地表综合体提供基本的格局；气候是第二个烙印，在第一个烙印的基础上，不同气候带的水文和生物活动产生相关的土壤、水体、植被和动物的分布格局；人类活动则是第三个烙印，表现为不同技术水平的农业和工业，不同发展水平的社会和文化等。这三个烙印的相互作用和制约，要求地理学把地球表层的各个圈层作为一个整体加以研究，要求自然地理学和人文地理学之间紧密联系，使地理学成为一门统一的科学。

2. 地球表层的分异性

造成地球表层不均一和区域分异的主要原因，一是太阳能在地球表面分布的不均匀性；二是控制海陆分布及其起伏、构造活动和岩浆活动过程的地球内能分布的不均匀性。地球是一个椭圆球体，使得太阳光线与地球表面构成不等的入射角，从而导致太阳能在地球表面分布的不均。赤道地区获得的太阳能最多，极地地区获得的太阳能最少，太阳能随纬度而发生量的变化。太阳能分布的不均，影响着气温、气压、风向、湿度、降水等气候要素的区域差异，进而造成植被、土壤和农业的分布不均。这种太阳能及受其影响的其他自然现象随纬度分布的规律性称为纬度地带性。由地球内能引起的区域分异，最明显地表现在地球表面海陆分布的差异，这是自然环境的基本分异。地球表面有四个大洋和六块大陆，海洋面积远大于大陆，两者比值约为 2.41。大陆相对集中于北半球，海洋主要集中在南半球。对于生物和人类来说，这是两种截然不同的环境。生物，特别是高等植物和高等动物以及人类，主要集中在陆地。陆地的海拔高度和海洋的深度也不相同，海洋深度一般大于陆地的高度。在陆地上和海洋底部也各有起伏，陆地上最高的山峰为珠穆朗玛峰。由于板块构造活动，高大的山脉多分布在陆地的边缘，且主要呈南北走向。海洋中最深的地方是太平洋的马里亚纳海沟；大洋盆一般深达 4000m 左右，大陆架深度只有 200m 左右。海陆的分异在地质、地貌、气候、水文、生物上都有表现。在陆地上，气候、生物、土壤还有从沿海向内陆呈规律性变化的现象，它在中纬度表现得最为明显。由陆地边缘向内陆中心，气候由湿润、半湿润、半干旱到干旱，植被由森林、森林草原、草原到荒漠，土壤也有相应的变化，这种现象称为干湿度地带性（经度地带性）。山地的存在，使自然环境成分和自然综合体出现随高度的差异。在小范围内，则有地方性的地貌、气候引起水文、生物和土壤的差异。上述各种不同等级的区域分异，都是在地带性因素与非地带性因素相互作用下形成的。

人类是在一定的自然地理环境中生存和发展的，因此人类的体质和社会、政治、经济、文化等活动，都存在着明显的区域差异。人类不同的住所，如乡村、集镇和不同规模的城市以及不同性质的城市，其土地利用、工业布局、郊区农业结构、交通运输和商业格局、人口密度和构成、城市景观和民风习俗等都是互不相同的。所以区域分异是地球表层最基本的特征。

3. 地球表层的时间性

在地球表层形成过程中，大陆与海洋的面积和位置几经变迁，气候经历了炎热与寒冷、湿润与干旱的多次交替，生物从海洋发展到陆地、由简单到复杂、由低级到高级。就每一个地域而言，每年乃至每天、每时的气温、风向和风速都是在变化的，每年、每季乃至每天的水流和植被情况也是在变化的。至于发生在社会、政治、经济、文化等方面的人文地理现象，其变化则更是频繁，变化的时间尺度远比自然地理现象小。自然地理的变化影响人文地理，人文地理的变化也反作用于自然地理。特别是在现代工业化时期，人类的活动使地球表层发生深刻的变化：一方面控制或减轻了某些自然灾害；另一方面诸如森林的砍伐、地理环境污染、荒漠化的出现和蔓延、动植物物种的加速灭绝等，破坏了自然生态系统的平衡。随着人口的急剧增加、资源的大量消耗，人类影响的程度还在加剧。地球表层如何发展，已引起人们的高度重视。以地球表层为研究对象的地理学，面临着十分艰巨的任务。

（二）地球表层的既有概念

国内外特别是近年来国内很多学者都在使用地球表层这个概念，也有一些学者为这个概念下了定义。这些定义还是有一定差别的。理解这些定义，是比较科学地、规范地定义地球表层的重要基础。

1. 地球表层的近代概念

较早使用地球表层并给予定义的学者是费迪南德·冯·李希霍芬。他认为地理科学必须限于研究地球表层并定义了地球表层。地球表层是岩石圈、水圈、大气圈和生物圈相互接触的地方。地理科学的最高目标在于发掘人类和物质的地球以及与自然现象也有联系的生物现象之间的关系。他定义的地球表层虽然只涉及四个地球系统的子系统，但明确地阐明了地球表层是它们之间相互接触的地方即是这四个子系统的“交集”，也隐含了地球表层是与人类活动（即智慧圈）有关的含义。R. 哈特向认为“地球表面就是岩石圈、水圈、气圈、人圈相互混合的地球外壳部分……”他的概念突出强调了人类活动。

2. 地球表层的现代概念

1）黄秉维和郑度两位院士在《现代自然地理学》中定义了地球表层：“地球表层是具有一定厚度的圈层，即为岩石圈、水圈、大气圈、生物圈相互作用、相互渗透区间内的一个特殊圈层。人类出现以后，它又成为人类居住和从事生产活动的环境。”这个定义中直接涉及的圈层有四个，间接涉及的圈层有一个即人类活动圈层；而且，阐明了前四个圈层与第五个圈层之间的发生顺序。

2）郑度院士和陈述彭院士在《地理学研究进展与前沿领域》中写道：“地理学……它所面对的是复杂的地球表层巨系统，是由大气圈、水圈、岩石圈、生物圈与人类圈所构成的统一整体，是由各种自然现象、人文现象组合在一起的复杂体系。”在这个概念中，明确提出了“人类圈”这一重要的圈层。

3）王铮等教授在《地理科学导论》中定义了地球表层：“地球表层是指由大气圈、生物圈、人群圈、土壤圈、水圈和岩石圈六大圈层基本上自上而下但又相互嵌合形成的地球圈层。”这个定义明确提出了与地球表层有关的六个圈层，并且它们之间是相互作用的，是这六个圈层的“交集”；同时，将“人类圈”改为“人群圈”。

4）潘玉君教授在《地理学基础》等著作中这样定义地球表层：“由地球诸多圈层——大气圈、岩石圈、水圈、土壤圈、生物圈和人类圈——相互作用所形成的、以人类活动为中心的、开放的复杂巨系统。”这里的基本圈层有六个，在强调了这六个圈层之间相互作用、地球表层是它们的“交集”的基础上，突出强调了“以人类活动为中心”和“开放的复杂巨系统”。

5）陈效逑教授在教材《自然地理学》中定义了地球表层：“地球系统是一个由众多要素组成的多层次系统，并且是具有不同时间尺度变化的动态系统和不同空间尺度分异的地域系统。系统的各个要素构成了一种网络的关系，某一要素的变化将会引起其他要素的一系列连锁变化。”

6）《地理学名词》中给出了地球表层的定义：“地球大气圈、水圈、岩石圈、生物圈、人类圈之间相互渗透、相互作用形成的统一整体，是人类活动最为集中的圈层。”同时也给出了地球表层系统的定义：“地球系统中直接与人类的生存与发展相关联的表层部分，是由岩石圈、水圈、大气圈、生物圈和人类活动组成的一个相互渗透、相互作用的复杂系统。”这两个定义均直接阐明了地球表层是由五个圈层相互作用组成的系统，是它们的“交集”。

中国当代地理学家和地理工作者对地球表层的这些重要认识，是中国当代地理科学对全世界地理科学的重要贡献的组成部分，也是我们比较系统地阐述地球表层（系统）概念的认识基础。那么到底该怎样定义地球表层或地球表层系统呢？

（三）地球表层的基本认识

1. 地球表层的定义

地球表层是地球的诸多圈层——大气圈、岩石圈、水圈、土壤圈、生物圈和智能圈——之间通过能量流和物质流及信息流而相互渗透和相互作用所形成的、逐级划分成若干地域的、以人类发展为中心的、开放的复杂巨系统。参照《地理学名词》（第二版）给出“地球表层”和“地球表层系统”的思路和方法，也可以定义地球表层系统为：地球表层系统是指地球系统的诸多子系统之间——大气圈子系统、岩石圈子系统、水圈子系统、土壤圈子系统、生物圈子系统和智能圈子系统之间——通过能量流和物质流及信息流而相互渗透和相互作用所形成的、可以逐级划分成若干地域子系统的、以智能圈子系统的发展为中心的、开放的、复杂巨大的地球系统的子系统。

2. 地球表层的分析

（1）地球表层的基本圈层

地球表层系统是地球系统的子系统，与这个子系统有关的其他地球系统的子系统有大气圈子系统、岩石圈子系统、水圈子系统、土壤圈子系统、生物圈子系统和智能圈子系统。也可以换一种表述方式：与地球表层有关的基本圈层有大气圈、岩石圈、水圈、土壤圈、生物圈和智能圈，这些圈层之间的等级是相同的，均是地球系统的子系统。

（2）地球表层的圈层关系

从定义可以看出，地球表层系统与大气圈系统、岩石圈系统、水圈系统、土壤圈系统、生物圈系统和智能圈系统有密切关系，即：地球表层系统是由大气圈系统、岩石圈系统、水圈系统、土壤圈系统、生物圈系统和智能圈系统这六个圈层系统决定的，可以理解成是它们的函数。从集合观点看，“地球表层系统”是“大气圈系统”、“岩石圈系统”、“水圈系统”、“土壤圈系统”、“生物圈系统”和“智能圈系统”的共同部分即“交集”。

它们相互作用，在地球表层中还形成了气候、地貌、水体、生物和土壤等自然地理要素，工业、农业和交通运输业等经济地理要素，以及语言、宗教和教育等社会文化地理要素。

（3）地球表层的人类中心

《地理科学》和《地理科学与地理信息系统》等著作中地球表层的定义尚没有“以人类发展为中心的”这个定语。而在《地理学基础》第一版第一次印刷本中对地球表层的定义开始增加了这个定语。之所以增加这个定语，是有学术背景的。20世纪80年代初，中国的学术界特别是生态伦理学界展开了关于人类中心主义的走出与走进的学术讨论。杰出的生态伦理学家余谋昌教授在《自然辩证法研究》上发表了颇有影响的学术论文《走出人类中心主义》。它的核心是：人类中心主义思想支配下的人类行为，导致了制约人类今后可持续发展的可能性。作为以地理科学为主要学科背景的一些学者也参加了学术讨论。我们提出了与余谋昌先生不同的观点：由于没有从全人类利益出发的人的集团的行为，导致了困扰人类今后可持续发展的可能性。我们撰写了《走进人类中心主义——兼向余谋昌先生请教》一文，发表在《自然辩证法研究》上。这样的学术讨论使我认识到，应该在与地理科学的研究对象有密切关系的“地球表层（系统）”这个概念中，增加一种地理科学关注人类发展的含义，遂增加了“以人类发展为中心的”这个定语。这个分析表明一个人的学术思想也是不断发展变化的——否定式的发展变化和完善式的发展变化。

(4) 地球表层的逐级地域

地球表层在各种地域分异因素——自然地域分异因素、经济地域分异因素、人文地域分异因素和综合地域分异因素——的综合作用下，分异出若干区域解析尺度的地域，构成了相应的地域系统——自然地域系统、经济地域系统、人文地域系统和综合地域系统。例如，从自然地域及其地带性分异的角度看，整个地球表层逐级分异出全球尺度的自然带、大陆尺度的自然地带和区域尺度的自然地带段等。在每一个等级的自然地域中又可以有不同的自然地域类型和各个自然地域个体。例如，某山地自然综合体，在垂直分异因素的作用下，分异出若干垂直带或垂直带段等自然地域。这样，整个地球表层分异出若干等级的地域。同时，地球表层也还可以理解为是不同等级的地域在地域组合因素的作用下，逐级合并——较低等级的地域合并为较高等级的地域，直到地球表层。地球表层的逐级地域是它的基本属性，也是区域地理存在的根据。

作为地球一部分的地球表层或作为地球系统的重要子系统之一的地球表层子系统，已被很多地理科学著作和地理学家确定为地理科学的研究对象。事实上，地球表层或“地球表层系统”只是与地理科学的研究对象更加接近，但并不是地理科学的研究对象。那么，地理科学的研究对象是什么呢？

二、地球表层陆地系统

(一) 科学共同体的二分

地球表层或作为地球系统的重要子系统之一的地球表层子系统，有两个基本的环境类型：陆地环境与海洋环境。通过对这两类环境长期系统的研究，逐渐形成了两套科学共同体，即以地球表层海洋系统为主要研究对象的海洋科学共同体和以地球表层陆地系统为主要研究对象的地理科学共同体。这两个科学共同体之间在研究内容、研究区域和研究方法上确实存在一定的渗透和交叉，但海洋科学共同体的专门研究与地理科学共同体的专门研究之间还是有很大差别的。

(二) 地球表层陆地系统

长期以来，职业地理学家们所专门研究的环境主要是陆地环境，而职业的海洋学家所专门研究的是海洋环境。目前乃至今后若干时期，职业地理学家所从事的专门研究也还是陆地环境而不是海洋环境，更不是陆地环境和海洋环境的全部。所以，地理科学的研究对象，不是整个地球系统，而应该是地球系统中与人的群体活动比较密切的部分即地球表层系统；但也不是整个地球表层系统，而主要是地球表层的陆地部分即“地球表层陆地系统”。然而，地理科学的研究对象是地球表层陆地系统的全部吗？

三、地球表层陆地空间系统

（一）地球表层陆地系统的空间维度

地球系统是具有空间等级的系统：地球系统—地球表层系统—地球陆地表层系统。地理科学主要研究的是地球系统的二级子系统——地球陆地表层系统即地球表层子系统的陆地子系统。对于地球陆地表层系统，应该如何进行研究呢？钱学森院士在阐述学科的研究对象问题时，提出了各个学科所面对的研究对象在于它们研究的角度、侧面有所不同。地球陆地表层系统具有多重属性，具有多个研究角度或研究侧面。其主要角度之一是空间。白光润教授在《地理学引论》中正确地阐述了地理学中的空间与数学、物理学和化学等中的空间概念的差别："地理学不同于物理学、化学，它不研究物质本身的结构、运动规律，也不同于数学、社会科学，它不研究抽象的数量概念和思想意识形态。它所研究的规律是区域的空间的规律，有其实在的空间存在形式，是受空间四维制约的。"当然，地理科学所理解的空间也不同于哲学的空间概念。地理科学主要关注并有能力研究的不是地球陆地表层的全部，而主要是它的空间方面。因此，地理科学的研究对象是"地球表层陆地空间系统（简称为陆地空间系统）"。

这个系统是"地球表层陆地系统"的子系统，而地球表层陆地系统又是"地球表层系统"的子系统，而地球表层系统又是"地球系统"的子系统。它们之间的关系为：{地球陆地表层空间系统 A} ∈ {地球陆地表层系统 B} ∈ { 地球表层系统 C} ∈ {地球系统 D}（图 1－1）。

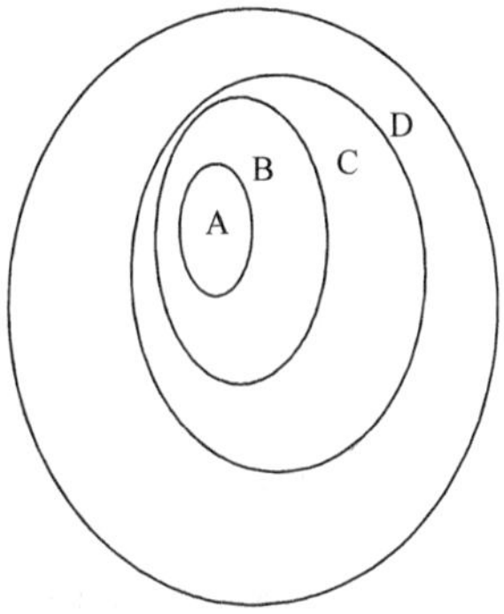

图 1－1 地球系统的层次关系

（二）地理空间的基本类型

美国科学家 M. 杨曼在《空间的概念》中，对空间提出了比较经典的概念：空间就是物质对象的一种秩序，空虚的空间没有意义。法国地理学家巴黎大学空间分析研究中心主任 B. 卡鲁妮埃更为明确地指出：空间同时包含具体的现象和抽象的过程两个方面。也就是说空间是四维的，即互成直角的三个方向和时间。空间有构成物质的一面，有位置的一面，还有过程的一面。法国地理界展开了一场跨学科的地理空间的讨论。大会的总结报告提出了地理空间的四种类型：①土地空间，自然的、生态的和资源的空间；②基地空间，作为地表物质存在基地而言的，城市工业用地和居住用地等物质存在基础的空间；③距离空间，区位论和中心地论等研究中普遍使用的位置的空间；④形态空间，作为社会文化地理学关注的人类活动在地表上所留下的痕迹的空间。实际上，地理空间的类型还应该包括感应空间或心理空间。

（三）地理空间的分类系统

地理科学应该对地理空间有更全面的理解或认识，即将上述五类地理空间与时间、现实或期望结合起来理解或认识地理空间：①从与时间的结合看，地理空间可以从时间坐标角度进行划分，划分出不同时期的地理空间即历史时期的地理空间、现代时期的地理空间和未来时期的地理空间（表 1－1）；②从与现实和期望的结合看，地理空间可以从“既有的现实”和“将要的期望”的角度划分出现实的地理空间和期望的地理空间（表 1－2）。大家想想，可否在地理空间的基本类型 A 和地理空间的基本类型 B 的基础上，再构造出一个更为全面的地理空间分类系统呢？

表 1－1　地理空间的基本类型 A

项　目		地理空间的形态类型				
		土地空间	基地空间	距离空间	形态空间	感应空间
不同时期	历史	历史时期的土地空间	历史时期的基地空间	历史时期的距离空间	历史时期的形态空间	历史时期的感应空间
	当前	当前时期的土地空间	当前时期的基地空间	当前时期的距离空间	当前时期的形态空间	当前时期的感应空间
	未来	未来时期的土地空间	未来时期的基地空间	未来时期的距离空间	未来时期的形态空间	未来时期的感应空间

表 1－2　地理空间的基本类型 B

项　目		地理空间的形态类型				
		土地空间	基地空间	距离空间	形态空间	感应空间
现实与期望	现实	现实的土地空间	现实的基地空间	现实的距离空间	现实的形态空间	现实的感应空间
	最低期望	最低期望的土地空间	最低期望的基地空间	最低期望的距离空间	最低期望的形态空间	最低期望的感应空间
	最高期望	最高期望的土地空间	最高期望的基地空间	最高期望的距离空间	最高期望的形态空间	最高期望的感应空间

四、地球表层陆地空间系统的固守与拓展

以地球表层陆地空间系统为研究对象的地理科学，是否仅仅研究地球表层陆地空间系统中的问题而不涉及其他方面的内容呢？纵观地理学家的研究范围和学术视野，可以发现很多优秀的地理学家已将其学术研究渗透到其他诸多领域，并已取得了重要成果。所以，地理科学在以地球表层陆地空间系统为研究对象的科学研究过程中，已出现了学科边界扩张的态势：①向“地球陆地表层系统”的内涵扩张；②向“地球海洋表层系统”的范围扩张；③向“地球表层系统”的整体扩张；④向“地球系统”的深入扩张；⑤向经济学、社会学、教育学和伦理学等诸多学科的学科扩张。

其中，地理科学的学科扩张的重要基础特别是科学概念基础，是吴传钧院士等地理学家提出和阐述的地理科学的核心概念——人地关系地域系统——及其协调共生理论。运用它，可以从崭新的角度比较系统地思考这些学科的问题。很多地理学家和地理工作者，诸如云南师范大学长期致力于地理学基础理论研究的教授们，在科研实践中已将地理学的“人地关系地域系统”及其协调共生思想理论，运用到了区域现代化、义务教育区域均衡、高等教育区域均衡、农民区域增收、区域语言地理和东西部地区协调发展，不发达地区主体功能区区划等社会学、经济学、教育学、民族学和语言学等学科以及国

家哲学社会科学基金课题、国家教育科学基金课题和云南省重大课题的研究中。

地理科学研究的这些扩张特别是学科扩张，是地理科学具有生命力和创新力的表现。但地理科学还应该固守自己的学术家园，保持“领域扩张”和“核心固守”之间的必要张力。

第三节　地球表层陆地空间系统的界限与结构

《哲学通论》、《自然辩证法百科全书》和《系统科学大辞典》等论著比较系统地阐述了时间和空间的基本观念问题。时间和空间的概念与人类关于整个世界图景的认识密切相关，它不仅是哲学研究的对象，而且也是各门自然科学和人文社会科学研究的重要内容。基于哲学、自然辩证法和物理学关于时间和空间的观念，我们对地球表层陆地空间系统的界限与结构的研究也是从时间和空间的角度展开的，即地球表层陆地空间系统的空间界限和时间界限、地球表层陆地空间系统的空间结构和时间结构。综观地理科学（家）对地球表层陆地空间系统的认识和调控，自觉或不自觉地始终围绕着空间和时间。马克思主义哲学关于时间与空间的理论论述，是今后地理科学更好地从空间和时间框架来认识和调控地球表层陆地空间系统的指导思想。

一、地球表层陆地空间系统的界限

（一）地球表层陆地空间系统的空间界限

地球表层因其本身的过渡性、模糊性，以及被地理学工作者所认识和研究的程度等存在着差别，其范围、界限的划分有很多困难，且存在多种不同的意见。下面所讨论的空间界限是地球表层陆地空间系统的上下界限。它的水平界限就是大陆的边界。

1. 早期部分学者的意见

他们根据“地球表层的‘外部影响’显著减弱至很微弱处为地球表层上、下界限”的原则来划分界限。上界是大气圈平流层下部的臭氧层（约在海平面以上 25km 的高度处），下界位于一般震源所在的深度处（约在地下 70km 深处）。

2. 现代多数学者的意见

现代多数地理学家特别是自然地理学家认为其上界在大气圈对流层顶部，下界为沉积岩石圈底部，厚度 30～35km。其主要根据是：①对流层顶部是大气圈的物质成分和物理性质明显分异的界面之一；②沉积岩石圈底部则基本上是外营力——太阳能作用的最大深度；③在这个厚度内，太阳能是最根本的能源，发生多次转换和传递而使地球表层各部分和各要素发生紧密联系。

3. 现代部分学者的意见

近年来，一些学者认为前述给出的地球表层的厚度过大，缺乏实际意义，因而提出了狭义的界限。

（1）近地面活动层

苏联学者 C. B. 卡列斯尼克认为地理壳即地球表层，应限于表生作用环境，其主要受太阳的辐射能的直接作用，其厚度只有几十米至几百米。

(2) 直接相关环境

美国地理学家 A. N. Strahler 认为地理学研究的厚度空间主要是人类生存的地理环境，其范围应限于同人类生产、生活活动直接相关的空间范围。这种观点反映了一种讲求实际的地理学见解。由于人类活动空间的差异性，直接相关环境的厚度则还难有一个统一的标准。

(3) 自然地理面

我国学者牛文元在《自然地理新论》中提出了自然地理面概念。其上限在地表以上 50～100m 高度的“近地面边界层”的顶部，下限为太阳辐射能影响的终止线（即多年平均的地下温度和水下温度的变幅稳定线）；在陆地上为地下 25～30m 的深处，海洋中为 100m 的深处。

4. 空间界限的多标准性

英国 J. S. 卡德诺 1977 年在《自然地理学》中把地理学的研究分为三种尺度：全球尺度、区域尺度和地方尺度。苏联的索恰瓦 1978 年在《地理系统学说导论》中把地理系统的研究分成三个等级：行星级序、区域级序和局地级序。E. 纳夫曾根据量纲提出地圈（行星）公理、景观（区域）公理和方域公理。G. 哈泽引用他的观点，分出四种景观和土壤地理空间：局部空间、方域空间、区域空间和地圈空间。J. 德梅克也采取了 G. 哈泽的四尺度空间分法。我国学者陈传康教授和景贵和教授等也阐述了类似的见解。我们认为，地球表层可以分成不同级别或组织水平的地理系统，其三维空间有不同的尺度，上、下界限不能一概定死，而应因水平范围的大小有不同的上、下界限。同时，即使水平范围相同，而研究的问题不同，则其上、下界限也可不同。因此，地球表层陆地空间系统的界限是变化的。

(二) 地球表层陆地空间系统的时间界限

地球表层陆地空间系统的时间界限即起始的时期在什么时代？对于这个问题，应该从“纯粹自然地理意义”的地球表层陆地空间系统的时间界限和“综合地理意义”的地球表层陆地空间系统的时间界限两方面来思考。

从“纯粹自然地理意义”看，地球表层陆地空间系统的基本圈层包括五个，即大气圈、岩石圈、水圈、土壤圈和生物圈。地球表层陆地空间系统形成的时间应该是大气圈、岩石圈、水圈、土壤圈和生物圈这五个基本圈层全部形成的时间。在这五个圈层中，土壤圈和生物圈的形成时间较晚，是纯粹自然地理的地球表层陆地空间系统的形成时间。古地理学的研究表明，喜马拉雅运动后，现代地表形态（海陆分布和山川形势）已基本形成，气候带的分异已很明显，被子植物空前繁茂，特别是禾本科和豆科植物的发展及无林草原的出现，不仅形成了肥沃的土壤，而且为人类的诞生提供了条件。所以，这种界限可定为喜山运动结束的时期。这个时间应该是自然地理历史过程研究的主要起始时间。

从“综合地理意义”看，地球表层陆地空间系统的基本圈层包括六个，即大气圈、岩石圈、水圈、土壤圈、生物圈和智能圈。地球表层陆地空间系统形成的时间应该是大气圈、岩石圈、水圈、土壤圈、生物圈和智能圈这六个基本圈层完全形成的时间。在这六个圈层中，智能圈的形成时间最晚，是“综合地理意义”的地球表层陆地空间系统形成的时间。从文明演化史的角度看，这个时间可以大致确定为距今一万年前。这个时间应该是人文历史过程研究的主要的起始时间。在研究具体问题或具体区域时，这个时间界限是可以变化的，如对第一产业的研究和对第二产业的研究以及第三产业的研究的时间界限就不相同。

二、地球表层陆地空间系统的结构

系统论关于系统的结构的理论是我们研究地球表层陆地空间系统的结构的理论基础。《系统科学大辞典》给出了结构的定义：结构是指系统的各个组成要素相对稳定的相互联系、相互作用的方式，即系统内部的组织形式、结合方式和秩序。系统结构的形成，在于各要素之间的相互联系与相互作用。现代科学证明，这种相互联系与相互作用的实质是物质、能量和信息的交换和转换。很多学者比较系统地研究了地球表层的结构，将其分成水平结构和垂直结构。我们认为，地球表层陆地空间系统的结构不仅具有空间结构，而且还有时间结构。所以，对地球表层陆地空间系统的结构，要从空间结构和时间结构以及时空结构来认识。

（一）地球表层陆地空间系统的空间结构

系统论认为："空间结构是指系统各要素在空间上排列组合形成的稳定结构。它标志着系统的广延性，表现为各要素之间在数量上保持一定的比例关系和排列关系，在性质上相互协调与适应。"在研究地球表层陆地空间系统的空间结构时，对于系统论关于空间结构的定义中的"要素"应做宽泛的理解。一方面，要素是指组成地球表层或其某一级别子系统的各种地理要素（包括自然地理要素和人文地理要素）；另一方面，对地球表层陆地空间系统的非最末级的地域子系统而言，这里的要素除了上述的理解之外，还指这个地域子系统的下一级地域单元。所以，地球表层陆地空间系统及作为其子系统的"地域（或区域）"的空间结构，具有要素结构属性和地域结构属性。这两种属性决定了应该从"要素结构"和"地域结构"两个方面来认识、研究和科学调控地球表层陆地空间系统及作为其子系统的"地域（或区域）"的空间结构。

1. 地球表层陆地空间系统的要素结构

地球表层陆地空间系统及作为其子系统的"地域（或区域）"的地理要素结构，是指其地理要素之间通过能量流、物质流和信息流而相互联系、相互作用形成的具有复杂因果反馈关系的空间结构。它包括自然地理要素结构、人文地理要素结构和综合地理要素结构。从地理要素结构与自然地理要素结构、人文地理要素结构和综合地理要素结构这四个概念之间的层位关系看，自然地理要素结构、人文地理要素结构和综合地理要素结构是地理要素结构的下位概念或子系统，地理要素结构是空间结构的下位概念或子系统。

（1）自然地理要素结构

地球表层陆地空间系统及作为其子系统的"地域（或区域）"的"自然地理要素结构"，是指其诸多自然地理要素之间通过能量流、物质流和信息流而相互联系、相互作用形成的具有复杂因果反馈关系的要素结构。它可以包括 2 个自然地理要素结构、3 个自然地理要素结构、4 个自然地理要素结构和全自然地理要素结构。它影响或决定了这个地域的自然地理环境的总特点和功能，还在一定程度上决定了这个地域的人文地理要素结构和综合地理要素结构。

（2）人文地理要素结构

地球表层陆地空间系统及作为其子系统的"地域（或区域）"的"人文地理要素结

构”，是指其诸多人文地理要素之间通过能量流、物质流和信息流而相互联系、相互作用形成的具有复杂因果反馈关系的要素结构。它可以包括 2 个人文地理要素结构、多人文地理要素结构和全人文地理要素结构。它影响或决定了这个地域的人文地理环境的总特点和功能，还在一定程度上决定了这个地域的综合地理要素结构和自然地理要素结构。

（3）综合地理要素结构

地球表层陆地空间系统及作为其子系统的“地域（或区域）”的“综合地理要素结构”，是指其诸多自然地理要素与诸多人文地理要素之间通过能量流、物质流和信息流而相互联系、相互作用形成的具有复杂因果反馈关系的要素结构。它影响或决定了这个地域的综合地理环境的总特点和功能，还在一定程度上决定了这个地域的自然地理要素结构和人文地理要素结构。

（4）有待解决的科学问题

上述只是对地理要素结构进行分析的逻辑框架。迄今尚有很多这方面的科学问题没有解决。例如，缺少对地理要素结构、自然地理要素结构、人文地理要素结构和综合地理要素结构进行测度的方法和评价标准（即什么样的要素结构是好的以及好到什么程度的评价标准）。又如，从系统论关于“系统的结构决定系统的功能”的思想看，地球表层陆地空间系统及作为其子系统的“地域（或区域）”的功能，显然取决于其地理要素结构。这三种地理要素结构对于区域的功能的作用或影响是同等重要的，但作用的主次程度是否相同呢？主次程度如何测度呢？

2. *地球表层陆地空间系统的地域结构*

（1）地域结构的事例分析

1）“地域的类型”的事例分析。从地域分异的角度看，某地域 R 在“地域分异因素”的作用下分异出 R_1、R_2 和 R_3；R_1 在地域分异因素的作用下分异出 R_{11}、R_{12} 和 R_{13}；R_2 在地域分异因素的作用下分异出 R_{21}、R_{22}、R_{23} 和 R_{24}；R_3 在地域分异因素的作用下分异出 R_{31} 和 R_{32}。

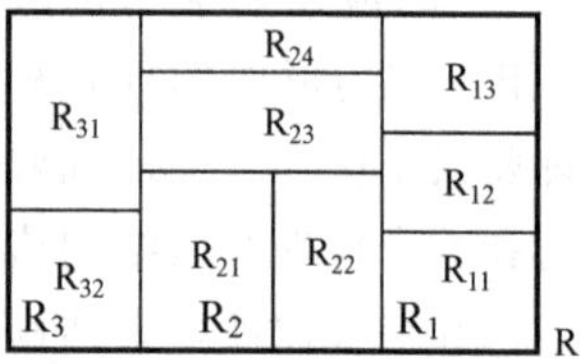

图 1-2　地域系统示意图

从地域组合的角度看，地域 R_{11}、R_{12} 和 R_{13} 在“地域组合因素”的作用下组合成 R_1，R_{21}、R_{22}、R_{23} 和 R_{24} 在地域组合因素的作用下组合成 R_2，R_{31} 和 R_{32} 在地域组合因素的作用下组合成 R_3；地域 R_1、R_2 和 R_3 在地域组合因素的作用下组合成 R。这样构成了一个地域系统（图 1-2）。这个地域系统示意图很简单，但却非常重要，是地理科学基本的理论思维图形工具。从图形分析，可以得到地理科学关于地域或区域的一个基本认识，即任何地域都不是孤立的而是地域系统中的地域。这是地理科学关于地域或区域的公理之一。

现在研究地域 R_2。R_2 的发展显然和与其有关的地域有关系。与地域 R_2 可能有关的地域有哪几个？从地域系统示意图可以直观地看出，与地域 R_2 可能有关的地域有 7 个：R，R_1 和 R_3，R_{21}、R_{22}、R_{23} 和 R_{24}。与地域 R_2 可能有关的地域有哪几类？从个数的分析可以知道，与地域 R_2 可能有关的地域有 3 类：第一类是与地域 R_2 同等级并同从属于较高级的地域 R 的 R_1 和 R_3；第二类是比地域 R_2 高一个等级且地域 R_2 所从属的地域 R；第三类是比地域 R_2 低一个等级并从属于地域 R_2 的地域 R_{21}、R_{22}、R_{23} 和

R_{24}。现在对这三类与地域 R_2 有关的地域进行定义：第一类为地域 R_2 的相关地域，第二类为地域 R_2 的背景地域，第三类为地域 R_2 的次级地域。另外，可以将地域 R_2 定义为基本地域即主要研究的地域。

2）“地域结构的类型”的事例分析。与地域 R_2 有关的地域结构包括：第一类地域结构是地域 R_2 的相关地域结构即地域 R_2 与它的相关地域 R_1 和 R_3 之间相互联系相互作用所形成的地域结构；第二类地域结构是地域 R_2 的背景地域结构即地域 R_2 与它的背景地域 R 之间相互联系相互作用所形成的地域结构；第三类地域结构是地域 R_2 的次级地域结构即地域 R_2 的次级地域 R_{21}、R_{22}、R_{23} 和 R_{24} 之间相互联系相互作用所形成的地域结构。

（2）地域结构的理论总结

现在，以事例分析为基础进行地域的类型和地域结构的类型的理论总结。将主要研究的那个地域定义为基本地域。与基本地域有关的地域有三类：次级地域、相关地域和背景地域。与基本地域有关的地域结构有三类，即次级地域结构、相关地域结构和背景地域结构。

1）地域的类型。某基本地域的次级地域是比其低一个级别并从属于其本身的地域。某基本地域的相关地域是与其同级并共同从属于同一个较高级别地域的地域。某基本地域的背景地域是比其高一个级别并且其所从属的地域。

2）地域结构的类型。这三级结构——空间结构、地域结构、次级地域结构和相关地域结构及背景地域结构——之间的关系是：等级相同的次级地域结构、相关地域结构和背景地域结构分别是地域结构的子系统或下位概念；地域结构是空间结构的子系统或下位概念。

某基本地域的地域结构是指它和与其有关的地域之间通过能量流、物质流和信息流而形成的具有因果反馈关系的空间结构。某基本地域的次级地域结构是指它的次级地域之间通过能量流、物质流和信息流而形成的具有因果反馈关系的地域结构。某基本地域的相关地域结构是指它与它的相关地域之间通过能量流、物质流和信息流而形成的具有因果反馈关系的地域结构。某基本地域的背景地域结构是指它与它的背景地域之间通过能量流、物质流和信息流而形成的具有因果反馈关系的地域结构。

（3）有待解决的科学问题

地域是一个系统，其功能与它的地域结构有关。地域功能（G）决定于地域结构（J）等方面因素的综合作用。仅就地域功能（G）与地域结构（J）之间的关系看，有 $G=f(J)$。而地域结构包括次级地域结构、相关地域结构和背景地域结构，这三种地域结构对地域功能所起的作用怎么样呢？这三种地域结构对地域功能的作用是同等重要的，但作用的程度则不一定相同。可能的情况有两种。第一，对于各种类型的地域，这三种地域结构所起的作用同等重要，但对于不同类型的地域，不同结构作用的程度可能不同，有的类型起最主要作用的是相关地域结构；有的类型起最主要作用的是次级地域结构，有的类型起最主要作用的是背景地域结构。第二，对同一个地域而言，三种地域结构所起的作用同等重要，但在它不同的发展阶段上，不同结构作用的程度可能不同；在有的发展阶段上起主要作用的是次级地域结构，在有的发展阶段上起主要作用的是相关地域结构，在有的发展阶段上起主要作用的是背景地域结构。

但到底是不是这样的呢？这是有待进行系统研究的问题。地理科学期待我们的思考和答案！

（二）地球表层陆地空间系统的时间结构

1. 时间结构的含义

地球表层陆地空间系统的时间结构，是指地球表层陆地空间系统及作为其一部分的“区域”或“地域”按着时间的进程所呈现出来的有规律有秩序的流动性、变动性结构。时间结构的存在说明系统没有不变的结构，任何结构都有自己产生、发展到消亡的历史。根据协同理论，地球表层陆地空间系统及作为其一部分的“区域”或“地域”的时间维度，是由慢变量和快变量共同决定的。而慢变量和快变量又是相对的。例如，在这一层次上看，某变量是慢变量；而在高一级层次上看，某变量可能是快变量。

2. 时间结构的事例

（1）时间结构的事例Ⅰ

图 1-3 给出了某一地理事物、过程、现象的最简单的一种抽象模式曲线。这条结构曲线可以分成两条曲线。一条曲线是一次函数（曲线Ⅰ），另一条是正弦函数（曲线Ⅱ）或 S 形曲线，因此这条结构曲线是以一次函数曲线（Ⅰ）为横轴的正弦函数曲线。那么，与一次函数曲线对应的参量就是慢变量，与正弦函数曲线对应的就是快变量。慢变量决定事物发展趋势，快变量只是影响慢变量而使地球表层表现出节奏性，这种节律就是地球表层的时间结构。事实上，时间结构并不全是如正弦函数一样的标准周期函数，还有非标准函数的情况，即旋回性。因此，地球表层的时间结构应包括旋回性结构、周期性结构和阶段性结构。前者有地质旋回、气候旋回（又可细分成世纪内旋回、超世纪旋回和冰期-间冰期旋回）。后者则主要表现为昼夜节律、季节节律、经济节律等。另外，经济地理和人文地理学中也确实存在各种周期结构或旋回结构和阶段结构。这是今后努力探讨的基础理论问题。认识和揭示地球表层各个不同空间尺度的时间结构，对于实现人地共生是有重要作用的。人类的行为应当遵循时间结构。

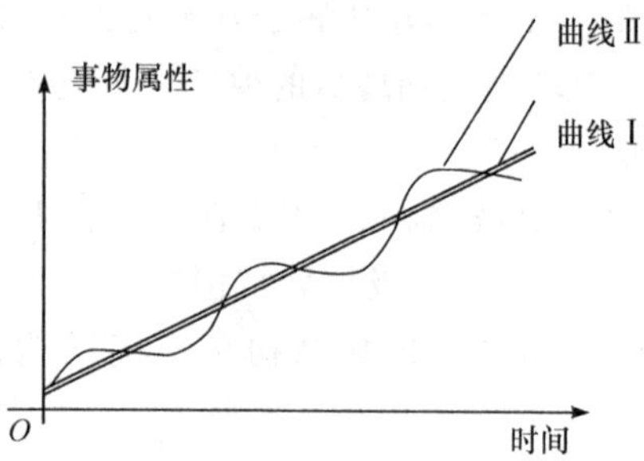

图 1-3　时间结构曲线

（2）时间结构的事例Ⅱ

方创琳研究员在其《区域发展战略论》中阐述了区域发展的轮回性问题。综观古今中外区域发展的历史进程，特定区域的发展过程都大致经历了这样的发展轮回（图 1-4）：第一发展周期，发展前期准备阶段 QD1→初步发展阶段 CD1→大规模加速发展阶段 JD1→发展鼎盛阶段 DD1→发展衰退阶段 SD1；第二发展周期，再发展前期准备阶段QD2→再发展初级阶段 CD2→大规模加

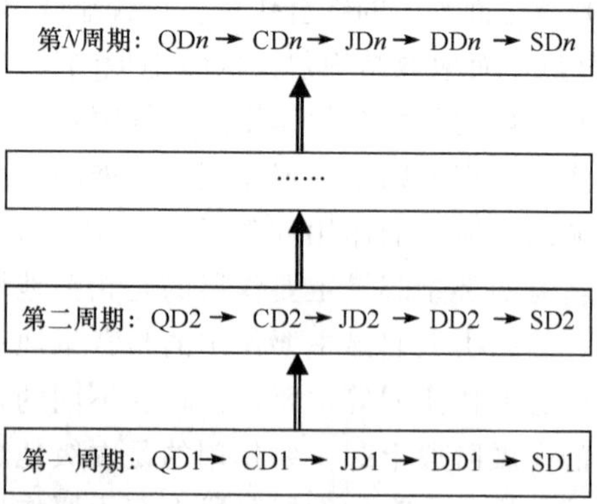

图 1-4　区域发展的轮回性

速再发展阶段 JD2→再发展鼎盛阶段DD2→再发展衰退阶段 SD2……第 N 发展周期，发展前期准备阶段 QDn→初步发展阶段 CDn→大规模加速发展阶段JDn→发展鼎盛阶段DDn→发展衰退阶段 SDn。后一周期是在前一周期发展结果的基础上的再发展周期。由于各个区域的资源禀赋条件、区位条件和市场空间条件等不同，参与上述发展轮回的内容有很大区别。例如，在自然资源十分丰富的区域，先以资源开发为主体发展内容，资源开发到一定程度时再以产业发展为主体发展内容，产业发展到一定程度时转向市场开发、技术发展和知识发展为主体发展内容。而在没有自然资源优势而区位条件优越的区域，则直接以产业组织与产业发展为主体内容，以域外资源开发为依托；当产业发展到一定程度时，转向市场开发、技术发展和知识发展为主体发展内容。这只是一般的发展过程。而一个区域到底沿着什么样的路径去发展，这要具体情况具体分析。

3. 有待解决的科学问题

从 20 世纪末叶以来，地理科学高度重视了时间结构问题。时间结构的研究大致可以分成如下两个方面。

1）地理事物 Y 及其主要影响因素或要素 X（X_1，X_2，…，X_i，…，X_n），即有 $Y=f$（X_1，X_2，…，X_i，…，X_n）。已知 X_1，X_2，…，X_i，…，X_n 的时间结构 S_{X1}，S_{X2}，…，S_{X_i}，…，S_{X_n}，求 Y 的时间结构 S_Y。从理论上看，这就要看 X（X_1，X_2，…，X_i，…，X_n）对 Y 的作用的程度或贡献率。Y 的时间结构 S_Y 取决于 X（X_1，X_2，…，X_i，…，X_n）对 Y 作用程度或贡献率和它们作用的时间尺度。

2）地理事物 Y 及其主要影响因素或要素 X（X_1，X_2，…，X_i，…，X_n），即有 $Y=f$（X_1，X_2，…，X_i，…，X_n）。已知 Y 的时间结构 S_Y，求 X_1，X_2，…，X_i，…，X_n 的时间结构 S_{X1}，S_{X2}，…，S_{X_i}，…，S_{X_n}。从理论上看，这就要看 X（X_1，X_2，…，X_i，…，X_n）对 Y 的作用的程度或贡献率。Y 的时间结构 S_Y 取决于 X（X_1，X_2，…，X_i，…，X_n）对 Y 作用程度或贡献率和它们作用的时间尺度。

第四节　地球表层陆地空间系统的认识历程

白光润教授从认识论的角度正确地将人类认识地球表层陆地空间的历史划分为现象空间认识阶段、形态空间认识阶段和系统空间认识阶段等。这些阶段与地理科学的发展历史和人类社会的发展历史有明确的对应关系。在不同的认识阶段和认识水平上，人们对地理空间的认识角度和认识程度是不尽相同的。在这节中只是简要阐述人类对地球表层陆地空间系统的认识历程。这一认识历程恰与地理科学研究维度具有同一性，即“历史与逻辑同一”。关于地理研究维度本书将在第五章系统阐述。需要指出的是，“地理空间”并非“几何空间”。几何空间是地理空间的本体基础、认识基础和方法基础。

一、认识历程Ⅰ：现象空间认识阶段

在地理学产生之初，人们主要关注并研究的问题是关于地理事物的分布问题，即关注哪里有什么或在什么地方分布什么这样的问题，而很少关注这样分布的原因。同时，

即使是对所关注的具体分布（而不是分布规律）问题的回答，其答案之中也有很多猜测臆想的成分。这属于对地理空间认识的现象空间认识阶段。

二、认识历程Ⅱ：形态空间认识阶段

洪堡和李特尔时代后，地理学进入了近代时期。在这个时期，人们对地理空间的认识，不仅寻求地理事物的具体分布，而且寻求地理事物的分布规律以及这种分布规律的形成原因。同时，明确地注意到自然、社会的区域差异，弄清了地表的地带性结构等问题。这属于对地理空间认识的形态空间认识阶段。

三、认识历程Ⅲ：系统空间认识阶段

20 世纪 60 年代，地理学进入了现代发展阶段，对地理空间的认识也开始了新的阶段——系统空间阶段。现代地理学对地理空间的系统认识，将地球表层空间系统作为一个有机联系的整体加以研究，对于地理事物的分布与分布规律以及成因的认识则借助于空间结构模型。同时，借助有关模型，地理学开始了对地理事物的未来状况的认识即地理预测。

问题与讨论

一、常规性问题与讨论

1. 确定地理科学的研究对象有什么重要意义？
2. 国外主要有哪些关于地理科学的研究对象的观点？
3. 国内主要有哪些关于地理科学的研究对象的观点？
4. 地球表层系统有哪些基本特征？它与地球系统的哪些子系统有密切关系？
5. 地理科学的研究对象是什么？
6. 地理空间包括哪些类型？
7. 什么是地球表层陆地空间系统或某区域的空间结构？
8. 什么是地球表层陆地空间系统或某区域的时间结构？
9. 人类或地理学家群体对地球表层陆地空间系统的认识包括哪些阶段？
10. 阅读《地理学报》等期刊的有关文章，看看作者是怎样理解地理科学的研究对象的。

二、研究性问题与讨论

1. 如何理解地理科学研究对象的适度扩张和固守？
2. 应该怎样回答“地理科学的研究对象”这个问题？
3. 在“系统空间认识阶段”，地理科学应该从哪些角度研究或表达地理事物呢？
4. 检索杰出的科学家竺可桢院士关于中国历史时期气候变迁的学术论文，分析他是怎样揭示中国气候变化的时间结构的。
5. 收集你所在省（自治区、直辖市）或地、市、州的历年的总量 GDP、人均 GDP、第一产业总量 GDP、第二产业总量 GDP、第三产业总量 GDP、第一产业人均 GDP、第二产业人均 GDP、第三产业人均 GDP 的数据，研究它们的时间变化，看是否有时间结构。
6. 收集你所在省（自治区、直辖市）的各个地、市、州的历年的人均 GDP、第一产业人均 GDP、第二产业人均 GDP 和第三产业人均 GDP 的数据，研究它们之间的人均 GDP 的区域差距、第一产业人均 GDP 的区域差距、第二产业人均 GDP 的区域差距和第三产业人均 GDP 的区域差距，看看第一产业人均 GDP 的区域差距、第二产业人均 GDP 的区域差距和第三产业人均 GDP 的区域差距分别是怎样影响人均 GDP 的区域差距的。

第二章　地理科学的研究核心

作为地理科学研究对象的地球表层陆地空间系统，是一个复杂的巨系统，需要研究的问题很多。其研究核心是什么呢？这是地理科学发展到现代阶段必然要面对的基本理论问题，也是地理学家势必要回答的重大问题。回答这个重大问题要遵循理论创新的最高原则——“历史与逻辑同一”的原则。探讨“地理科学的研究核心是什么”这个问题，并给出“地理科学的研究核心是人地关系地域系统”的科学结论，使地理科学对人地关系的研究“地域化”（或“区域化”）即地理科学应从地域或区域角度研究人地关系，对地域或区域的研究“人地化”即地理科学应从人地关系角度研究地域或区域。这是中国当代地理科学（家）对全世界地理科学的杰出贡献之一。

第一节　地理科学研究核心的基本根据

一、历史根据

（一）地理科学的理论成就

就地理科学发展来讲，以第二次世界大战为分界，过去的百年可分为前后两个时期。第二次世界大战以前，是近代地理学发展的后期。这个时期是区域地理学和部门地理学（又称系统地理学）发展的黄金时代，同时景观学在这个时期内也突飞猛进，因而这个时期又可以称为“三驾马车”的时代。

区域地理学经过赫特纳和哈特向这两位学术巨擘在理论方面的塑造，已成为这一时期地理学的主流意识。赫特纳的区域因果描述体系、哈特向的区域差异认识论，贯穿于地理教育、学术研究之中，基本上得到地理科学家的认可，成为那个时代地理科学的主要范式。

部门地理学继续了 19 世纪以来的科学分化大趋势，其发展到了前所未有的高度。其中以自然地理学领域表现最为明显，发展最快、最成熟的是地貌学、气候学。A. 彭克以地貌为佐证的第四纪冰期说，其贡献超出了地理学、第四纪地质学的学科范畴；柯本的气候分类、戴维斯的侵蚀循环论都是那个时代辉煌的学术成就。道库恰耶夫的自然地带学说为以后发展起来的景观学奠定了理论基础。接踵而来的景观学思想（贝尔格、卡列斯尼克）、自然综合体思想（伊萨钦柯）、文化景观思想（索尔）、景观生态学思想（特罗尔），体现了 20 世纪地理学与 19 世纪地理学的明显差异，孕育了 20 世纪后半期地理学的综合研究趋势。

从方法论上讲，这一时期的地理学基本停留在对地理差异的认识和解释上。由于区域地理学虽然具有综合的框架，但实际上只是因果叙述序列的集合，而且景观学着眼于自然的整体过程的研究或人类自然过程影响的研究，理论研究的深度主要表现在部门地理学上。这个时期的地理学，人文与自然基本是不相干的，认识论上基本是二元论的。

第二次世界大战以后是地理科学最活跃的时期，是地理学动荡的、革命的、多样的、多元的时代。先是在美国，而后在英语圈最后波及整个世界，地理学发生了一系列以方法论为先导的“革命”运动，与之相伴研究的主要对象和领域也随之发生转移。20世纪60年代的“计量革命”“理论革命”，70年代的“行为革命”，80年代的“生态思潮”，90年代的“信息革命”方法论也随之不断变更，呈现多元化的趋势，以致在国际地理学会上有的学者说：“真不明白五花八门的我们是为什么坐在一起的。”尤其在人文地理学领域，逻辑实证主义、结构主义、人本主义、激进的马克思主义等，多种方法论并存并彼此争论不休。如果用库恩科学理论来说，这是一个旧的范式被否定、新的范式还未得到认同或还未真正出现的时代。虽然这与在西方流行的后现代主义思潮影响有关，但在地理学中反应这么强烈至少说明地理科学处在一个关键的时期：要么在争吵、泛化中衰退下去，要么逐渐形成有别于其他科学方面的主流范式，迎来质的飞跃的新发展时代。这个时期理论研究也有很大进步。最明显的是来自地球科学的板块运动学说为自然地理学、地貌学提供了基本理论依据的认识框架；全人类普遍认同的可持续发展理论为地理科学的人地关系研究提供了认识框架。另外，在地理科学内部尽管还有争论但也产生了较为普遍被认同的理论成果，如重力模型、中心地理论、扩散理论、城市序位理论、行为地理理论等。

这一时期比较明显的特点就是空间主义的复兴。本来区位论、中心地理论都是前半期的产物，但在那个时代并未受到重视，甚至被视为异类，而在后半期被大大地发扬光大了。其次，是对地理环境中人的意义的重视。再次就是大家都感觉到的信息化研究手段的广泛应用。

我国地理科学在改革开放前是处于封闭状态的，尽管也有自己的特点，但基本走的是一条遵循苏联地理学的二元化发展路径。当我们与世界接轨时，“计量革命”“理论革命”“行为革命”的风云已经过去。虽然我们缺了这一课，但也避免了动荡和矛盾。经验和教训一起摆在我们的面前，使我们少走了弯路，而且可以更为全面地审视过去，面向未来。

（二）地理科学的中心课题

吴传钧院士在1979年召开的中国地理学会第四次全国代表大会上作了题为“地理学的昨天、今天和明天”的学术报告，后以《地理学的特殊研究领域和今后任务》为题发表在《经济地理》创刊号上。他在对地理分布、地理环境和人地关系等基本概念的内涵进行阐述后，提出了地理科学特别是人文地理学研究的特殊领域是“人地关系的地域系统”的重要观点。他在《论地理学的研究核心》一文中，进一步阐述了地理科学的研究核心是人地关系地域系统的著名论断。如同其他学科一样，地理科学研究的中心课题是变化的，在不同的历史时期各有不同的侧重。它取决于地理科学自身发展的程度与解决问题的能力以及社会经济发展对地理科学的需求等的综合作用。仅就20世纪以来，地理科学的中心任务存在明显的变化序列。吴传钧院士在“国土整治和地理学的理论研究”等报告和有关论著中，系统阐述了地理科学中心任务的变化。

近代地理科学在20世纪30年代前，以“空间分布科学”的特点而跻身于科学之林，以全面研究各种自然环境要素和人文现象的分布为中心。到了40年代，深化为地域差异的研究，不是孤立地研究某一个地区，而是联系有关地区进行对比，分析其本质差异。第二次世界大战后，各国地理事业有了长足的进展。经济发达国家在大学中增设了更多的地理系。地理科学的专业队伍日益扩大，从有关学科引进了不少理论，运用数学方法、计算机、遥感和其他新测试手段，工作方法有所革新，这门学科从而进入到现代地理科学的新阶段，其发展更为迅速。50 年代，地理科学在地域差异研究的基础上又深化一步，进而以研究自然和人文景观的分类和地域类型为中心，并开展了为认识客观存在的自然综合体为目的的自然区划、为因地制宜发展农业生产服务的农业区划和为配合地区经济综合发展而着手的经济区划研究。60 年代，在世界主要国家工业大发展的形势下，为进行生产力的合理布局，区位的研究成为地理科学特别是人文地理科学的研究中心，并开始利用计算机和数学模式来处理多种变数，以精确度量人类活动和自然环境的复杂关系、地域差异以及变化，以数学上的函数关系来取代文字上的因果说明。这一称为“数量革命”的方法论研究热潮，促使地理科学从描述解释为特征的科学转化为总结归纳客观规律的科学。70 年代，紧跟“数量革命”之后，地理科学在和有关学科加强交叉联系的过程中，又出现了“理论革命”的热潮。其中心是运用系统论的观点来探讨事物的相互关系，加强了自然与人文的联系和综合，并重视地理现象的动态过程研究。在以往的 20 年中，由于地理科学的发展片面强调专业分化而一度被冷落了的区域地理科学，终于又被提高到重要的地位。很多学者认为地理工作者由于基础训练比较宽广，特别长于研究人类与环境的关系，因此以地区为单元来分析人类活动与自然环境相互关系为主旨的区域地理科学，应是地理科学应用层次的当然核心。它能最完美地反映地理科学的地域性和综合性相结合、在地域性基础上的综合性的特点，于是复兴区域地理科学就成为一时的中心。80 年代，在世界人口加快增长、资源供求失调、环境质量恶化、城市扩展失控的形势下，进行区域的综合开发研究就成为地理科学研究的中心，着重探讨资源的地域组合，分析地区的优势和潜力，提出开发建设的最佳地域社会经济结构，强调全面兼顾经济效益、社会效益和环境效益。90 年代以来，面对全人类社会的首要重大任务——施行可持续发展战略——这样的形势，地理科学以其擅长于区域和人地关系及其耦合的优势而表现出独特的价值。它对于可持续发展特别是区域可持续发展的理论研究与实证研究具有其他学科无法替代的作用。区域可持续发展的理论研究与实证研究以及“（区域）可持续发展学”的构建与发展，已成为地理科学的前沿课题。21 世纪初以来，党和国家在对国情科学认识的基础上，提出并高度重视科学发展，提出了编制并施行“主体功能区规划”的重要任务，其重要科学基础是“主体功能区区划”。这也成为中国地理科学（家）为社会经济发展服务的重要领域。

纵观 20 世纪以来不同时期地理科学的中心任务的变化，可以发现两点。第一，虽然这些中心任务的具体内容和名称有较大的差别，但却始终没有脱离人群活动与地理环境之间的关系问题即人地关系问题。研究人地关系问题的学科，并非仅有地理科学，但以地域为单元和基础，着重研究人地关系的地域系统的唯有地理科学。地理科学对人地关系的研究是以一定的区域为研究范围的，没有脱离地域或地域系统。第二，地理科学始终在关注区域或地域问题，但关注的角度是人群活动与地理环境之间的关系即人地关系。所以，地理科学实践及其发展决定了地理科学的研究核心，不是人地关系，也不是区域（系统），而是两者的综合，即人地关系地域系统。

二、逻辑根据

地理学家李春芬教授在其《地理学的传统与近今发展》中，将地理学研究的核心问题或主要问题归纳为空间与过程的研究、生态研究和区域研究三个方面。现代地理科学和近代地理科学一样，重视地理事物的分布与形成过程的综合研究，特别强调原因以及这些原因的作用机制。现代地理科学强调地理事物的分布规律和分布模式及其形成过程、形成机制的研究，为生产布局服务。地理学对于人地关系的研究，“绝不是地理学一门学科更不是它的某一门分支学科所能承担得了的，它涉及自然地理、人文地理、区域地理以及其他分支学科，而且需要与其他有关学科共同协作，互相渗透。在相互协作和渗透中，地理学还可以找出它的新生点。”现代地理科学既重视区域个别规律的研究，又重视区域一般规律的研究；既重视个体区域的研究，又重视区域之间关系的研究。他写道：“关于地表事物分布的空间研究，必然涉及人地关系和具体地区。而人地关系的研究既牵连地表事物或现象的分布，也离不开具体地区。因为这种关系因地而异，受不同地区的自然和人文因素的制约。同样，地区的研究，以地表事物或现象的分布为基础，以人地的生态关系为重要内容。一个区域的特征，不少就是由人地关系来体现的。”

据此，李春芬教授将地理科学的研究概括为三种分析：空间分析（spatial analysis）、生态分析（ecological analysis）和地域综合体分析（regional complex analysis）。通过空间分析，探索地理事物和现象的分布模式的形成和变动；通过生态分析，研究人文因素和环境因素的相互关系；通过地域综合体分析，着重研究区域和区际联系与交流。这三个方面又可以归纳成两个大系统——连接人与地的生态系统和连接区际关系的空间系统或地域系统。地理学主要研究两大系统的结构与相互作用。两者的结合就是人地关系的地域系统。它是地理科学研究的中心课题。

第二节　人地关系地域系统的科学内涵

一、“人地关系地域系统”中的“人地关系”

对于人地关系这一地理科学的重要科学概念，地理学家们的认识或定义角度尚存在很大的差别，形成了不同的认识或角度。

1. 不加区域界定的人地关系的概念

这种概念，泛指人类与地理环境之间的关系。这种定义存在着没有具体界定区域等方面的问题，是哲学思辨的概念，而不是地理科学的概念。

2. 不加区际界定的人地关系的概念

这种概念，将人地关系定义为某区域的人地关系是指这个区域内的人的群体的活动与这个区域内的资源和环境条件之间的关系。这个角度要好于第一种角度，增加了区域界定，但也还存在着问题。这是因为，某一个区域的人地关系的状况，并不是由这个区域内的人的群体活动与这个区域内的资源和环境条件之间的关系决定的，而是由这个区域内的人的群体的活动与这个区域内的资源及环境条件之间的关系和这个区域和与其有关的区域之间的关系共同决定的。例如，我国西部在过去某些地区的人地关系状态处于人地冲突或临近冲突的状态，并不仅仅是由这个区域内的人的群体活动与这个区域内的资源和环境之间的关系决定的，而且还是由东部地区无偿或低廉使用这里的资源和环境而导致的。

3. 不加过程界定的人地关系的概念

这种概念，将人地关系定义为某区域的人地关系是指这个区域内的人的群体活动与这个区域内的资源及环境条件之间的关系和与这个区域有关的区域之间关系的总和。这个角度要好于第二种角度，增加了区域联系，但也还存在问题。这是因为，某一个区域的某一时期的人地关系的状况，不仅是由这个时期内的这个区域内的人的群体活动与这个区域内的资源及环境条件之间的关系、这个区域和与其有关的区域之间的关系共同决定的，而且还取决于这个区域历史时期的人地关系的状态以及规划的、未来时期的人地关系的状态。

4. 不加时空界定的人地关系的概念

这种概念，将人地关系定义为某区域的某时期的人地关系是指这个区域内的人的群体活动与这个区域内的资源及环境条件之间的关系和与这个区域有关的区域之间关系以及历史继承（乃至未来规划）关系的总和。这个角度要好于第三种角度，增加了历史时期的人地关系和规划未来时期的人地关系对某一时期的人地关系的作用，但也存在着问题。最理想的是，能将空间关系和时间关系统一起来，即将这个区域内的人的群体活动与这个区域内的资源和环境条件之间的关系、与这个区域有关的区域之间关系及历史继承（乃至未来规划）关系这三者能写出一个或一组方程。

二、“人地关系地域系统”中的“地域系统”

人地关系地域系统中的地域系统有两个理解的角度：要素关系角度和地域关系角度。

1. 要素关系角度的概念：“要素地域”系统

“人地关系地域系统”中的“地域系统”，是指某一个地域内的各种地理要素（自然地理要素、经济地理要素和人文地理要素）之间通过能量流、物质流和信息流等和各种因果反馈关系而形成和维持的系统。其中，等级较高的是“这个地域内”的“人的群体活动”子系统与“这个地域内”的“资源和环境”子系统之间的“人－地关系”。目前绝大多数学者是这样理解“地域系统”的。

2. 地域关系角度的概念：“地域地域”系统

“人地关系地域系统”中的“地域系统”，是指某一个地域和与其有关的其他地域——它的背景地域、相关地域和次级地域之间通过能量流、物质流和信息流等和各种因果反馈关系而形成与维持的系统。

三、人地关系地域系统的含义与规定

“人地关系地域系统”在理解为“关于人地关系的地域系统”的基础上，还可以理解为“关于地域系统的人地关系”。关于这一广义理解，笔者曾请教吴传钧先生，并得到他的赞同和表扬以及鼓励。这样理解的人地关系地域系统才更为全面。

（一）人地关系地域系统的含义与规定Ⅰ及人地关系公理

1. 含义与规定

“人地关系地域系统”可以理解为“关于‘人地关系’的‘地域系统’”。这是绝大多数地理学家和地理工作者所理解的人地关系地域系统。正如吴传钧院士指出的那样，“人地关系地域系统是以地球表层一定地域为基础的人地关系系统”。这种理解规定了地理科学对地域系统研究的主要角度是人地关系。如何进行以地域为基础的人地关系的系统研究呢？建立人地关系公理是必要的和必然的。

2. 人地关系公理

人地关系地域系统中的人地关系具有如下三种属性，它们构成了地理科学关于人地关系公理体系乃至形式体系的公理系统。①公理Ⅰ：任何人地关系都是地域系统的人地关系。地理科学所理解和研究的人地关系都是一定地域内的人地关系，其状态取决于这个地域以及与这个地域有关系的诸多地域的性质和特征。②公理Ⅱ：任何人地关系都是人与地因果反馈的人地关系。这里存在着地对人的作用和人对地的作用，有些情况地对人的作用表现突出，有些情况人对地的作用表现突出。③公理Ⅲ：任何人地关系都是发展过程中的人地关系。任何人地关系在某一时期的总体特征还取决于这个地域在过去历史时期的特征乃至未来规划时期的发展期望。

（二）人地关系地域系统的含义与规定Ⅱ及地域系统公理

1. 含义与规定

“人地关系地域系统”可以理解为“关于‘地域系统’的‘人地关系’”。这是需要地理学家和地理工作者拓展理解的人地关系地域系统。这种理解规定了地理科学对于人地关系研究的主要角度是地域系统。如何进行以人地关系为主要角度的地域系统研究呢？建立地域公理是必要的和必然的。

2. 地域系统公理

人地关系地域系统中的地域具有如下三种属性，它们构成了地理科学关于地域或区域的公理体系乃至形式体系的公理系统。①公理Ⅰ：任何地域都是人地关系的地域。任何地域在某一时期的总体特征取决于这个地域内的人的群体活动与这个地域内的资源环境之间的关系。②公理Ⅱ：任何地域都是地域系统中的地域。任何地域在某一时期的总体特征还取决于这个地域和与其有关的诸多地域之间的关系。③公理Ⅲ：任何地域都是发展过程中的地域。任何地域在某一时期的总体特征还取决于这个地域在过去历史时期的特征乃至未来规划时期的发展期望。所以，某一个地域在某一时期的状态取决于：这个地域内的人和这个地域内的地之间的关系、其他地域对这个地域的作用、这个地域的历史时期的状态以及未来规划时期的发展期望。

第三节 人地关系地域系统的研究内容

吴传钧院士在《论地理科学的研究核心》及《国家自然科学学科发展战略调研报告：地理科学》中指出人地关系地域系统研究的主要内容，包括：①人地关系地域系统的形成过程、结构特点和发展趋势的理论研究。②人地系统中各子系统相互作用强度的分析、潜力估算、后效评价和风险分析。③人与地两大系统之间相互作用和物质、能量传递与转换的机制，功能、结构和整体调控的途径与对策。④地域的人口承载能力分析，关键是预测粮食增产的幅度。⑤建立一定地域人地系统的动态仿真模型，根据系统内各要素相互作用的结构和潜力，预测特定的地域系统的演变趋势。⑥人地相关系统的地域分异规律和地域类型分析。⑦不同层次、不同尺度的各种类型地区人地关系协调发展的优化调控模型。

其实，对于人地关系地域系统的研究内容，还可以这样认识：①人地关系地域系统的分级系统的理论、方法和实践的研究，包括区域等级的划分标准和建立等级系统等的研究。②人地关系地域系统的分类系统的理论、方法和实践的研究，包括在分级研究基础上在某一个地域等级上对各个人地关系地域系统的类型研究。③人地关系地域系统的空间秩序的理论、方法和实践的研究，包括分布实况、分布格局和分布规律等方面的研究。④人地关系地域系统的时间序列的理论、方法和实践的研究，包括历史过程研究和未来趋势研究。⑤人地关系地域系统的动因机制的理论、方法和实践的研究，包括空间秩序的动因机制和时间序列的机制等，以求为实现人地关系地域系统的和谐提供调控和决策依据。

一、理论研究内容

毛汉英研究员的《区域发展与区域规划》和秦耀辰教授的《区域系统模型原理与应用》等，阐述了人地关系地域系统或区域人地系统的结构、功能、动力机制及演进等方面的理论问题。这些问题正是人地关系地域系统理论研究的主要内容。

（一）人地关系地域系统时空结构的研究

人地系统是一个具有耗散特征的、复杂反馈结构的多层次地域系统。人地系统的要素结构包括人口结构、经济结构、社会结构、资源结构和生态环境结构。由于人地系统是一个开放的系统，系统内与系统外进行着人力、物质、能量、信息的交换，在人地系统内部的复杂反馈结构影响下，呈现出明显的非线性和耗散结构特征。根据热力学中的“熵增原则”，一个封闭系统在其自发的演变过程中，系统的熵只能增加不会减少。熵作为对系统无序程度的一种度量，表明封闭系统的有序程度将越来越低，最终达到熵的最大值和混沌状态。而对于一个开放系统，若以 $\mathrm{d}S$ 表示系统的总熵变化，$\mathrm{d}S_\mathrm{i}$ 表示系统内部的熵变化，$\mathrm{d}S_\mathrm{e}$ 表示系统与环境相互作用产生的熵变化，则系统的总熵变化为：$\mathrm{d}S=\mathrm{d}S_\mathrm{i}+\mathrm{d}S_\mathrm{e}$。因为 $\mathrm{d}S_\mathrm{i}$ 总是大于 0 的，所以要保持系统熵减（即 $\mathrm{d}S<0$）的条件是系统从环境吸收的负熵流大于系统内部的熵增，即 $\mathrm{d}S_\mathrm{i}<-\mathrm{d}S_\mathrm{e}$。可以用以下指标来反映系统的有序程度：设 $R_{(t)}$ 为系统的有序度，$S_{(t)}$ 和 $S_{\max}$ 分别表示系统在 t 时刻和热力学平衡态时的熵值，则 $R_{(t)}=1-S_{(t)}/S_{\max}$。从上式可见，系统有序性增强（$R_{(t)}$ 增大）的条件是系统熵值变小（$S_{(t)}$ 变小）。因此，可将人地系统中各子系统之间的相互作用均看作一个不稳定的、非线性的、远离平衡状态的耗散结构。人地系统要保持持续性，就必须保持“耗散结构”，从外界输入负熵流，即输入人流、能量流、物流和信息流，并提高资源（包括上述“四流”的广义资源）的利用效率，减少区内的熵增。

（二）人地关系地域系统功能优化研究

人地系统的功能是由系统内部各种流的耦合叠加而成的，主要功能有：①生产与需求消费功能。生产功能包括人口再生产、经济再生产、社会再生产和资源再生产，其中经济再生产及社会再生产中的科技进步是人地系统演进的主要驱动力。消费功能如人口生存需求、经济增长需求及社会进步需求，是人地系统演进的启动器。②保障服务功能。保障服务功能包括生产性保障服务与生活性保障服务。前者主要为经济再生产的顺利进行提供条件；后者则为人口再生产提供所需的物质和精神需求，包括居住、交通、通信和文化娱乐等。保障服务功能构成生产领域的第三产业（服务业）。③承载支撑功能。承载支撑功能主要由资源环境系统提供，如土地资源、水资源、气候资源、矿产资源、生物资源等，为人口、经济、社会子系统起着提供活动空间及各种物质流与能量流作用。④容纳消解功能。容纳消解功能表现为环境容量和环境承载力。通过物理、化学和生物的作用，将人类社会在物质生产、资源开发和生活中产生的各种废弃物消解，通过再释放和转变其组分，返回到资源子系统中去。⑤自组织功能。人类以计划、政策和法律法规的手段通过不同层次的决策、管理与调控，确保人地系统的和谐、协调与系统的正常演进。在调控与管理过程中，不断将各子系统的无序因素消除或将其转变为有序因素并及时地加强某种功能，以保证人地系统的稳定和持续。

（三）人地关系地域系统动力机制研究

人地系统演进的驱动力主要有三类：①内部扰动力，一种无序的作用力。如它会在人类活动对资源环境的作用强度达到损害环境的自然趋稳机制和自然资源的再生更新机制时产生，但它在一定的外力引导下可以转化为促进内部结构转换的动力。②因内外交流而引起的拉动力，一种有序的作用力，主要受“价值回报”规律的制约。如由于信息和市场发育而引起的内外部人流、物质流和资金流的加强，导致人地系统结构的演进。③由于体制、政策、科技信息、基础与服务设施、资金等因素的改善而对人地系统演进产生的推动力。

人地系统演进可分为两个阶段：早期趋于随机过程；后期则通过非线性的相互作用更多地趋于自组织性，并形成特定的时空结构和具有一定功能的自组织结构，表现为有序状态。因此，可以通过人地系统内部的非线性动力学机制和自组织理论，研究其演替过程与机制。根据热力学和耗散结构理论，系统的发展实际上就是一个又一个越来越高层次的有序结构的形成，而其动力就来自远离平衡状态下系统内部非线性的“涨落”效应。

人地系统的开放性是其产生有序结构的必要条件，而系统内部各子系统及各要素之间的非线性动力学效应则是其产生有序结构的基础，是物质—能量—信息有序结构的重要反映，即具有生物—社会的自组织过程。当系统外部环境或内部某些环节发生变化时，系统就能感知这种变化并在一定的阈值范围内通过自组织加以调整，从而适应这种变化。在这一自组织过程中，涉及各要素结构功能的调整。各要素围绕着一定的目标，通过非线性的叠加和衰减，放大了各系统的功能，从而使系统的功能远远大于各部分功能之和。

人地系统内部的非线性效应具有两个主要特征，即演变与分叉。因此对它的发展和演化可用分叉理论加以描述，通常采用非线性微分组表示：$\mathrm{d}X/\mathrm{d}t=F(X, a)$。式中：状态变量$X=(x_1, x_2, \cdots)$，$F=(F_1, F_2, \cdots)$；$a$ 为约束条件，用于表征系统受控程度及偏离平衡状态的程度。上述人地系统演进的非线性动力学理论，不仅可解释人地系统演化的规律，而且也可作为研究区域可持续发展动力机制的重要理论依据。因为系统演进的本质就是对某种更加有序、更加稳定状态过程的追溯。

（四）人地关系地域系统演进过程的研究

人地系统演进的模式主要有两种。一是渐变型模式。该模式指人地系统的演进过程是逐步变化的，反映在时间上依次从低级阶段向高级阶段发展，如从原始社会向农业社会、工业化社会、后工业化社会和信息社会发展。二是突变型模式。反映在时间过程上中断了原有的发展顺序，在短期内跳过了一个发展阶段而进入另一个新的发展阶段；在空间过程上，中断了原有的空间推移顺序而进入新的发展格局。根据人地系统发展与演进的过程，将其演进模式归结为四种。

1. 指数增长模式

这是一种常见的简单因子相互作用模式［图 2-1（a）］。例如，在特定时段（T）内区域人口的增长、资源消耗量的变化、污染量的积累乃至工业总量的变化都可能出现这种初期增长较慢、后期增长加快并越来越快的增长过程。这种因子作用的过程模式实际上是正反馈的结果，是由状态变量（P）与其增量不断对比和反应而导出的过程，从本质上来看则是状态因子与引起状态因子变化的因素之间在时间 T 上连续正反馈作用的外在表现。可以说这种增长没有目标，属于发散过程，某种程度上也是系统趋于崩溃的过程。因此，对于区域人地系统来说，它只能是部分因子在特定时段上的行为过程。

2. 收敛平衡模式

这类模式呈现出与指数增长相反的过程，如图 2-1（b）和图 2-1（c）所示。例如，在一定阶段内，粮食生产投入因子决定的粮食产出量、耕地面积的减少、不可再生资源的衰减和接近承载上限的人口增长等。具体分为增、减两种趋稳过程。在这一过程初期，状态量的变幅较大，然后逐渐减少，最后趋于一常值。该常值即为系统因子演变的目标。从本质上来讲，这两种模式均属负反馈作用的结果，受环境因子限制，使系统状态量在既定目标下演变。

3. 阶梯形演变模式

阶梯形演变模式是由一组突变过程和稳定过程交替组成的演变模式［图 2-1（d）］。在特定时间点上，由于系统中的随机突发因子作用，致使系统发生跳跃变化，然后处于稳定过程，再待新的突变过程的出现。现实人地系统中的环境灾变过程及技术进步过程等均属于此类。

4. 复合“S”形演化模式

上述这些简单模式进一步复合，会形成更为复杂的系统动态模式。如著名的“S”形增长模式，它由上述的指数增长模式与收敛平衡模式复合而成。这在现实的区域人地系统中，具有更为广泛的代表性，许多具体的因子相互作用过程都与此吻合。下面以上述三种主要简单模式复合而成的复杂模式为主，进一步考察区域人地系统的总体行为过程。指数增长、平衡增长与阶梯变化模式三者组成的复合模式［图 2-1（e）］反映了系统整体的一种现实行为过程，模式由多级“S”形曲线组成。不同的层次反映了系统不同的演化阶段，阶段间则存在着突变，如重大的技术进步打破原有限制目标，引起人地相互作用过程发展突变。这种突变的周期随系统的演进越来越短。在不同的阶段内，则都具有共同的“S”形增长过程。一般是在开始时增长缓慢，然后逐渐加快，按指数式增长。由于负反馈因子的作用，系统在阶段目标下的限制因子越来越强大，使系统的增长速度在达到最大值后逐渐减小，以致趋稳到阶段目标值 P_i。在这一“S”形增长过程中，可以用孕育期、持续增长期和稳定期三个阶段来描述。通常系统具有保持持续增长过程的特性，力图延长持续增长过程，而缩短两端的稳定期。

一般，“S”形增长模式表示为 $dP/dt=rP(1-P/P_j)$。式中：P_j 为第 j 个“S”形模式的增长潜力上限，通常表示为常量；r 为内部增长率。据此可把上述区域人地系

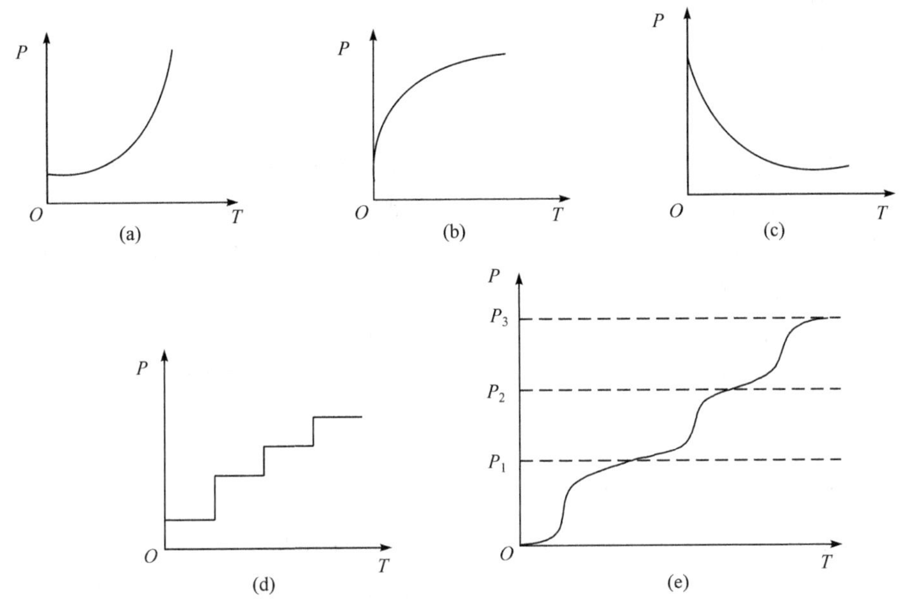

图 2-1　人地系统发展与演进的过程

统的复合演化模式用动力学方程表示为

$$\left.\frac{\mathrm{d}P}{\mathrm{d}t}\right|_{i}=r_{i}\left[P-\sum_{j=1}^{i-1}(P_{j}-P_{j-1})\right]\left[\sum_{j=1}^{i}(P_{j}-P_{j-1})-P\right]/(P_{i}-P_{i-1})$$

该式由分段连续的“S”形增长曲线组合而成。在每一段内的增长率 r_i 和新增潜力后的 P_i 都不一样，这两个参量值的变化决定了区域人地系统的过程稳定性和持续发展能力。

二、主要研究任务

（一）人地系统协调发展机理研究

影响人地系统发展的因素包括人为的和自然的、内部的和外部的以及积累的和突发的。这些因素造成系统物质、能量、信息流动和交换的失调，使得人与自然系统演进在速度与方向上出现偏差，从而降低系统的持续发展能力，最终影响系统发展目标的实现。这类因素主要有：人口膨胀、自然资源过度消耗、生态环境恶化以及突发性的自然灾害等。研究的重点是上述各因素相互作用的机理及人地系统演进的动力机制。

（二）人地系统发展过程的动态模拟

由于人地系统的演替过程具有不可逆性、复杂性和不确定性，仅仅依靠抽象的理论思维还不足以把握其内部机理。为此，需要用实验的方法研究人地系统演替的动力学机制和评估政策效应。然而，现实的人地系统发展过程需要经历较长的时间周期，对其进行试验需要花费大量的时间、人力和物力。人地系统发展过程模拟作为一项实验性综合技术，以系统论、控制论、相似性原理和信息技术为基础，以计算机为工具，借助于系统模型对区域自然—经济—社会复合系统进行动态试验，具有经济性、超实时性、可重复性、便捷性等特点，在国际上被一致认为是最有效的总和集成方法之一，因而可作为研究人地系统发展过程的重要手段。

（三）人地系统协调发展的综合调控研究

人地系统协调发展的综合调控研究的实质就是从整体与可持续的角度，协调区域发展过程中各种矛盾和利益分配，使人地系统处于循环再生、协调共生和持续自生，达到整体协调。由于人地系统内部各子系统要素间存在着固有的“反馈机制”，因此，可通过系统动力学模型中的“人机对话”功能，在人类本身再生产和经济社会活动与资源环境之间寻求一种理想的组合状态，以实现人地系统的和谐、高效、有序、优化发展。除此以外，还必须建立相应的调控体系，借助一系列宏观调控政策的干预和调节，实现人地系统的协调发展。

（四）人地系统协调发展的方法论及技术支持系统研究

人地系统协调发展是一项复杂的系统工程，必须采用从定性到定量的综合集成方法并借助计算机技术手段，促进研究方法与手段的现代化。为此，要充分利用计算机技术、GIS 技术、信息融合技术、网络技术、综合集成技术、专家系统和决策支持系统等，建立一套完善、高效、可操作性强的人地系统协调发展研究的技术支持系统。

第四节　人地关系地域系统的研究程序

秦耀辰教授在其《区域系统模型原理与应用》中，阐述了人地关系地域系统的研究程序问题，主要包括：认识系统、分析系统结构、建立数学模型系统、调试计算机模型、模拟实验、形成文字报告。

一、认识系统

通过对典型系统的考察，熟悉已有的文献，分析有关系统资料，整理有关图件，最终达到在现有研究水平上对典型系统的全面把握和准确了解，真正认识模拟对象。这是整个模拟工作的基础，事关全局的成败。当前流行着各种模型应用研究，许多研究最终达不到预期结果，在很大程度上是因为建模前对模拟对象认识不够或认识上的偏差造成的。

二、分析系统结构

按人口、资源、环境与经济的相互关联与相对独立性把整个区域人地系统分解成若干子系统，确定各子块中的主要对象（即主导变量），并分析各主导变量之间的因果关联，形成覆盖整个系统的因果关系网络，特别是要找出网络中的几条控制系统的主回路。在此基础上，将各变量的类型和联系的性质确定下来，绘出系统的流程图，为定量模型的建立提供定性的框架。这是最终形成的模型系统能否与模拟的对象——主体系统“相似”的关键一步。

三、建立数学模型系统

建立数学模型系统即把上一步给出的定性结构框架（流图）具体用以差分方程为主的一套数学符号体系表达出来，形成一组相互紧密联系在一起的模型系统。这一步的主要问题是根据变量的联系形式选定合适的数学公式类型和根据资料估计参数。对此要做大量的调查、分析和试验，特别是模型参数的估计，要充分使用各方面的材料，包括统计的、调查的、试验的或者其他研究结论性质的资料。

四、调试计算机模型

将用数学语言表达的模型系统按 DYNAMO 语言规则翻译成计算机模型，在计算机上利用 PD Plus 软件系统修改、调试该模型，并用历史数据验证模型与对象主体系统的相似性。经过不断的反馈、修正，最终形成一套可操作的区域人地相互作用动力学模型系统。

五、模拟实验

经过分析、试验，找出系统的敏感参量，将其中可控部分作为关键控制参量；再按不同策略，给出组合参量值，依据模型运行结果确定系统的调控方略。这一步实际上是在前四步基础上的系统机理探讨的关键工作，需要融进研究者的经验和智慧，并非单纯的机械操作。

六、形成文字报告

将整个建模过程、模拟实验及其主要结果整理成文。通过对典型的区域人地系统动力过程模拟结果的系统整理，使其在理论上得以升华。同时这也是将模拟结果用来调控系统、接收反馈信息的过程。到此，便构成了一个完整的过程，完成人们认识区域人地系统整个过程的一轮循环。

第五节　人地关系地域系统的调控目标

地理科学对其研究核心“人地关系地域系统”研究的基本目标，是通过对其结构的调整，以达到人地关系地域系统协调共生的目的。而如何理解或界定人地关系地域系统的协调呢？目前对具体协调共生目标的理解尚有一定的差别。

一、区域可持续发展能力

区域可持续发展特别是区域可持续发展能力的测度和提升，已成为地理科学的前沿领域，是人地关系地域系统及其协调共生的具体体现。区域可持续发展能力的概念有很多阐述角度。《科学》杂志认为，区域可持续发展能力的“本质是如何维系地球支持系统去满足人类基本需求的能力”。牛文元教授认为，区域可持续发展能力是“一个特定系统在规定目标和预设阶段内，可以成功地将其发展度、协调度、持续度稳定地约束在可持续发展阈值内的概率”，并制定了区域可持续发展能力测度的指标体系。这个指标体系包括：作为区域可持续发展的基础支撑的区域生存支持能力、作为区域可持续发展的牵引动力的区域发展支持能力、作为区域可持续发展的临界阈值的区域环境支持能力、保证区域可持续发展的有序运作的区域社会支持能力和作为区域可持续发展的指挥中枢的区域智力支持能力。毛汉英研究员在陆大道院士等著的《中国区域发展的理论与实践》中的第十四章“区域可持续发展及其指标体系”中阐述了区域可持续发展的调控目标问题。这实际上也是阐述了从区域可持续发展角度理解的人地关系地域系统的调控目标。

（一）人地关系地域系统调控的总体目标

人地关系地域系统调控的总体目标，是在确保区域经济和社会获得稳定增长的同时，谋求人口增长得到控制、自然资源得到合理开发利用、生态环境保持良性循环发展。以资源持续利用和改善生态环境为根本，以培植可持续发展的能力为先导，改变传统的发展模式（即从高投入、高能耗、低产出、高污染和高消费的模式转向减轻资源环境压力，提高效益的低投入、低消耗、高产出、低污染和合理消费的模式），将社会经济行为所造成的外部不经济性内部化，完善市场机制，在区域政策、法律、技术、行政等手段的系统调控下，经济和社会同人口、资源、生态环境之间保持和谐、高效、优化有序的发展。

（二）人地关系地域系统调控的具体目标

人地关系地域系统调控的总体目标可以分成三个人地关系地域系统调控的具体目标，即基础系统调控目标、协调系统调控目标和潜力系统调控目标。

1. 基础系统调控目标

基础系统调控目标可以分为资源系统调控目标、经济系统调控目标、社会系统调控目标和生态系统调控目标。其中，资源系统调控目标为：认识资源的总量危机、资源节约及资源回收利用和开发稀有与易损资源的替代型品种，把资源核算纳入国民经济核算体系。经济系统调控目标为：培育新的经济增长点，提高资金的利用效率，增加城乡居民收入。社会系统调控目标为：改善居民消费结构，提高居民的生活质量，保证人类生存与发展的基本权利。生态系统调控目标为：降低能耗，减少人类活动对生态环境的破坏，加强环境保护，增强生态环境抵御自然灾害的能力和自净能力。

2. 协调系统调控目标

协调系统调控目标为实现资源、经济、社会、生态系统之间的和谐发展，兼顾经济效益、社会效益和生态效益。其中包括：在创造经济效益的过程中减少能源消耗和生态环境退化，在保持经济增长的同时注重社会各地区、各阶层财富的公平分配和社会精神文明的进步，在经济发展获取的利益中增加对环境保护的投入和提高社会福利的投入。

3. 潜力系统调控目标

潜力系统调控目标为：通过区外要素介入及人才、科技、管理等软件建设，提高区域可持续发展的能力。具体包括：加强教育与科研投入，培育科技生产力，增强区域与外界进行物质、技术、信息、人才等交流的能力，提高政府等管理部门的工作效率。这需要重点考虑，一个区域的可持续发展能力的提高，并不一定仅从这个区域内部来考虑，还应该从它的相关地域关系和背景地域关系来考虑。

二、区域主体功能

吴传钧院士在为潘玉君教授的系列学术著作“区域发展与主体功能区系统研究”之《区域发展研究：发展条件与空间结构》和《区域发展研究：发展条件阶段与约束条件》的序言中写道：“主体功能区规划的基础是主体功能区区划，要编制出科学系统的主体功能区规划必须要从主体功能区区划入手。主体功能区区划，就是以综合自然地理区划、综合经济地理区划和综合人文地理区划为基础的综合地理区划。主体功能区规划的重要而最直接的思想基础就是人地关系地域系统及其协调共生。”实际上，主体功能区规划就是人地关系地域系统实现协调共生的主要路径和策略之一。

（一）主体功能区思想及其客观基础

1. 客观基础及其科学认识

改革开放以来，我国工业化、城镇化、市场化和国际化进程不断加快，经济有待优化地持续高速增长，国家和各个地区的综合实力明显增强，人民生活明显改善，国际地位明显提高。在取得一系列辉煌成就的同时，也出现了许多发展中的综合性问题，例如：国土开发和建设布局无序乃至失控，生态系统失衡和生态赤字扩大，高速城市负效应化问题激增，区域保护意识过强的诸侯经济明显，区域发展差距非理性扩大等。这双重效应表明，我国及各个地区处于“黄金”发展时期和矛盾凸现时期。为此，《中共中央关于制定国民经济和社会发展第十一个五年规划的建议》和《中华人民共和国国民经济和社会发展第十一个五年规划》明确提出了主体功能区的发展思想：我国“将根据资源环境承载能力、现有开发密度和发展潜力，统筹考虑未来我国人口分布、经济布局、国土利用和城镇化格局，将国土空间划分为优化开发区、重点开发区、限制开发区和禁止开发区四类主体功能区，按照主体功能定位完善区域政策和绩效评价，规范空间开发秩序，形成合理的空间开发结构”。

2. 主体功能的基本内涵

樊杰研究员的“我国主体功能区区划的科学基础”、朱传耿教授的《地域主体功能区区划的理论、方法与实证》、杜黎明博士的《主体功能区区划与建设》和潘玉君教授的《云南省主体功能区区划系统研究》等关于主体功能区区划和规划的有关论著和研究中，阐述了主体功能区和区域开发的科学内涵。主体功能区就是基于不同区域的资源环境承载能力、现有开发密度和发展潜力等，按照区域分工和协调发展的原则，将特定区域确定为特定主体功能定位类型的一种空间单元与规划区域。所谓“主体”是指一个地区相对它的背景地域和相关地域承担的是主要功能——或者发展经济或者保护环境或者其他功能。“区域的主体功能”决定了该地区的区域属性和发展方向。除了区域的“主体功能”之外，某地区还有辅助功能、次要功能等区域功能。

（二）主体功能区的调控方向

1. 优化开发区的调控目标

优化开发区是指国土开发密度已经较高、资源环境承载能力开始减弱的区域，如京津冀、长江三角洲、珠江三角洲地区等。京津冀、长江三角洲和珠江三角洲等地区是我国经济社会发展中的龙头，其发展模式很大程度上决定着今后一段时期我国增长方式能否转变、新型区域格局能否建立等一系列重大战略问题。这些地区应把提高增长的质量和效益放在首位，率先提高自主创新能力，率先实现结构优化升级和增长方式转变，率先完善社会主义市场经济体制，在率先发展中带动和帮助中西部地区发展。这些区域的主要调控目标可从七个方面阐述。

1）空间开发的调控目标。改变大量占用土地、大量消耗资源和严重污染环境的开发模式，切实保护好已经不多的绿色空间，增强生态环境容量，改善生态环境质量，提高人民群众的生活品质。

2）产业发展的调控目标。要积极发展先进制造业和高技术产业，推动产业结构向高效率、精加工和高端产品转变。限制长江三角洲和珠江三角洲等高耗能地区继续发展高耗能产业，禁止京津冀等水资源严重匮乏地区发展高耗水产业。

3）城市发展的调控目标。限制北京、上海、天津、深圳、广州等超大城市“摊大饼”式地平面扩张。突破行政区划界限，鼓励制造业特别是一般加工业和劳动密集型产业向周边地区转移。充分发挥中心城市向区域乃至全国提供综合服务的功能；把发展服务业特别是现代服务业放在优先位置，率先形成服务经济为主的产业结构。在区域内培育新的副中心城市，提高产业配套能力，有效承接中心城市的资金、技术、产业转移和人口转移。

4）对外开放的调控目标。切实转变对外贸易增长方式，推动加工贸易转型升级。扩大高技术、高附加值产品以及具有自主知识产权、自主品牌的产品和服务出口，严格控制高载能和高污染产品出口。进一步提高利用外资质量，积极承接高技术产业和现代服务业转移。不断提升参与全球分工与竞争的层次，继续成为带动全国经济社会发展的龙头和我国参与全球化的主体区域。

5）基础设施建设的调控目标。突破行政区界限，立足区域范围内资源优化配置，以共建共享为原则，统一规划建设区域重大基础设施。改革相互分割的交通运输管理体制，促进综合交通运输体系的建设和交通运输一体化。加强城际快速轨道系统建设，有机联系区域内各主要地区，提高城际交通方便可达程度，促进区域经济一体化。

6）自主创新的调控目标。加快完善自主创新的激励机制，建立以企业为主体、市场为导向、产学研相结合的技术创新体系，强化技术创新、产业创新、企业创新、产品创新和品牌创新，形成一批自主知识产权、核心技术和知名品牌，提高产业素质和国际竞争力。

7）政策体系的调控目标。土地政策：要对优化开发区域实行更严格的建设用地增量控制，严格限制新设开发区的数量和面积，重点搞好现有开发区建设，提高单位土地面积的产出效益。人口管理政策：要鼓励在优化开发区域有稳定就业和住所的外来人口定居落户，促进流动人口本地化。政绩评价体系：要从“量”的考核转向“质”的考核，强化经济增长方式转变、产业结构优化升级、自主创新能力提高等方面的评价指标，弱化 GDP 增长速度、招商引资等方面的评价指标。

2. 重点开发区的调控目标

重点开发区是指资源环境承载能力较强、集聚经济和人口条件较好的区域，如中原地区、江汉平原、长株潭地区、关中地区和成渝地区等。重点开发区域要充实基础设施，改善投资环境，加强产业配套能力建设，促进产业集群发展，提高资源利用效率，壮大经济规模，提高城镇化水平，承接限制开发和禁止开发区域转移出来的人口，逐步成为未来支撑全国经济发展和人口聚集的重要载体。其主要调控目标可从五个方面阐述。

1）基础设施的调控目标。做好基础设施规划，大力充实基础设施，加快构建综合交通运输体系，重点建设干线铁路、区际公路、内河港口和区域性机场。大力发展城市间轨道交通，建设大通道、大物流。有条件的地区应充分发挥能源、资源的优势，优化能源结构，加快城乡电网改造和输电网络建设。大力开展节约用水，重视水污染问题，为区域发展解决好水资源问题。

2）产业发展的调控目标。注重发挥已有的产业优势，提高工业发展水平，形成产业发展集群。运用高新技术改造传统产业，提高产品档次和竞争力。运用新技术、新工艺，加快传统工业改造，积极发展新兴产业。

3）城市进程的调控目标。进一步壮大区内中心城市的经济规模，促进其增强吸纳资金、技术、产业和人口集聚的能力，充分发挥它们对整个区域的辐射和带动作用。促进城市规模结构的合理化和合理布局。搞好城市基础建设和管理，吸纳转移人口。

4）生态建设的调控目标。土地政策、投资政策、产业政策、人口政策、开发区政策等都要从培育重点开发区加快发展及加快其工业化和城镇化出发，避免其他区域已经出现的土地过多占用、地下水过度开采、环境污染严重等问题。

5）行政改革的调控目标。理顺行政管理体制和区域一体化发展的关系，从经济发展的角度出发消除制度上的障碍。

3. 限制开发区的调控目标

限制开发区是指资源环境承载能力较弱、大规模集聚经济和人口条件不够好的生态环境脆弱区域。从国家层面看，主要是事关全国或较大区域范围生态安全的天然林保护地区、退耕还林还草地区、草原“三化”地区、重要水源保护地区、水资源严重短缺地区、国家蓄滞洪区、自然灾害频发地区、石漠化和荒漠化地区、水土流失严重地区等。该类地区必须坚持保护优先、适度发展的方针，从根本上扭转不顾当地生态环境条件盲目搞建设的做法，逐步建成全国重要的生态功能区。其主要调控目标分四个方面。

1）区域发展思路的调控目标。立足于“全国一盘棋”谋发展，从全局和长远利益出发高度重视这些地区的生态功能，在全国范围内谋划实现这些地区人口共享小康幸福生活。对这些区域本身的发展，也要从区域整体情况出发，统筹考虑区域资源环境承载能力、生态保护、人口规模和经济发展，按区域一个地区一个地区地实施综合治理，而不是按领域、按专项分散推进。

2）区域统筹规划的调控目标。对每个区域编制空间发展规划，摸清底线，研究提出有利于实现可持续发展的整体方案。制定“一揽子”的配套措施，整合现行的退耕还林、天然林保护等各方面的资金，实施保护和治理工程，因地制宜地发展特色产业，限制各种不利于生态功能保护的开发活动，逐步扭转生态恶化的趋势，恢复自然生态平衡。

3）区域人口的调控目标。促进少数城镇适度发展，引导人口向资源环境条件相对较好的地区适当集中。采取综合措施，积极实施生态移民，鼓励和引导这些地区的超载人口向重点开发区域和优化开发区域有序转移，逐步从根本上缓解人与自然关系紧张的状况，促进人与自然和谐发展。

4）公共政策的调控目标。按照公共服务均等化的原则，健全公共财政转移支付制度和生态补偿机制，完善公共服务体系，加大财政转移支付力度，改善这些地区的生活条件，确保这些地区居民的生活水平能够与其他地区相差不多。

4. 禁止开发区的调控目标

禁止开发区域是指依法设立的国家级自然保护区、国家森林公园等各种自然保护区域。禁止开发区域主要应包括五类：国家级自然保护区、国家级风景名胜区、世界文化自然遗产、国家地质公园、国家森林公园。其主要调控目标有以下几点。

1）科学统计。当前，有必要对全国各类国家级自然保护区域进行一次全面的排查，摸清各类自然保护区域的范围和保护、开发现状，为禁止开发区域的空间划分和政策制定提供依据。

2）统筹管理。在不涉及各有关部门职能调整的前提下，首先要建立起比较有效的协调机制，把禁止开发区域的基本原则和政策落实到各部门的具体规章制度中去，进一步理顺禁止开发区域的管理体制。

3）落实责任。地方政府应该切实承担好相关的具体任务，对禁止开发区域所在地政府的考核评价，不能再把经济增长和财政收入等作为首要的评价指标，而应主要评价其生态环境保护的状况。

4）加强保护。对禁止开发区域要实行强制保护，凡不符合区域功能定位的开发建设活动必须一律禁止。承担一定的旅游功能的禁止开发区域，要服从自然保护的“主体功能”，严禁以旅游开发为名大兴土木。

5）转移人口。要避免禁止开发区域内的破坏活动，根本途径是将这些区域内的人口逐步迁移到更适宜生产生活的地区。要采取综合措施，特别是加强义务教育和职业教育，使当地的下一代人口掌握一技之长，有能力在其他区域找到合适的就业岗位，从而使保护区内的人口逐步减少。

6）健全法制。要修订完善现有的与自然保护区有关的法律法规，建立起一套相对完备的法律法规框架。这个法律框架应该能够囊括所有类型的禁止开发区域，并具有更强的针对性和可操作性，使禁止开发区域的设立和管理有法可依、有章可循。

三、人与自然的区域系统

陆大道院士在《区域发展及其空间结构》中阐述了“‘人与自然’的区域系统”即人地关系地域系统的调控目标或发展目标。

（一）人地关系地域系统调控的总体目标

陆大道院士在《区域发展及其空间结构》中，在论述人与自然关系区域系统中的要素作用后，阐述了区域系统的调控目标。这个目标实际上也是人地关系地域系统特别是我国人地关系地域系统的调控目标。

1）节约与集约利用有限的资源与空间。即采取经济手段和技术手段，提高水、土、热及能源、矿产等资源的利用程度，提高其保证程度和承载力。在一定的时空范围内，资源承载力是技术、经济水平的函数。为此要研究确定资源承载力的科学原理，要制定适合我国国情的资源与空间利用标准及相应的技术经济政策，进行资源的地区间调配，以丰裕资源代替紧缺资源。

2）确定经济发展速度和总量。我国以往几十年的发展中过多的人口和过高的经济增长速度是导致人与自然系统关系出现问题的主要因素。但是，过低的发展速度也可能出现另一类社会经济问题。从高层角度，国家和区域经济发展有三种战略：高速增长、稳定增长和平衡增长。我国经济发展现阶段应属工业化的初期或向中期过渡，这个阶段一般规律是高速增长，以基础原材料部门为主。确定适合我国国情的增长速度，需要科学和理智。

3）调整产业结构，推进产业结构高加工度化。随着产业结构水平的提高，生产对资源和空间的依赖程度将有所下降，对环境的不良影响也会减弱。但是，高新技术产业当今只在少数发达国家有相当规模。而在我国，基础产业在相当长时期内都要加强和扩大。如果我们能较快地赶上某些发达国家和地区，改变出口资源、原材料和进口制成品的局面，则标志着产业结构向高加工度化方面发展。在我国，由于人口众多，粮食种植占播种面积的3/4，基础原料生产如能源、钢铁、合成材料、化工原料、建材等的生产占工业生产的主体。这种产业结构与生态环境间有不相容的对立。

4）调整社会经济的空间结构，目的是将更多的资源和空间吸引到社会经济循环中来。但要大跨度调整空间结构会受到经济实力的限制。在我国，全国性的“东西问题”将长期存在，但省内的“东西问题”是可以较快得到解决的。

5）加强基础设施建设，提高空间可达性。由于可达性的提高，可以缩小不同地区位置级差地租的差异，使各地区的资源和空间都得到较为充分的利用，从总体上提高了资源承载力，即等于增加了新的资源和空间。当然，这个过程也是长期的。

6）增加输入输出，使人与自然区域系统开放程度扩大，尽可能高地利用外国的丰富资源、广阔空间来支撑我国的社会经济系统。

7）控制城市化过程。大量人口涌入城市，形成数量众多的城市集聚区，是如今生态环境问题最突出的地区类型之一。目前，全国有两亿多人口居住在城市里，今后15～20年，可能再增加1.5亿～2.0亿城市人口。这个进程到底对生态环境有何影响？经济上能否承受得起？粮食问题又如何解决？

实现上述调控目标，最终即可保证区域的社会经济和生态环境的可持续发展。上述各方面之间，普遍存在着内在的联系。每一个方面，内部都包含着若干个要素的相互作用，只重视任何一个或几个要素，都不可能真正地解决问题。各个要素对人与自然相互关系区域系统的作用，有的能量化，有的不能量化，但都对系统发展演化产生量的影响。这就要求在研究和调控时，要将定性和定量结合起来，确定出上述七个方面的调控措施，这样就可以使系统朝着良性循环方向发展。但是，调整一个乃至几个方面将导致系统如何发展，要做到定量预测是很困难的。当然，系统科学能在这方面发挥独特的作用。

（二）人地关系地域系统调控的区域目标

人地关系地域系统有不同的尺度和类型。不同尺度和不同类型的人地关系地域系统的调控目标有一定的差别。陆大道院士和毛汉英研究员在《中国区域发展的理论与实践》的“21世纪初期我国区域发展总体格局展望”一章中，阐述了国家区域发展战略的合理去向问题。这实际上是对我国若干具体区域的人地关系地域系统的调控目标进行了阐述。今后若干年的“中国人地关系地域系统”调控的总体目标是：在区域和谐科学发展观的指导下，缓解地带性经济发展差距扩大的趋势，缩小地区社会发展差距和促进各类“问题区域”的发展。

中国人地关系地域系统，可以这样划分为若干带区：宏观的地域单元仍然是三个地带；同时需要考虑到老工业基地是我国今后一个较长时间一种特殊的类型区；西部地区的广阔面积内，客观上存在近西部和远西部的差别。在制定和实施区域发展宏观战略和方针时，这五种类型区应该具有不同的区域政策方向，也可以称之为“政策区”。从另一种角度上理解：属于这五种类型之一的地区，应该考虑到自己在全国的地位及自己的基本特点，确定自己的发展方向和政策措施。

1. 沿海地带人地关系地域系统的调控目标

沿海地带是我国参与国际经济循环的基地。长期的发展，使沿海地带具有很强的经济实力和发展水平，国际化程度也高。因此，该地带是实现国家经济目标的主要承担者。我国沿海地带正在大规模进行现代化建设，同时密集的人口和大规模城市化加上土地特别是耕地资源、水资源短缺，使该地带生态和环境问题令人担忧。为此要以现代化与可持续发展作为今后发展的基本方向，促进沿海地区的产业结构和社会经济体制转型，加快国际化发展的同时使生态和环境得到改善和优化。

2. 中部地带人地关系地域系统的调控目标

发展大规模的基础产业，包括：加快资源型产业的发展和促进传统产业的技术改造，发展现代大规模农业和农-工-商综合体系；继续进行大江大河的综合整治，加强资源开发区和工业聚集区环境污染的治理。

3. 近西部地带类型区人地关系地域系统的调控目标

近西部地带类型区即贺兰山、乌鞘岭和四川盆地西缘一线以东地区，包括陕西、宁夏大部、甘肃东部和中部、四川大部、重庆、云南、贵州等。该地区自然和经济社会发展条件方面与我国中部地带比较接近，西部大开发中用于产业发展特别是加工工业和能源工业发展的投入主要在这部分地区。在这部分地区内，由于有国防工业的基础及近年来的加强，它的高新技术产业及国防工业具有极为突出的地位和发展前景。

4. 远西部地带类型区人地关系地域系统的调控目标

远西部地带类型区即贺兰山、乌鞘岭和四川盆地西缘一线以西地区，面积大约占全国的40%。该区关系到我国的国家安全和生态安全，促进地方资源的开发和农牧业的产业化，是富民和稳定边疆的需要。同时要注意对江河源头地区的生态保护。考虑到西部地区的制约因素，在今后一段时间内，远西部地区发展的主要战略目标应是：在加强部分有优势的资源开发利用的同时重点放在重大基础的建设，改善交通、通信、供水、居住条件，通过中央政府以及东部发达地区的对口支援，提高西部地区人民的生活水平和文化教育水平。总之，实施的是一条改善生活条件、提高居民收入水平、提高人口素质的富民政策。

5. 老工业基地类型区人地关系地域系统的调控目标

当前，在这种类型区域范围内，工业企业的亏损面、失业率和结构老化程度等指标明显高于其他地区。所谓“东北现象”就是指这些指标高。这种类型区的范围应该包括东北三省和山西、陕西、天津、重庆等地。今后的任务应该是继续促进国有大中型企业的改制改组和创新，发展新的接续产业。东北地区（包括内蒙古东部的三盟一市）具有丰富的矿产资源、广阔肥沃的土地、适宜于大规模农业的水土和热量以及相当优越的生态与环境。新中国成立50多年来，东北地区建立了强大的重工业基础、城市基础和大规模农业的基础。但是，多年来，结构性危机困扰着社会与经济发展。在适当的时候，国家实施“东北振兴”计划将可以取得巨大的效果。但是如果今后没有实施东北振兴的重大步骤，以往打下的基础就会丧失部分价值，东北的衰退和结构性危机就将持续下去。

第六节　人地关系地域系统的广泛应用

人地关系地域系统及其协调共生思想有广泛的应用领域，是很多实际问题特别是综合性问题和跨学科性问题分析的理论基础，正如吴传钧院士为潘玉君教授的《区域发展研究：发展条件与空间结构》和《区域发展研究：发展阶段与约束条件》所作的序言中所阐述的：“人地关系地域系统这个科学概念不仅限于地理学所用，实际上是一个可以被所有研究区域的有关学科共同使用的科学概念。”这里仅以我们已经进行了的有关研究为例，阐述人地关系地域系统及其协调共生思想的应用领域。

一、政策研究——区域生态建设补偿根据的逻辑分析

国家主体功能区中的禁止开发区域多为生态环境保护的重要区域。它的生态环境问题并非这个区域内的人类活动所导致的。分析区域生态建设补偿根据的逻辑关系，对科学制定有关法律和法规具有重要意义。这种逻辑分析的理论基础就是人地关系地域系统思想。

（一）分析框架

人类社会在反思传统文明特别是工业文明消极效应的基础上，理性地选择了全新的发展道路——可持续发展。而新发展观要求实现地域之间的公平，这是对传统意义上可持续发展观的重大突破。地域之间的公平性原则，在我国西部生态环境建设的政策制定与区域实践中具有特别重要的意义。事实上，区域生态环境建设特别是作为西部大开发重要基础的西部生态环境建设实践，业已提出了很多亟待在理论上给予回答的问题，其中之一就是区域生态环境建设的补偿问题。区域生态环境建设的补偿问题，即如何对那些生态环境建设直接效应的受损者与受益者之间进行公平性调控，亦即如何使受益者对受损者进行补偿。从这个界定看：①补偿中涉及补偿者和被补偿者两个方面，即谁向谁补偿；②补偿中涉及补偿的形式，即补偿“什么”或用“什么”补偿；③补偿中还涉及补偿行为或补偿过程的控制者，即谁来控制补偿行为的有效性。这里之所以在第①、②点之后又特别强调第③点，是因为在现行条件下很少出现主动的、自觉的补偿者。

研究生态环境问题特别是生态环境建设时，不仅要考虑所研究地域（内部）的人地关系，而且要考虑所研究地域（外部）的地域关系——既包括该地域和与其有关联的同等级地域之间相互作用所形成的相关地域关系，又包括该地域和作为其背景的高级别地域之间相互作用所形成的背景地域联系。同时，还应重视人地关系问题和地域关系问题之间的转换，即冲突或问题的转嫁和协调或利益的转移。因此，某地域的生态环境问题的形成就不仅是本地域的人地冲突所致，而且也是相关地域和背景地域的人地冲突所致。前者为本域性生态环境问题，后者为他域性生态环境问题。某地域生态环境建设的施行，不仅可以协调本域性的人地关系，而且有利于其他区域人地关系的协调。

（二）本域分析

在本域性上，生态环境问题的本质是该地域内部的人地冲突。导致这种冲突的主要方面——“人”，并不是个体的人，而是群体的人或人的集群。这种集群在工业时代则主要是某些产业或支撑这些产业的诸多企业。这些产业行为或企业行为的负效应，可以通过多种途径发生转移，当这种转移明显地反映在“公地”上并超出“公地”的生态环境承受能力时，就形成了这个地域的本域性生态环境问题，进而通过多种联系对诸多产业或企业以及公众的生活产生恶劣的影响。对于既有的生态环境问题的解决即生态环境建设，其本质就是该地域的人地协调。施行协调的主要方面也是“人”。这个“人”不仅包括那些导致人地冲突即生态环境问题的致害产（企）业，而且包括那些特别依赖于良好的生态环境、受益于生态环境建设的产（企）业，即受益产（企）业。在致害产（企）业、公地、受害产（企）业、受益产（企）业之间形成了因果反馈关系。将这种关系从恶性转换为良性关系，是协调本域性人地关系的关键。这表明，生态环境问题与生态环境建设的本域性的核心是产业性、企业性。

（三）他域分析

在他域性上，生态环境问题的本质是相关地域或背景地域的人地冲突的转嫁，即由他域性人地冲突转嫁所致。借助固有的地域联系或通过某种机制新建立起来的地域联系，某一地域本域性人地冲突可以输出转嫁给相关地域或背景地域，进而实现本地域的人地和谐或人地共生。人地冲突可以通过地域联系发生转移进而导致生态环境问题的他域性或跨域性。在相关地域关系上，人地冲突的转移，导致移出地域的生态环境的良性化和移入地域的生态环境的恶化。在背景地域关系上，背景地域的人地冲突可以集中地转移到某一地域上，其结果是背景地域生态环境的良性化和这个地域生态环境的恶化。这种转嫁，在我国东、中、西三大地带之间的表现尤为突出。东部地区的经济增长与社会发展所必需的发展成本特别是资源成本和生态成本在本地域无法得到支付的情况下，则转向对西部地区的低廉索取甚至无偿索取。其结果是：西部地区在为东部的发展支付中透支，从而导致生态环境的严重退化。西部生态环境建设是一个人地协调的过程，其中的“人”不仅包括西部地区而且包括东部地区和整个国家，东部地区和国家应该为此提供资金资本和技术资本。这种关系或机制实质上就是“自觉”地建立起良性的正因果反馈关系。

（四）时序分析

生态环境问题及其形成主要是“过去”和“现在”时态，生态环境建设及其施行主要是“将来”和“现在”时态。西部地区从生态环境问题及其形成到生态环境建设及其施行的这种时态的转换，其关键是将“自由”下所形成的恶性正因果反馈关系转换成在“自觉”下形成的良性正因果反馈关系。而这种转换最基本的控制因素之一是转换资本或成本的投入问题。没有足额的成本支付，就无法实现这种转换，西部地区的生态环境建设也就无法成功进行。而需要进行生态环境建设的地域生态环境问题的形成与生态环境建设施行的产业性和他域性（包括背景地域性和相关地域性）决定了相关产（企）业、相关地域和背景地域应该支付生态建设成本，即产业补偿、区际补偿和国家补偿存在必然性。也只有这样，才能体现出并确保不同产（企）业之间、不同地域之间的公平性，特别是在区域资源的使用上与生态环境利用上的公平性。同时，也只有这样，才有利于在实践上解决与理论上探索资源环境使用的地域优先权与效益优先权问题，以期在“公平”与“效益”之间寻找到一个公正点或平衡点。

（五）补偿主体

生态环境建设的区际补偿、国家补偿和产业补偿的形式是多元化的，既可以是经济意义的资本的补偿，也可以是可折算成经济意义的其他资本的补偿，如技术和政策等。其中，“政策资本”的补偿即政策优惠与倾斜，可能是第一位的补偿，是最大的国家补偿。可以设想在我国西部特别是生态环境的建设地域实行类似于东部沿海特区政策的“特区政策”。当然，真正实现三种补偿绝非易事。补偿机制的形成与补偿行为的实现，亟待通过国家立法或区域立法等刚性约束机制来支撑。没有这样的刚性约束而仅有柔性约束，那么区域生态环境的建设特别是作为我国西部开发首要任务的生态环境的建设是难以实现的。同时，在生态环境建设中，还必须解决好“谁”来使各种生态建设的投入与补偿的资本有序运作的问题。如果没有好的运作主体，那么将很有可能出现投入与补偿的严重耗损。这个主体应该是逐渐形成或势必形成的一个既不同于绿色产业也不同于环保产业的新的产业——生态环境建设产业，以及生态环境建设产业孵化出来的诸多生态环境建设企业。国家应该也能够通过政府职能扶持与培育这个新的产业，在区域创新的机制下进一步孵化出诸多生态环境建设企业。

区域生态环境建设是一项十分艰巨的任务，应遵循人地关系地域系统协调共生的思想与理论，跳出就生态环境建设论生态环境建设的怪圈。区域生态环境建设所必需的各种补偿机制的建立和补偿行为的实现，以及可以有序运作各种生态环境建设资本的生态环境建设产业的形成，在我国现有的区域政策框架下尚属难为之事，急需通过国家或地方立法等刚性约束机制来实现。

二、教育研究——基础教育振兴与区域和谐

区域均衡是和谐发展的重要内涵之一，其最重要的问题之一是义务教育的区域均衡。这是我国及各省级行政区域落实科学发展观、走可持续发展道路和实现全面建设小康社会发展目标的重大任务之一。义务教育的区域均衡对于区域均衡具有重大意义。

（一）区域义务教育公理

吴传钧院士提出了“人地关系地域系统是地理学研究核心”的重要思想。这里的“人地关系”，是某一个地域内人的群体的诸多活动与这个地域内的诸多环境资源之间相互联系、相互作用所形成的关系，如某一区域内义务教育活动与这个区域内的社会经济环境和资源之间的关系就构成了一种人地关系。人们期盼实现“人——义务教育”与“地——社会经济环境和资源”之间相互促进的和谐发展：社会经济环境和资源条件与义务教育之间形成良性的正因果反馈关系。这里的“系统”有三重含义：①某一个区域内各种地理要素之间相互联系、相互作用所形成的“要素空间系统”；②某一个区域和与其有关的其他区域——这个区域的次级区域、相关区域和背景区域之间相互联系、相互作用所形成的“地域空间系统”；③某一个区域不同发展阶段之间的历史继承和未来

发展之间相互联系所形成的“时间系统”。人们期盼实现一个区域系统内部和不同区域之间的要素的和谐、区域的均衡和时间的延续。

据此，存在如下区域公理：①公理Ⅰ——任何区域都是人地关系的区域；②公理Ⅱ——任何区域都是区域系统的区域；③公理Ⅲ——任何区域都是历史发展的区域。从这一公理系统出发，可以有区域义务教育的公理系统：①区域义务教育公理Ⅰ——任何义务教育的区域都是义务教育与社会经济环境资源之间的区域；②区域义务教育公理Ⅱ——任何义务教育的区域都是义务教育区域系统中的区域；③区域义务教育公理Ⅲ——任何义务教育的区域都是历史过程与未来发展中的区域。这是我们系统研究云南省区域义务教育及其均衡的逻辑基础。

（二）区域义务教育均衡的研究

21世纪初，以胡锦涛同志为总书记的党中央，以中国的区域发展实践为基础，创造性地提出了“五个统筹”和“和谐社会”等重要思想。这是对马克思主义的重大创新。其中，建设和谐社会的内涵之一就是实现区域间的和谐和统筹。以和谐和统筹为目标的区域发展战略和发展实践，在今后相当长的时期内，将始终面临着如何适度调控区域差距的艰巨任务——这是区域经济学理论研究和实证研究的重大课题。怎样才能有效提高欠发达地区的发展水平，进而缩小区域差距，达到区域间的和谐呢？分析表明，一个重要的途径，就是加大欠发达地区的教育投入，促进其基础教育水平的提高。

区域发展的不平衡性在欠发达省区表现得尤其突出，即区域内也存在着不平衡性。从地理学的研究核心“人地关系地域系统及其协调共生”来看，这种不平衡性主要表现在：①省区内部诸地市州之间的不平衡性；②该省区与其他省区市特别是发达省区市之间的不平衡性；③该省区与全国平均状态之间的不平衡性。这三种区域不平衡性，是一个省区的历史过程、人地关系和区际联系三方面因素共同决定的，已严重地制约了一个省区和谐社会的发展空间——发展路径和发展幅度。因此，欠发达省区的和谐发展，必须突破区域不平衡性的限制。这也是国家应给予高度重视的。区域发展水平可以选择“人类发展指数（HDI）”来标度。“人类发展指数”是国际社会特别是《人类发展报告》等普遍采用的用以标度区域发展水平的重要指数，它包括“预期寿命指数”、“体面生活指数”和“教育成就指数”三个分指数，是三个分指数的算术平均数。

一个省区在不同时间的发展水平、不同区域在同一时期的发展水平和不同区域在不同时期的发展水平，都可以用“人类发展指数”来标度。大量的理论研究和区域实践研究表明，欠发达省区的“人类发展指数”分别与这个区域的“预期寿命指数”、“体面生活指数”和“教育成就指数”呈正因果反馈关系：①“人类发展指数”和“预期寿命指数”之间或者相互促进增大或者相互促进减小；②“人类发展指数”和“体面生活指数”之间或者相互促进增大或者相互促进减小；③“人类发展指数”和“教育成就指数”之间或者相互促进增大或者相互促进减小。运用系统动力学所进行的“人类发展指数-预期寿命指数-体面生活指数-教育成就指数”系统的定性模拟分析表明，欠发达省区在上述三对正因果反馈关系中，“人类发展指数-教育成就指数”这一对因果反馈关系是最主要的，它左右着“人类发展指数-预期寿命指数”、“人类发展指数-体面生活指数”这两对因果反馈关系。这表明“人类发展指数-教育成就指数”这一对正因果反馈关系的好坏属性——良性和恶性——是十分重要的。由此可以划分出良性的正因果反馈关系和恶性的正因果反馈关系。

区域发展的实证分析表明，在诸多甚至全部欠发达省区中，“人类发展指数-教育成就指数”这一正因果反馈关系，在历史和今天多呈现为恶性的正因果反馈关系：由于体制、理念和经济发展水平等综合因素的作用，区域发展水平低下即“人类发展指数”低下，导致了对教育投入很少即教育成就指数低下；而教育成就指数低下，又极大地限制了区域发展水平的提高即限制了“人类发展指数”的提高。显然，这样的正因果反馈关系，不是我们所期望的。我们期望，这种恶性的正因果反馈关系能够转换为良性的正因果反馈关系——由“人类发展指数和教育成就指数”之间的极大限制转换为“人类发展指数和教育成就指数”之间的极大促进。

运用系统动力学所进行的上述系统的定性模拟分析和对区域发展历史和现状的实证分析表明，欠发达省区的“人类发展指数-教育成就指数”这一对因果反馈关系，不仅是最主要的，而且比较容易完成由“恶性”正因果反馈关系到“良性”正因果反馈关系的转换。这一结论最一般的意义就是：只要想办法不断地提高教育成就指数，通过良性的正因果反馈关系的机制，就可以实现教育成就指数和“人类发展指数”以及预期寿命指数、体面生活指数的不断提升，进而促进欠发达地区的发展，缩小不同地区间差距，实现区域协调发展。“教育成就指数”是由两项重要的指标——“成人识字率指数”和“综合入学率指数”——经过公式计算得出来的。综合入学率包括小学入学率、中学入学率和大学入学率。其中，小学入学率又与成人识字率有极其密切的联系，二者具有同一性。从教育经济学和教育计量学看，若提高同一数值的大学入学率、中学入学率和小学入学率，则教育成本的国家投入的比值相差巨大：大学教育成本的国家投入十几倍于中学教育成本的国家投入，几十倍于小学教育成本的国家投入。这表明，通过投入来促进基础教育水平的提高（即小学的入学率和中学入学率的提高）是最经济的路径。同时，小学入学率的较大较快提高，意味着今后成人识字率的较大较快提高。

那么，提高基础教育的水平，就可以促进欠发达省区的经济发展吗？这实际上与欠发达省区的技术水平有密切的关系。在欠发达地区的经济构成及其发展过程中，其主要的支撑技术不是最先进的技术而是比较容易掌握的“成熟技术”。劳动者只要具有小学或中学的基础文化背景，就可以通过技术技能的培训，比较容易地掌握这些“成熟技术”。从主要劳动者的文化背景看，大力发展小学和中学这样的基础教育是符合欠发达省区的区域特征的。这便于劳动密集型产（企）业的发展，完全符合欠发达省区本身的省（区）情和我国欠发达省区仍然较多的国情（人口数量巨大，就业需求空间巨大）。研究表明，通过对基础教育投入的较大增加，可以提高教育成就指数，而因其良性的正因果反馈关系的作用，“人类发展指数”也会有较大提高；“人类发展指数”的较大提高，因其良性的正因果反馈关系的作用，预期寿命指数、体面生活指数也会有较大提高。这是我们所期望的欠发达省区的美好发展图景。这样的图景预示着——一个省区内部诸地市州之间的差距、该省区与其他诸省区市特别是发达省区市之间的差距和该省区与全国平均状态之间的差距——这三种区域差距会在区域发展的自组织过程和区域发展的他组织过程中得到不断的优化调控，达到不至于限制欠发达省区在 21 世纪中持续发展和崛起的适度的区域差距，为全国和欠发达省区的区域和谐社会发展奠定坚实的区域条件。

通过上述分析，我们完全可以得出结论：通过基础教育的加强，可以促进欠发达省区的发展水平的提高，进而缩小欠发达省区与发达省区市之间的发展差距，这是逐步实现区域和谐社会建设的路径。

三、语言研究——区域语言的地理学研究

西部大开发和全面建设小康社会以及全面统筹发展，已成为中国在21世纪的发展目标之一，而这些均与文化建设密切相关。语言作为一种重要的文化信息载体和一种重要的社会文化现象，在文化建设中具有极其重要的特殊作用。同时，重视语言与其形成过程和地理环境之间的关系，历来为很多优秀的语言学家、语言地理学家和文化地理学家所重视，是语言学重要而基础的研究领域。语言及其分布长期受到历史过程、人地关系和区域联系等因素的综合作用，因此，可以以历史过程、人地关系和区域联系为总体框架，通过空间秩序、时间序列和动因机制三个科学研究维度的科学研究，进而进行价值研究维度的系统思考和伦理研究维度的科学调控来对中国云南语言地理进行研究，是语言学、语言地理学和文化地理学等诸多学科共同关注的前沿性课题，属于源头创新性研究，具有重要的理论意义。同时，这项研究将为西部大开发和云南省全面建设小康社会以及全面统筹发展的文化建设方略的科学制定和系统优化提供一定的理论储备，具有重要的实践意义。

（一）中国云南语言地理研究的现状

语言学很早就认识到语言与地理环境之间的相关性，并与文化地理学、宗教地理学和民族地理学等共同关注并研究语言的地理问题。①中国西汉文学家扬雄编纂的《輶轩使者绝代语释别国方言》，可谓世界上最古老的语言（方言）地理著作。②在欧洲，一些学者收集了大量世界各地的语言标本，进而在19世纪前随着历史比较语言学的发展，语言地理学诞生并逐渐发展。③100多年来，许多优秀的语言学家运用地理学的观点和方法，对世界各地的语言调查资料进行了归纳研究，绘制了多种语言地图，出版了许多语言地理学论著。④20世纪70年代，日本语言学家桥本万太郎提出语言地理类型学，把世界语言归纳为“游牧民型”和“农耕民型”两大地理类型，认为语言的发展和社会生产方式有密切联系。他以东亚大陆多种“农耕民型”语言为主要素材，分析语言的历时变化和共时变化，以探索人类语言发展演化的一般原理。⑤近年来，我国很多优秀的语言学家开展了语言地理学研究，完成并出版了优秀的语言地理学著作。⑥我们自20世纪90年代开始关注“语言-文化地理学”问题，并尝试以“语言地理资源”极其丰富的中国云南省作为研究区域，以探索和系统研究语言地理学的基本规律和基本原理等方面的问题。为了进行中国云南语言地理的研究，我们进行了近15年艰苦的学术准备。

这些优秀的语言（地理）学家、文化地理学家和民族地理学家及其学术论著所给出的多样化的“语言地理研究范式”，为我们拟从历史过程、人地关系和区域联系为总体框架，通过空间秩序、时间序列和动因机制三个科学研究维度的科学研究，进而进行价值研究维度的系统思考和伦理研究维度的科学调控来对“区域语言地理（以中国云南语言地理为例）”进行研究，奠定了可以借鉴的、重要的学术基础。我们的思路和范式的主要理论根据（之一）是吴传钧院士提出的“地理学的研究核心——人地关系地域系统”的重要观点和我们初步创建的“人地关系地域系统共生应用理论”。同时，“语言地理资源”极其丰富的中国云南也面临着因社会经济发展而使“语言地理资源”不断并加

速“枯竭”的巨大危险。以此为思路和范式的中国云南语言地理学研究，通过“抢救性”研究，可能会促进语言地理学、文化地理学和语言学的发展，进而可能形成具有中国特色的语言地理学，所以，这项研究亟待开拓和系统研究。

（二）中国云南语言地理研究的主要思路

本项研究主要以地理学和语言学为支撑学科从“人地关系地域系统”的视角来研究。“人地关系地域系统”给出了对语言研究的地理学视角的一种新的范式——不仅从人地关系研究语言地理而且从历史过程和区域联系研究语言地理。这项研究除了采用语言地理学、文化地理学和语言学的一般研究方法外，将遵循钱学森院士创立的“从定性到定量的综合集成法”，特别运用地理信息系统和社会科学统计软件包（SPSS）等进行跨人文社会科学与自然科学的整合研究。这项研究将按如图 2-2 所示途径进行，以期达到系统揭示中国云南语言地理的基本图式及其规律性、构建从“人地关系地域系统”视角进行语言地理研究的基本范式和给出为云南省乃至西部地区文化建设服务的“语言区划”与“语言管理方略”的目的。

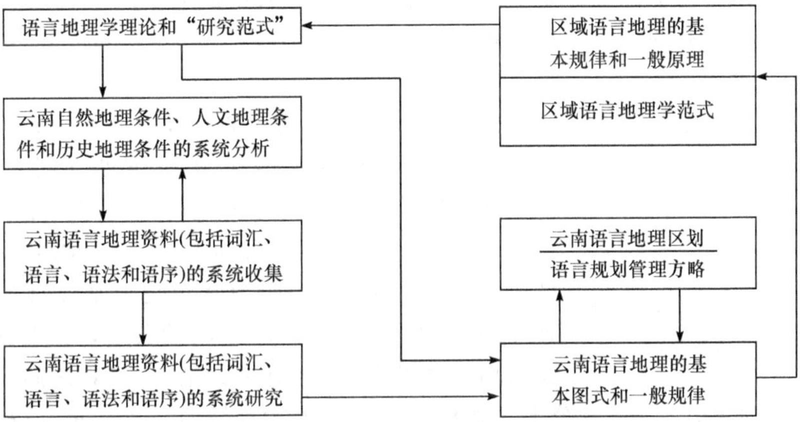

图 2-2 语言地理的研究路线

（三）中国云南语言地理研究的重要观点和基本价值

近年来的理论思考和学术积累，使我们确信：①语言不仅受历史过程和人地关系的影响，而且受区域联系的影响；②语言地理学研究的重要（新的）范式之一是，遵循“人地关系地域系统”理论从科学研究维度（可以分成空间秩序、时间序列和动因机制）、价值研究维度和伦理研究维度去研究语言地理；③语言（地理）学家有责任和有能力系统地研究中国云南语言地理的基本图式和一般规律进而为中国云南语言区划和语言管理方略提供重要的科学支撑。这项研究将以 ASMLR 的视角和M-S方法，通过整合研究，以期达到系统揭示中国云南语言地理的基本图式及其规律性、构建从“人地关系地域系统”视角进行语言地理研究的基本范式和给出为云南省乃至西部地区文化建设服务的“语言区划”和“语言管理方略”的目的。所以，在理论和方法上，这项研究具有一定的开拓性与创新性；在实践和应用上，这项研究具有可以填补云南省语言地理学研究的空白和为云南省语言管理规划方略的制定提供科学根据的重要作用。

四、伦理研究——可持续发展的地域公平性

20 世纪中叶以来，人类社会反思传统文明特别是工业文明的双重效应，以对“人地关系”、“发展内涵”和“人的位置”等的系统认识为理性基础，提出了一种新的发展观——可持续发展观。自《我们共同的未来》给出可持续发展的经典定义以来，许多学者逐步对其给出了基于一定的学科背景的新的和内涵更加丰富、界定更加科学的定义。在这些定义中，可持续发展被赋予了“公平性”属性。“公平性”已成为测评和引导可持续发展的最重要的基本原则之一。对于“公平性”，它已由单一的代际公平含义发展为不仅包括代际公平而且包括地域公平和群际公平的含义。这样理解的公平性，使可持续发展的科学内涵更加全面、更加系统。这也正是“全面建设小康社会”和“新发展观”的最重要的科学思想或科学理论依据之一。地域公平性是我们主要依据地理学的人地关系地域系统协调共生理论提出来的原则。

（一）地域系统的基本概念

从空间维来看公平性也即是从横向来看公平性，其中的公平既包含机会选择的公平，也包含结果占有的公平。在讨论空间维上的公平性前，先阐述将用到的重要的地理概念——地域系统。

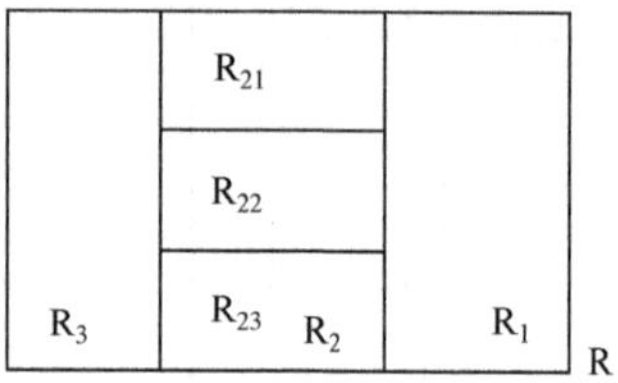

图 2－3　地域系统

如图 2－3 所示，有一非末级地域 R，依据某种标准划分出 R_1、R_2 及 R_3，其中 R_2 又依据某种标准划分出 R_{21}、R_{22} 及 R_{23}。对于 R_2 来说，R_{21}、R_{22} 及 R_{23} 称为 R_2 的次级地域，而 R_1、R_3 称为 R_2 的相关地域，R 称为 R_2 的背景地域。因此从空间维来讨论公平性时，既要讨论 R_2 内部的 R_{21}、R_{22} 及 R_{23} 之间的公平，也要讨论 R_2 与 R_1 和 R_3 之间的公平，还要讨论 R_2 与 R 之间的公平。即既要讨论 R_2 的次级地域间的公平，也要讨论 R_2 与相关地域的公平及 R_2 与背景地域的公平。下面就以 R_2 作为参照地域来探讨空间维上的公平性。

（二）次级地域的公平性

如图 2－4 所示，R_{21}、R_{22} 和 R_{23} 是 R_2 的次级地域，它们之间是相互作用和相互影响的。讨论 R_2 的次级地域的公平，就是要讨论 R_{21}、R_{22} 和 R_{23} 之间的公平。对于地域 R_2 来说，R_{21}、R_{22} 和 R_{23} 是系统 R_2 的子系统，根据系统论的观点，R_{21}、R_{22} 和 R_{23} 之间的发展变化将导致和决定 R_2 的发展变化。

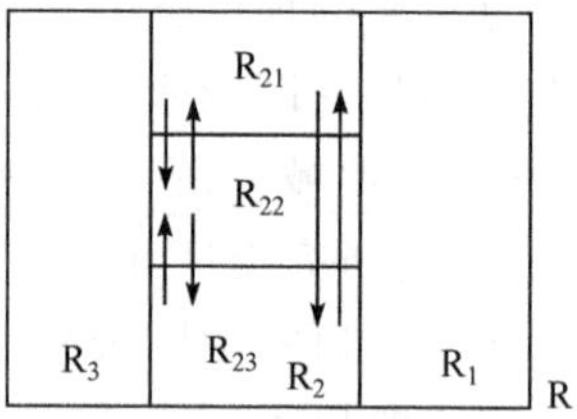

图 2－4　地域 R_2 的次级地域间的相互关系

从结构决定功能上看，R_{21}、R_{22} 和 R_{23} 的结构发生变化将导致 R_2 整体功能的变化，而 R_2 的发展变化将反过来分别作用于 R_{21}、R_{22} 和 R_{23}。在讨论次级地域的公平性问题时，就是指 R_{21}、R_{22} 及 R_{23} 之间相互作用上互动的公平。次级地域的公平要求体现代内的公平与平等，即在地域 R_2 内部的次级地域 R_{21}、R_{22} 及 R_{23} 之间机会选择与结果占有角度的公平，实现资源消耗利用、环境保护、经济发展和权力责任的公平分配与负担的公平承担。它强调的是代内次级地域之间不

能以损害别的次级地域的发展为代价，特别是不能损害后发展地域的发展需求。由于资源和环境具有有限性，次级地域之间的经济、科技和文化的不平衡，任何次级地域的利己主义行为都可能对其周围的次级地域的发展产生某种不利的副作用。以经济发展为例，由于经济活动具有外向性，即次级地域不可能关起门来达到自身经济的发展。而资源环境的消耗在次级地域间具有专有性，在每个地域内又具有不可分性，这就导致资源和环境的获利者在获得利益的同时往往把资源消耗和环境污染的部分或全部转嫁给别的次级地域来承担，这是导致次级地域不公平的缘由之一。要达到次级地域的公平，其所涉及的要素也是多方面的。就目前的研究成果来看，主要是集中在资源利用、环境保护、经济发展及权力责任四个方面；但在现代社会中，还应考虑科技知识利用、经济空间占用等多个方面的因素。因此要达到公平，还需要在空间上遵循互利互补的原则，实现次级地域之间的合作、互补和平等，以此来缩小次级地域范围内同代人之间的不公平，从而逐渐达到次级地域间的公平。

（三）相关地域的公平性

如图 2－5 所示，R_1、R_3 是 R_2 的相关地域，要实现相关地域间的公平，就是要实现 R_2、R_1 和 R_3 三者之间在机会和结果占有上的公平。

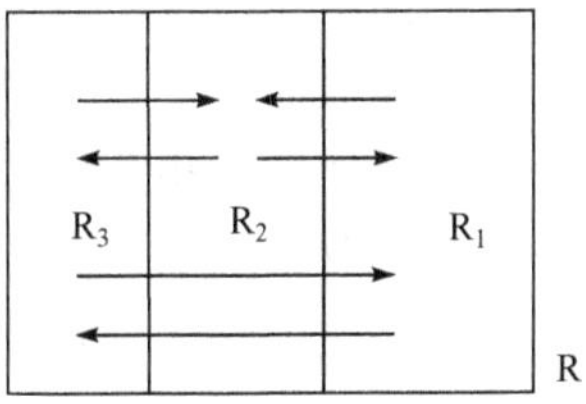

图 2－5 地域 R_2 与其相关地域间的相互关系

相关地域的公平要求体现代内的公平与平等，即在相关地域之间实现资源的利用、环境保护、经济发展的公平，都有平等的权利与承担平等的责任。强调代内的某一地域不能以损害其相关地域的发展为代价来求得自己的发展。传统的发展模式是一种功利型的思维方式，它绝对地以人或某一地域为中心，以最大限度谋取和占有眼前物质利益为思考对象。在这种功利型思维模式的支配下，人们采纳了一种永无止境地追求和占有物质利益的价值观。这种价值观是导致人与自然、人与人之间关系紧张的最为深厚的基础，同时它也是导致代内相关地域间不公平的最为稳固的基础。对某一地域而言，要求得自身的发展，必须通过一系列内外因素的协调作用。而现代的发展观的含义并不是单纯的经济增长，而是经济增长、社会进步和环境保护的综合。这一发展模式对该地域的相关地域同样适用，即各相关地域之间具有同等的发展与生存权利，同样也具有同等的责任与义务。这就要求每一个地域在利用权力发展自身的同时，应该承担起不损害其相关地域发展权力的责任与义务。而在现实中，由于地域的发展不平衡性，任何具有利己主义的地域的行为都可能或必然对其相关地域造成不良的消极影响。以资源消费和环境消费为例，由于资源具有不平衡性，使得资源消费的获利地域在获得利益的同时往往将资源损耗和环境污染的不良结果转移到别的相关地域，这就造成了相关地域之间在发展的机会选择上、发展的结果占有上的不公平。要铲除相关地域之间的这种不公平并非易事，它需要在各相关地域之间规划出合理的发展模式，建立起相应的资源利用和分配机制，制定出相应的权力实施机制和责任承担机制，这样才能使相关地域之间在资源消耗、环境保护、经济发展和权力实施及责任承担等各个方面达到公平。

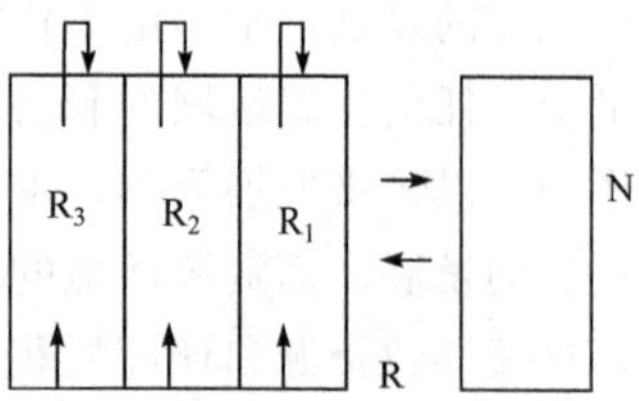

图 2-6　背景地域 R 与其次级地域、相关地域的相互关系

（四）背景地域的公平性

如图 2-6 所示，地域 R 是地域 R_1、R_2 及 R_3 的背景地域，同时地域 R_2 也是地域 R 的次级地域，地域 R 和地域 N 是同等级的地域（相关地域）。从系统论来看，地域 R_1、R_2 和 R_3 之间所形成的地域将决定 R 的功能，而 R 的功能也将反馈于 R_1、R_2 及 R_3 的结构。从这个角度来看，次级地域的公平将构建起其背景地域的公平，而背景地域的公平也将反馈于其次级地域的公平。当然背景地域的公平还应包括地域 R 和地域 N 之间的公平。从地域角度讲次级地域是其背景地域的构成要素，属上级与下级的关系。但在讨论背景地域的公平性时，它们之间却是平等的，因此在机会选择与结果占有上它们也是平等的。这是追求达到背景地域公平的理性基础。在划分背景地域时，往往可以从不同的需求出发划分出不同的背景地域。例如，可以根据已有的行政区划的结果划分出背景地域，也可以根据经济区划的标准划分出不同的背景地域。

（五）三种公平性的关系

公平性在代内针对所有地域的公平，对于背景地域而言也同样具有享有公平的权利。背景地域的公平应考虑两个层次的公平：背景地域与次一级地域之间的公平；背景地域与同级地域（相关地域）之间的公平。这两个层次的公平都达到了才是背景地域的公平。对于背景地域与次一级的地域而言，次一级地域有生存与发展的权利，因此它可以从背景地域中获得满足其发展的各种资源，在获得利益的同时把各种废物排放到背景地域之中去，这本身就是一种不公平的现象。它们在资源消耗与经济发展的机会上是不公平的，次级地域在这两个方面都具有优先权。而环境保护上往往由于某种政治原因，背景地域要承担更多的责任。从反馈理论来看，次级地域的发展将影响其背景地域的发展，而背景地域的发展将反过来影响其次级地域的发展。从宏观来看，实现背景地域的公平将不仅有利于背景地域的发展，同时也将有利于其次级地域的发展。背景地域与同一级地域在划分上具有相同的标准，它们都具有同样的发展权，从这一点来说它们是公平的。因此在讨论背景地域与同级地域层次上的公平时，更多注重资源消耗、环境保护和权力责任的公平。从广义上讲，背景地域与同一级地域的公平是指在机会选择和结果占有上的公平，指的就是一方在满足其需求的同时不损害另一方满足其发展的需求。因此它们之间须依照公平、合理的原则来利用发展的资源，担负各自的责任。只有在背景地域与其次一级地域、相关地域都达到平等时才能达到背景地域的公平。

第七节　人地关系地域系统的创新逻辑

德国古典哲学特别是黑格尔哲学和马克思哲学提出和阐述了理性认识和理论构建中的“逻辑”和“历史”的关系——“历史和逻辑的同一”——问题。地理学的理论思维和理论构建要遵循“历史与逻辑的同一”原则。黑格尔提出和阐述了“逻辑先于历史”即逻辑是随着历史发展而逐渐展开的和凸显出来的著名命题。纵观地理学发展历史——而不是地理学发展的研究历史——可以发现这样一个基本规律：地理学若干基本理论问题以研究对象、研究核心、学科体系、科学方法和研究范式等科学概念或科学范畴形式，随着地理学发展历史而逐渐展现出来。在这一宏大历史过程中，表达科学概念或科学范畴的名词或术语伴随着地理学发展史而逐渐形成。孕育于古代地理学时期和萌发于近代地理学时期的“地理学研究核心”问题，在现代地理学时期凸显出来，成为现代地理学要回答的地理学元问题之一。吴传钧率先明确提出了“地理学研究核心”这个地理学元问题，并从历史角度和逻辑角度研究和回答了这个元问题：①提出和阐述了“人地关系地域系统”这个地理学的重要科学概念；②提出和阐述了“地理学研究核心是人地关系地域系统”重要观点；③阐述了“人地关系地域系统的研究范式”。这不仅是中国地理学的理论“自觉”而且是地理学的理论“自觉”的范例，正如洪堡、李特尔、白兰士、拉采尔、道库恰耶夫、赫特纳、索恰瓦……的理论“自觉”那样。这是中国地理学（家）对地理学学科和理论的重要知识生产贡献之一。人地关系地域系统理论的系统构建和发展，就成为地理学重要理论基础，其中包括逻辑基础即人地关系地域系统理论的逻辑基础。拙文在系统学习地理学理论特别是吴传钧关于人地关系地域系统有关论述基础上，试论人地关系地域系统理论逻辑基础。

一、认识历程：地理学研究核心的系统历程和个体历程

遵循科学哲学系统研究地理学史特别是地理学思想史，可以发现一个基本规律：地理学的若干基本问题——地理学研究对象、地理学研究核心、地理学学科体系、地理学基本价值、地理学研究范式、地理学基本原理和地理学科学发展——的明确提出、系统回答和科学阐述，是伴随地理学发展历史而逐渐展开的含义化、概念化、术语化和问题化的过程。地理学对于地理学研究核心这个地理学元命题的认识有系统历程和个体历程。地理学研究核心认识的系统历程是指地理学或地理学家群体在不同地理学时期对地理学研究核心的认识的发展演变过程。地理学研究核心认识的个体历程是指某一位地理学家在其不同学术阶段对地理学研究核心的认识的发展演变过程。地理学研究核心的认识的系统历程是地理学研究核心的认识的个体历程的背景和基础。在地理学思想史上，理论修养深厚和富有学科使命感的一些地理学家或自觉或不自觉地阐述地理学研究核心问题。他们虽然没有使用地理学研究核心术语但较为明确阐述地理学研究核心的内涵。其中，近、现代地理学时期的李特尔地理学中心原理“自然的一切现象和形态对人类的关系”，李希霍芬地理学最高目标“人与自然以及生物特征之间关系”，竺可桢“地理学乃研究地面上各种事物之分配及其对于人类影响”，索尔“文化景观论和文化景观是人文地理学研究核心”，费谢尔“区域地理是地理学研究核心”，李旭旦“人地关系是地理核心”和吴传钧“人地关系地域系统是地理学研究核心”……都是地理学研究核心的认识的系统历程的组成部分。吴传钧先生对地理学研究核心的认识历程就属于个体历程，是系统历程中的最重要的个体历程。20 世纪六七十年代的政治环境严重影响和限制了中国地理学家对地理学基本问题的认识和阐述，也严重影响和限制了吴传钧对地理学研究核心的认识和阐述。1979 年中国地理学会第四届代表大会，吴传钧在大会报告中已提出并初步阐述地理学研究核心问题并给出地理学研究核心是人地关系地域系统含义的科学答案。1980 年他以大会报告为基础发表“地理学的特殊研究领域和今后任务”，进一步阐述地理学研究核心“人地关系地域系统”若干问题。1991 年他在《经济地理》发表《论地理学研究核心——人地关系地域系统》文章，明确系统阐述地理学研究核心

是人地关系地域系统。在该文中，还系统阐述了人地关系地域系统研究内容。他所阐述的研究内容，已超越研究内容，实际上是阐述人地关系地域系统的包括科学维度、价值维度和伦理维度的研究范式。

在现代地理学时期，地理学研究核心这个地理学元问题的提出和回答以及给出科学的系统的答案，是地理学发展的必然规律。无论是哪个国家哪个学派哪位地理学家，在现代地理学时期能率先明确提出“地理学研究核心”这个地理学元命题并给出科学系统答案，都是对地理学特别是地理学理论和地理学学科的重大知识贡献。吴传钧先生不仅明确提出“地理学研究核心”这个地理学元命题，而且提出和定义“人地关系地域系统”这个地理学基本科学概念，回答和给出“地理学研究核心”科学的、系统的答案——人地关系地域系统。这三个方面的重大知识贡献，是中国现当代地理学（家）对地理学若干重大知识贡献之一。

二、基本逻辑Ⅰ：人地关系地域系统的世界图景

马克思哲学和马克思主义哲学认为人类认识和把握客观世界的方式是多元的——哲学方式、科学方式、常识方式、神话方式、宗教方式、艺术方式和伦理方式。不同的把握方式构成的不同的世界图景——哲学的世界图景、科学的世界图景、常识的世界图景、神话的世界图景、宗教的世界图景、艺术的世界图景和伦理的世界图景。其中，最主要的把握方式及其世界图景是：通过哲学把握方式获得哲学的世界图景，通过科学把握方式获得科学世界图景，通过常识把握方式获得常识的世界图景。地理学对于人地关系地域系统的把握方式应该是地理科学方式，地理学对人地关系地域系统的世界图景应该是地理科学世界图景。地理科学方式和地理科学世界图景，与哲学方式和地理哲学世界图景、常识方式和地理常识世界图景之间有复杂因果反馈关系。人地关系地域系统的科学方式和科学图景需要人地关系地域系统理论。人地关系地域系统理论应该是包括内在原理、桥接原理和导出原理等在内的，具有一定结构的，不仅解释人地关系地域系统现象而且解释人地关系地域系统规律的演绎陈述系统。

三、基本逻辑Ⅱ：人地关系地域系统的认识环节

马克思哲学关于认识的过程是：基于经验的感性认识→理性认识→基于理性的感性认识。这一原理适合于对人地关系地域系统的系统认识过程和个体认识过程。人地关系地域系统的系统认识过程，是指地理学（家）对人地关系地域系统的认识过程；人地关系地域系统的个体认识过程，是指某一地理学家、地理学学派等对人地关系地域需要的认识过程。个体认识过程是系统认识过程的片段。在人地关系地域系统的基于经验的感性认识阶段或环节上，主要呈现出多元特征——角度多元、层次多元、对象多元。在人地关系地域系统的理性认识阶段或环节上，主要呈现一元特征——规范的概念和原理等。在人地关系地域系统的基于理性的感性认识阶段或环节上，主要呈现新的多元特征——对象的角度多元、对象的层次多元和对象的方法多元，等等。其中，从科学研究意义看，形成和构建人地关系地域系统的理性是地理学科学研究人地关系地域系统最重要的环节。

四、基本逻辑Ⅲ：人地关系地域系统——地球陆地表层系统的核心子系统

古代地理学时期托勒密和斯特拉波已有地球表层思想，近代地理学时期李希霍芬提出地球表层概念和地理学研究对象是地球表层观点。现代地理学时期钱学森提出和阐述地球表层是地理科学研究对象。黄秉维科学地把地球表层区分为地球陆地表层和地球大洋表层，提出和阐述地球陆地表层是地理学研究对象。吴传钧提出和阐述人地关系地域系统是地理学研究核心。这里有两个系统：作为地理学研究对象的地球陆地表层系统，作为地理学研究核心的人地关系地域系统。这两个概念及其论断是中国地理学家对地理学学科和理论的重大贡献。这两个系统均具有地域分异性特征和“两类系统”。地球陆地表层的基本特征之一是地域分异性。地球陆地表层系统在自然地域分异因素、经济地域分异因素和人文地域分异因素以及综合地域分异因素作用下，发生地域分异，分异出若干不同空间范围尺度和不同自然地理类型、经济地理类型和人文地理类型以及综合地理类型的地域（或地区或区域），构成了“地域系统”和以地域等级为基础的地域“类型系统”。人地关系地域系统的基本特征之一也是地域分异性。人地关系地域系统在自然地域分异因素、经济地域分异因素和人文地域分异因素以及综合地域分异因素作用下，发生地域分异，分异出若干不同空间范围尺度和不同类型的人地关系地域系统，构成了人地关系地域系统的“地域系统”和“人地关系地域系统”的“类型系统”。前者相当于地域系统研究视角的划分即人地关系地域系统的区划，后者相当于类型系统研究视角的划分即人地关系地域系统的类型。无论是地球陆地表层系统还是人地关系地域系统，均有“地域系统”和“类型系统”这两种地理空间及其观念，具有地理本体论、地理认识论、地理方法论和地理知识论意义。

这两个系统（及其地域系统和类型系统）在地域空间水平范围上具有吻合性或一致性；在地域空间垂直范围上和构成要素以及机制上，人地关系地域系统是地球陆地表层系统的核心子系统。

五、基本逻辑Ⅳ：人地关系地域系统中的人地关系

对于人地关系这一地理学的重要科学概念，地理学家的认识或定义角度尚存在很大差别，形成了不同的认识或角度：①不加区域界定的人地关系的概念。这种概念，泛指人类与地理环境之间的关系。这种概念存在着没有具体界定区域等方面的问题，是哲学思辨的概念，而不是地理科学的概念。②加以区域界定的人地关系概念。这种概念，将人地关系定义为某区域的人地关系是指这个区域内的人的群体活动与这个区域内的资源和环境条件之间的关系。③加以区际界定的人地关系概念。这种概念，将人地关系定义为某区域的人地关系是指这个区域内的人的群体活动与这个区域内的资源和环境条件之间的关系和与这个区域有关的区域之间关系的总和。④加以时空界定的人地关系概念。这种概念，将人地关系定义为某区域的某时期的人地关系是指这个区域内的人的群体活动与这个区域内的资源和环境条件之间的关系和与这个区域有关的区域之间关系以及历史继承（乃至未来规划）关系的总和。

六、基本逻辑Ⅴ：人地关系地域系统中的地域系统

人地关系地域系统中的地域系统有两个理解的角度：要素关系的概念和地域关系的

概念。①要素关系的角度的概念。“人地关系地域系统”中的“地域系统”，是指某一个地域内的各种地理要素（自然地理要素、经济地理要素和人文地理要素）之间通过能量流、物质流和信息流等和各种因果反馈关系而形成和维持的系统。其中，等级较高的是“这个地域内”的“人的群体活动”子系统与“这个地域内”的“资源和环境”子系统之间的“人一地关系”。目前绝大多数学者是这样理解“地域系统”的。②地域关系的角度的概念。“人地关系地域系统”中的“地域系统”，是指某一个地域与与其有关的其他地域——它的背景地域、相关地域和次级地域——之间通过能量流、物质流和信息流等和各种因果反馈关系而形成和维持的系统。

七、基本逻辑Ⅵ：人地关系地域系统含义及其规定

“人地关系地域系统”在理解为“关于人地关系的地域系统”的基础上，还可以理解为“关于地域系统的人地关系”。①人地关系地域系统的含义与规定Ⅰ。“人地关系地域系统”可以理解为“关于‘人地关系’的‘地域系统’”。这是绝大多数地理学家和地理工作者所理解的人地关系地域系统。正如吴传钧院士指出的那样，“人地关系地域系统是以地球表层一定地域为基础的人地关系系统”。这种理解规定了地理科学对地域系统研究的主要角度是人地关系。如何进行以地域为基础的人地关系的系统研究呢？建立人地关系公理是必要的和必然的。②人地关系地域系统的含义与规定Ⅱ。“人地关系地域系统”可以理解为“关于‘地域系统’的‘人地关系’”。这是需要地理学家和地理工作者拓展理解的人地关系地域系统。这种理解规定了地理科学对于人地关系研究的主要角度是地域系统。如何进行以人地关系为主要角度的地域系统研究呢？建立地域公理是必要的和必然的。

八、基本逻辑Ⅶ：人地关系地域系统的公理与法则

对人地关系地域系统的本体认识，可以抽象提升出无需逻辑证明的公理系统。这些公理也是研究人地关系地域系统法则的基础。公理和法则都是科学陈述，侧重不同：公理所阐述的是人地关系地域系统的客观属性，属于人地关系地域系统本体论范畴，是今后系统构建人地关系地域系统理论的逻辑起点；法则所阐述的是人们在认识、研究和表达人地关系地域系统时所要遵循的根本规则，属于认识论、方法论和知识论范畴。这里需要阐明的是，许多哲学家认为知识论就是认识论，而我们认为二者有联系但不是一回事，知识论是关于对认识和研究结果的表述。

第一，人地关系公理与法则。地理科学中人地关系具有的如下三种属性，是地理科学关于人地关系研究的全部理论的元基础，它们构成了地理科学关于人地关系公理系统。①公理Ⅰ：任何人地关系都是地域系统的人地关系。地理科学所理解和研究的人地关系都是一定地域内的人地关系，其状态取决于这个地域以及与这个地域有关系的诸多地域的性质和特征。②公理Ⅱ：任何人地关系都是人与地因果反馈的人地关系。这里存在着地对人的作用和人对地的作用，有些情况地对人的作用表现突出，有些情况人对地的作用表现突出。③公理Ⅲ：任何人地关系都是发展过程中的人地关系。任何人地关系在某一时期的总体特征还取决于这个地域在过去历史时期的特征乃至未来规划时期的发展期望。这三个公理决定了人地关系研究法则。①法则Ⅰ：认识、研究和表达人地关系要从地域系统角度进行。②法则Ⅱ：认识、研究和表达人地关系要从人和地之间的因果

反馈关系进行。③法则Ⅲ：认识、研究和表达人地关系要从历史和未来发展过程进行。

第二，地域系统公理与法则。地理科学中地域具有的如下三种属性，是地理科学关于地域或区域研究的全部理论的元基础，它们构成了地理科学关于地域或区域的公理体系乃至形式体系的公理系统。①公理Ⅰ：任何地域都是人地关系的地域。任何地域在某一时期的总体特征取决于这个地域内的人的群体活动与这个地域内的资源环境之间的关系。②公理Ⅱ：任何地域都是地域系统中的地域。任何地域在某一时期的总体特征还取决于这个地域与与其有关的诸多地域之间的关系。③公理Ⅲ：任何地域都是发展过程中的地域。任何地域在某一时期的总体特征还取决于这个地域在过去历史时期的特征乃至未来规划时期的发展期望。所以，某一个地域在某一时期的状态取决于：这个地域内的人和这个地域内的地之间的关系、其他地域对这个地域的作用、这个地域的历史时期的状态以及未来规划时期的期望。这三个公理决定了地域系统研究法则。①法则Ⅰ：认识、研究和表达地域系统要从人地关系角度进行。②法则Ⅱ：认识、研究和表达地域系统都要从地域系统之间的关系进行。③法则Ⅲ：认识、研究和表达地域系统要从历史和未来发展过程进行。

九、结语

人地关系地域系统的科学知识包括人地关系地域系统的经验事实、科学事实、人地关系地域系统的基本性质、人地关系地域系统的科学问题、人地关系地域系统的科学规律、人地关系地域系统的科学学说、人地关系地域系统的科学案例、人地关系地域系统的研究范式和人地关系地域系统的科学理论等形态。其最高形态是人地关系地域系统的科学理论。人地关系地域系统的科学理论的系统构建，需要笛卡儿所倡导的“理性”和培根所倡导的“经验”的双重基础以及“归纳的逻辑”和“演绎的逻辑”的双重逻辑，“理性”和“演绎的逻辑”的作用越来越重要。人地关系地域系统的科学理论的知识成分也一定不仅包括经验成分而且包括先验成分和超验成分。地理学思想史和地理学哲学的一些论著中有这样的观点——地理学知识特别是地理学理论知识是纯粹经验成分的和归纳的逻辑的知识。其实这种观点是不正确的起码是不全面的。关于这些认识我们将在其他论著中阐述。拙文所阐述的问题基本上属于具有知性基础的理性范畴，强调的是理性的和演绎的逻辑的重要性，具有鲜明形而上特征。不仅人地关系地域系统理论构建需要理性、演绎、先验、超验和形而上，而且地理学的科学发展同样需要理性、演绎、先验、超验和形而上。人地关系地域系统是中国特色地理学的核心知识之一，也是走向“‘科学的’人本地理学”和“‘人本的’科学地理学”的基础之一。

问题与讨论

一、常规性问题与讨论

1. 阐述“地理科学的研究核心是人地关系地域系统”的历史根据。
2. 阐述“地理科学的研究核心是人地关系地域系统”的逻辑根据。
3. 阐述“人地关系”的科学内涵。它有哪些认识的层次?
4. 阐述“地域系统”的科学内涵。
5. 阐述“人地关系公理”。
6. 阐述“地域系统公理”。

7. 你怎样理解“人地关系地域系统”?

8. 人地关系地域系统有哪些基础研究内容?

9. 你如何理解主体功能区?

10. 你如何理解优化开发主体功能区?

11. 你如何理解重点开发主体功能区?

12. 你如何理解限制开发主体功能区?

13. 你如何理解禁止开发主体功能区?

14. 人地关系地域系统思想可以应用到哪些学科领域?

二、研究性问题与讨论

1. 请用人地关系地域系统思想分析你所在地区的区域发展问题。

2. 请阐述中国地理学家关于人地关系的理论认识。

3. 学习马克思主义经典文献如《自然辩证法》(恩格斯著)等中的人与自然关系思想。

4. 学习习近平《论坚持人与自然和谐共生》等中的人与自然关系的思想。

第三章　地理科学的学科体系

地理科学的学科体系与地理科学的知识体系密切相关，是表达地理科学知识形态的重要范畴，是由业已确证的地理科学知识构成并完整地再现人地关系地域系统的本质和规律性的知识体系。然而，地理科学研究的博杂性与人们对其认识的角度和深度的差异性，导致人们划分地理科学体系的多样性而无法统一。

第一节　地理科学在科学技术体系中的位置

一、地理科学在“学科分类国家标准”中的位置

1.《中华人民共和国国家标准》中的一级学科

《中华人民共和国国家标准·学科分类与代码》系统介绍了我国科学技术的学科结构。在这一纲领性文献中，一级学科有：数学，信息科学与系统科学，力学，物理学，化学，天文学，地球科学，生物学，心理学，农学，林学，畜牧、兽医科学，水产学，基础医学，临床医学，预防医学与公共卫生学，军事医学与特种医学，药学，中医学与中药学，工程与技术科学基础学科，信息与系统科学相关工程与技术，自然科学相关工程与技术，测绘科学技术，材料科学，矿山工程技术，冶金工程技术，机械工程，动力与电气工程，能源科学技术，核科学技术，电子与通信技术，计算机科学技术，化学工程，产品应用相关工程与技术，纺织科学技术，食品科学技术，土木工程建筑，水利工程，交通运输工程，航空、航天科学技术，环境科学技术及资源科学技术，安全科学技术，管理学，马克思主义，哲学，宗教学，语言学，文学，艺术学，历史学，考古学，经济学，政治学，法学，军事学，社会学，民族学与文化学，新闻学与传媒学，图书馆、情报与文献学，教育学，体育科学，统计学。

2. 地理学在地球科学等有关学科中的位置

作为一级学科的地球科学，包括的二级学科有：地球科学史、大气科学、固体地球物理学、空间物理学、地球化学、大地测量学、地图学、地理学、地质学、水文学、海洋科学、地球科学其他学科。地理学主要属于地球科学。此外，在生物学、测绘科学技术、农学、林学、环境科学技术及资源科学技术、宗教学、语言学、历史学、经济学和教育学等一级学科下的其他学科中，包括地理学与这些学科的交叉研究的学科。

二、地理科学在“钱学森体系”中的位置

钱学森院士关注与研究不断发展变化着的科学技术体系问题，逐渐形成了他关于科学技术体系的基本认识即“钱学森科学技术体系”。钱学森认为科学技术包括：自然科学、社会科学、数学科学、系统科学、思维科学、人体科学、地理科学、军事科学、行为科学、建筑科学和文艺科学（文艺理论）。每一个学科内部的知识包括基础理论、技术基础和实际应用三个层次。其中，基础理论知识是指在某学科中最基本的内容，反映

客观世界本质的内容；技术基础知识是指具体到某种特定的环境条件下，对基础理论所呈现出的具体性质、特点的分析和讨论。

第二节 地理学学科体系的有关观点

目前，国内外尚没有一个公认的地理学体系。其中，具有代表性的有以下数种观点。

一、金字塔型结构体系

陈传康教授的《现代地理学与地理教材建设》、刘南威教授的《综合自然地理学》和潘玉君教授的《地理教育价值雏论》及《地理学导论》中都阐述了大致相同的地理学体系。此处称为金字塔型结构体系（图 3－1）。

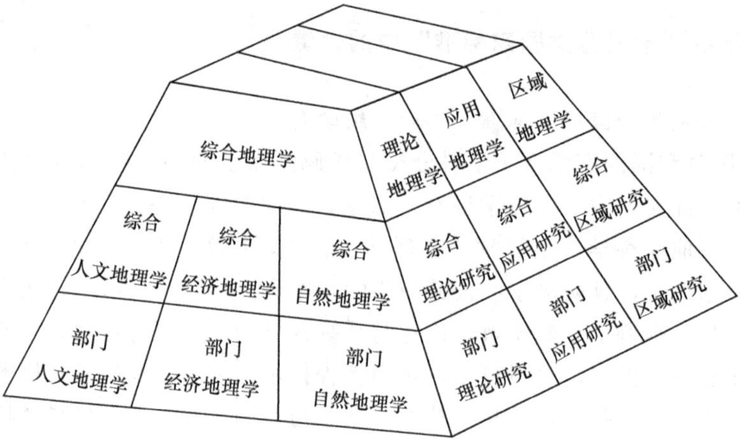

图 3－1 地理学的金字塔结构

在这个体系中，具有三分法、三层次、三重性和三时段：①三分法，地理学分成自然地理学、经济地理学和人文地理学。②三层次，部门地理学、一级综合地理学（综合自然地理学、综合经济地理学、综合人文地理学）和二级综合地理学（即综合地理学）。③三重性，理论地理学、应用地理学和区域地理学。④三时段，古地理学、历史地理学和现代地理学。此外这个体系还应当加上一个"塔尖"，这个塔尖可称为"地理哲学"。钱学森院士在《发展地理学的建议》和《谈地理学的内容及方法》中明确提出了"地理哲学"的概念。笔者在 20 世纪 80 年代学习自然辩证法课程时也形成了地理（学）哲学概念。

二、《理论地理学概论》中的地理学体系

王铮教授等在《理论地理学概论》中以环境和区域为基本概念，以地理系统和地理过程为基本分布范畴，以 PRED 性和系统性为基本分析准则和中心支柱，以地理建设为前途，构建了地理学的体系（图 3－2）。

这个体系分为三个层次：中心是环境动力学和区域动力学；第二个层次是模式地理学；第三个层次是现代地理学的应用层次。在中心层次中，环境动力学是环境地学的理论核心。环境地学的部分内容属于模式地理学。区域科学或区域动力学也是中心学科。地理环境动力学的内容重点在于地理环境过程及环境对这种过程的贡献及其机理；区域

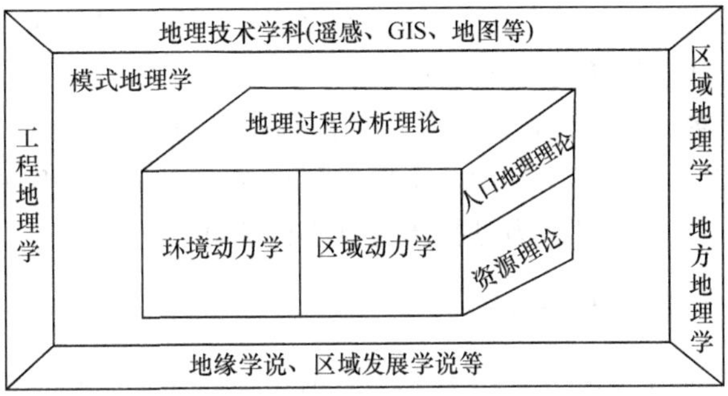

图 3-2　《理论地理学概论》中的地理学体系

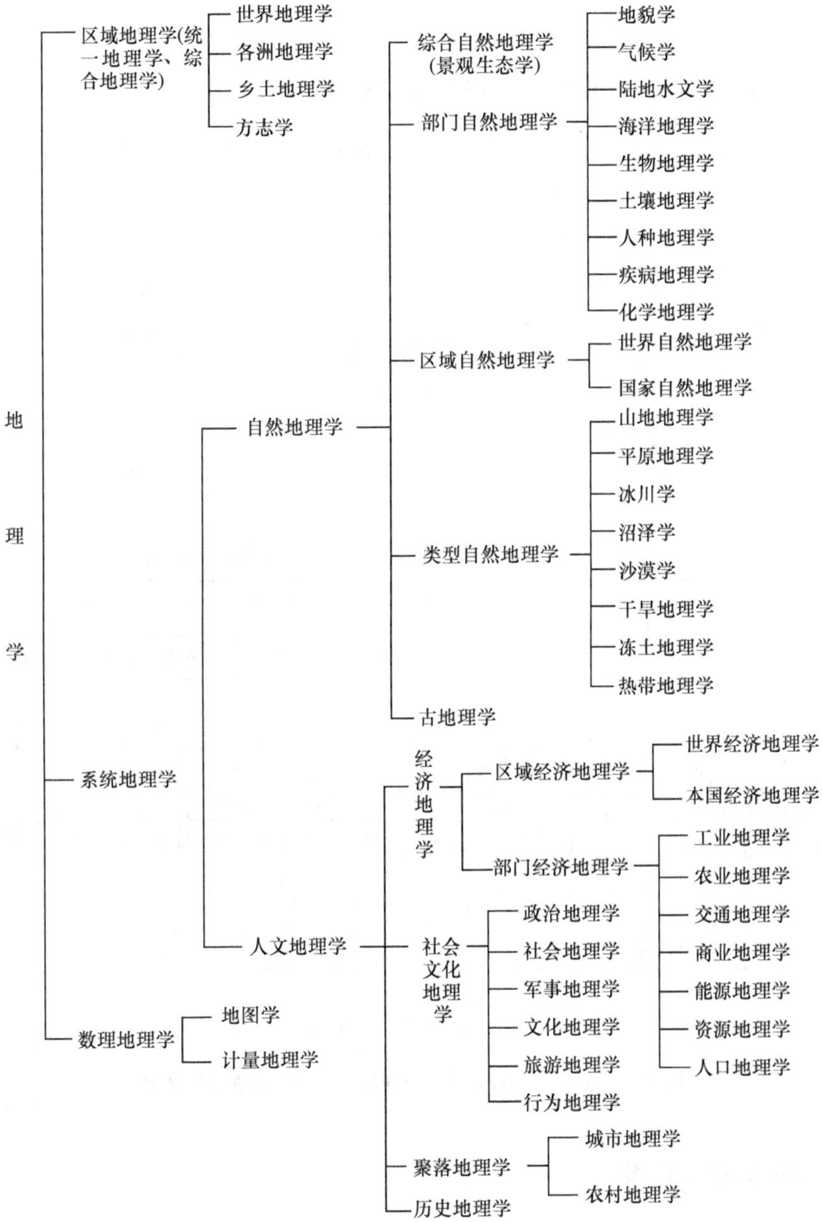

图 3-3　《地理学引论》中的地理学体系

科学则把重点放在空间相互作用基础上的空间动力学、区域结构类型及其演变规律。在第二层次中，模式地理学包括山地学、沙漠学、冰川学、城市学、交通地理学、商业地理学、工业地理学、地貌学、综合自然地理学等的理论部分，它们的共同特点是研究某种特殊的地理事物类型。在第三层次中，主要包括区域地理学、工程地理学和其他有关的应用领域等，这个层次也可以认为是技术地理学的主体。

三、《地理学引论》中的地理学体系

白光润教授在《地理学引论》中着眼于地理学现状和不同学派而综合地构建了一个包括“区域-系统-数理”的地理学体系（图 3－3）。这个体系给人一个清晰的框架，对初学或初步探讨地理学体系的人是很有帮助的。

四、《中国大百科全书·地理学》中的地理学体系

林超和杨吾扬教授在《中国大百科全书·地理学》的“地理学”条目中，在简评中西方地理学体系划分现状后，遵循科学性兼顾稳定性、从现实出发兼顾历史状况的原则，按研究对象给出了地理学的体系（图 3－4）。

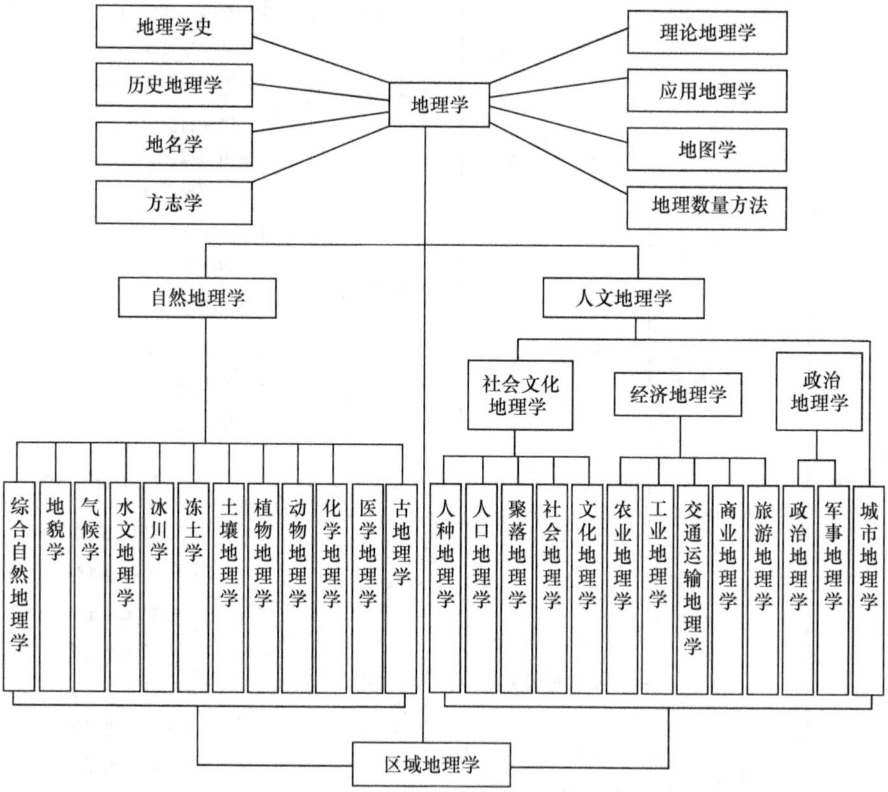

图 3－4 《中国大百科全书·地理学》中的地理学体系

五、地理学的四层次体系

在《资源·环境·区域开发》文集中，杨青山等学者认为地理学应当包括四个层次：①第一层次，地理学的“软系列”学科；②第二层次，地理学的基础科学；③第三

层次，地理学的技术科学；④第四层次，地理学中的应用技术。

在第一层次中的“软系列”学科，应当包括地理学史、地理学和地理哲学等。第二个层次就是传统地理学的内容。第三层次和第四层次合称为地理技术。

六、《现代地理学》中的地理学体系

蔡建明在《现代地理学》中，根据发生学原则，即根据地理学各分支学科的发生、发展次序给出了地理学框架（图 3－5）。

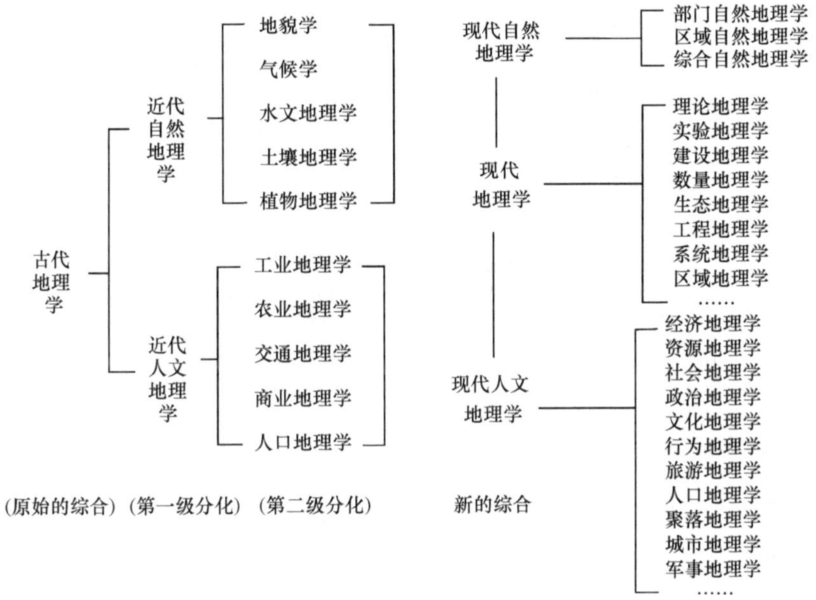

图 3－5　《现代地理学》中的地理学体系（蔡建明等，1992）

七、《现代地理学图书分类法的探讨》中的地理学体系

广州地理研究所王祥珩研究员在《现代地理学图书分类法的探讨》中，认为地理学的直属部分的科目必须全部集中编排，其分类系统应当是综合性的科学系统（图 3－6）。

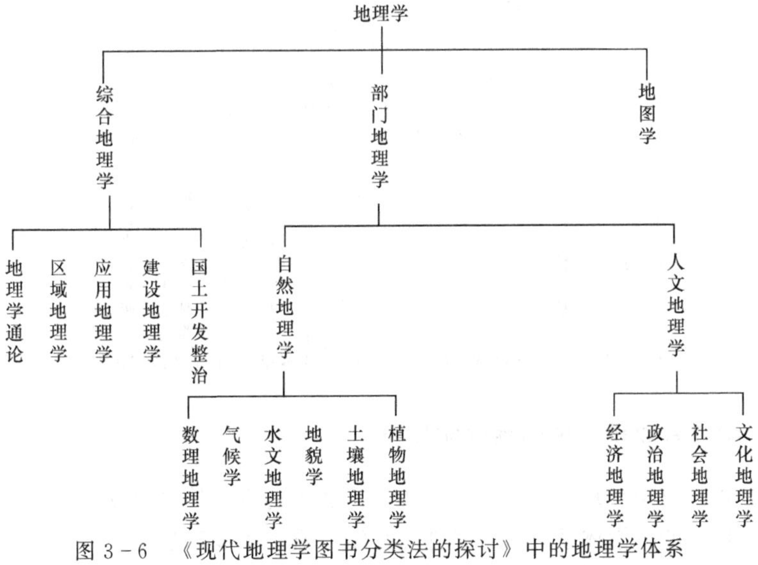

图 3－6　《现代地理学图书分类法的探讨》中的地理学体系

八、《区域经济地理学》中的地理学体系

陈才教授在《区域经济地理学》中，以说明区域经济地理学在地理学体系中的地位为目的，给出了一个地理学系统（图 3－7）。

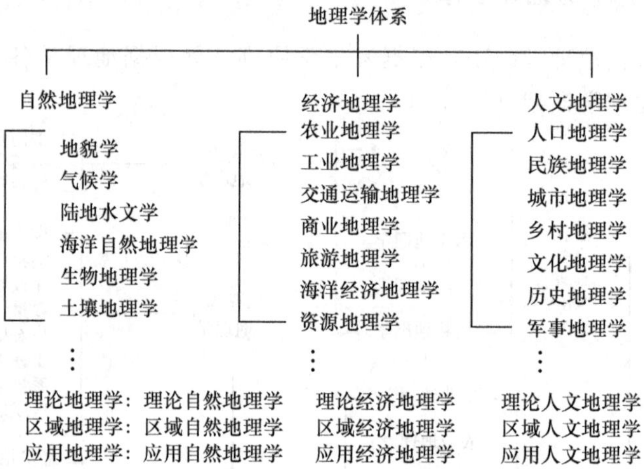

图 3－7　《区域经济地理学》中的地理学体系（陈才，2001）

九、《理论地理学》中的地理学体系

牛文元教授在《理论地理学》中，从确定理论地理学在地理学体系中的地位的角度给出了地理学的体系（图 3－8）。

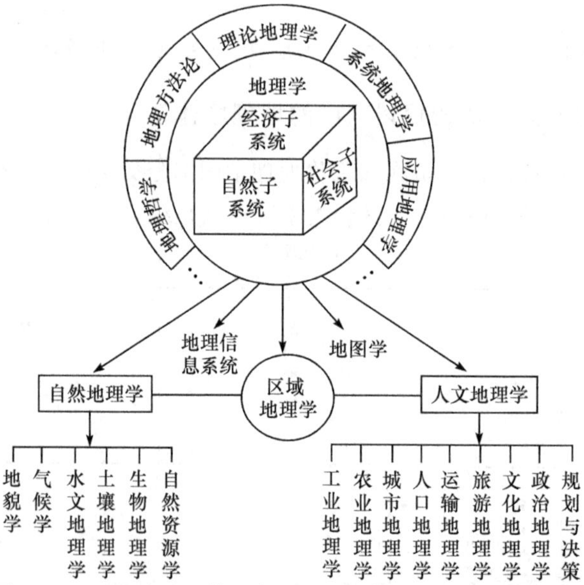

图 3－8　《理论地理学》中的地理学体系（牛文元，1992）

十、《论地理学体系建设》中的地理学体系

杨开忠教授在《论地理学体系建设》中，论述了地理学体系建立的历史和现实必然性后，根据建立良好的科学体系的两个条件，总结、概括了地理学体系（表 3－1）。

表 3-1　《论地理学体系建设》中的地理学体系

地理科学哲学	人地关系哲学 ↑↓ 地理科学方法论
基础地理科学	核心：动态地理学 过程响应系统综合 过 ← 景观科学 程 → （形态系统综合） ↑↓ 响 ← 环境科学 应 → （能量系统综合） 系 ↑↓ 统 ← 行为地理学 综 → （行为系统综合） 合 ⇄ 景观生态学 ⇄ 外围：生态科学 ↓↑ 地球科学 ↓↑ 区域科学 ↓↑ 部门地理学
应用地理科学	发展地理学 ↓↑ 城市和区域规划学 ↓↑ 工程地理学
技术地理科学	地理信息系统 地 ⇄ 地图学 ↓↑ 理 ⇄ 地理系统定位观测 信 ↓↑ 息 ⇄ 数量地理学 系 ↓↑ 统 ⇄ 遥感图像地理判读和解释

十一、《理论地理学的科学问题》中的地理学体系

杨吾扬教授在《理论地理学的科学问题》和《高等经济地理》中，以说明理论地理学在地理学中的地位为目的，提出了地理学的体系（图 3-9）。

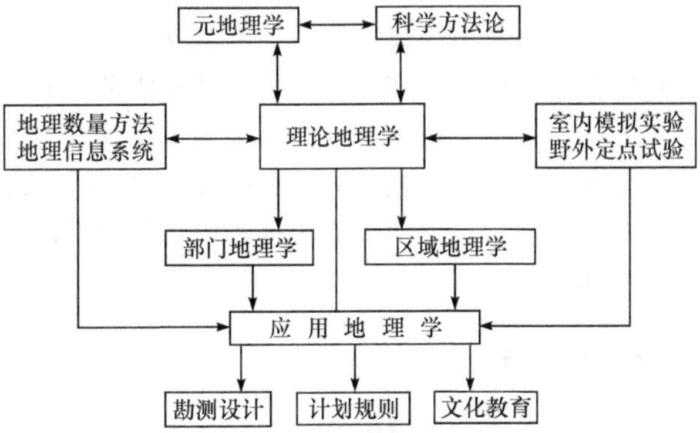

图 3-9　《理论地理学的科学问题》中的地理学体系

十二、《地理科学》中的地理学体系

国家自然科学基金委员会组织编写的“学科发展调研报告”之一的《地理科学》一书，在明确阐明地理学的研究领域以及和其他科学的分界、研究内涵和研究方法的基础上，给出了地理学的体系（图 3-10）。这一体系实际上也是吴传钧院士的地理学体系。

- 地理学
  - 哲学的
    - 地理思想史
    - 地理方法论
    - 元地理学
  - 系统的
    - 自然地理学
    - 人文地理学
    - （已分化为较多的二级和三级学科，并与有关学科交错，派生出若干边缘学科）
  - 区域的
    - 按自然区、自然带划分的区域研究
    - 按人文条件划分的区域研究
    - 自然-人文综合区域研究
  - 技术的
    - 地图学
    - 计算机和数学方法
    - 遥感、遥测和分析手段
    - 地理信息系统

图 3-10　《地理科学》中的地理学体系

第三节　构建地理科学体系的方法论

前述 12 种地理学体系大致反映了具有代表性的观点，但每种观点都不是很理想或完美的，这也说明，构建地理学体系需要更深入的研究。

一、学科科学知识体系构建方法论

科学认识论给出学科知识体系构成的两类形式：演化型体系和公理化型体系。演化型结构体系是应用逻辑与历史统一的方法建立的。逻辑和历史统一的方法既是研究方法、思维方法，又是认识成果的表述方法。所谓逻辑是指地理学体系的逻辑结构，而历史则是指作为研究对象的地理事物（特别是人地关系地域系统）的历史或人类认识它的历史。历史是逻辑的基础，逻辑是由历史派生的。根据逻辑与历史同一原则，演化型结构体系又可以分成认识演化型结构体系和自然演化型结构体系。前者体现了逻辑与人类认识地理事物演化历史的统一；后者体现了逻辑与地理事物发展历史的统一。公理型结构体系是应用公理化的原则和方法建立起来的，可以分成实质性公理结构体系和形式化公理结构体系，二者各有长短。根据这两大类四种知识结构体系，从科学认识论角度可以得出学科知识体系的类型。

二、地理科学学科体系构建方法论

就地理学而言，其领域是历史和逻辑的统一；与此相应，地理学体系也在研究领域的不断发展中逐渐确立下来。地理学知识的积累为地理学体系的形成奠定了基础。其

中，与地理学体系的形成有直接关系的知识积累过程包括：提出地理学问题、发现地理学事实、形成地理学概念、揭示地理学规律、提出地理学学说并接受地理学性的检验与确证。

地理学体系的建立要对地理学的各种已确证的知识——主要是各种学说理论——进行综合和系统化，使它们形成一个逻辑完备、相容的知识体系。地理学体系的构建过程，在性质上不同于地理学知识的发现过程（既不同于地理学事实的发现，也不同于个别地理学概念和原理、理论的发现与提出），而属于另一种科学创造活动。同时地理学体系并不是一成不变的，它将不断吸收新的科学成果，遵循一定的哲学，在更高水平上进行新的构建。这是我们完善地理学体系的理论基础，但是目前仍没有能力去构建出完善的地理学体系。

第四节　地理科学主要学科简介

《中国大百科全书·地理学》、《现代地理学辞典》、《人文地理学辞典》、《地理学词典》和《辞海·地理分册》等工具书，全面而系统地介绍了地理科学的有关学科。

一、地理学哲学

地理学哲学是地理学与哲学、科学哲学之间的边缘学科。它主要研究地理学理论和地理学概念中的哲学问题与逻辑思维问题，以阐明地理学结论的哲学意义与地理学研究方法论中的逻辑思维过程来为地理学研究提供正确的思维方式。近代地理学的产生与发展，深受康德哲学和黑格尔哲学的影响。康德哲学对地理学的影响，最初是积极的。但他所主张的时空分离的本体论观念在地理学中的作用，则导致近代地理学形成了脱离时间而研究空间的思维定式，也加强了地理环境决定论思想。黑格尔哲学以其辩证法思想与原则，特别是“分析”与“综合”等辩证法概念的提出及其在地理学理论思维中的渗透与应用，强化了地理学的哲学思考。这有利于对地理学本质的认识，但也在相当大的程度上否定了地理学中的实证论倾向。在近代地理学创建人洪堡和李特尔的地理学理论中也反映出康德哲学和黑格尔哲学的影响。作为地理学中最富哲学意义的理论命题——人地关系论，其各种具体的观点或理论，无不留有某种哲学思想或哲学观念的痕迹，同时也不同程度地反作用于哲学。深受古希腊哲学影响的地理环境决定论这种人地关系思想，在反对神学和经院哲学中曾起着进步的、积极的作用。以自然科学为研究对象的科学哲学自 20 世纪 20 年代产生以来，始终不断地以不同的方式与途径影响地理学，渗透到地理学中。逻辑实证主义科学哲学在地理学中的渗透，使地理学逐渐形成了运用数理逻辑分析方法对地理学知识结构进行静态分析并取代地理学的传统描述的特征。逻辑实证主义科学哲学对地理学的影响，在 20 世纪 50 年代开始明显地表现出来。一些优秀的地理学家，从科学哲学特别是科学方法论中吸取合理的养分，开始系统地思考地理学的理论体系问题，尝试对地理学理论体系与方法论等一系列关于地理学自身发展与建设的基本问题的探索。1951 年，舍弗尔在其《地理学的例外论》中提出地理学家应采取实证主义方法进行研究的主张。1959 年，哈维在其《地理学中的解释》一书中详细地探讨了地理学假说、地理学规律、地理学理论和地理学模型的应用等问题。这些工作，从根本上确立了逻辑实证主义科学哲学在地理学中的重要地位，也使地理学更明显地具备了向逻辑实证主义所“规定”的科学模式发展的特征。地理学的研究及其成果的表述则力图于规律性、实证性和类似于数学和物理学的表达形式。20 世纪五六十年代的计量运动与理论革命，力图将地理学的研究重点或主流由区域方向转向空间联系与分布规律的探索。1962 年，邦奇在其《理论地理学》一书中，阐述了地理学是关于空间联系和空间相互作用的科学的观点。20 世纪 70 年代以来，作为西方地理学的一个重要流派的实证主义地理学，以空间组织为地理学研究的核心，模仿或借鉴数理科学研究的方法论，发展了生态因子分析方法等。同时，逻辑实证主义地理学的研究观点和研究方法在 20 世纪六七十年代受到人文主义地理学的挑战。人文主义地理学主张应改变人作为空间的奴隶的地位，把人及其需要作为地理学研究的出发点。在众多的人文主义哲学中，对地理学影响较大的是现象学、存在主义和释义学。20 世纪 70 年代，盛行一时的结构主义哲学思想在地理学中渗透，它强调地理学的研究要探究深藏于地理现象之下的本质原因。20 世纪 80 年代，约翰斯顿从哲学的高度，将西方地理学特别是人文地理学的思想和方法归纳为实证主义地理学、人文主义地理学和结构主义地理学。地理学史特别是地理学思想史，清晰地反映出地理学与哲学、科学哲学之间的相互关系。一方面，任何一位地理学家的理论思维、理论学说与研究方法，都反映出某种哲学或某几种哲学观念的深刻影响；另一方面，一些优秀的地理学家也将地理学的理论思维产物充实于他所坚信的哲学观念之中。我国的地理学界自 20 世纪 50 年代开始，致力于用马克思主义的科学哲学——自然辩证法指导地理学研究。黄秉维、李旭旦、吴传钧、李春芬、陆大道、郑度、蔡运龙等地理学家在有关论著中，阐述了地理哲学的有关重要问题。吴传钧在《论地理学的研究核心——人地关系地域系统》中率先明确提出地理科学研究核心这一地理科学元命题，并主要着重于历史角度得出地理科学的研究核心是人地关系地域系统的重要结论，阐述了人地关系地域系统研究的主要领域和问题。李春芬在《地理学的传统与近今发展》将地理学的研究抽象归纳为三种分析。潘玉君在《地理科学》、《地理学基础》和《地理科学导论》中阐述了地理科学研究基本范式。蔡运龙主持国家“创新方法专项”首批项目“地理学研究方法”重点项目，陆续出版了包括蔡运龙等著《地理学方法论》、李双成著《自然地理研究范式》、王铮等编著《普通地理学》和潘玉君等编著《地理科学导论》等在内的“地理学思想与方法丛书”。其中，《地理学方法论》系统论述了地理科学发展的若干哲学基础问题。

二、地理科学学

地理科学学是地理学与科学学交叉而成的具有软科学性质的新兴交叉科学。它的研究对象是地理学本身。它不仅研究地理学自身的发展规律、地理学在人类社会发展中的地位和作用，而且还研究地理学本身的结构、方法和功能，研究地理学的分类及各门分支学科之间的联系等。这是地理学的主要研究内容，但又是最薄弱的。

三、元地理学

元地理学从元理论角度研究地理学，是关于地理学理论的理论。其理论由元理论和一般理论两个层次构成。一般理论指对具体问题进行分析、解释、判断、理解、推断以及所形成的观点的集合。元理论则是关于一般理论的理论。按照元理论的基本思路，将地理学本身当作研究对象，那么作为研究地理学本身的工具性的理论就是元地理学。传统的元地理学有地理学思想史、地理学哲学、地理学方法论等分支学科。现代元地理学深受实证主义的影响，着重从形式化方面来建立地理学的元理论。地理学中的实证主义、人文主义和结构主义等均属于元理论。元地理学的深入研究，将有助于地理学体系的完善与构建，特别有助于地理学的理论建设与发展。

长期以来，地理学所采用的方法论基本上是经验主义的，比较忽视普遍规律的研究。20 世纪 60 年代兴起的“数量革命”力图用数学的概念和方法尤其是用数学模型来研究地理现象，并建立各种模式以表达其理论。这一方法论革新的最重要贡献，是为地理信息系统的发明和发展奠定了方法论基础。后来出现了人本主义地理学，指出数量学派实证主义方法的局限性，认为在诸如福利分配、均衡发展、社会问题、政治决策等方面人的主观意识起重要作用，不是决定论的数学模型所能全面、准确地表达和解释的。于是，古老的人本主义哲学和方法论在地理学中再次复兴。人本主义地理学的目的不是增进解释和预测能力，而是增进理解。人本主义思潮的认识论着重知识的主观性，认为“人是有思想的，人的意向性创造了他在其中行动的世界”。因此人本主义地理学探索与其主要论题有关的那些方面：人与环境的关系，以及人与人在其特定空间关联域内的相互关系。人本主义地理学取得的认识被用来帮助各种人理解他们自己，从而增进他们自我认知的深度，并使他们能够改善生活质量。再后来又出现了结构主义地理学，这种方法论反对奢谈人、人性和人的意志，主张研究社会结构，研究外部环境。整体性的研究尤其重要，重点在结构上，即系统中各要素的关系上，这不同于实证方法中的把现实分解为各个部分。但结构主义地理学也强调通过模型，利用符号使知识形式化。结构主义地理学更强调研究“深层结构”，即研究现象背后的机制。

地理学方法论的进展，加强了对科学之社会功能的认识，加强了自然科学与社会科学的融合，国际全球环境变化人文因素计划（IHDP）的设立就是明证。地理学在西方一般被看成社会科学，在中国也常被看成是“软”科学。然而，在当代人口、资源、环境、发展诸问题的研究中，这种“软”科学所起的作用越来越大。

四、统一地理学

统一地理学主张自然与人文（或经济）地理学一体化的学术观点，与地理学“二元论”观点相对立。实质上涉及地理学性质、研究对象、科学体系和研究方法等方面的学术论争。近代地理学自洪堡和李特尔谢世以来，地理学的统一与分裂一直是争论焦点，地理学的一元性受到非议。洪堡主张地理学应在复杂性中去了解统一性，将人类作为自然统一体不可缺少的部分包括在内；李特尔认为统一性正是地理学的特点。但以德国佩舍尔为首的一些人认为，地理学只能对地球表面形态进行研究，人类活动不属于其研究范畴。李希霍芬和彭克都认为地理学仅限于自然地理，而摒弃人文方向。西方一些学者一直致力于推动地理学的统一性。赫特纳倡导统一地理学，认为区域是地理现象与社会经济现象的具体相关结合，二者统一于区域。哈特向指出，地理学研究对象很少是纯“自然的”或纯“人文的”，分为“两半”是有害的。麦金德认为：“地理学成功发展道路需要将它当做一门统一的科学。”1963 年，美国以阿克曼为首提出地理学革新建议，否定分裂人文地理和自然地理的二元论。在 20 世纪 20～50 年代，苏联一些地理学者认为统一地理学已经过时，已分裂为自然地理与经济地理学。1926 年以康斯坦丁诺夫为代表的经济学派指出，经济地理学是一门纯粹的经济学科，提出“彻底抛弃地理观点”，其观点与巴朗斯基等领导的地理学派相对立。20 世纪 50 年代末阿努钦在《地理学理论问题》一书指出，地理学存在着与其他科学不同的“统一的”研究对象和方法论原则，既包括自然的也包括社会的。马尔科夫力主地理学的统一性，认为自然和人类是统一的物质世界的组成部分，不仅要研究其相互作用还要给予经济评价，地理区应看作自然经济综合体，指出现在再强调自然地理和经济地理的独立性是时代的错误。他在 1980 年苏联地理学代表大会上指出：“统一地理学或简称地理学，就是现代地理学。”中国不少学者也主张地理学的统一性，主要论点仍是人与自然相互作用的关系上需要统一地理学。人类社会发展中的一些重大的综合性问题，如人口、资源、环境、能源、城市化等问题需要综合探讨解决，人为地划分成“无人”的自然地理学和“无自然”的人文地理学不仅缺乏科学依据，而且很难完成上述任务。研究客体的统一性决定了地理学最终应是统一的。地理学分支学科的超前发展则是学科发展和科学整体发展的阶段产物。目前地理学中分化出的分支逐渐有接近、统一的倾向。在当代科学的综合潮流推动下，现代地理学正处于新的综合阶段，但自然与人文的地理学实质性的融合仍需克服重重障碍，付出极大努力。

自然地理学和人文地理学整合的统一地理学，应当走“人地关系地域系统协调共生”之路。这对于研究和实施可持续发展，以及地理学自身的发展具有重要意义。

五、自然地理学

自然地理学是地理学分支学科体系之一。其研究对象为地球表层空间系统的自然方面，即自然地理环境（或人类自然环境），包括未经人类作用的天然环境和经人类作用后发生了变化的环境。自然地理学是把组成自然地理环境的各种要素相互联系起来进行综合研究，以阐明自然地理环境的整体性和各组成要素及其相互间的结构、功能、物质迁移、能量转换、动态演变以及地域分异规律。按研究对象，自然地理学分为综合自然地理学、部门自然地理学和专门自然地理学。综合自然地理学即狭义的自然地理学，对自然地理环境的整体进行系统的综合研究，阐明其历史形成、现代过程、类型特征、地域分异和发展演化，包括古地理学、热量水分平衡、化学地理和生物地理群落学（生态系统）等领域以及景观学、土地学和区域自然地理学等。部门自然地理学以组成自然地理环境的各要素为研究对象，有地貌学、气候学、水文地理学、土壤地理学、植物地理学和动物地理学等。专门自然地理学则以独特的自然地理环境总体为对象，如冰川学、冻土学、沙漠学、沼泽学、湖泊学、海洋地理学以及极地和高山研究等。“自然地理”这一术语于 17 世纪中叶开始使用，到 1765 年，康德在柯尼斯堡大学讲授自然地理学，指出自然地理学是“自然的概括”。洪堡注意自然现象的地域结合，用比较地理学方法揭示自然现象之间的因果关系，是近代自然地理学的奠基人。佩舍尔主张地理学应该寻求地球各部分相似的自然面貌和特点，找出它们发生学上的联系，从而把自然地理学建成一门独立的学科。自洪堡以后，自然地理学各分支学科发展迅速。许多地理学家以区域差异为核心，进行自然区划及不同区域的地理考察研究，从“人地关系”出发，探讨人类活动对自然地理环境的适应，并开展专题研究，着重探讨自然资源的开发利用及对不利条件的控制。20 世纪 30 年代后，地理研究工作有离心分散的趋势，跨越分支的综合研究进展较慢。第二次世界大战后，格里哥里耶夫和布迪科建立了以热量、水分平衡为基础的自然地带周期律理论，综合研究的倾向逐渐增强。在我国，自 20 世纪 50 年代起竺可桢等在中国组织开展综合科学考察和自然区划工作，自然地理学和国家建设紧密结合，发展较快。由于吸收了数学、物理学和化学的知识，各类实验室和定位、半定位试验站的建立，宏观与微观、定性与定量相结合，促进了自然地理环境形成过程的历史研究和现代过程的综合研究。20 世纪 60 年代以来，随着现代科学理论和方法的渗透，加强了自然地理的综合研究。遥感与电子计算机的应用、数学模拟和数理统计方法的引入，促进了地理信息的采集、处理、储存和再现的方法的革新以及各要素间相互联系的研究，为地理环境结构的空间分布和时间演化提供了整体性、系统性的分析工具和手段。20 世纪 70 年代初，乔莱和肯尼迪最早运用系统科学观点，从系统结构、物能流通、系统平衡与调控等方面对自然地理系统进行了初步的分析和整体综合。随后，索恰瓦提出“地理系统学说”，试图从系统角度来构建现代自然地理学的理论和方法论框架，并强调从生态系统观点进行综合研究。自然地理学研究的中心问题是地理环境和人类活动的相互作用，要加强自然地理与人文地理的联系，研究人类生态系统中人对自然界的作用及其反馈过程。重要的综合性课题包括：现代自然地理过程；农业生产潜力与区域承载力；土地-人口系统，环境监测、影响评价及演变预报；自然区划与区域开发整治；地段设计和地理工程；全球性环境演变等。

中国自然地理学家在自然地理区划、土地类型、区域自然地理方面，以及地表热量与水分平衡、化学元素迁移与转换和生物地理群落方面，不仅其研究成果为当时的国家建设和经济发展做出了独特的贡献，而且其学术思想先进，如中国自然地理学家提出的“综合自然地理”思想在国际上独具特色。中国地理学家早在 1956 年就根据世界地理学的发展趋势提出了水热平衡、化学元素地表迁移和生物地理群落等自然地理学新方向，其前瞻性可从当前全球变化研究中逐渐获得共识的地球生物化学循环和地球系统科学概念得到证明。中国地理学家提出的“综合”思想和方法，与目前全球变化研究、地球系统科学、可持续性科学都十分重视的综合（integration）或集成（synthesis）不谋而合。

近年来，中国自然地理学强化了自然地理格局与过程研究。研究内容从地域系统的结构、功能向动态拓展；理论研究从系统变化的驱动力、过程向机理、机制深化；研究途径从简单综合向系统综合与集成转变，在要素集成上不仅集成自然要素还集成经济、社会要素，在过程集成上不仅集成物理、化学、生物过程还集成社会文化过程，在区域集成上更强调尺度转换及其产生的效应；与此同时，时空尺度不断拓展。在陆地表层系统、环境系统、人地系统方面的理论建设更加系统化，通过要素综合、过程综合与区域综合使综合性不断得到加强，通过自然与人文的交叉、科学与技术的交叉以及多学科交叉研究使交叉性更加明显。

中国自然地理学近几年的主要理论建树，一是对生态水文过程、生物地球化学循环和人地相互作用过程等地表系统中的物质、能量和生物流过程的研究；二是对自然和社会经济驱动与时空变化过程以及资源、环境、生态和灾害效应等地表环境变化的驱动力、过程及效应的研究；三是多学科的区域综合实验研究、区域综合的方法与模型和区域内景观多样性与景观格局及生态过程等区域综合性研究；四是种群、群落、生态系统、景观、区域和全球或坡面、集水区、流域、区域和全球尺度上的尺度推绎与转换研究；五是环境变化与规划、土地利用变化与规划和区域可持续发展等学科交叉融合研究等。

六、人文地理学

人文地理学又称人生地理学。它主要研究人类活动和地理环境相互关系的地域体系形成过程、结构、特点和发展规律。它以人地关系论为基础理论，与自然地理学关系密切，并被列为地理学的两大支柱之一。人地关系观点是随人类社会活动的进化而不断变化的，在不同时代人文地理学的研究重点也相应有所改变。人地关系思想萌芽极早，在世界各国的古代学术著作中都有所反映，但它成为科学理论则经历了很长过程。15～17世纪的地理大发现、17世纪的产业革命和科学革命以及19世纪达尔文的进化论学说，都在理论、方法和资料积累方面促进了人地关系思想的发展。以德国拉采尔和美国辛普尔为代表的“环境决定论”，以德国佩舍尔为代表的“二元论”，以法国白兰士和白吕纳为代表的“或然论”（或称“可能论”），以英国罗士培为代表的“适应论”（“调整论”），以美国巴罗斯为代表的“人类生态论”，以美国索尔为代表的“文化景观论”等，都是19世纪以来西方人文地理学的主要学说。在苏联，20世纪60年代以前把西方人文地理学术思想和人文地理学中的一些分支如社会地理学、文化地理学、政治地理学等都视为资产阶级唯心主义学术思想和“伪科学”而加以政治性批判，以经济地理学代替人文地理学，并把经济地理学与自然地理学截然割裂开来。这些观点给中国人文地理学的发展带来了消极影响。到20世纪70年代，由于客观形势的变化，苏联才在经济地理学中增添了人文地理学其他分支的一些科学内容，并改称为社会经济地理学；同时开始强调地理学综合研究的重要性，加强了人文地理学和自然地理学的联系。随着生产力的发展和现代科学技术的进步，人类和自然界的关系的广度和深度不断发展，对有关人地关系地域系统发展的种种问题如人口的盲目增长、资源的供求失调、城市的恶性扩张、环境的严重污染等世界性重大社会问题都要做出科学回答，因而以协调人类活动和地理环境相互关系为主要任务的人文地理学获得新的动力。在世界各国地理学研究中，人文地理学都占有越来越重要的地位。其中如人口的移动与劳动力调配，资源的合理开发与保护，文化的扩散与传播，环境的合理容量与综合治理，城市化与城镇体系的发展，乡村工业化、海洋的全面开发、新旅游区的规划、国土整治、区域的综合发展，人地关系地域体系的优化等，已成为人文地理学研究的主流。在人文地理学内部，已先后形成了人口地理学、社会文化地理学（包括语言地理学、民族地理学、宗教地理学）、历史地理学、经济地理学（包括农业地理学、工业地理学、交通运输地理学、商业地理学、消费地理学）、政治地理学、军事地理学、聚落地理学（包括城市地理学、乡村地理学）、旅游地理学和行为地理学（包括感应地理学）等分支学科。

我国经济地理学的发展具有突出的特点，其中之一是重视与自然科学分支的交叉（如自然地理、环境科学、生态科学等）。自20世纪90年代中期以来，各种尺度的可持续发展研究逐渐成为我国经济地理学的重要研究对象。在这个领域，经济地理学者研究了区域可持续发展的影响因素及其作用机制，提出了人口—资源—环境—发展（PRED）协调理论和区域可持续发展测度指标体系等。另一重要特点是将区域发展与区域差异作为经济地理学的主要研究领域。在20世纪五六十年代计量革命兴盛时期，西方经济地理学中的区域研究曾因被认为“仅是描述”而被打入“冷宫”，直到80年代后随着“当地”与区域的重要性被多数学者承认，区域研究才获得了新生。在我国，虽然“区域”一直是经济地理学研究的重要对象（特别是区域地理），但直到20世纪90

年代以后区域发展及其差异研究才真正成为经济地理学的主要研究领域。这与我国区域差异问题越来越突出是密切相关的。由于经济增长迅速、国土面积辽阔、地区间收入水平差距迅速扩大等因素，自 20 世纪 90 年代以来区域发展及区域差异已经成为我国重大的社会经济问题之一，为相关学科提出了很多具有挑战性的课题。经济地理学者广泛地参与了区域发展和区域差异的研究，并为国家区域政策的制定作出了很多咨询性贡献。近年来，一批经济地理学者开始直接参与国际经济地理学前沿议题的研究，包括产业区、企业集群、高新技术产业、区域创新系统、信息技术的空间影响和经济全球化等。这表明，我国经济地理学正在克服制度和文化差异的障碍，开始与国际主流经济地理学研究接轨。这些前沿议题的研究将为我国经济地理学奠定更加扎实的理论基础。

中国人文地理学界逐渐认识到科学主义主导的人文地理学研究范式的不足，重视自然人与自然地理环境之间相互关系研究的人文地理学，已经开始走向以人本主义为主导的、重视社会人与社会地理环境之间相互关系的研究。城市空间结构、城镇体系及城市带和城市化一直是中国城市地理学研究的重点领域，近期关于经济全球化、全球城市、全球城市体系、数字城市、生态城市、城市可持续发展、城市转型、城市社会问题和城市建模等成为新的研究热点。城市空间研究逐渐从实体空间转向社会空间、行为空间等非实体空间，研究的关注点从土地利用的空间合理配置转向人类行为的空间表现，研究的目的从重视生产的经济目标转向重视生活质量的社会目标。文化景观研究不断拓展和深化，除物质文化景观外，更加关注非物质文化景观，从文化景观表象的叙述和描述深化到对其意义的解释。文化地理学越来越注意与经济地理学及城市地理学等的融合，开始关注文化对于区域经济、旅游开发、地方发展和城市管理的影响。旅游地理学的研究内容主要集中在旅游资源与区域开发，关于旅游市场、旅游者行为、旅游影响和旅游环境等内容的研究也有所增长，旅游业发展对经济、文化、环境带来的影响问题也得到关注。旅游地理研究的前沿问题主要集中在旅游、游憩行为与旅游吸引物空间模式以及旅游区域影响评价。历史地理学研究近年拓展到疆域政区、人口、城镇聚落、经济（主要是农业）、文化、军事地理等方面，环境变迁以及历史时期人地关系研究一直是历史地理学研究的重要问题。

七、理论地理学

理论地理学是地理学的分支学科之一。它研究发生在地理环境中以自然因素和人文因素相互作用为前提的各类地理现象在统一基础上所遵循的总体规律。它既承认研究对象的客观性，又承认“人-地系统”的协调性；并始终以物质、能量和信息在地理系统中的运动和行为作为脉络探讨地理学的哲学内涵及研究的方法论，从而在高一级层次上和整体尺度中反映地理学的全部实证知识和逻辑思维能力。在邦奇于 1962 年出版《理论地理学》专著之前，洪堡、道库恰耶夫、赫特纳、哈特向等地理学家，都试图对理论地理学的定义、内涵及地位加以阐述。当时的理论地理主要把空间分布理论、区位理论、人地关系论和区域学说作为基本研究内容。在邦奇之后，随着认识的深化、相邻学科的渗透和计量革命的冲击，理论地理学力图在更综合的水平和更广泛的背景上显示其独特的作用。乔莱与哈盖特于 1967 年出版的《地理学模型》、高里基等于 1968 年发表的《论地理学定律》、哈维于 1969 年出版的《地理学中的解释》、戴维斯于 1972 年出版的《地理学概念的革命》、威尔逊于1972 年发表的《理论地理学——断想和见解》和威尔士于1979年出版的《理论地理学》一书，以及自1980年以后一些地理学家倡导组织的理论地理学国际讨论会等，已把理论地理学纳入一个更加系统和更加现代化的轨道之中。理论地理学总是以认识地理区域的“整体表现”、“集合效应”、“宏观趋势”和“有序特征”作为有别于地理学其他部门学科的研究目标。理论地理学的趋向在四个方面已被肯定：①既联系自然环境，又联系社会经济的桥梁作用；②实现解脱地理学“二元性”的基本尝试；③揭示地理系统协同性的基本途径；④空间关系与时间过程的统一体。理论地理学普遍遵守的原则主要有：①地理系统的整体性原则；②地理要素在功能上的最小限制原则；③地理成分互相作用的自组织原则；④地理现象在空间上的连续过渡原则；⑤地理相似性与差异性的互补原则；⑥地理环境演变的趋稳性原则；⑦地理过程的震荡节律原则。

八、应用地理学

应用地理学是现代地理学的分支之一。它根据地理学的概念、理论、原则和方法，在基础地理资料的支持下，为直接地或整体地解决地域实体的发展目标和具体问题提供可行的手段和途径，要求最终获取可以估算、可以比较、可以重复、可以检验的效果或评价。应用地理学总是从以下的焦点去发展本学科的内容：特定空间的地理区域，永远存在着各种不相协调或不相适应的“对立”状态，尤其是人与自然之间的对立，为区域开发及社会经济发展带来许多障碍。正因如此，研究如何消除对立、维持平衡、协调关系和调控系统等规定了应用地理学的研究目标、对象和内容。近代应用地理学出现于西方国家。美国20世纪30年代的“黑风暴事件”和几乎在同时建立的田纳西流域管理局，都促进了应用地理学的发展。英国斯坦普倡导的第一次全英土地调查，使他荣膺了英国“应用地理学之父”的称号。在“人的掠夺性开发”总题目下，索尔从1970～1975年持续进行应用地理学研究，布鲁斯登进行了应用地貌学研究，列图进行应用水文学研究，帕克等在生物地理及应用气候学方面作出了贡献。澳大利亚地理学家关于土地利用的研究取得了国际公认的成绩。1976年加拿大的土地管理系统，20世纪70年代中期苏联提出的“建设地理学”，中国地理界近40多年来所从事的区域治理等，均标志着应用地理学在更大规模和更大程度上对现实问题的服务。1981年，由布里格斯主编的《应用地理学》杂志在英国正式创刊，1982年桑特的《应用地理学》专著出版，牛文元的《现代应用地理学》出版，均说明了应用地理学的逐渐成熟。现代应用地理学的作用与价值主要体现在九个方面，即区域学方向、环境学方向、生态学方向、资源学方向、社会学方向、经济学方向、灾害学方向、系统学方向和生物医学方向。按照哈里逊在1977年的建议，应用地理方法分为地理调查与资料收集、资料分析与整理做出基本的认识、判断与预测和对研究问题进行综合评价四个基本环节。

九、区域地理学

区域地理学是研究各地理要素在区域内的组合及其相互联系和相互作用关系，综合揭示区域特征，阐明区域人地关系的地理学分支。地理学历来有专题研究和区域研究两类既相互联系又相互区别的方法，区域地理学是地理学中区域性研究特点的体现。它所研究的区域，是具有一定地理位置和可度量的实体，各要素有内在本质的联系，外部形态特征相似。在地理学发展进程中，区域地理曾是最古老的核心部门。中国的《禹贡》

和《二十四史》中的《地理志》及历代编纂的地方志，均为区域地理著作。古希腊的地方地理学及更细致的小地区地理学是早期区域地理学的别称，实质上是描述地理学中的地志学。区域地理学形成科学理论和体系还是在近代地理学发展时期。洪堡和李特尔认为地理学是“论述在地球空间各部分相互联系的区域研究”。李特尔着眼于极为广大的地区，他所描述的相互联系在当时不能用直接观察来解释；洪堡侧重于可用观察来加以验证的小区域研究。李希霍芬将地理学定义为区域科学，他的观点和学术活动使区域地理重新受到重视。赫特纳发挥了李希霍芬的思想，认为地理学的主题是地理区域间的相互差异研究，“作为地球表面区域的地理学”要在空间排列这个观点下从总体去认识地球上区域这一复杂实体并延伸到自然与人文领域。19 世纪 80 年代和 20 世纪 20 年代的区域地理学著作，均按李希霍芬和赫特纳的六个部门（地、水、气、植物、动物、人）单独地进行研究，相互联系甚少，在德国被称为“区域地理学模式”，各国地理学深受其影响。索尔的区域地理研究摆脱了赫特纳的样板，在自然和人文景观结合点上侧重历史的、发生学的分析，其景观的区域观点持续到 20 世纪 50 年代，使赫特纳的区域观点重新展现新的生命力。受赫特纳、索尔深刻影响的詹姆斯和哈特向，继续阐发区域地理学理论。哈特向在《地理学的性质》一书中提出地理学的研究对象是区域分异。这些传统的区域学派观点，在世界地理学界形成巨大影响，成为当时地理学研究的重心。詹姆斯和琼斯在《美国地理学：回顾和前瞻》一书中指出：“一般说来，地理学研究地球各表面地方的特征，以及各地方相似性与差异性的意义”，体现了鲜明的区域观点。20 世纪 50 年代以来，区域学派受到严重挑战，舍弗尔首先反对哈特向等认为的地理学是区域分异的法则的科学。随之而来的是计量运动对地理学的冲击和各部门地理学的进一步分化发展，综合的地理学分支学科的涌现，系统论等一系列新理论方法的渗入，使地理学不断创新。相比之下传统的以描述为显著特点的区域地理学显得陈旧和过时。一些地理学家认为，区域地理学面临着只有不断革新才能继续存在和发展的现实。现代地理学是部门与综合研究并重的学科体系，其中，区域地理学对揭示地理规律、建立地理学基础、表征地理学特点和确立地理学在现代科学体系中的地位，具有不可替代的作用，有着重要意义。现代区域地理学应是在广博基础上的综合，不仅包括自然地理环境及其要素，而且也包括社会经济特征和社会政治行为，并体现在人地关系这一地理哲学命题的研究中。需着力于将区域结构、功能研究与过程联系真正地综合。现代区域地理学有强烈的实践性，在探明区域的自然和社会经济特点的基础上，通过对区域整体结构和物质流、能量流及信息流的分析，把握区域要素相互作用的规律，为区域开发、区域协作与交流提供科学依据。不少地理学家断定，区域地理学若在理论深化与方法创新上取得重大进展，仍将是地理学的研究核心和其他专题研究的基础。

十、部门地理学

部门地理学是研究地理环境各个要素的结构、分布和发展变化规律以及人类影响的地理学分支学科，是地理学基本层次一系列分支学科的统称。部门地理学中有自然地理学与人文地理学两大部门。自然地理学的通论部分分为普通自然地理学与部门自然地理学，以区别于区域自然地理学。分别研究地球表层各个圈层的分支学科称为部门自然地理学。与自然地理学学科分支一样，人文地理学分支繁多，其主要分支经济地理学内部根据研究对象与范畴的不同又分为普通经济地理学、部门经济地理学和区域经济地理学。部门经济地理学是研究社会经济部门布局规律的科学。20 世纪，分析思潮有力地推动了地理学各个分支的发展，地貌学、气候学、水文学等都形成了比较系统的独立理论，标志着地理学内部产生了深刻的分化。部门地理学通过对地理环境各因子的识别、研究，形成了各个分支学科的深刻认识，引入了一些精确的定量方法，深化了地理学的思维，从而使地理学在理论和应用上取得了长足进步。目前，部门地理学与其他科学相结合，产生一系列边缘科学分支，正与横向科学相互渗透构成地理学发展的前沿科学。面对这种态势，地理学界产生了争议。一些地理学者认为，部门地理学的研究是不充分的和有缺陷的，只能得到部分的科学结论，担忧盲目深化所产生的离心倾向可能导致地理学对象的消失即移植于其他科学范畴，最终导致地理学的肢解。另一些地理学者认为，部门的分化与深化标志着研究的深入，反映了现代地理学分支学科超前发展，是地理学发展到一定阶段的必然产物，将给地理环境整体识别提供必要的部门地理学的科学依据，为新的综合奠定了科学基础。目前的问题是地理学的科学综合，从理论到方法上均没有跟上部门分化的步伐，这将有待于地理学的进一步创新。地理学研究自然与人文过程复合交错的时空运动，自成独特的科学体系，不会因部门地理学的发展而被解体。部门地理学与区域地理学同属现代地理学的重要支柱。

十一、人口地理学

人口地理学是人文地理学的分支学科之一。它是介于地理学、人口学、社会学、经济学和历史学等学科间的边缘学科，是研究人口数量与质量、人口增长和人口构成的时空差异，及其同地理环境相互关系的科学，具有综合性、区域性特点。源于 19 世纪末的法国人文地理学和德国人类地理学，20 世纪二三十年代成为地理学的独立分支学科，50 年代以来，随着科学技术的发展和人口问题的日益突出而得到迅速发展。其基本任务在于揭示人口与资源、环境、经济的内在联系；论证人口数量、质量、分布和增长与国民经济发展的规模和速度的相互关系；研究城乡人口迁移、劳动力转移、城镇化的规模与速度及途径和城镇人口合理布局等问题，为地区社会经济发展规划与决策提供依据。人口地理学按研究的对象分为农村人口地理学和城市人口地理学。第二次世界大战后，随着城市化进程的加速，城市人口地理学得到迅速发展。人口地理学的研究内容主要有：①国家或地区的人口数量、增长速度、构成和分布的发展变化条件与特点；②劳动力资源，包括资源评价、地区与部门分配及合理利用途径；③人口移动及人口集聚；④人口分布的地域体系。现代人口地理学的研究，由于引进了数学、行为科学、人文科学、区域结构科学、统计与计算机处理手段，逐步从过去以经验判断为主的定性描述分析、归纳和划分类型发展到建立人口系统模式、人口移动模式和确定最佳人口分布体系等，并广泛利用计算机编绘人口地图。

十二、资源地理学

资源地理学既是人文地理学的一个分支，也是介于自然地理学与人文地理学之间的边缘科学。它研究自然资源、社会经济资源、智力资源和信息资源等的数量和质量的地域组合特征、空间结构与分布规律，以及资源的合理分配、合理利用、合理保护和经济评价，最终提出对资源开发的远景估计与战略规划，并从中揭示资源利用与地理环境之间的相互关系。其研究内容为：资源经济评价的理论与方法；土地、水、矿产、气候、生物、海洋、人力、智力、信息和旅游等各类资源的评价与利用；资源开发原理；自然资源的合理利用与保护等。资源地理学作为一门独立学科，是第二次世界大战后基于军事和经济规划的需要而逐步形成的。前者如对战略物资的需求，后者如开展土地利用与城市和区域规划，以及企业选址和设计规模的需要等，均对资源地理研究提出了新的要求。欧美各国从 20 世纪 40 年代起，已有资源地理学的研究，并在大学设置了相应的课程。苏联于 20 世纪 60 年代初建立了这门学科，60 年代中期以前，偏重于研究自然资源地理，尔后扩展到社会经济资源和信息资源等领域。苏联学者明茨 1972 年出版的《自然资源的经济评价》（评价利用效益方面地理差异的科学方法论问题）一书，系统地论述了自然资源经济评价的理论问题，阐述了矿产、森林、土地和水资源评价的原则，揭示了这些资源的地域组合评价的实质。他强调在自然资源评价中，必然将地理观点和经济观点相结合。资源地理研究综合性问题，不仅同自然地理学、人文地理学密切相关，也同自然科学（如生物学、土壤学、地质学）、技术科学（如钻采技术、遥感、工艺学、农艺学）和经济科学（如工业经济、农业经济、技术经济）等紧密联系，必须充分利用有关学科的理论方法和研究成果来丰富自己。

十三、环境地理学

环境地理学研究人类和地理环境的相互影响和作用，是地理学研究人地关系的分支学科，主要涉及人地系统结构功能的变化和效应，即人类活动对地理环境结构功能的影响及其对人类生存发展的反馈作用。人类与地理环境相互影响的程度和性质，随人类历史的发展而变化。人类社会早期的采集和渔猎活动，对地理环境的影响程度有限，属本能型影响。农牧业发展后，不仅更广泛地利用自然资源，且对环境要素进行了重大改变，培育或驯化一系列作物和家禽家畜，把大片森林、草原、河滩和沼泽垦为耕地，建立人工灌溉网和人工水体，开采出大量矿产资源，提高了对地理环境的影响程度，属生产型影响。产业革命以来，随着科学技术的发展，人类对地理环境的利用改造及其产生的影响都达到了空前规模，物质文明也提高到新阶段，属智慧型影响。特别是 20 世纪 60 年代以来的工业化、城市化及现代科学技术迅猛发展，给环境造成的影响更加广泛和深刻，由此也带来许多不良后果。人们普遍意识到：人类活动导致的环境变化，潜伏着对生物生存的巨大威胁，保护环境成为举世瞩目的问题。此时环境地理学在研究人地关系中得到迅速发展，其主要研究内容为：①区域开发和发展生产、工业化和城市化、大规模工程和工矿建设及战争和军事行动等人类活动对地理环境整体及其各要素的影响；②人类活动污染物的循环对地理环境的影响及其生态健康效应；③地理环境及其各要素的质量评价；④地理环境改良优化规划与区划。当前，人口不断增长和迅速集中，物质生产迅猛增加，能源和资源大量消耗，各种废物被大量排放，地理环境的结构功能以前所未有的速率发生变化和演化。这种变化或演化的趋势、速率及效应，是关系到人类生存和未来的大问题。随着人类对环境影响能力的增长，环境地理学的作用将日益重要。

十四、经济地理学

经济地理学以研究人类经济活动的地域系统为中心内容，是人文地理学的一门重要分支学科。对于地理学的研究核心“人地关系地域系统”，经济地理学所研究的是这一系统中有关经济活动方面的子系统，它包括经济活动的区位、空间组合类型和发展过程等。以生产为主体的人类经济活动，包括生产、交换、分配和消费的整个过程，是一个经济活动系统。这一系列经济活动或经济活动系统始终不能脱离一定的空间，都是在具体的地域上进行的。因此，着眼于地域类型来研究经济活动，研究不同类型或不同尺度地域的经济活动，是经济地理学的根本所在。1882 年德国地理学家 W. 格茨发表《经济地理学的任务》一文，论述了经济地理学的性质和构成等问题。他所界定的经济地理学比业已存在的商业地理学的研究范围更加广泛，研究内容更加系统。这标志着经济地理学已从地理学中分化出成为一门学科。此后，农业区位论、工业区位论和中心地学说等学说或理论的形成与发展，逐渐充实了经济地理学的理论。经济地理学也逐渐开始了其发展历史的现代阶段。第二次世界大战后，各国的经济恢复和建设促进了经济地理学的发展。经济地理学的中心理论或研究重点由着眼于地域差异的“分布论”转化为区位论和景观类型论。20 世纪 60 年代以来，人类社会面临着一系列全球性或区域性的新问题。这些复杂的新问题亟待解决，给经济地理学以及地理学提出了新的研究课题和任务。它要求经济地理学要深入探讨社会经济活动的地域性即经济地域系统的基本类型、形成过程和发展方向。经济地理学研究中的一个新特点是凸现或加强了社会观点、经济观点和生态观点，把协调人类活动和地理环境的关系看作中心任务。同时，地理数量方法广泛应用于实际的经济地理工作中。这样，经济地理学朝着数量化、经济化、生态化和社会化的方向发展。经济地理学所研究的经济地域系统的综合性和地域性等特征，决定了经济地理学的性质。经济地理学的研究因涉及自然、社会、经济和技术条件多方面的综合性问题而具有综合性；经济地理学的研究因特别重视经济活动的地理环境条件和地域类型而具有地域性。经济地理学的综合性是在地域性的基础上体现出来的。此外，经济活动的地域系统在不同的社会制度下体现不同集团的利益，决定了经济地理学具有社会性。经济地理学所研究的经济活动的地域系统及其研究领域跨越地理学和经济学这两门学科。因此，地理学学者认为经济地理学是属于人文地理学或地理学的一个分支学科，而经济学学者则认为经济地理学是经济学的一个分支学科。经济地理学学者和经济学学者往往对同样的现象提出不同的问题，两者的差别在于联系地域的程度不同。经济地理学的特点是空间观点，着重探讨各种经济活动的空间秩序和动因机制。经济地理学根据研究对象和研究范围等可以分成综合经济地理学、部门经济地理学和区域经济地理学。综合经济地理学也称普通经济地理学，主要是对经济地理学中一些带有普遍性的综合问题和基本理论、方法论等问题进行规律性研究，如经济活动和自然环境之间的相互关系、自然资源的经济评价、经济发展对资源的远景需求及区际平衡的可能性、生产布局的一般规律和原则、经济活动地域系统的形成和发展规律、经济地理学方法的革新和经济地理学史等。部门经济地理学，按国民经济各部门进行专门的研究，分别探讨农业、工业、交通运输业、商业等部门的生产布局理论及地域组织的形成、特征、结构、分类和分区等问题。部门地理学可以进一步划分为农业地理学、工业地理学、交通运输地理学、商业地理学等部门经济地理学学科。区域经济地理学以范围明确并具有某种程度经济完整性的区域为单位，研究其内部的经济活动系统和经济区的形成发展规律以及城市的区域聚集化等具有地域性与综合性相结合特点的经济现象。

十五、社会地理学

社会地理学是人文地理学的组成部分，是以地理学的观点研究各种人类社会现象、社会特征和社会集团区域分布及差异，并比较各种社会集团类型过程与空间结构的学科。传统社会地理学多涉及社会生活中人口、聚落、经济、交通乃至政治文化问题，因而研究内容较为广泛。如吉尔伯特等学者认为社会地理学包括：①地表人口分布；②村落分布及其形态；③城市地理；④社会群体分布及不同环境下生活方式的地理分析。19世纪后期，法国人文地理学者白兰士应用“或然论”阐述人地关系，既承认了自然环境对人类活动的影响，又肯定了人类生活方式对自然的生理适应和改造环境的可能性，奠定了现代社会地理学的理论基础。19世纪后期的俄国，社会地理学被列入社会科学系统，将它作为社会经济地理学的一部分，主要以人为主体，研究人们生活和社会生产的空间过程与组织形式，包括人们的劳动、生活、休息、个性的发展与生命再生产的条件。20世纪，西方社会地理学的发展具有三大特点：①由于社会化日益渗透到各个人文地理领域而出现的社会地理学科的分化。如传统内容的城市地理、聚落地理、人口地理等均已发展成为独立的分支。②学科发展侧重于联系解决实际社会问题。如美国学者沃特逊提出社会地理应注重人口、年龄、性别差异的地理分布和各社会团体与社会环境的关系的研究，并触及民族冲突、阶段差别、贫富分化和城市犯罪等实际社会问题。③研究方法和手段上的革新。20世纪60年代以来，在瑞典地理学者哈格斯特等倡导下，开始用计量方法分析社会文化现象的时空扩散规律和发展阶段。有的日本人文地理学者认为，在社会地理研究中应用定量方法是把握社会生活客观形态和地域特性差异的钥匙，还从发生学原理分析出发将社会地理学和社会生态学相结合。在具体手段运用上，一些地理学者如美国的阿克曼还主张对社会过程、活动和现象按行为动机分布模式建立模型，研究其决策反馈机制。

十六、民族地理学

作为地理学与民族学之间交叉学科的民族地理学，既属于地理学，是人文地理学乃至地理学的主要分支学科之一，又属于民族学，是民族学的主要分支学科之一。同时，它作为部门人文地理学或部门地理学，与哲学、历史学、社会学、政治学、语言学、宗教学、心理学和生态学以及经济学特别是区域经济学等诸多人文学科和社会科学有着密切联系。

古老而年轻的民族地理学应该是一个完整的知识系统。从科学哲学和知识论看，民族地理学的知识系统中，应该包括典型的民族地理事物、典型的民族地理问题、民族地理科学概念、民族地理规律、民族地理假设、民族地理学说和假说、民族地理知识体系等基本的知识形态。目前，这些应该有的民族地理知识形态，多数还尚处于潜知识阶段，需要民族地理工作者遵循科学哲学、科学方法论和知识论以及地理学的理论和方法进行构建。构建的路径应该是自上而下的演绎和自下而上的归纳的统一。民族地理学的知识体系形态的基本知识，是通过学科体系来反映的。关于民族地理学的学科体系，迄今尚缺少基于地理学学科的研究和成果。民族学和人类学关于民族地理学的学科位置和学科体系的观点，是有一定道理的。着眼于地理学，在民族地理学中，应该包括的分支学科有：理论民族地理学、应用民族地理学和区域民族地理。其中，第一，理论民族地理学要回答民族地理学的研究对象、研究核心、民族地理概念系统、研究方法论等诸多民族地理本体问题、认识问题和方法问题以及知识问题。第二，应用民族地理学要回答如何将理论民族地理学理论知识应用到区域民族地理（实践）的路径问题、如何将区域民族地理实证研究特别是个案研究成果理论化为理论民族地理学知识的路径问题、民族地理信息系统和地图以及地理考察、统计处理等研究方法。第三，区域民族地理应该包括区域历史民族地理和区域现代民族地理，它们均包括世界民族地理、大洲民族地理、国家民族地理、省域民族地理和市域民族地理等不同区域尺度的民族地理。中国民族地理属于区域民族地理中的国家民族地理，既包括历史成分又包括现代成分。民族地理学及其分支中国民族地理，是地理学及各个分支学科中迄今研究得最为薄弱的分支学科之一，它对于区域科学发展将会有越来越大的重要作用。民族地理学的思想、理论、方法和学科以及服务社会经济发展等亟待发展。如何发展民族地理学，已成为地理学学科发展内在要求和社会经济发展提出的客观要求。中国是世界上少数民族、世居少数民族、跨境少数民族、未识别族群、少数民族聚居地、少数民族起源地和少数民族分支最多、最复杂的地区之一，蕴涵着丰富的区域民族地理资源，是在中国乃至世界上开展民族地理区域研究和理论研究的天然实验室。新千年伊始，在老一辈地理学家的关怀和指导下，潘玉君开始系统探索民族地理学与区域民族地理，完成了入选国家科学技术学术著作和吴传钧任总主编的《中国人文地理丛书》的《中国民族地理》，主持完成国家自然科学基金项目“云南少数民族地理”。

问题与讨论

一、常规性问题与讨论

1. 简述有关地理科学的学科体系的观点。
2. 简述自然地理学、人文地理学、区域地理学、资源地理学和环境地理学。
3. 通过有关文献检索，介绍有关学科最主要的专家。

二、研究性问题与讨论

1. 你认为地理科学的学科体系应该是什么样的？
2. 阐述能否在地理学与教育学之间建立交叉学科——教育地理学？
3. 检索近年来国家自然科学基金课题申报指南，熟悉有关学科的主要领域。

第四章　地理科学的基本价值

作为人类知识形态之一的科学有其固有的价值，而作为科学门类之一的地理学也具有其自身独特的价值。这种价值的存在首先取决于地理学本身所具有的“客体”属性，即价值内涵。按照人类的知识体系以及科学与社会之间的关系等，可以确定地理科学的基本价值内涵，这包括地理科学的哲学价值、科学价值、应用价值和教育价值。

第一节　地理科学的哲学价值

哲学作为自然科学和社会科学的“结晶”，在本质上是反思的科学。这种结晶最重要的作用之一就是要为人类对自然和社会以及思维的进一步认识提供世界观和方法论。哲学要研究世界的本质和规律，要探寻自然界、人类社会及两者关系的未来发展。而地理学的自身特点决定了它有能力回答和解决哲学所关注的某些问题，因而具有一定的哲学价值。

一、地理科学为哲学研究提供了某些基础

哲学的研究绝不是空泛和抽象的，它以客观世界为基础；其思想和原理支配和影响着地理学家的地理学研究工作，同时又受到地理客观世界和地理学的反作用。地理环境的演化发展过程中，充满了否定之否定规律；地理环境空间地域分异充满了联系和质量变化规律。这些客观实在充分肯定了哲学的正确，并且可以检验哲学自身的价值。

二、地理科学为哲学研究提供了一些准确而科学的答案

地理学自产生以来，就非常重视人地关系问题，形成了多种人地关系理论。地理学家经过艰辛的研究和理论思维，得出了人地共生和人地共同创造是实现美好未来的正确途径的结论。

三、地理科学部分解决了如何发挥人的主观能动性问题

哲学（特别是马克思主义哲学）强调人的主观能动性的发挥，那它在人类与地理环境中如何发挥呢？潘玉君的论著《人类活动与地理环境》较全面地探讨了人地关系问题，指出在地球表层内发挥人的主观能动性应当按人地共生和人地共同创造思想，遵循自然界的组织原则，充分利用人类系统和地理环境系统之间以及地理环境内部的正、负因果关系网：处于良好状态时，要维持负因果反馈网的主导地位；处于恶劣状态时，要打破负因果反馈网的主导，人工积极参与，建立起良性正因果反馈关系网的主导地位，使其向越来越好的方向（即负熵积累的方向）发展。

四、地理科学的方法丰富了哲学方法

地理学的空间研究角度和方法，已丰富了人们认识客观世界的方法，丰富了哲学方

法，并且可以从空间角度思考和探索时间问题，有利于时空统一观的发展。

第二节 地理科学的科学价值

地理学被钱学森院士列为与自然科学、社会科学、数学科学、系统科学、人体科学、思维科学、军事科学、行为科学和文艺理论并排的十大科学之一。地理学在近、现代科学大厦中具有重要地位。

一、对近代科学发展的贡献

大航海时代以后，人类借助地理学的发展开阔了自己的视野，升华了对地球整体的理性认识，在空间的对比中找到了时间发展的连续性，从而才产生了哥白尼的日心说、牛顿的万有引力定律和达尔文的进化论。也正是这些重大基础理论的突破，才带来了后来科学的全面繁荣。同时，地理学为关于自然界的诸分支学科提供了知识基础，对近代科学的发展做出了贡献。

二、整体观念对当前一些重大问题的解决具有积极意义

地理学一向具有整体高于局部的观念，恰与普通系统论的思想一致，对正确解决困扰全人类的粮食、人口、资源与环境等复杂性与综合性问题具有重要作用。特别是21世纪将是全球一体化的世纪，一切问题的解决都要有整体观念。

三、跨学科属性决定了对综合性问题解决的作用

地理学具有跨自然科学和社会科学的属性，在解决大量存在的、一系列重要的而社会科学和自然科学自身又无法解决的综合性问题中起到特殊的作用。

四、地理科学基本规律的作用

地理学基本规律之一是地域分异规律，与成因规律有着必然的联系。它可以揭示出其他学科自身难以直接揭示的未知规律。例如，极漫长的演替过程，就可以通过空间分布规律找到其时间过程规律，这已在泥炭形成和沙漠化等研究中得到证实。同样，应用空间分布规律可以找出某些人类疾病的原因和源地。另外，地理比较研究为众多人文科学提供了知识基础和研究素材；没有丰富的地域知识，没有对各种人文地理规律的了解，则它们很难有更深入的研究和发展。

五、地理学重大理论突破的作用

地理学属于宏观科学，重大理论的突破将直接促进其他学科的进步。例如，道库恰耶夫提出的自然地带学说，直接派生了土壤发生学（发生学观点的土壤学）；现实沉积环境研究的新成果，直接冲击着地质学的成岩和成矿理论；青藏高原隆起对自然环境与人类活动影响的综合研究，本身就是重大的理论突破，对亚洲环境演变机理具有重要用途。

六、研究对象的特殊性决定了地理学在科学大厦中的地位

地理学以地球表层空间系统这一特殊领域为研究对象，这是其他任何科学（或学科）不曾研究的领域。因此，地理学在科学大厦中具有其他学科无法替代的地位。

第三节　地理科学的应用价值

以陆大道院士和郑度院士为顾问，以蔡运龙教授为首席科学家和组长完成的《2006—2007年地理科学学科发展报告》，阐述了“地理学展望”、“自然地理学对重大工程、环境治理和决策的贡献”、“经济地理学对决策的贡献”和“人文地理学对决策的贡献”等问题。蔡运龙、陆大道和周一星等教授的《中国地理科学的国家需求与发展战略》、陆大道院士等的《我国地理学发展的回顾与展望——地理学：方向正在变化的科学》、郑度和陈述彭两位院士的《地理学研究进展与前沿领域》与陆大道院士的《中国地理学发展若干值得思考的问题》等论著和报告，阐述了地理科学的应用领域和特殊贡献。这些既有的和将有的贡献，正是地理科学的应用价值之所在。

一、地理科学既有的应用价值

（一）对青藏铁路工程的贡献

青藏铁路位于青藏高原腹地，是目前世界上海拔最高线路最长的高原铁路，沿线自然环境极为敏感脆弱，生态系统一旦遭到破坏则很难恢复，并且可能产生冻土融化、土地沙化和水土流失等一系列问题。因此，青藏铁路二期（格尔木至拉萨段）的建设与运营涉及自然地理学多方面研究领域，如水文地质、地形地貌、冰川冻土和动植物地理等。

对此，程国栋院士等地理学者开展了大量研究工作。研究发现，冻土作为工程建筑物的地基土，其工程性质的变化与冻土温度、土质类型、含冰状态和冻融过程等密切相关。无论是线性建筑物还是场地建筑物，冻土区修筑工程建筑物后，改变了冻土环境，引起冻土工程性质的变化，而且不同类型的冻土其工程性质变化也不同。对于高温冻土和高含冰量冻土，修筑建筑物后，冻土温度、含冰状态和冻融过程等会产生剧烈变化，同时也会产生热融沉陷和热融滑塌等不良工程地质现象，使建筑物失去稳定性。但对于低温多年冻土和低含冰量冻土来说，修筑建筑物后，冻土温度、含冰状态和冻融过程变化较小，不会产生不良工程地质现象。因此，不同类型冻土对人为活动的敏感性不同，所引起的冻土工程性质的变化程度也不尽相同，从而造成工程建筑物对冻土环境变化适应程度不同。在以上认识的基础上，专家们根据青藏铁路沿线的资料给出了冻土环境因素影响下的冻土工程适应性分区图，创造性地采取了解决冻土施工难题的相应对策：对于不良冻土现象发育地段，线路尽量绕避，对于高温极不稳定冻土区，采取“以桥代路”；在施工中采用了热棒、片石通风路基、片石通风护道、通风管路基和铺设保温板等多项设施，提高冻土路基的稳定性。如今，青藏铁路被誉为是“筑在冰冻世界的奇迹”，其中自然地理学为此做出了巨大的贡献。青藏高原是世界巨川大河的发源地，生态系统独特而环境脆弱。青藏铁路建设有可能会严重影响青藏高原的生态与环境。为了

解决这一问题，我国自然地理学者同样做了大量研究工作，它们并被很好地应用到青藏铁路的设计和建设中。在自然保护区内，铁路线路遵循“能避绕就避绕”的原则进行规划；青藏铁路施工场地、便道、砂石料场的选址都经反复踏勘确定，尽量避免破坏植被。对植被难以生长的地段，在施工时采用逐段移植的方法。为保障野生动物的正常生活、迁徙和繁衍，全线建设了 33 个野生动物通道。针对青藏铁路的环境与生态效应的最新研究表明：青藏铁路二期工程在建设中对沿途生态系统保护比较到位；铁路的建设与运营不可避免地改变了铁路沿线生态系统的部分生态功能，尤其近期对沿线动物生活与迁徙造成一定的影响，但动物将能够逐渐适应这一新的环境状态。基于青藏铁路的生态安全与环境现状的系统评估提出了铁路安全运营与西藏社会经济发展的科学建议。

（二）对南水北调工程的贡献

我国华北地区人均水资源占有量很少，其中海滦河流域人均水资源占有量仅为全国平均占有量的 1/7。而华北地区的生产、生活与生态即“三生”的需水量很大，区域水资源安全特别是首都北京的供水安全面临严重威胁。实施南水北调工程规划中的通过东、中、西三线向我国北方补水的方案，是一项改善我国北方缺水状况的战略性系统工程。

南水北调的西线工程是从长江上游引水入黄河，以解决中国西北地区和华北部分地区的干旱缺水问题。该线工程地处青藏高原，海拔高、地质构造复杂、地震烈度大；要修建 200m 左右的高坝和长达 100km 以上的隧洞，工程技术复杂，耗资巨大。该线工程现仍处于可行性研究的过程中，且在选线上存在较大争论。自然地理学者通过建立综合自然环境指数，将工程区划分为 4 个区域，并指出：综合自然环境指数一级区和二级区具有较好的自然环境条件，集中分布在工程区的东部，约占工程区面积的 50%，在适当的环境保护措施下，可以进行一定规模的工程建设；三级区是自然环境比较敏感的地区，主要分布在调水工程区的西部高原丘陵上，进行工程建设时，必须特别注意对自然环境的各项保护措施，加大环境保护的投入；四级区是自然生态与环境比较脆弱与恶劣的区域，主要分布在调水工程区的高寒高山上，进行工程建设会造成较大的环境破坏，不宜进行工程建设。这从科学的角度为南水北调西线工程选线奠定了基础。

（三）对塔里木沙漠公路等西部路工程的贡献

在荒漠或沙化严重地区，风沙对交通线路的危害很大。为了维护与保护沙漠公路，科研人员首先开展了先导试验：通过 10 多年的研究，在西北地区耐干旱耐盐碱的 173 种植物中，筛选出能在塔克拉玛干沙漠腹地存活的 88 种植物，栽种于塔中油田周围的沙漠绿化试验区，抽取沙漠地下咸水进行灌溉，保证苗木正常生长。随着先导试验的成功，沙漠腹地人工绿洲面积逐年扩大。

塔里木沙漠公路防护林生态工程被认为是继塔里木沙漠公路建成之后又一次人类治理沙漠的伟大创举。这一重大建设工程对于确保塔里木沙漠公路的正常运营、促进沙漠油田安全生产和地方经济的发展、改善沙漠腹地的作业环境及保障石油作业人员身心健康具有重大作用，并为今后在沙漠地区大规模进行生态防护林建设提供了宝贵经验。

我国西部地区以山地为主，泥石流、滑坡和崩塌等灾害频繁。为了解决这些灾害对重大道路工程的危害问题，我国于 2003 年启动了“西部山区重大道路工程与环境相互作用机制”项目。科研人员选择西昌至攀枝花高速公路、国道318线和成昆铁路等作为典型研究路段，先后15次进行现场考察，布置监测点5处，进行离心模型试验30组次，研究了“边坡工程与环境的相互作用机制，道路工程与水环境的相互作用机制，工程与环境协调的选线设计技术，山地灾害与道路工程的相互作用”。在综合了泥石流、滑坡和溜沙坡研究成果的基础上，开发了道路交通干线泥石流和滑坡减灾决策支持系统。该系统具有滑坡稳定性分析、泥石流活动性分析、危害范围确定和灾害治理工程优化设计等信息分析和决策功能。应用该系统的分析结果提出的15处重点防治工程优化设计建议被采纳，为我国西部道路建设做出了重要贡献。

（四）对三峡移民工程的贡献

三峡水库移民100余万，迁建13座县城和100多个集镇。在平地很少和滑坡与崩塌频发的库区两岸，实施这样一个庞大的移民工程，不论在城镇选址和具体工程建设中都会遇到如何适应、保护地质环境条件和避免与减少自然灾害发生的问题。因此，专家学者们“八五”期间就进行了库区移民工程环境地质研究，全面调查阐明了库区移民工程的地质环境条件，进行了移民地质环境分区评价，并对移民区的地质环境容量问题作了探讨。

为此，国家投入大批专款，并成立了专门组织（三峡库区地质灾害防治工作小组及其下属的专家组）负责实施。先后完成了防治规划编制、防治工程的可行性研究、防治工程方案和防治工程设计等各项工作。经过几年的考验，至今，三峡库区地质灾害防治工程均安全无恙。个别未进行防治的地点发生了滑坡，但由于成功的监测预警而未造成大量人员伤亡。上述工作中包含着许多自然地理学工作者的贡献。

（五）对西气东输工程的贡献

实施西部大开发战略，加快中西部地区发展，是我国面向新世纪实现第三步战略目标的必然举措和重要途径。而基础设施建设被列为西部大开发工作中的重中之重。建设西气东输工程就是在这种大背景下提出的，旨在将我国新疆塔里木盆地的天然气通过管道输往东部地区。实施西气东输，不仅可以加快我国西部地区经济发展、拉动国民经济增长、调整我国能源结构和充分利用天然气资源，而且在改善东部城市地区空气质量和加速地区经济发展等方面具有重要意义，同时对我国西部多民族地区的民族团结与社会稳定具有深远的意义。

西气东输工程作为特大型工程项目，西起新疆塔里木的轮南，东至上海西郊的白鹤镇。工程穿越了沙漠、戈壁、黄土高原、森林草原、基本农田和湿地等多种生态敏感区，涉及地域广，生态系统类型复杂，环境问题突出。西气东输这一特大型工程将对4000km跨度的区域生态环境形成一定的影响；同时，周边生态环境质量的退化和突发环境地质灾害的发生将对管线工程的正常运营与安全产生重要的影响。从管道运行和区域生态系统双重安全的角度，构建沿线区域生态安全格局，对于保障西气东输管道工程的正常运行具有重要的科学意义和应用价值。如何针对超长距离的重大工程建设构建区域生态安全格局，目前仍然缺乏可行的理论和方法。

针对西气东输工程建设中存在的问题，自然地理学者系统分析了西气东输工程沿线地区生态环境特征，阐明了工程建设可能对区域生态环境的影响，先后开展了工程沿线地区生态系统功能评价、生物多样性干扰评价、干旱荒漠区生态系统稳定性评价和黄土高原地区水土流失敏感性评价，提出了沿线地区不同类型区原生态恢复的技术体系和方法。在此基础上，针对超长管线的特点，提出了分区段抓重点类型的超长管线生态问题解决思路，从区域层面上解决了工程安全运行和管理的生态保障问题。这些研究成果都将直接应用到指导工程建设后的生态恢复与建设中。

（六）对“十一五”规划和主体功能区区划的贡献

地理学者在国家“十一五”规划中起到了重要作用。2005 年 10 月，经国务院批准，陆大道院士和樊杰研究员等被国家发展和改革委员会（以下简称发改委）聘任为国家“十一五”规划专家委员会委员，成为这次规划的主要参与者。中共中央在“十一五”规划建议和我国“十一五”规划纲要中，明确编制主体功能区规划的任务。2006 年，国务院正式发文，启动全国主体功能区区划工作。中国科学院地理科学与资源研究所作为联合课题组牵头单位，以樊杰研究员为项目负责人，承担了全国主体功能区规划编制工作。从经济地理学角度，主要承担了三方面的任务。一是理论方法和指标体系构建。包括国外区划理论和实践的借鉴，资源环境承载能力、现有开发密度和发展潜力的分析判断，国家层面主体功能区划分的指标体系及标准，全国主体功能区划分的技术路线。二是在对国家主体功能区进行多方案比选的基础上，明确各类主体功能区的边界，研究并提出不同主体功能区功能定位和发展方向，提出未来我国区域空间开发总体战略构想。三是指导并衔接省级主体功能区区划方案的制订。包括研究并提出指导省区开展主体功能区区划的技术大纲，对省区主体功能区区划方案进行拼图汇总，并与国家主体功能区区划方案相衔接，对相邻省区方案提出衔接意见。一些省区按照国务院的要求开展了省区主体功能区区划的试划工作。例如，潘玉君教授主持完成了作为我国地理环境复杂地区的云南省的主体功能区区划工作，第一次比较科学和系统地认识了云南省区域发展能力的区域差距，为云南省主体功能区规划和云南省社会经济发展规划做出了贡献。

（七）对西部开发重点区域规划的贡献

实施西部大开发战略，逐步增强西部地区的经济实力和提高社会发展水平，对于增强我国的综合国力、缩小地区差距及促进民族团结和边疆稳定具有极为重要的意义。根据国内外经验教训，大范围欠发达地区的开发不能搞“平衡发展”，必须选择若干重点地区有步骤地推进欠发达地区的经济发展。国务院批准的《“十五”西部开发总体规划》明确指出，西部大开发要实施“以线串点，以点带面”的重点开发战略。正确实施这一战略，要求在空间规划、产业选择、基础设施建设及生态环境保护等方面做出科学的决策。经济地理学者在西部开发重点区域规划的前期研究上为政府决策作出了重要贡献。2002 年 3 月，国务院西部地区开发领导小组办公室致函中国科学院地理科学与资源研究所，委托陆大道牵头“中国区域发展问题研究组”开展西部开发重点区域规划方案前期研究。在中国科学院知识创新工程的支持下，课题组经过广泛的调查研究和深入的科学分析，并在以往大量西部科学研究积累的基础上，完成了《西部开发重点区域规划前期研究》报告。该报告对西部重点经济带的范围和等级给予了定位；阐述了西部主要中心城市的功能定位，论证提出了各经济带主要区段的产业发展方向及重大建设布局；根据产业和城市发展的要求，论证了合理开发利用水土资源、能源和矿产资源的方案，提出并论证将资源优势转变为经济优势的途径；在考虑自然因素影响下，预测四个重点经济带大规模开发可能引发的生态环境演变及应采取的符合自然规律的措施。为适应西部开发规划和管理的要求，报告还根据“点轴系统”理论和增长极理论，运用地理信息系统和相应的空间分析技术，确定了四个重点经济带的空间范围，即西陇海—兰新线经济带、呼包—包兰经济带、长江上游成渝经济带和南贵昆经济区（带），并对相应的资源环境基础数据进行了集成。西部开发重点区域规划前期研究结论得到了西部地区开发领导小组办公室领导的高度评价，认为该项研究内容丰富，应用了新技术和新理论，研究深度和广度都非常高且具有前瞻性，是一项高水平的科研成果，对今后西部开发规划工作具有重要的指导意义。国务院西部地区开发领导小组办公室还组织西部地区 12 个省（自治区、直辖市）西部地区开发领导小组办公室的领导讨论了该研究报告。报告中的某些观点已经体现在《“十一五”西部开发总体规划》以及西部各省（自治区、直辖市）的相应规划之中。

（八）对东北地区振兴规划的贡献

继东部沿海地区率先发展和西部大开发战略之后，实施东北地区等老工业基地振兴战略是国家从全面建设小康社会和统筹区域协调发展考虑做出的重大战略决策。随着振兴战略的实施，东北地区发展中存在的条块分割、产业结构趋同及生态环境保护缺乏有效协调等问题进一步凸显出来，迫切要求进行统筹规划，实现优势互补和共同发展。为此，国务院振兴东北地区等老工业基地领导小组办公室组织编制了《东北地区振兴规划》，以有效地协调各专项规划和分散的区域规划，最大限度地优化资源配置，促进区域经济持续协调健康发展。地理学者在《东北地区振兴规划》编制工作中起着非常重要的作用，是综合规划的主要承担者。中国科学院地理科学与资源研究所陆大道院士担任了规划专家组组长，金凤君研究员担任了综合规划组组长。该规划充分发挥了地理学综合性和空间性的特点，对东北地区的发展阶段和存在问题进行了准确的判断；同时从分析东北地区的比较优势入手，准确把握了国内外的形势和东北地区的特点，将东北地区置于全国乃至东北亚的大格局中，明确提出了东北地区振兴的发展战略、发展目标和政策；从东北地区竞争力的提升、可持续发展建设、区域协调能力构建和发展活力的培育等方面进行了重点谋划，本着优化资源配置和促进区域协调发展的原则，对产业资源型城市、基础设施、生态环境、水土资源配置、体制机制、创新人才和对外开放等方面进行了相关的研究论证和规划，确定了东北地区未来发展的重点领域和区域，对其区域社会经济发展做出了总体部署。

（九）对京津冀区域规划的贡献

京津冀都市圈区域规划是国家“十一五”规划确定的两个区域规划试点工作之一。其技术牵头单位为中国科学院地理科学与资源研究所，陆大道院士任专家组组长，樊杰研究员担任综合组实际负责人。地理学作为京津冀都市圈区域规划编制的主体支撑力量，在规划中坚持综合的观点，较好地协调了各地区和各部门的利益，实现区域整体利益最大化。坚持将区域的视角贯穿规划，典型的有：从全球系统和全国发展总体格局中，结合分析京津冀的条件，确定该区域的主体功能定位；将经济社会发展战略和目标分解落实到具体地域上，确定地区的功能和定位。地理学的经典方法成为此次区域规划创新的重要实现手段之一。主体功能区区划是京津冀都市圈区域规划中的重要创新点，其理论来源于经济地理学经典的区划方法；通过对传统区划方法的应用和发展，确定了各地区未来发展的功能和定位，成为区域空间结构的重要组成部分。尊重地方的发展需求是京津冀都市圈区域规划内容与方法方面的共同创新，也成为保证规划实用性的重要手段。而实地调查，强调各地区在发展中的特殊性，是经济地理学的传统方法。

（十）对长江三角洲地区区域规划的贡献

根据国民经济和社会发展“十一五”规划的总体安排，国家发展和改革委员会组织开展了《长江三角洲地区区域规划》研究和编制工作。作为跨行政区的都市经济发达地区的规划，旨在引导区域协调发展，增强地区竞争力，率先参与国际竞争，提升区域乃至全国在世界经济体系中的地位，体现政府对区域经济发展的引导和调控的方向和手段，具有突出的意义和作用。

该规划文本编制主要由中国科学院南京地理与湖泊研究所等单位配合国家发展和改革委员会地区司具体完成。在长江三角洲地区区域规划的综合研究过程中，经济地理学科的综合性特点不仅为规划提供了必要的知识保障和手段支撑，而且能够满足区域规划综合性、分异性和开放性等特点。经济地理学者在规划编制过程中，运用区域要素综合分析方法，研究区域的功能定位和总体架构；通过区域关系及差异性分析，研究空间分工以及要素（城镇、产业、设施等）布局方案，经过不断的互动和酝酿，提出规划方案；也不断尝试探寻规划的新方法和新理论，以开放的态度来丰富规划内涵和编制手段，包括GIS空间分析和系统分析法等，以增强规划和决策的科学性。

（十一）对退耕还林还草的贡献

我国是受沙尘暴影响较严重的国家之一。进入21世纪以来，我国进一步加强了对沙尘暴问题的科学研究，已建成了以卫星遥感为主、地基特种站网为辅的业务化沙尘暴监测系统；同时，在深入研究了风沙动力学、沙尘暴天气系统动力学、沙尘暴气候变化规律、沙尘暴与气候距平形势的关系以及沙尘暴形成机理基础上，建成了我国沙尘暴天气业务化预测预警系统。其中沙尘的动力统计理论和阵风起沙机制为我国所独创，跨季度气候预测及将其用于沙尘天气趋势预测也为我国首创。上述研究成果为我国退耕还林还草政策的实施提供了科学依据。

（十二）对解决“三农”问题的贡献

农业结构不合理严重制约了“三农”问题的解决。这种不合理主要表现为：一是区域结构雷同，各地区重复生产，低层次产品竞争；二是农业产品结构不合理，产品质量差，缺乏竞争力；三是生产组织不合理，分散竞争，规模小，成本高。要解决上述问题，第一要发挥比较优势，突出区域特色，解决区域结构问题；第二要优化农产品结构，提高优质产品比重，解决农产品结构问题。在这些方面，地理学具有特殊的学科优势。自然地理学工作者结合我国工农业生产的发展需要，长期重视区域开发和治理研究，特别是在生态农业建设和可持续发展方面。遍布全国不同区域的研究所和实验站在这方面做出了卓越贡献。这些研究所或实验站有：中国科学院新疆生态与地理研究所，中国科学院寒区旱区环境与工程研究所，中国科学院水利部水土保持研究所，中国科学院成都山地灾害研究所，中国科学院石家庄农业现代化研究所、栾城生态实验站，黄淮海地区禹城和封丘生态实验站，东北海伦生态实验站，中国科学院拉萨生态实验站及成立于 2003 年的中国科学院青藏高原研究所等。另外，多所大学也有自然地理方面的研究所和实验站。这些所、站主要分布在我国边远和经济发展滞后的地区，其研究成果对解决中央提出的“三农”问题具有重要的意义。

（十三）对生态系统碳收支问题的贡献

大气中 CO_2、CH_4 和其他温室气体浓度升高导致的全球气候变化是人类共同关注的问题。对全球和区域碳循环的深入研究，不仅可为认识和控制全球气候变化提供理论基础，而且与地球生态系统的其他自然过程（水循环、养分循环、生物多样性等）及人类的生存环境与社会的发展等息息相关。中国陆地和近海生态系统碳收支研究，在 CERN（中国生态系统研究网络）有关台站与科研院校的共同努力下，初步建成了中国陆地和近海生态系统碳通量观测网络，通过对中国陆地和近海生态系统碳收支时空格局、碳循环过程和模型及生态系统的碳增汇与减排技术的系统研究，阐明了中国陆地和近海生态系统碳收支的主要科学问题，为全球变化背景下中国社会经济可持续发展及森林、草地、农田、湿地、内陆水体和近海生态系统的管理提供了科学依据，为国家参与联合国气候变化框架公约（UNFCCC）等的外交谈判提供了科学知识、技术和数据储备。

（十四）对西部大开发过程中水土资源配置与生态建设的贡献

在西部大开发过程中，自然地理学的工作主要聚焦在生态与环境的研究与保护方面，主要研究了西部生态与环境的演化过程、水土资源的持续利用、生态与环境现状评价及未来 50 年变化趋势预测等，为科学认知我国西部地区生态与环境变化规律和促进西部地区水土资源可持续利用等提供了科学依据和技术支撑。特别是中国工程院重大咨询项目“西北地区水资源配置、生态与环境建设和可持续发展战略研究”项目，组织了地理、地质、气象、水文、农业、林业、水利、土地、水土保持、生态及环境等学科的钱正英、潘家铮、张光斗、刘东生、周干峙、刘昌明、石玉林、沈国舫、钱易和王浩等 35 位院士和 300 位专家，以水资源为中心，以环境保护和生态建设为重点，以工业、农业和城镇建设都能可持续发展与缩小东西部差距为目标，开展了跨学科跨部门的综合性战略性研究。此研究为国家西部开发战略决策提供了很有见地的指导性意见，并且这些意见被很好地应用于实践中。

（十五）对东北地区生态环境保护和可持续发展的贡献

东北地区是全国重要的工业基地和最大的商品粮基地，拥有全国最大的林区和最好的草原。新中国成立 70 多年来，东北地区经济社会有了很大的发展。但资源开发利用不合理、生态建设滞后和环境污染加重等问题十分突出，已成为制约东北地区可持续发展的主要因素，需要对东北地区农业水土资源优化调控机制与技术体系加强研究。为此，自然地理学者立足解决粮食安全保障基地建设与东北地区农业水土资源持续利用的国家重大战略性科技问题，系统研究了东北地区农业水土资源态势与持续利用对策，揭示了区域农田系统水分高效利用机制并研究了典型退化土壤的生态修复理论，建立了典型农田环境质量预警系统与无公害生产关键技术体系；通过不同生态类型区农业水土资源高效利用关键技术集成与示范基地建设，为东北地区农业可持续发展提供创新性理论成果与技术支撑。

（十六）对黄土高原水土流失治理的贡献

朱显谟院士等学者长期致力于黄土高原生态环境治理的研究，为国家科学治理黄土高原做出了重要贡献。近年来，以国家自然科学基金重点项目“黄土丘陵沟壑区景观格局演变与水土流失机理”为基础，自然地理学家在黄土丘陵沟壑区开展了大量的野外观测与实验、社会调查和数据分析工作；应用“尺度-格局-过程”原理，系统分析了黄土丘陵沟壑区不同尺度景观格局演变的时空变化特征及其驱动因素，探讨了多尺度景观格局变化与水土流失的关系，在揭示区域水土流失机理方面进展显著。

基于以上研究成果，提出了关于黄土丘陵沟壑区的景观生态建设的一系列有价值的治理建议。①区域景观生态建设不仅需要考虑地形和土壤条件来确定适宜的植被类型，而且需要充分考虑降雨因子的时空变异来合理配置不同的土地利用方式。②优化用地结构，重视土地利用空间格局对水土流失的影响，增加景观格局的异质性，注意在距河流较近处等适宜地段增加林草过滤带，以有效拦截泥沙。③生态建设必须与区域经济发展和粮食安全等问题结合起来，完善配套措施，在大力推进生态建设的同时注意及时巩固已有的生态建设成果。这些措施对我国黄土高原水土流失治理具有很好的借鉴意义。

二、地理科学潜在的应用价值

（一）地理科学的社会需求的国际态势

美国国家科学基金委员会会同总统科技委员会确定了21世纪在研究和教育中与国家目标有关的八大关键领域：全球变化研究，环境研究，高性能计算与通信（地理信息系统与可视化），公共基础设施系统，科学、数学、工程与技术教育，生物技术，先进材料与工艺，先进制造技术。地理学在其中的前五个领域可以起到骨干作用，并通过对环境与社会问题、资源利用、布局决策和技术转让等方面的侧重与后三个领域有关联。英国《应用生态学杂志》2006年第4期在线版发表了《英国发布与政策密切相关的100个生态学问题》一文，列出了与政策、实践和科研有关的各种关键生态问题，涉及生态系统服务、农业耕作、林业、渔业和海洋保护、休闲与户外运动、城市化发展、外来物种和外来入侵物种、污染、气候变化、能源生产与碳管理、保护措施和政策、生境管理与恢复、景观连接度和景观结构及水资源与水环境等方面。该文指出，这些问题对英国政府部门决策非常重要。当然，其他国家也会结合本国的实际情况、特殊的环境、社会和经济问题来确定适合本国的一些热点问题的重要性。但是，我们所关注的主要热点问题，如生境的破坏与重建、外来物种入侵、资源过度开发、污染和气候变化也是世界上其他国家所关注的热点。地理学被看做是人类生态学，所以，这些问题也可以看做是社会要求地理学给予解答的。环境变化已是当代最重要的全球性研究主题。美国生物学家卢布琴科认为“21世纪是环境（科学）的世纪”。另一些美国生物学家指出：“全球环境变化是由人类支配的”。人类社会在环境变化中的作用如此重要，以至于即使是自然科学家也在寻求一种新的“社会契约”，以便更好地认识地圈、生物圈和人类圈之间的相互作用，且更好地将研究成果应用到全球可持续发展的实际政策中。全球变化，包括全球环境变化（特别是气候变化）、全球经济一体化和全球地缘政治结构变化，是当前科学界和决策界的关注热点。地理学家从区域的综合影响（impact）和响应(response)的角度来研究全球变化，“全球变化、区域挑战”和“全球着眼、就地着手”成为地理学的重要视角。全球变化研究成果应在决策中起作用，而决策者更关注的是直接与区域和地方相关的问题。因此必须重视区域综合研究，应该发展新的视角，清楚界定区域和地方尺度上的科学问题，聚焦危急区、脆弱区或热点地区，正视多学科和多空间尺度的综合。

（二）地理科学对区域可持续发展的贡献

江泽民在为《科学》杂志撰写的“科学在中国：意义与承诺”一文中指出：“中国正处在发展的关键时期，面临着优化经济结构、合理利用资源、保护生态环境、促进地区协调发展、提高人口素质、彻底消除贫困等一系列重大任务。完成这些任务，都离不开科学的发展和进步。这就对中国的科学进步提出了紧迫的要求。”显然，地理学是满足这些国家重大需求的重要学科之一。

中国国土辽阔，地表景观复杂多样，人口众多，经济社会发展的区域差异极大，又正处在高速发展和社会经济转型时期，人与自然的矛盾、城乡矛盾、区域矛盾、经济增长与社会公平的矛盾及全球化的冲击，所有这些重大国情及其动态，都需要从地理学视角上来认识和解决。深入揭示中国地理的时空分异规律，揭示中国人地系统演变机制，科学地预测未来一定时期中国地理的情景，对制定在全球变化趋势下的中国可持续发展的对策有着极为重要的科学价值。由科技部发展计划司资助并委托中国科学技术促进发展中心组织有关单位完成的一项前瞻性研究结果显示：未来十年，中国社会经济发展将对科技产生十大需求。这十大需求都与地理学有密切关系。

1. 地理科学对产业优化与升级的贡献

中国在第一、二、三产业中都存在产业结构优化与升级的问题，而工业产业结构升级是未来十年的主题，其中制造业结构优化与升级又是主要部分。工业地理学研究工业区位因素和条件与区位特征，并从企业的区位决策、空间战略和空间结构以及政府的产业政策和区域政策等方面研究工业发展条件和区域发展机制，对于中国不同区域的产业优化升级、具体选址、空间联系及提高区域和产业竞争力等将起到重要作用。另外，随着市场经济的深化与人民生活水平的提高等，第三产业的地位越来越突出，市场营销、消费者行为、物流业发展和符号环境等正成为地理学研究的热点。企业是市场经济的主要角色，因而欧美经济地理学一直将其作为重要研究对象，并因此形成了企业地理学分支，主要研究企业区位和企业战略。目前的重要议题包括企业集群、企业的时空管理、企业的空间形态和跨国公司的空间组织等。此类地理学研究将为国家对产业优化与升级作出重要贡献。

2. 地理科学对农业发展的贡献

中国农业将向绿色、安全、标准化和高效方向转变，相关的技术需求包括：农业信息化、绿色农业、安全农业、标准化技术、农产品加工技术和名特稀优等传统农产品的技术创新。农业生产受自然、技术和经济条件的综合影响和制约，具有强烈的地域性。农业地理学研究农业生产的地域分异规律、地域差异特征及其表现形式、形成条件和发展变化规律，以利于在农业生产中贯彻因地制宜原则，可对未来中国不同区域的农业转型和升级作出贡献。

3. 地理科学对高技术产业发展的贡献

技术飞速进步给社会经济空间过程带来的影响亟待被认识和解释，这是地理学家必须而且能够关注的问题。因此提高我国高技术产业竞争力从而提高国家的竞争力迫在眉睫。地理信息科学在提升产业技术水平中将起重要作用。经济地理学从全球化和信息技术革命背景下研究高新技术的产业集聚以及学习型和创新型区域的形成和发展，对未来中国高新技术产业的发展战略和地区布局决策具有重要作用。

4. 地理科学对缓解国际贸易压力的贡献

加入WTO后，中国面临一个更加开放的世界。我国的比较优势——劳动密集型产品将越来越多地受到其他发展中国家的挑战。更为紧要的是，我国出口受到发达国家技术壁垒和绿色壁垒等非关税壁垒的限制。无论是保持自己的竞争优势还是规避非关税壁垒，都需要通过技术进步来确保在国际贸易中的竞争优势。商业地理学研究商品生产的地域分布、国际市场条件、国际贸易流向、国际贸易关系、地缘经济联系、国家竞争力和非关税壁垒的国别差异等，将在保持中国在国际贸易中的竞争优势和规避非关税壁垒方面做出应有的贡献。

5. 地理科学对城市化的贡献

城市化是中国经济发展的必然趋势。中国正进入城市化高速发展时期，此时陆续出现的一系列尖锐矛盾迫切需要及时的科学认识和解决之道。城市地理学研究城镇形成和发展的地理条件和空间结构与布局，城镇人口集聚与城市化过程，城市性质、规模与类型，城镇体系，城市规划与城市总体布局，城市分布、建设与环境保护的关系等。城市是区域的核心，区域是城市的背景，城市研究与区域研究密不可分，地理学所擅长的区域发展研究对于城市化至关紧要。20世纪80年代兴起的新区域主义论及区域创新系统、产业区、学习型区域和知识溢出等的研究，不仅为中国城市化途径提出了政策建议，而且为各类城市的规划与建设提供了科学依据。城市化对技术的需求主要体现为：城市管理对信息技术的需求；城市环境卫生保护对环保技术尤其是垃圾处理技术的需求；城市基础设施建设对技术的需求。地理信息科学的研究涉及城市地理信息系统、数字城市和虚拟城市等，可在满足上述需求中做出自己的贡献。

6. 地理科学对人口健康和食品安全的贡献

食品安全、公共卫生、重大疾病防治和老龄化趋势已成为中国社会发展中非常突出的问题。这就需要建立和加强相应的预警体系和公共卫生体系，加强医学和医疗卫生技术研究，同时开发食品加工新工艺和新的检测控制技术，关注老龄化社会对技术的需求以及中医药现代化问题。医疗与健康地理学研究人群疾病和健康状况的地理分布、变化规律，疾病的发生、流行和健康状况变化与地理环境的关系，医疗保健机构和设施的地域配置与区域发展，医疗地理信息系统与疾病监测、预警等；人口地理学研究人口数量与质量、人口增长与人口构成的时空差异及其与地理学环境的相互关系等。医疗地理学和人口地理学在满足人口健康的需求中将扮演重要角色。

7. 地理科学对资源综合利用和社会可持续发展的贡献

此类贡献包括开发低成本的节水技术和设备及改进污水处理以改善水资源供求矛盾；提高矿产资源综合再生利用率；降低矿产开发的环境污染等。地理学研究自然资源数量和质量的地域组合特征、空间结构与分布规律及自然资源的合理分配、可持续利用和维持保育，评估资源最大承载力、潜力和潜能，寻求新资源、能源，预测和预报未来趋势；不仅关注自然资源在经济发展中的作用和开发利用规划，也关注自然资源对于生态服务、社会公平等方面的功能。地理学的重要研究领域还有经济与环境的关系，包括循环经济、绿色制造、环境管制方法和政治生态学等具体议题。地理学也研究一些重要的社会问题，包括劳动力、性别（妇女）、社区、种族和工会等问题。上述地理学研究可对资源综合利用和社会可持续发展决策提供科学依据。

8. 地理科学对优化资源结构的贡献

优化资源结构包括开发并推广节能技术和节能产业，调整能源结构，提高能源利用效率，优化能源结构，开发清洁能源利用技术，降低污染，同时还要优化能源产业结构。地理学可在区域配置的基础上研究能源数量和质量的地域组合特征、空间结构与分布规律，以及能源在区域之间的合理分配、能源利用的可持续性和能源利用的环境影响等问题，可在能源结构调整、优化能源结构和能源产业结构及提高能源利用率等方面作出贡献。在综合资源区划方面，重点研究水土资源与农业生产和生态与环境保护的综合优化配置技术，开展与我国水土资源区域空间分布匹配的多变量、大区域资源配置优化分析技术，建立不同区域水土资源优化发展的技术预测决策模型。

9. 地理科学对改善环境的贡献

中国未来改善环境的关键之举包括提高植被覆盖率、防治土地退化、生态建设及治理污染。自然地理学和环境地理学研究自然地理环境或生态系统各要素的相互作用、动态演变和地域分异规律，研究土地利用和土地覆被变化、土地退化及其防治、生物多样性及其保护、污染物的分布及其环境影响和环境灾害防治等，是改善环境必不可少的基础研究和应用研究。

10. 地理科学对国家安全的贡献

国家安全是一个系统，包括政治安全、军事安全、经济安全、科技安全、生态安全和社会安全等子系统。地理学研究涉及国际地缘政治、军事地理、区域经济、科技创新的空间格局和扩散规律、生态系统的结构和功能及社会空间组织等方面，将在国家安全系统中发挥特殊作用。

第四节　地理科学的教育价值

地理科学对于在校学生及公众的科学知识、科学精神、科学思想和科学方法等的教育方面，具有特殊重要作用。就这方面的价值，国际地理联合会地理教育委员会制定的《地理教育国际宪章》专门介绍了地理对教育的贡献。这个宪章将地理学的教育作用划分为两个方面：地理既是促进个人教育的重要媒介，也可以对国际教育及环境和发展教育作出重大贡献。

一、地理与个人教育

知识、理解力、技能、态度和认同的发展共同组成的地理教育的整体过程，可以组合为三大目标。

（一）知识和理解方面目标

①认识位置和地方，以便在地理架构下审视国内外的事件以及理解空间的相互关系。②认识地球上的主要自然系统（农业、聚落、运输、工业、商业、动力、人口及其他），以便对地方有所认识；一方面认识自然条件对人文活动的影响，另一方面理解按照不同的文化观念、宗教信仰、技术水平、经济水平和政治制度创建环境的不同途径。③认识地球上的不同人种和社会，以鉴赏人类丰富的文化。④认识作为日常活动空间的本区和国家的结构与运行。⑤认识全球相互依存的挑战和机会。

（二）技能方面目标

①利用以文字、数据和符号等形式表达的资料，如图片、表格、图解和地图等。②练习怎样进行实地考察、绘制地图、进行访问、理解二手资料和运用统计数据。③利用信息传播、思考、实践和社交等技能去探究从本地到世界各地不同规模的地理课题。此探究过程将会鼓励学生提出问题和困难、收集和组织信息、处理资料、分析资料、评估资料、发展通则、作出判断、作出决定、解决难题、齐心合力参与集体工作及知行合一。因此，地理教育在培养学生读写能力、口头表达能力、计算能力和图解能力等方面做出了贡献。它也对个人素质和社交能力的发展，特别在日常生活的空间度量上和在国际事务的了解上有所帮助。

（三）态度和价值观方面目标

①对周围的环境以及地球上各种不同的自然和人文特征产生兴趣。②一方面欣赏自然世界的美，另一方面体会人类各种不同的生活情况。③关注后代的居住和环境的质量与规划。④了解态度和价值观在作决定时的重要性。⑤时刻准备充分地和负责地把地理知识应用于私人、专业和公共生活上。⑥尊重别人的平等权利。⑦以《世界人权宣言》为基础，积极寻求方法，以解决国际、国家、地区和本土的问题。

二、地理与国际、环境和发展教育

（一）国际教育

联合国教育、科学和文化组织1974年11月19日举行的第18次会议对有关国际谅解、合作与和平教育以及有关人权与基本自由教育的建议中指出，地理教育对国际教育有重大的贡献。地理教育特别注意宣扬国际、种族间和宗教集团间的谅解、容忍和友谊，并且积极鼓励下列措施，以推动联合国维持和平活动：①在各个教育阶段里，都体现国际度量和全球观点。②了解和认识所有民族的文化、文明、价值观和生活方式，包括国内各民族的文化和其他国家的文化。③注意到人民之间和国家之间日益增强的全球性相互依存关系。④发展与他人交往的能力。⑤注意到个人、社团和国家相互之间不仅拥有权利，而且也应承担义务。⑥了解国际团结和合作的必要。⑦为参与解决社区、国家以至全世界的问题做好准备。

（二）环境与发展教育

联合国召开的环境与发展研讨会指出："保护世界持续发展的关键在于向全人类和在各个阶段推行环境和发展教育。能够理解信息的知识分子掌握的知识越多，显著地减少环境破坏和防止未来出现问题的机会就越大。因此，首要任务是强化各国，特别是发展中国家的整个教育制度，作为环境和发展教育的前提。"

地理教育在这方面的贡献，是保证人们注意到个人和社会的行为所产生的影响，以及获得准确的信息和技能，使他们能够就环境问题做出正确的决定和建立一套环境道德规范作为行动的指南。

第五节　地理科学价值的实现

一、地理科学的价值关系

多年来，学术界特别是哲学界主要从"主体-客体"的逻辑关系来思考和界定"价值"。具体地看，主要有三种观点。第一种观点，以客体自身的功能和属性来规定价值，即突出和强调价值的客观性。第二种观点，以主体和主体需求来规定价值，即突出和强调价值的"主观性"。第三种观点，以主体与客体的关系来规定价值，即突出和强调价值的"关系性"。我们认为，对于地理学价值的讨论虽然没有必要参与到哲学关于价值的界定的理论中，但总要有一定的观念。坚持价值的"关系性"理解是我们探讨地理学价值及其实现的哲学观念。从价值的"关系性"所理解的价值，是指"客体的存在、作用以及它们的变化对于一定主体需要及其发展的某种适合、接近或一致"。

根据这样的价值概念来思考地理学的价值及其实现问题，首先要明确围绕地理学的价值的几种基本的价值关系。价值中所指的主体与客体，是相对的、多重的。在地理学的价值中，我们认为地理学分别与地理教育、地理学家、地理应用和哲学之间构成了四对价值关系（图 4－1）。

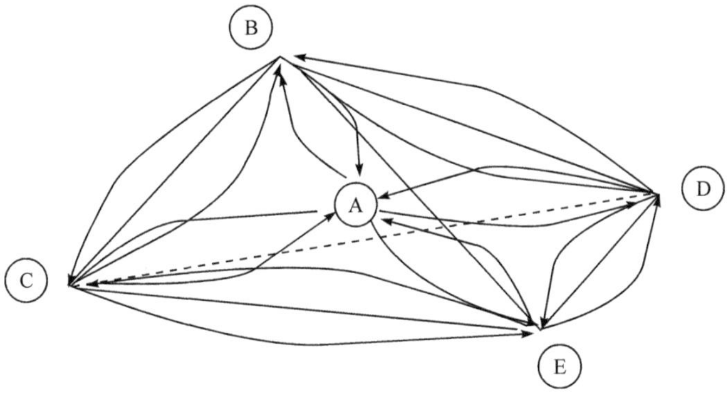

图 4－1　地理科学的价值

A. 地理学；B. 哲学；C. 地理教育；D. 地理学家；E. 地理应用

二、价值实现的机制

在上述四种价值关系中，每一对关系都是因果反馈关系。因果反馈关系可以分成正因果反馈关系和负因果反馈关系，它们又有良性和恶性之分，即良性的正因果反馈关系与负因果反馈关系和恶性的正因果反馈关系与负因果反馈关系。良性的正因果反馈关系将使地理学的价值不断表现出来，得到实现，并且产生新的价值内涵；恶性的正因果反馈关系与其相反；负因果反馈关系则使地理学的价值保持在一定的范围和程度。而因果反馈关系的类型则主要取决于政府的职能和国民的地理意识，它们两者之间也是因果反馈关系。就目前看来，政府职能是主导要素。

问题与讨论

一、常规性问题与讨论

1. 地理科学有哪些基本价值？
2. 地理科学有哪些哲学价值？
3. 地理科学有哪些应用价值？
4. 地理科学有哪些教育价值？
5. 简述地理科学对我国社会经济发展等方面的既有贡献。
6. 简述地理科学对我国社会经济发展等方面的潜在贡献。

二、研究性问题与讨论

1. 通过阅读文献等途径，请你阐述地理科学还有哪些方面的价值。
2. 地理科学的基本价值如何才能更好地实现？请你批评本教材中关于地理科学价值实现的机制理论。
3. 今后你想通过地理科学为国家或地区的社会经济发展和教育事业发展做哪些方面的工作？

第五章　地理科学的研究范式

任何一门学科都有其研究范式，包括所研究的学科的科学问题和解决这些问题的研究维度。对于主要包括地理科学问题和地理科学研究维度在内的地理科学的研究范式这一地理科学元命题，许多地理学家从不同层面和角度进行了探讨和研究。我们对这一问题的探索和研究及表述，始于1987年的《地理学导论讲义》，经过1995年的《地理科学》、1998年的《地理科学与地理信息系统》、2001年的《地理学基础》和2009年的《地理科学导论》(第一版）等论著，逐渐系统回答了这一地理科学元命题。作为科学问题之一的地理科学问题，应该是发生在地理学的研究对象“地球陆地表层（空间）系统”中，并与地理学的研究核心“人地关系地域系统”高度关联的科学问题。对于这一地理科学问题，应该从空间秩序、时间序列与动因机制等科学研究维度和以科学研究维度为基础的价值研究维度，以及以科学研究维度和价值研究维度为基础的伦理维度进行系统研究。我们所构建和阐述的范式理论，姑且称为“地理研究综合范式理论”。“地理研究综合范式理论”的完整的、系统的阐述将是我们另外的任务，将在专门著作中阐述。本章阐述了地理科学研究范式特别是研究维度，对于系统认识地理世界图景和构建地理学及分支学科的理论体系，在本体论、认识论和方法论以及知识论上具有重要意义。

第一节　地理科学问题——地理科学研究的起点

孙正聿教授在其《哲学通论》一书中阐述了人类认识和把握世界的方式问题，认为最基本的方式包括：得到世界的哲学知识的哲学方式、得到世界的科学知识的科学方式和得到世界的常识性知识的常识方式。据此认识，地理问题可以分成地理哲学问题、地理科学问题和地理常识问题。其中，地理科学问题是多数地理学家关注的重要领域，是地理学的科学知识形态——科学问题、科学事实、科学概念、科学规律、科学学说、科学假说和学科体系等中的最基础的知识范畴。地理科学研究开始于地理科学问题，地理学家的成长开始于地理科学问题的提出。要成为地理学家的基本条件之一，是要学习和掌握地理科学问题及其构成的一般方法。

一、地理科学问题的重要性

地理科学问题的重要性是与“地理科学研究从哪里开始”密切关联的问题。地理科学研究是从哪里开始的？是从地理科学观察、地理科学事实，还是地理科学问题？应该怎样思考与回答这个问题呢？

林定夷教授在其《问题与科学研究——问题学之探究》一书中全面地阐述了科学问题在科学研究中的重要性——科学研究起始于科学问题。由于地理科学问题从属于科学问题，所以，地理科学问题的重要性从属于科学问题的重要性。科学发展的历史、科学家的成长历史和科学哲学理论均表明，科学研究始于科学问题，而不是开始于科学观察。

1）科学研究始于科学问题：科研历史的维度。很多杰出的科学家均高度重视科学问题在科学研究中的重要作用。爱因斯坦是20世纪杰出的物理学家，在《物理学的进化》一书中，将科学问题看做是科学发展的契机，将物理学进化的历史看做是科学问题不断展开和深化的历史，提出了“提出一个（科学）问题往往比解决一个问题更重要。因为解决一个问题也许仅是一个数学上的或实验上的技能而已。而提出新的问题、新的可能性，从新的角度去看旧的问题，却需要创造性的想象力，而且标志着科学的真正进步”。希尔伯特是横跨19世纪和20世纪诸多数学领域的杰出的数学家。他在《数学问题》一书中，将科学问题看做是科学和数学发展的灵魂，指出“只要一门科学分支能提出大量的问题，它就充满着生命力。而问题（科学问题和学科问题）的缺乏则预示着独立发展的衰亡和终止”。正是《数学问题》所提出的23个数学问题即“希尔伯特问题”，成为数学科学领域20世纪以来发展的最重要的起点。著名物理学家海森伯认为“提出（科学）问题往往等于解决了问题的大半”，著名动物学家贝弗里齐认为“确切地陈述（科学）问题有时是向解决问题迈出了一大步”。

2）科学研究始于科学问题：科学哲学的维度。科学哲学特别是波普尔的科学哲学认为，科学研究不是始于科学观察而是始于科学问题，以科学观察为基础的科学问题的明确提出是科学认识活动的起点。任何一个学科的创立都起源于对问题的研究和解决。研究主体首先提出问题，然后运用各种手段去研究这些问题，提出解决问题的方法或理论。在培根之前，人们把科学的研究对象看做是概念，科学研究遵循着演绎的逻辑，凡是符合亚里士多德的三段论的就是科学的。“但三段论不是应用于科学的第一性原理，应用中间性原理又属徒劳；这都是由于它本身不足以匹对自然的精微之故。所以，它就是命题迫人同意，而不是抓住事物的本身。”培根在对研究逻辑批判的基础上提出了归纳逻辑的观点，即科学开始于对事物的观察的观点——通过对观察所积累的经验的归纳，揭示出事物的普遍原理。他的这一科学观一直影响着近代科学的发展，但也受到当代一些科学哲学家的批判。波普尔认为，科学起始于猜想而不是观察，通过猜想的反驳和证伪而不是经验的归纳和证实达到科学的进步。他阐述道：“科学只能从问题开始。问题会突然发生，当我们的预期落空或我们的理论陷入困难、矛盾之中时，尤其是这样”；“科学和知识的增长永远始于问题，终于问题——越来越深化的问题，越来越能启发大量新的问题的问题”。尽管波普尔过分强调猜测和证伪的思想受到库恩等学者的批判，但他把问题当做科学的起始和研究对象的思想为后来许多学者所认可。只不过，在波普尔的理论中，问题可能是单个的或随机的问题。而在库恩的理论中，问题是集束的和系统的，只有系统的或集束的问题才会引起科学共同体的广泛关注和研究，才可能引起科学的革命。

据此，地理科学问题显然也是地理科学研究的起点；只有提出了明确的地理科学问题，才可能进入地理科学研究，才可能取得地理科学研究成果。因此，要想成为地理学家特别是大地理学家，要想为地理学的发展作出贡献特别是作出重大贡献，就要从学习并掌握提出以科学观察为基础的地理科学问题开始。要提出和把握作为科学研究起始的科学问题，就要全面掌握科学问题的属性。如此重要的科学问题——作为科学研究起始的问题有哪些基本属性呢？

二、地理科学问题的基本属性

地理科学问题是地理问题的一种，不同于地理哲学问题，也不同于地理常识问题。科学认识论专家李祖扬教授在《科学认识论简明教程》中系统地阐述了科学问题，为我们讨论地理科学问题的基本属性奠定了理论基础。

科学问题是以人们对既有科学知识及其最新发展动态的把握为基础而形成的，它的形成要求人们首先回答在某一学科领域中何为已知、何为未知。

如果未能正确划分出已知和未知的界限，也就无法提出作为具体探索目标的科学问题。人类的认识对象是一个系统（图 5 - 1），包括较小的“现实的认识对象子系统”和较大的“可能的认识对象子系统”。其中，在“现实的认识对象子系统”中，有更小的认识子系统“已经认识到的已知领域”。科学问题应该是以现实的认识对象为根据而提出的。根据现实认识对象提出的科学问题，并不一定是当时即具备解决条件的问题，但总是和人类既有科学知识与科学实践有密切联系的问题。而只有基于对人类实践需要和科学发展要求的充分理解，才能正确判断何者为“现实的认识对象”并据此正确地提出科学问题。所以，科学问题不仅是与“未知”相联系的问题，而且是与“已知”相联系的问题，是介于“已知”和“未知”之间的问题。属于科学问题系统的子系统的地理科学问题有哪些特殊的基本属性呢？

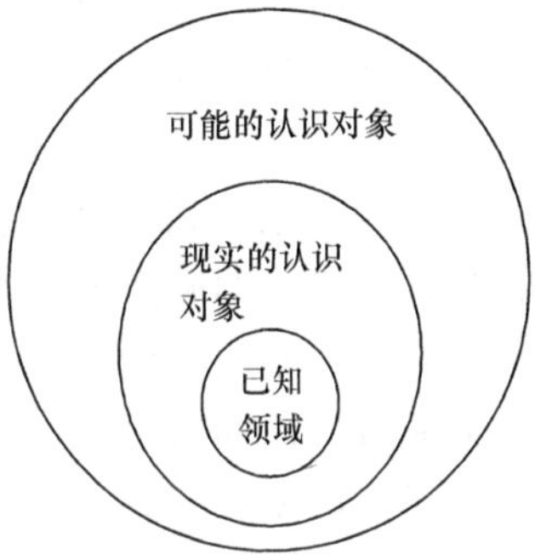

图 5 - 1　认识对象系统

“地理科学问题的基本属性”这个问题的提出及其回答，既有历史的根据又有逻辑的根据，是“历史与逻辑的统一”原则指导下的产物。①地理学所研究的地理科学问题本身的发展变化的历史和地理学（家）对地理科学问题本身的认识的历史均表明，地理科学问题一定是发生在“地球陆地表层空间系统”中并与“人地关系地域系统”发生联系的科学问题。这是历史的根据。②地理学的研究对象与研究核心对地理科学问题的属性的界定，则是逻辑的根据。地理科学问题是地理科学知识的一种形态或范畴，受更高级的地理科学知识诸如地理科学知识体系等的制约。地理学的研究对象与研究核心是地理科学知识体系的重要组成部分，对地理科学问题的属性以及地理科学问题的构成具有制约作用和指导意义。地理科学问题除了具备科学问题的一般属性外，还与地理学的研究对象“地球陆地表层空间系统”和地理学的研究核心“人地关系地域系统”有关。地理学的研究对象“地球陆地表层空间系统”和地理学的研究核心“人地关系地域系统”规定了地理科学问题的学科属性。

1. 基本属性Ⅰ：地球陆地表层空间系统属性

作为地理科学问题，应该是“地球陆地表层空间系统”中的科学问题，不是发生在地球陆地表层空间系统中的问题不是地理科学问题。宇宙的起源和演化、恒星的起源和演化、太阳的起源和演化及运动规律、地球的起源和演化及整体运动规律以及地壳的板块运动和地震等运动，这些问题可以是科学问题，但不是地理科学问题。为什么呢？因为它们不是发展在地球陆地表层空间系统中的问题。而地貌、土壤、植被、水文和气候等问题是发生在地球陆地表层空间系统中的问题，可能成为地理科学问题。“地震”是发生在地球陆地表层空间系统边界以外的而不是发生在地球陆地表层空间系统中的事件，所以它不是地理科学问题；但“地震”所导致的“地质灾害及其防治”却是发生在地球陆地表层空间系统中的事件，所以它可能是地理科学问题。“洪涝及其灾害防治”，无论是“洪涝本身”还是所致“灾害及防治本身”均发生在地球陆地表层空间系统中，是地球陆地表层空间系统中的事件，所以“洪涝”及其“灾害防治”均可能是地理科学问题。区域发展及其差距，均是地球陆地表层空间系统中的事件，是地理学和经济学等诸多学科都关注的问题，可以通过已知和未知的关联形成科学问题，所以它可能成为地理科学问题。

发生在地球陆地表层空间系统中的问题或事物即具备了地球陆地表层空间系统属性的问题或事物，一定是典型的地理科学问题吗？

2. 基本属性Ⅱ：人地关系地域系统属性

作为地理科学问题特别是典型的地理科学问题，应该是具备了地球陆地表层空间系统属性并与“人地关系地域系统”高度关联的科学问题。“人地关系地域系统”可以划分成“人地关系”和“地域系统”两个方面，它对地理科学问题特别是典型地理科学问题的属性提出了明确要求。发生在地球陆地表层空间系统中的问题，虽然可能成为地理科学问题，但不一定就是地理科学问题特别是典型的地理科学问题。发生在地球陆地表层空间系统中的问题很多，只有问题与“人地关系地域系统”即“人地关系”和“地域系统”发生联系，即具有“人地关系属性”和“地域系统属性（或区域差距、区域差别和区域多样性属性）”时，才是地理科学问题特别是典型的地理科学问题。例如，国家高度重视并力求解决的农民增收问题，它发生在地球陆地表层空间系统中，可能是地理科学问题。但是，仅研究某地区的某类或某个农民增收的问题，不是地理科学问题；不仅全面研究某地区的全体农民增收（特别是从地理环境条件的优化的角度进行研究），而且研究不同地区的全体农民增收的区域差距的问题，则就是典型的地理科学问题。

地理学（家）如何根据地理科学问题的基本属性——地球陆地表层空间系统属性和人地关系地域系统属性，将“地理经验事实”和“地理科学事实”转换成作为地理科学研究起点的“地理科学问题”呢？

三、地理科学问题的构成原则

“科学问题”与“学科的科学问题”是两个不同的概念。对于尚不具备从事跨学科综合研究的科学研究能力的地理学工作者或青年地理学家而言，掌握将“一般性的科学问题”转换为“地理学科的科学问题”的基本方法是十分重要的。如何将“科学问题”转化为“地理学科的科学问题”特别是“典型的地理学科的科学问题”，是地理科学研究的起始。这个能力的培养或养成，要从全面理解和系统掌握科学问题的构成原则入手。

科学问题的基本属性决定了科学问题的构成原则。对于科学问题是如何构成的或应该遵循什么原则构成这个问题，是科学认识论和科学方法论中的最重要最基本的问题之一。对这个问题的探索或回答的角度尚存在分歧。南开大学胡国定在“信息论与或然逻辑”一文中阐述了科学问题及其解决方面的问题。任何一个科学问题（SP）不是仅由“已知条件（a）”和“未知项（X）”构成的，而是由“已知条件（a）”、“未知项（X）”、“‘已知条件（a）’与‘未知项（X）’之间的关系（R）”和“已知有关知识库（Q）”四种科学问题构成元素相互作用组成的，即

$$SP=f(a, X, R, Q)$$

当知识库（Q）充分够用时，科学问题（SP）就是普通科学问题；当知识库（Q）不够用时，科学问题（SP）就是创新性科学问题。

地理科学问题的构成原则，除了应遵循科学问题的构成原则外，还要遵循地理科学问题属性——地球陆地表层空间系统属性和人地关系地域系统属性所决定的学科原则："地球陆地表层空间系统原则"和"人地关系地域系统原则"。地理学家要想办法将科学问题与地理科学问题的基本属性联系起来，使"一般的科学问题"成为"地理学科的科学问题"。

1. 构成原则Ⅰ：地球陆地表层空间系统原则

地理学的研究对象是地球陆地表层空间系统，这就要求地理学家将与地球陆地表层空间系统"有关的科学问题"转换为或分解出地球陆地表层空间系统"本身的科学问题"。例如，全球气候变化这一科学问题是以地球系统为研究对象的问题，而不是以地球陆地表层空间系统为研究对象的问题。因为地球陆地表层空间系统是地球系统的子系统，所以全球气候变化这一科学问题可以分解出从地球陆地表层空间系统角度研究的科学问题，这个问题就可能成为地理科学问题。

2. 构成原则Ⅱ：人地关系地域系统原则

地理学的研究核心是人地关系地域系统，这就要求地理学家将发生在地球陆地表层空间系统中的科学问题与人地关系地域系统即人地关系和地域系统联系起来，使其成为典型的地理科学问题。例如，作为我国社会经济发展中亟待解决的"三农问题"之一的"农民增收问题"，是发生在地球陆地表层空间系统的科学问题，是很多学科的科学家都在回答的问题。对于这个问题，很多杰出的或优秀的经济学家特别是"三农问题"方面的一流专家们，主要从农民个体即农户的角度去研究，并取得了可以为党和国家制定社会主义新农村建设发展战略服务的重要成果。但更重要的是从区域角度对农民增收的研究。农民增收与地理环境有关、与人地关系和地域系统有关，可以成为人地关系地域系统问题。因此，对农民增收这一多学科共同关注的"一般性的科学问题"和困扰着我国区域科学发展加速实现的现实问题，可以遵循人地关系地域系统思想进行转换，将其转换成为典型的"地理学科的科学问题"。我们承担的国家哲学社会科学基金课题"农民增收与区域差距"就是遵循人地关系地域系统思想而设计并系统研究的。又如，作为教育发展中尤其重要的组成部分的义务教育发展差距问题，是发生在地球陆地表层空间系统的科学问题，是很多学科的科学家都在回答的问题。义务教育发展差距是多方面的，包括类型差距和区域差距等。我们从义务教育的区域差距的角度从事义务教育均衡发展研究，将其与人地关系和地域系统结合起来，即遵循人地关系地域系统思想设计和系统研究。我们承担的国家哲学社会科学基金课题"中国云南省义务教育发展区域均衡系统研究"就取得了可喜成果，为云南省的教育发展和社会发展作出了贡献。

发生在"地球陆地表层空间系统"中的科学问题，是否可以成为地理学科的科学问题这个问题，关键的是看这个科学问题是否与人地关系地域系统有联系，即是否与人地关系有联系、或是否与地域系统有联系，或与这两者均有联系。最好的情况是，这个科学问题与人地关系和地域系统都有联系。如果这样的话，这个科学问题就可以成为典型的地理学科的科学问题，即可以成为"'关于某地理事物'的人地关系地域系统"问题。

稍差的情况是，这个科学问题仅与人地关系或仅与地域系统有联系。如果这样的话，这个科学问题仍可以成为比较典型的地理学学科的科学问题，即可以成为“‘关于某地理事物’的‘人地关系’问题”，即主要研究某一个地域的人地关系问题，或“‘关于某地理事物’的‘地域系统’问题”，即主要研究各个地域之间相互关系的问题。与“地球陆地表层空间系统原则”相比，“人地关系地域系统”这一原则是更重要的原则，是应重点学习和掌握的知识。

对于已经构成了的发生在地球陆地表层空间系统中的，可以与人地关系地域系统（或人地关系和地域系统）发生联系，并成为“‘关于某地理事物’的人地关系地域系统”的典型的地理科学问题，应该从哪些维度进行研究呢？

第二节　地理研究的基本维度

对于一个地理科学问题，应该从哪些维度进行研究呢？仅回答这个地理科学问题的科学答案吗？还是还要回答这个科学答案对区域发展有什么影响，以及我们应该怎么办呢？为什么应该从这些维度进行研究，即有什么根据呢？地理研究的基本维度有三个：科学研究维度、价值研究维度和伦理研究维度。在具体的地理科学研究中，根据研究目标，要求和已知条件等，在基本维度框架上可构建出一定的研究维度。

一、地理研究维度的根据

作为“地理学的研究对象的‘地球陆地表层空间系统’”和作为“地球陆地表层空间系统一部分的‘地域或区域’”，以及作为“地理学的研究核心的‘人地关系地域系统’”，地理学（家）是怎样研究以及应该怎样研究呢？对于这些有待进一步创新的地理学基础理论、地理科学认识论和地理研究方法论问题，应该怎样回答呢？黑格尔和马克思主义关于理论创新的最高原则——历史与逻辑的统一原则，为科学回答地理学的研究维度这个问题奠定了哲学认识论和哲学方法论基础。所谓“历史”，是指客观现实的历史以及人类认识客观现实的历史；所谓“逻辑”，是客观现实以一系列概念、判断、推理等抽象形式在思维中所反映的逻辑体系；所谓“历史与逻辑的统一”，是指思维或理论的逻辑结构与客观现实的历史发展进程和思维或理论的历史发展之间的一致性。地球陆地表层空间系统、地域或者区域和人地关系地域系统的客观存在的发展历史与科学认识的发展历史及概念之间的逻辑关系，以及它们之间的一致性，构成了地理学研究维度存在的根据。

（一）根据Ⅰ：客观存在的发展历史

从客观存在的地球陆地表层空间系统和作为地球陆地表层空间系统一部分的“地域（系统）或区域（系统）”，以及逐渐形成的人地关系地域系统的客观存在的发展历史可知：①它们具有鲜明的区域特点——作为“分布规律的空间秩序”及其所决定的作为分布规律具体表象的“分布格局的空间秩序”和“分布实况的空间秩序”。②它们具有鲜明的时序特点——作为“变化规律的时间序列”及其所决定的作为变化规律的具体表象的“变化现象的时间序列”和“变化格局的时间序列”。③它们——区域特点和时序特点，都是一系列因素综合作用的结果。④它们与人们期望之间的差距是存在的，并可以适度调控的。

（二）根据Ⅱ：科学认识的发展历史

从地理学（家）对作为地理学的研究对象的地球陆地表层空间系统和作为地球陆地表层空间系统一部分的“地域或区域”，以及作为地理学的研究核心的人地关系地域系统的科学认识的发展历史看，自地理学（无论是古代地理学，还是近代地理学和现代地理学）诞生以来，职业地理学家始终高度重视地理事物的整体性、差异性和人地性，在不断探索它们的分布实况、分布格局、变化现象、变化格局和因素作用的基础上，追究它们的分布规律和变化规律及支配或决定着它们的因素的作用机制；职业地理学家或直接地运用已经认识到的关于地理事物的分布规律、变化规律和因素综合作用机制方面的地理科学理论知识服务于区域问题特别是区域发展问题——区域发展的空间战略和区域规划的空间战略——的科学决策，或通过向受教育者和政府官员传播地理科学知识而间接地服务于地球陆地表层空间系统和作为地球陆地表层空间系统一部分的“地域（系统）或区域（系统）”。

（三）根据Ⅲ：概念之间的逻辑关系

从系统论指导下的作为地理学的研究对象的地球陆地表层空间系统和作为地球陆地表层空间系统一部分的“地域或区域”，以及作为地理学的研究核心的人地关系地域系统的有关概念之间的逻辑关系看，它们有自己的分布、变化和分布与变化的原因。因此，从认识论和方法论方面看，地理学（家）对它们，不仅要从空间秩序、时间序列和动因机制来进行研究，而且要从它们与人们的期望之间的关系的角度以及对这种关系的调整的角度来思考和研究。

所以，对于作为“地理学研究对象的‘地球陆地表层空间系统’”和作为“地球陆地表层空间系统一部分的‘地域（系统）或区域（系统）’”，以及作为“地理学的研究核心的‘人地关系地域系统’”而言，无论是从它们的客观存在的发展历史看，还是从对它们的科学认识的发展历史看，以及从对它们的概念之间的逻辑关系分析看，都应该有一定的基本研究维度。

二、地理研究的基本维度

地理学对作为“地理学研究对象的‘地球陆地表层空间系统’”和作为“地球陆地表层空间系统一部分的‘地域（系统）或区域（系统）’”，以及作为“地理学的研究核心的‘人地关系地域系统’”的研究，其具体研究内容是十分丰富的。这些研究应该从哪些角度或框架进行呢？它们的基本含义是什么呢？这种角度或框架就是地理学的研究维度。地理学的研究维度应该包括：①包括空间秩序、时间序列和动因机制在内的科学研究维度。②以科学研究维度的研究成果为基础的价值研究维度。③以科学研究维度和价值研究维度为基础的伦理研究维度。地理研究维度这一地理学基本理论命题的逐渐提出和不断探索以及系统求解，不仅对地理学的基本理论建设和区域实践研究具有重大意义，而且对培养学生——明天的地理学家——的地理科学意识和地理科研能力也具有重要意义。

（一）地理研究的基本维度Ⅰ：科学研究维度

科学研究维度主要回答“是/否”问题，即主要回答所研究的地理事物或地理客体的真实情况方面的问题。如果研究结果与真实情况一致，那么研究及其结果就是正确的，就是“真”；否则就是错误的，就是“假”。地理学与任何学科一样，在科学研究维度方面追求“真”或“准真”，要不断摒弃“假”和“造假”。地理科学研究维度所回答的“是/否”问题是多种多样的。诸如，①中国或你所在地区的主要矿产资源和旅游资源有哪些？②中国或你所在地区2008年的“人类发展指数（HDI）”和“中国人类发展指数（CHDI）”是多少？③中国或你所在地区2008年的“人类发展指数（HDI）”和“中国人类发展指数（CHDI）”的各个分指数的构成比例是多少？④中国或你所在地区2008年的GDP总量是多少，人均GDP是多少，地均GDP是多少，产业的产值结构是多少？⑤中国或你所在地区2008年的GDP总量的区域差距（泰尔指数、基尼系数等）是多大，人均GDP的区域差距（泰尔指数、基尼系数等）是多大，地均GDP的区域差距（泰尔指数、基尼系数等）是多大？⑥中国或你所在地区自改革开放以来GDP总量的增长率是多少，人均GDP的增长率是多少，地均GDP的增长率是多少，产值结构的变化率是多少？⑦中国或你所在地区人均GDP今后若干年可能是多少，人均GDP的区域差距今后若干年可能是多大，人均GDP的区域差距与中国或你所在地区的人均GDP之间的关系是什么样的？⑧中国或你所在的地区的人均GDP的区域差距可能的最大值是多少？⑨一般而言，某地区的人均GDP的区域差距是否有极大值和最大值，极大和最大值是多大……这些问题，都是地理学科学研究维度方面要研究和回答的问题，也是我们应该思考和探索的问题。

（二）地理研究的基本维度Ⅱ：价值研究维度

价值研究维度主要回答“有用/无用”和“益/害”问题，涉及主体和客体及构成的价值关系，即主要回答所研究的某地理事物及其状态对某地区和某群体等的作用的好坏等方面的问题。例如，对于问题“某省区的区域差距的大小及其对区域和谐科学发展的影响”，经过系统收集资料和计算分析，得出某省的2008年人均GDP和“人类发展指数（HDI）”各地市州之间的区域差距，并预测今后若干年的区域差距（X）——这是科学研究维度所应该回答的问题；将X与“适度的区域差距”数值（A）进行比较，如果X远大于A，那么居高不下或不断加大的区域差距X对这个区域和谐科学发展的重大影响是什么——这是价值研究维度应该回答的问题。如何回答“重大影响是什么”这个问题呢？地理学家可能有多种办法。有一种办法是运用有关区域差距大小对区域发展影响方面的理论，遵循演绎的逻辑路径来思考与研究这个问题；还有一种办法是运用关于区域差距大小对区域发展有什么样的影响的经验事实，遵循类比的逻辑路径来思考与研究这个问题。

（三）地理研究的基本维度Ⅲ：伦理研究维度

伦理研究维度主要回答“应该怎样/不应该怎样”方面的问题。它不仅关注历史时期和当代时期已经发生过的行为的评价，而且更关注“今后应该或不应该怎么样”的问题。

例如，对“某省区的区域差距的大小及其对区域和谐科学发展的影响与调控”这个问题，应该怎样回答呢？这个回答，不仅要回答“不同时期——历史、当前和未来的区域差距的大小”和“一定大小的区域差距对区域科学发展的积极和消极的全面影响”，而且还要回答“区域差距今后应该怎样调控”等问题。

假定在科学研究维度上进行研究，得出这个省区的各地市州之间“历史时期——1990～2007年的区域差距（T_{2008-i}或G_{2008-i}）”、“当前时期——2008年的区域差距（T_{2008}或G_{2008}）”和“未来时期——预测出来的今后若干年的区域差距（T_{2008+i}或G_{2008+i}）”；在价值研究维度上进行研究，它们特别是“当前时期——2008年的区域差距（T_{2008}或G_{2008}）”和“未来时期——预测出来的今后若干年的区域差距（T_{2008+i}或G_{2008+i}）”与“适度的区域差距（T_0或G_0）”相差甚远，这显然不利于这个省区的区域科学发展及其目标的实现。在伦理研究维度上进行的研究，应着眼如何科学调控今后若干年的区域差距（T_{2008+i}或G_{2008+i}），使其接近“适度的区域差距（T_0或G_0）”。

三、地理研究三重维度的关系

（一）地理研究三重维度的逻辑顺序：科学→价值→伦理

对某地理问题的研究，这三个研究维度是有一定的逻辑顺序的。一般而言，首先，是从科学研究维度进行研究，解决和回答“是/否”问题即“是什么或不是什么”、“是什么状态或不是什么状态”等方面的问题；其次，是以科学研究维度的结论为基础，进行价值研究维度研究，解决和回答“有用/无用”和“有益/有害”以及益害的大小等方面的问题；最后，在科学研究和价值研究的基础上，进行伦理维度研究，解决和回答今后应该怎么办等方面问题。

（二）地理研究维度的选择：三维最系统

对于同一个地理问题，其具体的研究维度的选择或确定可能有三种情况：第一，只从科学研究维度进行研究；第二，不仅从科学研究维度进行研究，而且从价值研究维度进行研究；第三，不仅从科学研究维度和价值研究维度进行研究，而且从伦理研究维度进行研究。显然，第三种情况优于第二种情况，也优于第一种情况。按第三种情况研究，才能比较好地回答作为地理学的研究核心“人地关系地域系统”研究的最高目标——协调共生或控制共生的最优或满意路径和最优或满意对策等方面的问题，其研究结论才可能是比较全面的、系统的，且容易为国家或区域发展服务的。如何才能真正地比较好地按照第三种情况，将科学研究维度、价值研究维度和伦理研究维度三个研究维度统一起来进行地理研究呢？成功地进行这种系统研究的最重要的学科基础是要全面理解好地理学的综合性和软科学性等地理学的基本性质，全面理解和初步掌握杰出科学家钱学森院士所创立的“从定性到定量的综合集成法（M-S）”，要全面掌握地理学的整体知识。

在这三个研究维度中，地理科学研究维度是最基础的研究维度，也是地理科学专业的学生应该首先掌握的，是形成地理科学能力的最重要的基础，更是成为地理学家的最重要最基础的地理科学意识和地理科学能力的重要组成部分。地理学（家）是怎样或应该怎样从科学研究维度进行研究呢？它包括哪些更具体的研究维度呢？它有什么根据呢？可以阅读《中国自然地理丛书》各卷、《中国人文地理丛书》各卷和《地理学报》等期刊上的有关文章，看它们是怎样进行和表达科学研究维度的。

第三节 地理科学研究维度的根据

一、地理科学研究维度的研究思路

地理学（家）对于“地理学的研究对象‘地球陆地表层空间系统”和作为其一部分的“区域或地域”，以及“地理学的研究核心‘人地关系地域系统’”的科学研究，是从哪些维度进行的呢？不同时代的地理学——古代地理学、近代地理学和现代地理学以及后现代地理学对它们的研究和表达的科学维度是有一定差距的。现代地理学是怎样理解和把握地理研究的科学维度呢？系统总结地理学家群体对于这方面问题的认识及其重要思想，是回答这个问题的重要基础。

二、地理科学研究维度的研究现状

关于在悠久的地理学发展历史特别是地理学思想史中有重大影响的地理学大师是怎样进行地理科学思维和地理科学研究方面的问题，大家可以在通过阅读各种版本的“地理学思想史”方面的著作后逐步得到答案。笔者正在从事的“中国 20 世纪初叶以来地理思想发展研究”的重要结论之一是：中国的地理学家在 20 世纪特别是中叶以来对全世界的地理学理论的贡献是很大的，仅在地理学的科学研究维度这个地理学的基本理论问题方面，就有很重要的思想或理论萌芽。但可能是他们埋首于用地理科学理论服务于国家发展的重大科学决策，而没有时间系统思考与回答地理学的科学研究维度这个近乎地理学元问题的地理学的基本理论问题。

三、地理科学研究维度的思想基础

中国的地理学家群体特别是杰出地理学家对地理学研究特别是地理实证研究的科学研究维度这个问题已有相当深刻而全面的认识。黄秉维院士在“1956—1967 年基础科学学科规划·地理学学科规划说明书”中，阐述了研究自然综合体要“根据自然综合体的发生与形态进行类型划分，根据类型分布的特点和规律，进行区域划分；研究现代自然地理作用与自然综合体发展的规律；用历史方法研究自然综合体的发生经过”的重要思想。吴传钧院士在《论地理学的研究核心——人地关系地域系统》中，阐述了要进行“人地关系地域系统的形成过程、结构特点和发展趋向……人地相关系统的地域分异规律和地域类型分析”等研究的重要思想。郑度院士在《自然地域系统研究》中，阐述了“自然地理学通常从过程、类型和区域等三个角度与层次来研究自然综合体”等重要思想。陆大道和蔡运龙教授在《我国地理学发展的回顾和展望——地理学：方向正在变化的科学》中，阐述了“研究发生在区域中的过程和演变规律，而不是静态地研究区域……将格局和过程关系的研究作为重要的观点和技术路线”等关于我国地理学发展趋势的重要思想。他们的这些重要思想，对于在继承地理学传统的思维模式即以观察材料和事实为基础，从相互关系中去认识和阐述规律和概括理论的经验归纳型综合思想的基础上，从理论演绎综合思想提出和系统阐述地理学的科学研究维度理论问题具有重要意义。他们的这些关于自然地理学和人文地理学研究维度的思想，是构建地理学的科学研究维度理论的重要基础。

四、地理科学研究维度的基本内涵

在系统总结近、现代地理学的研究及其成果的基础上，可以发现，现代地理学不仅要重视空间分布研究——区划研究和类型研究及其变化过程的研究，而且还应该重视空间分布及其变化过程的原因和响应等方面的研究。对于这些在地理实践研究中所形成的研究内容进行科学哲学的整理，可以得到地理的基本的科学研究维度——空间秩序、时间序列和动因机制。限于教学对象和有待深入系统研究等原因，下面主要讨论“地理科学研究维度Ⅰ：空间秩序”和“地理科学研究维度Ⅱ：时间序列”方面的问题。而“地理科学研究维度Ⅲ：动因机制”将在其他论著中系统阐述。

第四节　地理科学研究维度Ⅰ：空间秩序

一、空间秩序的概念

地理学在其漫长的发展过程中，虽然存在着一定的区域差别、学派差别和分支学科之间的差别，但都高度关注某地理事物的地理位置、各个地理要素之间的关系和各个地域组成部分之间的关系，从地理位置、要素关系和地域关系等多种关系的优化去思考和解决人地关系地域系统的控制共生和协调共生问题。地理位置、要素结构和地域结构是地理事物或地理客体所具有的本质特征。对于这些本质特征的认识层次、研究方法和表达层次存在区别。对于这些本质特征应该如何进行认识和研究，以及如何表达认识到的结果呢？这就是空间秩序的基本任务。地理事物或地理客体的空间秩序可以从地理事物或地理客体的地理位置、要素结构和地域结构等方面来理解。第一，从地理位置看，某地理事物或地理客体的空间秩序是其既有的地理位置和未来地理位置的重组。例如，某偏僻的县区目前的交通条件不好，则目前的经济地理位置特别是交通地理位置是不理想的；而要使其得到较好发展的可能条件之一是改善其经济地理位置特别是交通地理位置，这就要重组这个县区今后的地理位置，就要进行交通等基础设施的建设。第二，从要素结构看，某地区的诸多地理要素之间相互联系、相互作用形成了其要素结构。如果这些地理要素之间所形成的空间结构不利于区域发展特别是区域经济发展，那么就要想办法优化要素结构，要素结构需要重组或重建。第三，从地域结构看，某地区和与其有关的区域之间的相互联系所形成的地域结构不利于其发展，则就要想办法改变这种地域结构，对地域结构进行重组或重构。因此，空间秩序的概念与空间结构的概念是有一定区别的，前者还考虑了空间结构的重组或重建或重构。对于如何科学地定义空间秩序，进而对其进行系统阐释的任务是艰巨的，是我们应该思考和研究的问题。在本节中，主要从地域结构特别是次级地域结构角度探讨空间秩序。

二、空间秩序的层次

古今中外的地理学家对“地理学的研究对象‘地球陆地表层空间系统’”和作为其一部分的“区域或地域”，以及“地理学的研究核心‘人地关系地域系统’”的空间秩序的“理论认识”和“现实重构”的研究的层次有三个：分布实况层次的空间秩序、分布格局层次的空间秩序和分布规律层次的空间秩序。它们在空间秩序的理论认识和实际应用中具有不同层次。一般而言，“空间秩序的‘理论认识’”阶段研究的逻辑顺序主要是由“‘感性（而非理性）具体’到‘一般或理性’”的逻辑过程，“空间秩序的‘现实重构’”阶段的研究的逻辑顺序主要是由“‘一般或规律’到‘理性（而非感性）具体’”的逻辑过程。这两个阶段，构成了对空间秩序层次研究的整个过程，是空间秩序层次研究的创新。

（一）空间秩序的“理论认识”

“理论认识”是任何一门学科最基本的科学任务。从对空间秩序的“理论认识”角度看，地理学（家）对空间秩序的研究和表达的层次有三个：分布实况、分布格局和分布规律。一般而言，对地理事物或地理客体的分布实况的认识，是探索分布格局和揭示分布规律的客观基础。地理事物或地理客体的分布规律的认识是地理学探索空间秩序的最高目标。因此，分布实况是最低级的认识过程、认识目标和认识结果，而分布规律是最高级的认识过程、认识目标和认识结果。

地理学（家）对气候、土壤和植被等自然地理要素以及自然地理要素所构成的自然综合体的空间秩序的认识，与对经济、文化和社会等人文地理要素以及人文地理要素所构成的人文地理综合体的空间秩序的认识，有一个漫长的探索过程，发现它们在一定条件下具有鲜明的区域差异或区域多样性的“分布实况”。地理学（家）在探索研究中不断揭示这种空间秩序的“分布实况”、“分布格局”和“分布规律”。其中，对自然综合体沿纬度或经度发生更替的空间秩序，地理学（家）逐渐将其抽象概括为自然综合体沿纬度或经度发生更替的“分布规律”：①在全球尺度上，自然综合体（自然带）沿纬度或经度发生更替的空间秩序，抽象概括为热力分带性自然地域分异规律；②在全大陆尺度上，自然综合体（自然地带）沿纬度或经度发生更替的空间秩序，抽象概括为纬度地带性自然地域分异规律；③在区域尺度上，自然综合体（自然地带段）沿纬度或经度发生更替的空间秩序，抽象概括为地带段性自然地域分异规律。对土壤、气候和植被以及自然综合体随海拔高度变化而更替的“分布实况”，进行抽象概括：①得到了土壤垂直带的空间秩序——土壤垂直带性分布规律；②得到了植被垂直带的空间秩序——植被垂直带性分布规律；③得到了气候垂直带的空间秩序——气候垂直带性分布规律；④得到了自然综合体（垂直带）的空间秩序——自然综合体垂直分布规律——垂直带性自然地域分异规律。

（二）空间秩序的“现实重构”

地理学和诸多学科一样，不仅重视理论认识功能，而且重视实际应用功能。地理学关于空间秩序（分布实况、分布格局和分布规律）的理论，对于指导以下几项具有重要意义：①某地区“今后的空间秩序”——区域发展的空间战略、区域发展的空间规划和区域发展的空间计划；②探索某地区“既有的空间秩序”的“分布格局”——自然地理要素区划、自然地理综合区划、经济地理要素区划、经济地理综合区划、人文地理要素区划、人文地理综合区划、地理综合区划以及主体功能区区划——和“分布实况”——自然地理要素的分布实况、自然地理综合的分布实况、经济地理要素的分布实况、经济地理综合的分布实况、人文地理要素的分布实况、人文地理综合的分布实况、地理综合的分布实况以及主体功能区的分布实况——都具有重要意义。

运用既有的关于某地理事物的分布规律层次的空间秩序的知识，结合这个区域的若干具体条件，可以确定出这个地理事物在这个区域的分布格局和分布实况。因此，从实际应用这方面看，空间秩序的最高目标是分布实况，次高目标是分布格局。这个研究工作的逻辑顺序是演绎的逻辑顺序，即由“一般规律”到“理性（而非感性）具体”的逻辑顺序。

三、空间秩序的语言

地理学（家）是用什么语言工具来研究地理事物或地理客体的空间秩序以及用什么语言工具来表达所认识到的地理事物或地理客体的空间秩序的呢？既已形成的地理学的传统，奠定了对于“地理学的研究对象‘地球陆地表层空间系统’”和作为其一部分的“区域或地域”以及“地理学的研究核心‘人地关系地域系统’”的空间秩序的“理论认识”和“现实重构”的研究和表达的基本语言。

（一）地理学的三种传统

在漫长的发展历史中，地理学乃至其他诸多学科一样，逐渐形成了：①用自然语言工具研究和表述地理事物或地理客体的文学传统；②用地图工具研究和表述地理事物或地理客体的地图传统；③用数学工具研究和表述地理事物或地理客体的数学传统。从不同时代有代表性的地理著作和当今诸多学者的地理著作中，我们都可以发现这三种传统的存在。这三种传统决定了地理学的基本语言。

（二）地理学的基本语言

在当今诸多地理学科学研究成果和应用成果中，地理学家对地理事物或地理客体的阐述，也综合地运用了自然语言的功能、地图的功能和数学的功能。因此，可以将地理学（家）对地理事物或地理客体的空间秩序（可能是“分布实况”的，也可能是“分布格局”的，还可能是“分布规律”的）的研究和将研究结果表达出来的语言工具概括为三种：文学语言、地图语言和数学语言。这三种语言，哪个最好呢？从科学性或严密性来说，在这三种语言中，最高级的语言是数学语言，其次为地图语言，再次为文学语言；从普适性来说，在这三种语言中，文学语言即自然语言对地理事物空间秩序的描述功能具有比地图语言和数学语言更为宽泛的功能，在地理学（家）探索和研究空间秩序的初级阶段或初级层次上经常使用；从应用性看，地理学家关于空间秩序的科学研究过程和科学研究报告应该最好较多地使用数学语言和地图语言，但将科学研究报告提交给政府（官员）以服务于区域科学发展实践时，最恰当的语言可能是包括精确的文学语言和适当的地图语言以及少量的数学语言的“综合语言”。

四、空间秩序的形式

（一）空间秩序的形式的概念

空间秩序是用不同的语言在不同层次上进行认识和表达的，因此可以定义空间秩序的形式为：用“某种空间秩序的语言”在“某个空间秩序的层次”上认识和表达的空间秩序。它可以指“地理学的研究对象‘地球陆地表层空间系统’”的空间秩序的形式，可以指作为“地球陆地表层空间系统”一部分的“区域或地域”的空间秩序的形式，可以指“地理学的研究核心‘人地关系地域系统’”的空间秩序的形式。

空间秩序的基本形式有多少种？对于这个基本的地理学学科的科学问题的回答，应该遵循“历史与逻辑的统一”和“从‘感性具体’上升到‘理性抽象’再到‘理性具体’”等理论创新的基本原则来进行回答。对于这个问题回答的逻辑路径，可以遵循归纳的逻辑路径即从大量的实际情况归纳出来，也可以遵循演绎的逻辑路径即根据一定的理论逐步推演出来。第一，从归纳的逻辑路径看，在地理学的不同历史阶段、不同学派、不同分支学科对空间秩序的研究和表达的各种情形中，均将“空间秩序的语言”与“空间秩序的层次”以不同的形式组合起来来表达空间秩序，可以遵循归纳的逻辑路径来回答“空间秩序的基本形式有多少种”这个问题。第二，从演绎的逻辑路径看，可以从空间秩序的层次和空间秩序的语言的组合推演出空间秩序的基本形式。地理学最薄弱的是从演绎的逻辑路径来思考问题。对于空间秩序的形式有多少种这个问题，比较理想的回答是遵循演绎的逻辑路径的回答，最理想的回答是遵循演绎的逻辑路径和归纳的逻辑路径的复合的回答。

（二）空间秩序的形式的种类

对于空间秩序的形式有多少种这个问题，我们认为可以遵循演绎的逻辑路径来回答。由于空间秩序的理论认识的层次从高到低有空间秩序的分布规律、空间秩序的分布格局和空间秩序的分布实况等三个层次，空间秩序的科学语言种类从高到低有空间秩序的文学语言、空间秩序的地图语言和空间秩序的数学语言三种语言，所以，从理论上看，由“空间秩序的层次”和“空间秩序的语言”所组合而成的“空间秩序的形式”有九种（表5-1）。

表5-1 空间秩序的基本形式

项目		空间秩序的基本语言		
		文学语言	地图语言	数学语言
空间秩序的基本层次（科学认识）	分布实况	［形式Ⅰ］用“文学语言”在“分布实况”层次上认识和表达的空间秩序	［形式Ⅱ］用“地图语言”在“分布实况”层次上认识和表达的空间秩序	［形式Ⅲ］用“数学语言”在“分布实况”层次上认识和表达的空间秩序
	分布格局	［形式Ⅳ］用“文学语言”在“分布格局”层次上认识和表达的空间秩序	［形式Ⅴ］用“地图语言”在“分布格局”层次上认识和表达的空间秩序	［形式Ⅵ］用“数学语言”在“分布格局”层次上认识和表达的空间秩序
	分布规律	［形式Ⅶ］用“文学语言”在“分布规律”层次上认识和表达的空间秩序	［形式Ⅷ］用“地图语言”在“分布规律”层次上认识和表达的空间秩序	［形式Ⅸ］用“数学语言”在“分布规律”层次上认识和表达的空间秩序

这里，任何两种空间秩序的形式都是有区别的，这种区别或者在空间秩序的认识和表达的语言上，或者在空间秩序的“科学认识”和“现实重构”的层次上，或者同时在空间秩序的语言和空间秩序的层次上。在这九种形式中，最好最高级的形式是［形式Ⅸ］，即用“数学语言”在“分布规律”层次上认识和表达的空间秩序。从对空间秩序的“科学认识”的角度看，地理学（家）对于空间秩序的科学认识的最高追求目标是［形式Ⅸ］，即用“数学语言”在“分布规律”层次上认识和表达的空间秩序。实现这个目标基本的具体的路径有从文学语言到地图语言到数学语言的语言追求路径，有从分布实况到分布格局到分布规律的层次追求路径。这是一个理论的归纳抽象的过程。从对空间秩序的“现实重构”的角度看，地理学（家）对于空间秩序的现实重构的最高追求目标是综合运用各种地理事物的［形式Ⅸ］方面的知识，“理性具体”地重构出今后的现实即“今后的［形式Ⅰ］”。这是一个理性具体化的过程，可以使地理科学实现理论先于实践的应用价值。

五、空间秩序的路径

地理学（家）对于地理学的研究对象“地球陆地表层空间系统”和作为其一部分的“区域或地域”以及地理学的研究核心“人地关系地域系统”的空间秩序——分布实况、分布格局和分布规律的理论认识和现实重构的路径有哪些？它们通常是在什么条件下的路径呢？从逻辑特别是形式逻辑的框架看，空间秩序的理论认识和现实重构的路径主要有三种：演绎的逻辑路径、归纳的逻辑路径和类比的逻辑路径。

（一）演绎的逻辑路径

演绎的逻辑路径是从“一般和规律”到“具体和特殊”的逻辑路径。它在解决或回答空间秩序的“分布格局”和“分布实况”的研究中是常用的逻辑路径，是运用已有的关于某地理事物的“分布规律”和有关地域资料回答这个地域的同类地理事物的“分布格局”和“分布实况”的逻辑路径。这是地理空间秩序理论指导地理空间秩序实践的重要表现。

第一，从今后的空间秩序的组织重构看，这个路径在区域开发（或发展）空间战略、区域开发（或发展）空间规划和区域开发（或发展）空间计划等方面是尤其重要的。运用已有的关于某类地理事物的空间秩序之分布规律确定待开发地区的同类地理事物的“今后的分布格局”或“今后的分布实况”就是这方面的研究。

例如，陆大道院士关于区域开发的点-轴空间结构理论揭示了经济中心的布局规律，运用“‘点-轴’分布规律”可以回答某待开发地区的经济中心的“今后的分布格局”和“今后的分布实况”。我国今后若干年的发展空间秩序应该是什么样的呢？“点-轴”理论很好地回答了这个问题。改革开放以来，我国社会经济以增长极和“点-轴系统”模式在空间上展开已经是客观上的现实。这种模式是最有效的社会经济空间组织模式。因而，也将在今后继续发展。沿海和长江沿岸已经成为集聚和带动全国经济发展的一级发展轴线。这些地区近年来在信息枢纽、金融中心、产业创新、现代化城市和国际化软环境等建设方面为今后的持续发展创造了极大的潜力。陇海—兰新沿线是今后发展的重要产业带，局部范围可以产生经济技术和人口城市的集聚。但其经济实力和发展潜力是无法与沿海和长江沿岸相比较的，只能是二级发展轴线。大连—沈阳—长春—哈尔滨，是一个基础很强的产业带；重庆—成都—绵阳是正在迅速发展的产业带；其他的，如京广沿线、胶济沿线及正在建设中的南昆沿线等，都是全国的二级发展轴线。在《国务院关于实施西部大开发若干政策措施的通知》中提出西部开发要“以线串点，以点带面”及建设经济带的模式，这是“点-轴系统”理论的重要应用。

又如，孙鸿烈院士等在《中国生态环境建设地带性原理与实践》中遵循中国的自然地域分异基本规律，在实践的基础上阐述了对中国可持续发展具有重大而深远影响的生态环境建设问题，提出了要按照自然地域分异特别是地带性规律进行科学的战略、规划和计划的重要思想理论。

第二，从对具体地域的未知的空间秩序的认识上看，这个路径在某区域某类地理事物的空间秩序之分布格局和分布实况研究中也具有重要作用。例如，研究位于中纬度带大陆东岸的南北狭长的水平的区域的自然地域分异——自然地理综合体的“分布格局”和“分布实况”，可以运用已有的关于区域尺度的自然地域分异规律“地带段性（即关于自然地带段的空间秩序的‘分布规律’）”，并结合有关区域资料，确定出这个区域的自然地域分异（即自然地带段的空间秩序）的基本的“分布格局”和“分布实况”。

（二）归纳的逻辑路径

归纳的逻辑路径是从“具体和特殊”到“一般和规律”的逻辑路径。它是在已经认识到“分布实况”的基础上解决或回答空间秩序的“分布格局”和“分布规律”的研究中常用的逻辑路径。这个逻辑路径分成两种情况：一是归纳论的角度，二是因果论的角度。

1. 归纳论的角度

例如，现在要探索“中国西南地区各省内的各县区农民收入的空间秩序——分布规律”这个典型的地理学科的科学问题。如何探索这种分布规律呢？假如现在有中国西南地区的云南、四川、重庆、贵州、广西等的农民收入的资料，那么可以这样研究这个问题：

云南各县区农民收入的分布格局
四川各县区农民收入的分布格局
重庆各县区农民收入的分布格局
贵州各县区农民收入的分布格局
广西各县区农民收入的分布格局
⟹ 中国西南地区各省（自治区、直辖市）内各县区农民收入的“分布规律”层次的空间秩序

其中，某一个省（自治区、直辖市）内的各县区农民收入的空间秩序（分布实况和分布格局）应该怎样进行研究呢？以云南的各县区的农民收入的空间秩序（分布实况和分布格局）为例简要说明如下。

第一步，通过有关统计年鉴，系统收集云南省各县区的农民收入总量（和各个分量即构成）。

第二步，收集云南省的包括市州和县区行政区划单位的电子地图。

第三步，云南省各县区农民收入在“分布实况”层次上的空间秩序的研究。①将收集到的云南省各县区的农民收入总量指标或经过处理得到的指数通过 GIS 软件表达在电子地图上。这样，就得到了一张某时期（或多张不同时期）的云南省的各县区的农民收入的空间秩序——用“地图语言”在“分布实况”层次上表达的云南省的各县区的农

民收入的空间秩序。②将收集到的云南省各县区的农民收入总量指标或经过处理得到的指数运用 SPSS 软件，根据泰尔指数（T）或基尼系数（G）等测度差距的公式，计算出云南省各县区的农民收入的泰尔指数（T）或基尼系数（G）。这样，又得到了反映云南省的各县区的农民收入的一张空间秩序——用“数学语言”在“分布实况”层次上表达的云南省的各县区的农民收入的空间秩序。③将用“数学语言”和“地图语言”在“分布实况”层次上表达的云南省的各县区的农民收入的空间秩序转换成用“文学语言”在“分布实况”层次上表达的云南省的各县区的农民收入的空间秩序。

第四步，云南省各县区农民收入在“分布格局”层次上的空间秩序的研究。将收集到的云南省各县区的农民收入总量指标或经过处理得到的指数按照一定的原则和实际情况进行聚类分析，将云南省各个县区的农民收入的数据分成若干类。将聚类结果按照“第三步”的处理办法，可以得到云南省农民收入在“分布格局”层次上的空间秩序，包括用“地图语言”在“分布格局”层次上表达的空间秩序和用“数学语言”在“分布格局”层次上表达的空间秩序以及用“文学语言”在“分布格局”层次上表达的空间秩序。

2. 因果论的角度

例如，现在要探索“云南省的各县区农民收入的空间秩序——分布规律”这个典型的地理学科的科学问题。其基本步骤如下。

第一步，①运用已有的关于区域经济增长的理论方法，如科布-道格拉斯生产函数和有关地区关于农民收入的县区差距方面的研究成果等，初步判断影响云南省各县区农民收入的影响因子；②系统收集这些因子的有关数据资料。

第二步，收集云南省的包括市州和县区行政区划单位的电子地图。

第三步，云南省各县区农民收入在“分布实况”层次上的空间秩序的研究。①将收集到的云南省各县区农民收入指标或经过处理得到的指数通过 GIS 软件表达在电子地图上。这样，就得到了一张某时期（或多张不同时期）的云南省各县区农民收入的空间秩序——用“地图语言”在“分布实况”层次上表达的云南省各县区农民收入的空间秩序。②将收集到的云南省各县区的农民收入总量指标或经过处理得到的指数运用 SPSS 软件，根据泰尔指数（T）或基尼系数（G）等测度差距的公式，计算出云南省各县区农民收入的泰尔指数（T）或基尼系数（G）。这样，又得到了反映云南省各县区农民收入的一张空间秩序——用“数学语言”在“分布实况”层次上表达的云南省各县区农民收入的空间秩序。③将用“数学语言”和“地图语言”在“分布实况”层次上表达的云南省各县区农民收入的空间秩序转换成用“文学语言”在“分布实况”层次上表达的云南省各县区农民收入的空间秩序。

第四步，云南省各县区“与农民收入有关的影响因子”在“分布实况”层次上的空间秩序的研究。①将收集到的云南省各县区的“与农民收入有关的影响因子”指标或经过处理得到的指数通过 GIS 软件表达在电子地图上。这样，就得到了一张某时期（或多张不同时期）的云南省各县区的“与农民收入有关的影响因子”的空间秩序——用“地图语言”在“分布实况”层次上表达的云南省的各县区的“与农民收入有关的影响因子”的空间秩序。②将收集到的云南省各县区的“与农民收入有关的影响因子”指标或经过处理得到的指数运用 SPSS 软件，根据泰尔指数（T）或基尼系数（G）等测度差距的公式，计算出云南省各县区农民收入的泰尔指数（T）或基尼系数（G）。这样，又得到了反映云南省的各县区的“与农民收入有关的影响因子”的一张空间秩序——用“数学语言”在“分布实况”层次上表达的云南省各县区的“与农民收入有关的影响因子”的空间秩序。③将用“数学语言”和“地图语言”在“分布实况”层次上表达的云南省各县区的“与农民收入有关的影响因子”的空间秩序转换成用“文学语言”在“分布实况”层次上表达的云南省各县区的“与农民收入有关的影响因子”的空间秩序。

第五步，云南省各县区农民收入在“分布格局”层次上的空间秩序的研究。将收集到的云南省各县区的农民收入总量指标或经过处理得到的指数按照一定的原则和实际情况进行聚类分析，将云南省各县区农民收入的数据分成若干类。将聚类结果按照“第三步”的处理办法，可以得到云南省农民收入在“分布格局”层次上的空间秩序，包括用“地图语言”在“分布格局”层次上表达的空间秩序和用“数学语言”在“分布格局”层次上表达的空间秩序及用“文学语言”在“分布格局”层次上表达的空间秩序。

第六步，云南省各县区“与农民收入有关的影响因子”在“分布格局”层次上的空间秩序的研究。将收集到的云南省各县区的“与农民收入有关的影响因子”指标或经过处理得到的指数按照一定的原则和实际情况进行聚类分析，将云南省各个县区的“与农民收入有关的影响因子”的数据分成若干类。将聚类结果按照“第五步”的处理办法，可以得到云南省“与农民收入有关的影响因子”在“分布格局”层次上的空间秩序，它包括用“地图语言”在“分布格局”层次上表达的云南省各县区“与农民收入有关的影响因子”的空间秩序和用“数学语言”在“分布格局”层次上表达的云南省各县区“与农民收入有关的影响因子”的空间秩序及用“文学语言”在“分布格局”层次上表达的云南省各县区“与农民收入有关的影响因子”的空间秩序。

第七步，综合比较第三步和第四步的各种地图之间的关系，综合比较第五步和第六步的各种地图之间的关系，确定云南省各县区农民收入影响因子与云南省各县区农民收入之间的因果关系。这种因果关系就是决定“云南省的各县区农民收入的空间秩序——分布规律”。

（三）类比的逻辑路径

地理学家在很多情况下，对于空间秩序——分布实况、分布格局和分布规律的研究是从类比的角度进行的。如果地理事物 A 和地理事物 B 之间的各个属性或部分属性之间有很好的相关性或关联性，那么在已知地理事物 A 的空间秩序——分布实况、分布格局和分布规律的情况下，利用这种高度相关性或关联性，就可以推断出地理事物 B 的空间秩序——分布实况、分布格局和分布规律。一般而言，从地理事物 A 的分布实况可以类比推断出地理事物 B 的分布实况，从地理事物 A 的分布格局可以类比推断出地理事物 B 的分布格局，从地理事物 A 的分布规律可以类比推断出地理事物 B 的分布规律。如果地理事物 A 空间秩序是用文学语言表达的，那么地理事物 B 也可以用文学语言进行表达；如果地理事物 A 空间秩序是用地图语言表达的，那么地理事物 B 也可以用地图语言进行表达；如果地理事物 A 空间秩序是用数学语言表达的，那么地理事物 B 也可以用数学语言进行表达。这种逻辑路径，不仅在探索空间秩序方面有重要应用，而且在空间重组方面也有重要应用。请思考哪两个自然地理要素之间有高度关联性？哪两个经济地理要素之间有高度关联性？如果现在知道气候的空间秩序，你能类比推理出植被和土壤的空间秩序吗？如果现在知道区域经济发展水平的空间秩序，你能类比推理出单位国内生产总值的能耗的空间秩序吗？

第五节　地理科学研究维度Ⅱ：时间序列

因为科学的最重要应用功能之一是指导实践，为今后或新的实践提供理论指导，所以，地理科学像很多学科一样非常重视地理事物今后各方面问题的研究，这就必然要研究地理事物的发展历史和未来方面的问题。这方面的研究就是时间序列的任务。

一、时间序列的概念

“科学不仅要解释既有的事实而且要预测未来的事实”的科学发展的内在要求和区域发展急需地理学科学指导的外在需求，使现代地理学高度重视并不断提高了对“区域未来”——区域发展空间战略、区域发展空间规划和区域发展空间计划的研究。这决定了时间序列的必然性和重要性。时间序列是指地理事物的大小数量、要素结构和地域结构变化的具体过程和变化趋势。这个过程和变化趋势，可以包括两个时期即“从过去到现在”的这个“‘历史时期’中的具体的过程和变化趋势”和“从现在到未来”的某个“‘未来时期’中的具体的过程和变化趋势”。

二、时间序列的层次

古今中外的地理学家对“地理学的研究对象‘地球陆地表层空间系统’”和作为其一部分的“区域或地域”以及“地理学的研究核心‘人地关系地域系统’”的时间序列的“理论认识”和“现实重构”的研究的层次有三个：历史时期和未来时期的具体过程的时间序列、历史时期和未来时期的变化趋势的时间序列和不同时间解析尺度的变化规律的时间序列。它们在时间序列的理论认识和实际应用中具有不同层次。

一般而言，“时间序列的‘理论认识’”阶段的研究的目标是寻找“不同时间解析尺度的变化规律的时间序列”，其研究的逻辑顺序主要是由“‘感性（而非理性）具体’到‘一般或理性’的逻辑顺序”即从“‘具体过程’的时间序列”到“‘变化趋势’的时间序列”再到“‘变化规律’的时间序列”的逻辑过程，反映了时间序列的理论认识的层次；“时间序列的‘现实重构’”阶段的研究的主要目标是遵循已经掌握的不同时间解析尺度的变化规律及其复合，重新反演出或预测出地理事物的数量和空间结构（要素结构和地域结构）的“变化趋势的时间序列”和“具体过程的时间序列”，其研究的逻辑顺序主要是由“‘一般或规律’到‘理性（而非感性）具体’的逻辑顺序”即从“‘变化规律’的时间序列”到“‘变化趋势’的时间序列”再到“‘具体过程’的时间序列”的逻辑过程，反映了时间序列的现实重构的层次。

三、时间序列的语言

地理学（家）是用什么语言工具来研究或表达“地理学的研究对象‘地球陆地表层空间系统’”和作为其一部分的“区域或地域”以及“地理学的研究核心‘人地关系地

域系统’”的数量、要素结构和地域结构的时间序列呢？其基本的语言工具有文学语言、地图语言和数学语言。这三种语言哪个最好呢？第一，从科学性或严密性看，在这三种语言中，最高级的语言是用各种数学工具研究和表达变化过程的数学语言，其次为将不同时期的地图组合起来表达变化过程的地图语言，再次为文学语言。第二，从普适性看，在这三种语言中，文学语言即自然语言对地理事物时间序列的描述功能具有比地图语言和数学语言更为宽泛的功能，在地理学（家）探索和研究时间序列的初级阶段或初级层次上经常使用。第三，从应用性看，地理学家关于时间序列的科学研究过程和科学研究报告应该最好较多地使用数学语言和地图语言，但将科学研究报告提交给政府（官员）以服务于区域科学发展实践时，最恰当的语言可能是包括精确的文学语言和适当的地图语言以及少量的数学语言的“综合语言”。

四、时间序列的路径

对于地理事物的时间序列的研究，其基本的逻辑路径有三：归纳的逻辑路径、演绎的逻辑路径和类比的逻辑路径。第一，对于尚不知道某类地理事物的发展变化规律的情况下，可以在对若干地理事物的发展变化的“具体过程”之时间序列进行研究的基础上，逐渐归纳抽象出“变化趋势”之时间序列，再归纳抽象出“变化规律”之时间序列。这是从“特殊和具体”到“一般和规律”的逻辑过程，是理论抽象的过程。第二，对于已经知道多类地理事物的“变化规律”之时间序列，现在要回答在这类地理事物的变化规律的共同支配下的今后的变化趋势这样的问题，地理学家一般是从演绎逻辑来思考的。这是从“一般和规律”到“具体和特殊”的逻辑过程，是“理性具体化”的过程。

五、时间序列的事例

（一）关于地理事物的大小数量的时间序列的研究

1. 地理事物的大小数量的含义

可以反映或代表地理事物的大小和数量的指标或指数很多：①自然地理属性的，如某地区（点）的气温、某地区（点）的积温、某地区（点）的降水量、某地区（点）的土壤有机质；②经济地理属性的，如区域总量GDP、人均GDP、地均GDP、区域第一产业总产值、区域第二产业总产值、区域第三产业总产值、区域第一产业人均产值、区域第二产业人均产值、区域第三产业人均产值、区域第一产业地均产值、区域第二产业地均产值、区域第三产业地均产值；③人口地理属性的，如区域总人口数量、区域男性人口数量、区域女性人口数量、区域老年人口数量、区域第一产业人口数量；④城市地理属性的，如城市建城区总面积、城市交通用地总面积、城市绿地总面积、人口城市化指数、经济城市化指数、面积城市化和综合城市化指数；⑤社会地理属性的，如区域现代化总指数、区域现代化各个分指数；⑥某地区某种少数民族语言的使用人数量和使用乡镇数量；⑦资源地理属性的，如某区域各类资源总体情况或某一类资源总体情况、某区域火力发电量、某地区能源消耗总量；⑧综合地理学属性的，如某地区的人地关系状态即用人地关系演进系数和生态盈亏等多种指标度量的人地关系……它们的变化过程是客观存在的，对它们的变化过程的研究是时间序列的任务。

在区域地理实证研究中，研究地理事物的大小数量是非常重要的，要根据多方面的情况选择一定的大小数量来研究区域的时间序列问题。例如，如何描述、刻画和测度某区域在区域系统中的经济情况时，就存在着选择什么经济指标——是总量 GDP、人均 GDP，还是地均 GDP 来测度它在区域系统中的地位等方面的问题。以前多用该区域的总量 GDP 来测度它在区域系统中的地位，近来多用该区域的人均 GDP 来测度它在区域系统中的地位。我们在从事“地理环境复杂地区的主体功能区区划”特别是“云南省主体功能区区划”研究中，逐渐形成了共识：对于某区域在区域系统中的经济情况的地位问题的测度，不仅要从地均 GDP 来测度，更要建立一个新的指数即综合考虑总量 GDP、人均 GDP 和地均 GDP 的“综合 GDP 指数”。地理学中的指标和指数以及指标系统或指数系统的系统研究势必成为理论地理学和应用地理学中的重要研究领域。

2. 地理事物的大小数量的时间序列研究方法

应该怎么对时间序列进行研究呢？例如，对“全国从 1978 年以来的总量 GDP 的时间序列”的研究，可以按照这样的步骤进行。第一步，要系统收集全国从 1978 年到当前年的总量 GDP 的各年份数据；第二步，运用有关软件工具完成以时间（年份）为横坐标、以总量 GDP 为纵坐标的坐标系统的关于全国从 1978 年到当前年的总量 GDP 的散点图；第三步，在散点图的基础上，完成折线图；第四步，运用有关软件工具，对全国从 1978 年到当前年的总量 GDP 的各年份数据进行回归分析，得到回归方程和曲线；第五步，在研究回归方程的基础上，利用所得到的回归方程，预测今后若干年全国总量 GDP 数据。

3. 地理事物的大小数量的时间序列的形式和时期

时间序列的形式是指用“什么语言”在“什么时间序列的层次”研究或表达时间序列。时间序列的时期是指历史时期中的时间序列和未来时期的时间序列。在上述研究中，第二步的散点图和第三步的折线图是“图形语言”，表达的是全国总量 GDP 从 1978 年到当前年的“‘历史时期’的‘具体过程’的时间序列”；第四步中的曲线是“图形语言”，其中，从 1978 年到当前年这一段曲线所表达的是全国总量 GDP 从 1978 年到当前年的“‘历史时期’的‘变化趋势’的时间序列”，从当前年到今后若干年（如 2035 年）这一段曲线所表达的是全国总量 GDP 从当前年到 2035 年的“‘未来时期’的‘变化趋势’的时间序列”；第四步中得到的回归方程是“数学语言”，其中，回归方程从 1978 年到当前年这一段所表达的是全国总量 GDP 从 1978 年到当前年的“‘历史时期’的‘变化趋势’的时间序列”，回归方程从当前年到今后若干年（如 2035 年）这一段所表达的是全国总量 GDP 从当前年到 2035 年的“‘未来时期’的‘变化趋势’的时间序列”。另外，还可以用精致的文学语言表达用图形语言和数学语言所表达的时间序列。

在上述研究中，对于“全国从 1978 年以来的总量 GDP 的时间序列”中的“从 1978 年到当前年”的这一“历史时期”的时间序列的研究或表达，所使用的语言包括文学语言、图形语言（散点图、折线图和曲线图等）和以回归方程为主的数学语言，所表达的层次包括具体过程的时间序列和变化趋势的时间序列；对于“全国从 1978 年以来的总量 GDP 的时间序列”中的“从当前年到 2035 年”的这一“未来时期”的时间序列的研究或表达，所使用的语言主要包括文学语言和以回归方程为主的数学语言，所表达的层次主要是变化趋势的时间序列。

（二）关于地理事物的要素结构的时间序列的研究

1. 地理事物的“区域均质化”

地理学所研究的任何一个地域或区域的内部都存在着区域差别，是“区域非均质”的。在考虑它的要素结构时，则整体上将其看做是区域均质的。例如，北京市的人均 GDP 就是将客观上存在着各县区之间有鲜明的区域差距的北京市这一“区域非均质”的区域，在整体上看做是区域均质的区域。同样，北京市的第一产业的人均 GDP、第二产业的人均 GDP 和第三产业的人均 GDP 也是将非均质的区域看作区域均质的区域来思考和研究问题的。这样消除一定非重要影响因素的作用的思考方法，应该成为地理学家进行理论思维时的重要方法论。这里就需要考虑所研究的区域及区域解析尺度的确定问题。区域解析尺度及其转换已开始成为重要的理论地理学的重要研究方向，需要年轻的地理学工作者开展系统的、规范的研究。

2. 地理事物的要素结构的含义

可以反映或代表地理事物的要素结构的指标很多：①自然地理属性的，如某地区（点）的“热-水结构”即该地区的热量指标与该地区的水分指标之间的比例关系或指数，某地区（点）的土壤有机质中的“H/F”即该土壤某土层中的胡敏酸含量与富里酸含量之间的比例关系或指数，某地区的土地结构（包括自然结构和利用结构），某地区的自然地域结构等。②经济地理属性的，如区域 GDP 的产业的产值构成即该区域第一产业总产值、第二产业总产值和第三产业总产值之间的比例关系或指数，区域 GDP 的产业的人口构成即在该区域内从事第一产业、第二产业和第三产业的人口数量之间的比例关系或指数，区域第二产业的行业构成即该区域内第二产业下的诸多行业之间的产值构成或人口构成等。③人口地理属性的，如区域人口的性别结构、年龄结构、职业结构和文化结构等。④城市地理属性的，如城市用地结构即各类用途的土地面积之间的比例关系或指数，城市化综合指数的结构即人口城市化指数、经济城市化指数和面积城市化指数三者之间的比例关系。⑤社会地理属性的，如区域现代化总指数结构、区域现代化各个分指数结构。⑥某地区某种少数民族语言的使用人口数量的性别结构、年龄结构和文化结构等。⑦资源地理属性的，如某区域能源消耗的要素结构即所消耗的按“标准煤”或“标准油”计算的各种类型能源之间的数量比例关系，也可以是所消耗的一次能源、二次能源等的数量比例关系。⑧综合地理学属性的，如某地区的人地关系状态即用人地关系演进系数和生态盈亏等多种指标度量的人地关系……它们的变化过程是客观存在的，对它们的变化过程的研究是时间序列的任务。

3. 地理事物的要素结构的时间序列研究的方法

关于地理事物的要素结构的时间序列存在两种基本情况：第一种情况是这个要素结构可以用“一个指数”测度的，第二种情况是这个要素结构不是用“一个指数”测度而是通过一组数字的“比例关系”测度的。对于第一种情况的时间序列的研究方法基本上与“地理事物的大小数量的时间序列研究的方法”相同，只是在“未来时期的变化趋势”意义的时间序列上有其自己的特殊性。但这种特殊性也表现在第二种情况的时间序列的研究中。在这里，我们主要通过某虚拟事例来讨论第二种情况的时间序列的研究方法。例如，现在要研究“某省的产业的产值结构自 1978 年以来的时间序列”这个问题。其基本步骤如下。

第一步，这个省的产业的产值结构的逐年研究。每一年的产值结构，可以用精确的文学语言描述，也可以用“图形语言”——叠置柱状图、各种饼图和雷达图来研究和描述，还可以用数学语言——反映“差异性”的“泰尔指数（或基尼系数）”和反映“关联性”的“产业关联度（指数）”等来研究和描述。通过这些研究，可以得到从1978年到当前年的各年份的产值结构，每一年的产值结构均可以用三种语言表达。

第二步，将多年的用图形语言（叠置柱状图、各种饼图和雷达图）表达的要素结构按着时间坐标方向组合起来，可以得到用图形语言表达的要素结构的时间序列。将多年的用数学语言（“泰尔指数/基尼系数”和“产业关联度指数”等）表达的要素结构按着时间坐标方向组合起来，可以得到用数学语言表达的要素结构的时间序列。

第三步，用这个省的1978年到当前年的第一产业的产值预测出今后若干年份的第一产业的产值，用这个省的1978年到当前年的第二产业的产值预测出今后若干年份的第二产业的产值，用这个省的1978年到当前年的第三产业的产值预测出今后若干年份的第三产业的产值。然后，按时间截面即将每一年所预测出来的第一产业产值、第二产业产值和第三产业产值按照第一步和第二步的研究方法，研究今后若干年的产值结构。

在上述研究中，第一、二步所研究的是“‘历史时期’的要素结构”真实的变化过程，而第三步所研究的是“‘未来时期’的要素结构”的变化趋势。假如时间序列反映出这个省在1978年到2000年期间第一产业产值的比重逐年下降而第二、三产业产值的比重逐年上升且第三产业的产值比重上升较快，则表明在这期间区域经济发展比较好。如果今后若干年出现第一产业产值的比重逐年上升而第二、三产业产值的比重逐年下降且第三产业产值比重下降较快，则表明在今后若干年，这个省在区域发展方面存在一定的问题，这个省就需要考虑和研究如何改变预测情况的对策。在这些研究中，实际上已经包括了时间序列的科学研究（即时间序列本身如何）、时间序列的价值研究（有的时期的产业结构比较好，有的时期的产业结构不好）和时间序列的伦理研究（今后应该怎么办）的地理研究维度。

（三）关于地理事物的地域结构的时间序列的研究

1. 地理事物的地域解析尺度

地理事物的地域结构可以通过地域类型研究和地域系统研究得到。从运用地图语言表达的地域结构看，其基本形式主要有“地域类型图”和“地理区划图”。这两类有一定联系又有一定差别的地图，是地理学家研究和表达地域结构的最重要、最成功的方法。

在讨论地理事物的地域结构时，首先要确定地域的解析尺度。例如，在确定或回答“中国人均GDP的地域结构或地域差距”这个问题时，就必须确定是“各个省（自治区、直辖市）”之间的区域差距，是“各个市（地区、自治州、盟）”之间的区域差距，还是“各个县”之间的区域差距等。这里的“省”、“市”和“县”等区域，就是“中国人均GDP的地域结构或地域差距”的不同区域尺度的“地域解析尺度”。可以有以“省”为地域解析尺度的中国人均GDP的地域结构或地域差距，可以有以“市”为地域解析尺度的中国人均GDP的地域结构或地域差距，可以有以“县”为地域解析尺度的中国人均GDP的地域结构或地域差距，……这些地域结构或区域差距之间是有很大差别的。如果用分形理论为数学工具，那么反映这种因地域解析尺度不同而不同的地域结构或区域差距的重要指数“分维数”是有相当大的差别的。又如，在确定或回答“中国的自然地域结构或地域差别”这个问题时，就必须确定是以什么尺度的自然地域为地域解析尺度。黄秉维院士在其主编的《中国综合自然区划（初稿）》中，以“自然区”为地域解析尺度将中国的地域结构表达为“东部季风区、蒙新高原区和青藏高原区”，以“热量带”为地域解析尺度将中国的地域结构表达为“赤道带、热带、亚热带、暖温带、温带、寒温带和青藏高原”。

2. 地理事物的地域结构的含义

因为针对某一个地域（或区域）而言，与其有关的“地域”有三类即它的次级地域、相关地域和背景地域，与其有关的“地域关系”也有三类即次级地域关系、相关地域关系和背景地域关系，所以，从地域关系的角度看，地域结构也可以分成三类，即次级地域结构、相关地域结构和背景地域结构。这里我们主要讨论某一个地域（区域）内的地域结构方面的问题。

地理学（家）十分关注的地域结构问题很多，无论是自然地理学方面的、人文地理学方面的，还是综合地理学方面的。①自然地理属性的，如某地域的太阳辐射能的地域结构或区域差别、地面太阳辐射能的地域结构或区域差别、地气系统的辐射平衡的地域结构或区域差别、“热-水结构”的地域结构或区域差别，某地域（地区）的土壤有机质中的“H/F”的地域结构或区域差别、土壤有机质含量的地域结构或区域差别、土壤表层温度的地域结构或区域差别、土壤含水量的地域结构或区域差别、土类的地域结构或区域差别、土壤亚类的地域结构或区域差别、土种的地域结构或区域差别，某地域（地区）的植被型的地域结构或区域差别、植被亚型的地域结构或区域差别、植物群丛的地域结构或区域差别、植被的第一性生产力的地域结构或区域差别等。②经济地理属性的，如某区域的GDP的地域结构或区域差别、人均GDP的地域结构或区域差别、地均GDP的地域结构或区域差别、第一产业GDP的地域结构或区域差别、第二产业GDP的地域结构或区域差别、第三产业GDP的地域结构或区域差别、第一产业人均GDP的地域结构或区域差别、第二产业人均GDP的地域结构或区域差别、第三产业人均GDP的地域结构或区域差别、第一产业地均GDP的地域结构或区域差别、第二产业地均GDP的地域结构或区域差别、第三产业地均GDP的地域结构或区域差别，某区域产业的产值构成的地域结构或区域差别、产业的人员构成的地域结构或区域差别、第二产业的行业构成的地域结构或区域差别，某区域的人口城市化的地域结构或区域差别、经济城市化的地域结构或区域差别、面积城市化的地域结构或区域差别、综合城市化的地域结构或区域差别，某区域的单位GDP能耗的地域结构或区域差别、第一产业单位GDP能耗的地域结构或区域差别、第二产业单位GDP能耗的地域结构或区域差别、第三产业单位GDP能耗的地域结构或区域差别、经济增长的能耗结构的地域结构或区域差别。③人口地理属性的，如区域人口数量的地域结构或区域差别、人口密度的地域结构或区域差别、人口性别结构的地域结构或区域差别、人口年龄结构的地域结构或区域差别、人口受教育程度结构的地域结构或区域差别。④社会地理属性的，如区域第一次现代化总指数的地域结构或区域差别、第一次现代化分指数的地域结构或区域差别、第一次现代化指数构成的地域结构或区域差别，区域人类发展总指数的地域结构或区域差别、人类发展分指数的地域结构或区域差别、区域人类发展指数结构的地域结构或区域差别，某区域某种少数民族语言的使用人口数量的性别结构、年龄结构和文化结构等的地域结构或区域差别。⑤综合地理学属性的，如区域人地关系状态的地域结构或区域差别，区域工业化和现代化的资源环境基础的地域结构或区域差别，区域人地关系演进系数的地域结构或区域差别，等等。

需要明确的是，某地理综合体——自然地理综合体、经济地理综合体、人文地理综合体和地理综合体的地域结构或区域差别，是构成地理综合体的各个要素的地域结构或区域差别的函数，是构成地理综合体的主要要素的地域结构或区域差别的近似函数。每一个构成要素的地域结构或区域差别对地理综合体的地域结构或区域差别的贡献程度是有差距的。对于要素的地域结构或区域差别与地理综合体的地域结构或区域差别之间的关系，可以从弹性、边际等方面进行研究。对于这方面的研究，将是地理学理论和实践的重要内容，也可能是未来的地理学家诞生的领域。

3. 地理事物的地域结构的时间序列研究的方法

地理事物的地域结构的时间序列就是某地理事物的不同时期的地域结构所构成的时间序列，包括“历史时期的地域结构所构成的时间序列”和“未来时期的地域结构所构成的时间序列”。无论是历史时期的还是未来时期的地域结构或区域差别，都存在三个层次即分布实况、分布格局和分布规律的差别。因此，地理事物的地域结构的时间序列研究，可以有：①历史时期的分布实况的时间序列研究。②历史时期的分布格局的时间序列研究。③历史时期的分布规律的时间序列研究。④未来时期的分布实况的时间序列研究。⑤未来时期的分布格局的时间序列研究。⑥未来时期的分布规律的时间序列研究。同时，对于这个问题的研究或表达的基本语言有文学语言、系统地图语言和数学语言。我们以“某省自1978年以来的GDP及其构成的地域结构或区域差别”为例，介绍一些研究方法。其中，关于进行分布实况层次的地域结构的时间序列研究的基本步骤如下。

第一步，这个省的GDP的地域结构或区域差别、第一产业产值（用GDPⅠ表示）的地域结构或区域差别、第二产业产值（用GDPⅡ表示）的地域结构或区域差别、第三产业产值（用GDPⅢ表示）的地域结构或区域差别的逐年研究。每一年的GDP的地域结构或区域差别、第一产业产值（用GDPⅠ表示）的地域结构或区域差别、第二产业产值（用GDPⅡ表示）的地域结构或区域差别、第三产业产值（用GDPⅢ表示）的地域结构或区域差别，均可以用精确的文学语言描述，还可以用GDP分布实况地图、GDPⅠ分布实况地图、GDPⅡ分布实况地图和GDPⅢ分布实况地图等地图语言来研究和表达，也可以用GDP的“泰尔指数T_{GDP}（或基尼系数G_{GDP}）”、GDPⅠ的“泰尔指数T_{GDPI}（或基尼系数G_{GDPI}）”、GDPⅡ的“泰尔指数T_{GDPII}（或基尼系数G_{GDPII}）”和GDPⅢ的“泰尔指数T_{GDPIII}（或基尼系数G_{GDPIII}）”等数学语言来研究和表达。

第二步，将每一年的地域结构或区域差距按时间坐标方向组合起来，就得到了地域结构的分布实况的历史时期的时间序列。其中，GDP的地域结构的时间序列的研究工作包括如下两方面。

1）关于分布实况层次的GDP的地域结构的历史时期的时间序列的研究：①将每一年的GDP分布实况地图组合成以时间为坐标的各年份的GDP分布实况地图组，得到用“地图语言”表达的GDP的地域结构或区域差距的分布实况的、历史时期的、具体过程的时间序列。②将每一年的用数学语言表达的GDP分布实况即T_{GDP}（或G_{GDP}）在以时间为横坐标、以 T_{GDP}（或 G_{GDP}）为纵坐标的坐标系中，以散点和折线表达出来，就得到了用“数学语言”表达的GDP的地域结构或区域差距的分布实况的、历史时期的、具体过程的时间序列。③对每一年的用数学语言表达的GDP分布实况即 T_{GDP}（或 G_{GDP}）进行回归分析，会得到 T_{GDP}（或 G_{GDP}）关于时间的回归方程，同时得到与其对应的曲线。这样就得到了用“数学语言”表达的GDP的地域结构或区域差别的分布实况的、历史时期的、变化趋势的时间序列。

2）关于分布实况层次的GDP的地域结构的未来时期的时间序列的研究：①对每一年的用数学语言表达的GDP分布实况即 T_{GDP}（或 G_{GDP}）进行回归分析，得到 T_{GDP}（或 G_{GDP}）关于时间的回归方程，并得到与其对应的曲线。以此方程为基础，预测出今后若干年的 T_{GDP}（或 G_{GDP}），就得到了用“数学语言”表达的GDP的地域结构或区域差别的分布实况的、未来时期的和变化趋势的时间序列。②GDPⅠ的地域结构的时间序列研究、GDPⅡ的地域结构的时间序列研究和GDPⅢ的地域结构的时间序列研究的方法，同GDP的地域结构的时间序列研究的方法。

第六节　地理科学研究维度Ⅲ：动因机制

一、动因机制的概念

地理事物的动因机制是指地理事物的空间秩序和时间序列得以存在的原因（或因素）及其作用机制。某地理事物具有一定空间秩序一定是多重因素综合作用的结果，某地理事物的空间秩序的时间序列也一定是多重因素综合作用的结果。动因机制研究维度就是要研究这些因素包括什么，哪些是主要因素，这些主要因素是如何发生作用的等方面问题。

二、动因机制的分析

从理论上讲，描述地理事物的方程主要有地理事物的状态方程和地理事物的因子方程以及地理事物的状－因方程等三类方程。这里主要分析地理事物的因子方程。地理事物的存在及其变化是多重因素综合作用的结果。这一关系可以用地理事物的万能因子方程来描述。

（一）全部因子方程

地理事物的万能因子方程中的第一个方程是地理事物的全部因子方程，如公式(1)。该

$$Y=f(X_1, X_2, \cdots, X_i, \cdots, X_m) \tag{1}$$

方程描述某地理事物受 m 个因子的影响。这些因子对地理事物的影响包括主要影响和次要影响、增函数影响和减函数影响等。

（二）主要因子方程及其分析

1. 主要因子方程

地理事物的万能因子方程中的第二个方程是地理事物的主要因子方程，如公式

(2)。该

$$Y=g(X_1, X_2, \cdots, X_j, \cdots, X_n) \tag{2}$$

方程描述某地理事物受 n 个主要因子的影响。这些因素对地理事物的影响都主要，包括增函数影响和减函数影响等。

2. 主要因子方程分析

主要因子方程分析包括主要因子性质分析、主要因子贡献分析等。

(1) 主要影响因子性质分析

在 n 个主要影响因子中，主要包括三类：①增函数影响因子，②减函数影响因子，③分区间影响因子。其中，增函数影响因子是与地理事物之间呈增函数关系的那些影响因子，减函数影响因子是与地理事物之间呈减函数关系的那些影响因子，分区间影响因子是在一定区间与地理事物呈增函数关系、在一定区间与地理事物呈减函数关系的那些因子。

(2) 主要影响因子贡献分析

在增函数影响因子中，研究每一个增函数影响因子对地理事物的贡献率，如果无法定量给出贡献率，那么研究各个增函数影响因子对地理事物的贡献大小排序。在减函数影响因子中，研究每一个减函数影响因子对地理事物的贡献率，如果无法定量给出贡献率，那么研究各个减函数影响因子对地理事物的贡献大小排序。在分区间影响因子中，也进行相应研究。

问题与讨论

一、常规性问题与讨论

1. 地理科学研究的起点是什么？

2. 科学问题与一般问题有什么区别？

3. 地理科学问题的构成应遵循哪些基本原则？

4. 地理研究的基本维度有哪些？其根据是什么？

5. 你如何理解地理研究的科学维度？

6. 你如何理解地理研究的价值维度？

7. 你如何理解地理研究的伦理维度？

8. 你如何理解地理研究的科学维度、价值维度和伦理维度之间的关系？

9. 我国哪些杰出的地理学家论述了地理科学研究维度的基本思想？

10. 你如何理解空间秩序的含义？

11. 你如何理解空间秩序的层次？从科学认识的角度看，最高的层次是什么？请你阅读《地理学报》等地理期刊上的有关文章，看看作者是在什么层次上认识和表达空间秩序的？

12. 你如何理解空间秩序的语言？各种语言有什么差别？请你阅读《地理学报》等地理期刊上的有关文章，看看作者是用什么语言认识和表达空间秩序的？

13. 你如何理解空间秩序的形式？从科学认识的角度看，最好的形式是什么？最不好的形式是什么？

14. 你如何理解空间秩序的认识路径？请你阅读《地理学报》等地理期刊上的有关文章，看看作者是怎样认识和表达空间秩序的？

15. 你如何理解时间序列的含义？空间结构的时间序列可以包括哪两类空间秩序？请你阅读有关地理数学方面的著作，看看有哪些数学方法是可以回答时间序列问题的数学方法？

二、研究性问题与讨论

1. 请你根据你所在的省（自治区、直辖市）或市（地区、自治州、盟）的“国民经济和社会发展‘五年’规划报告”、“国民经济和社会发展‘五年’规划‘前期研究’报告”、《政府工作报告》等文献，找出影响社会经济发展的现实问题。在这些现实问题中，哪些可以成为典型的地理科学问题？请将这些典型的地理科学问题表达成科学研究课题的题目。

2. 你所在的省（自治区、直辖市）或市（地区、自治州、盟）的产业的产值结构从1978年以来是怎样变化的？这种变化是你所希望的吗？你认为应该如何对待未来变化呢？

3. 你所在的省（自治区、直辖市）或市（地区、自治州、盟）有多少个次级地域？它们之间的人均GDP和地均GDP的差距有多大？它自1978年以来是怎样变化的？这种变化是你所希望的吗？你认为应该如何对待这种未来变化呢？

4. 请你批评本章的观点或理论。

第六章　地理科学的基本原理

系统考察地理学的发展历史特别是地理学思想和理论的发展历史，可以发现地理学家群体特别是地理学大师们自觉或自发地和明显或潜意识地在思索和不断研究与回答着五个问题：地理环境的整体性、地理环境的分异性、地理环境的人地性、地理环境的尺度性和地理环境的过程性。系统总结关于地理学可以服务于区域发展的诸多重大问题的解决和诸多学者关于地理学发展趋势等方面的认识，也可以发现，地理学的这些贡献和理论发展趋势也均是围绕着地理环境的整体性、地理环境的分异性、地理环境的人地性、地理环境的尺度性和地理环境的过程性而展开的。同时，从逻辑的角度考察作为地理学的研究对象的“地球表层陆地空间系统”及其一部分的“区域系统或地域系统”和作为地理学的研究核心的“人地关系地域系统”这些地理科学的核心概念及其逻辑关系，也可以发现地理环境的整体性、地理环境的分异性、地理环境的人地性、地理环境的尺度性和地理环境的过程性是地理科学关注的最基本的问题。因此，虽然地理学的具体理论有很多，但作为地理科学这个学科整体性的地理环境的基本理论主要有地理环境整体性理论、地理环境分异性理论、地理环境人地性理论、地理环境尺度性理论和地理环境过程性理论。这五个理论因揭示地理环境的五个基本性质而具有本体论意义；因揭示了对地理环境认识和研发的基本角度和路径而具有认识论意义和方法论意义；因揭示了对于已研究出的某地理环境的基本性质的总结和阐述一般范式而具有知识论意义。

第一节　地理环境整体性原理

以地球陆地表层空间系统为研究对象、以人地关系地域系统为研究核心的地理学，虽然在解决困扰人类生存与发展的诸多综合性问题中表现出优于其他诸多学科的重要价值，但是其理论基础或基础理论的薄弱性这一致命的弱点也渐趋凸显。作为地理学整体特别是自然地理学的重要基本观念和重要基础理论或基本原理的“地理环境的整体性”的理性深化，对地理学的理论建设与学科建设具有重要意义。地理环境的整体性已不仅是系统的地理环境的一种特性，而且是地理学的一条基本原理以及施行地理工程和地理建设的一条基本准则。对地理环境整体性的认识，其重点已不是去证实其本体论意义下的存在，而是去理解其认识论或方法论意义下的思维。对于“理解”，基于若干具体的自组织理论特别是自组织方法的哲学化而得到的自组织方法论，是一种基本的研究视角与方法论工具。仅就此而言，地理环境整体性的理论研究，是一个重要而巨大的基本命题，可以粗略地界定为互补的两个层面：①地理环境整体性的“一般”理论研究，它主要应回答地理环境整体性研究的研究思路、研究方法、研究内容和研究意义以及研究历程等问题；②地理环境整体性的“具体”理论研究，它主要应回答研究方法的实证化即各种自组织方法或自组织方法论在具体的地理问题的研究中运用的问题。在“一般”层面上，对地理环境整体性的理论研究可以有两个互补的逻辑法则：①主要侧重于“从一般到具体进而到特殊”的研究法则即“演绎”法则；②主要侧重于“从特殊到具体进而到一般”的研究法则即“归纳”法则。虽然“归纳”法则在地理学的理论思维与理论构建中居于传统的、主流的地位，但是“演绎”法则在地理学的理论思维与理论构建中的作用是不应忽视的，理应得到承认与重视。本章拟主要遵从“演绎”法则，在“一般”层面上，重点讨论地理环境整体性的认识论与方法论问题，并试图将其原理化。

一、地理环境“整体性”的研究思路

地理环境具有整体性的观念与思想的产生与形成不仅与古老的东西方文化中即已存在的事物具有整体性的观念或思想有关，而且与近现代形成的系统论有关。古老的东西方文化中蕴涵着的诸多关于事物具有联系性、整体性的观念或思想，深刻地影响着近代地理学开山大师洪堡和李特尔以及道库恰耶夫等几代学者的研究与论述。在他们的地理学思想与理论中，认为整体性是地理环境最基本的性质之一。20 世纪形成的系统论特别是普通系统论的思想更加深刻地影响着现代地理学的思想与观念。普通系统论的渗入，使得地理环境具有整体性的观念与思想成为现代地理学最重要的观念与思想之一。值得注意的是，在既有的理论论著与思想观念中，地理环境的整体性主要是理解为地理环境所具有的一种性质，而尚没有被明确地理解为认识、利用与重建地理环境的一种认识论或方法论，即尚没有将其视为原理和准则。

对于“地理环境整体性”的研究可以有两个互补的基本的认识途径：一是着眼于“实证”，即千方百计地去证明地理环境具有整体性的途径；二是着眼于“理解”，即想方设法地去理解地理环境的整体性的途径。前者更多地反映了自然科学的研究理念，后者更多地反映了人文社会科学的研究理念。从哲学的意义上看，“实证”的途径更多的是着眼于“本体论”意义下的研究，“理解”的途径更多的是着眼于“认识论”和“方法论”意义下的研究。

整体性是地理环境的基本性质或特性，这可以从归纳和演绎两个途径去科学证明。在地理学特别是综合自然地理学或自然地理学的综合研究的诸多论著中，对于地理环境特别是自然地理环境的整体性已有比较详尽的阐述：基于道库恰耶夫的“自然综合体学说”或基于贝塔朗菲的一般系统论或基于普里高津的耗散结构理论。这些论述的哲学是“本体论”的，着重于通过“事例”的枚举以及归纳来证实地理环境具有整体性。显然，这样的研究逻辑是归纳性质的。除了这种归纳的科学证明之外，还应当可以进行演绎的科学证明（这里强调的是科学证明。科学证明不同于哲学证明即哲学思辨）。然而，目前尚鲜见这种演绎的科学证明成果。地理环境整体性的“本体论”的阐释与解答是非常重要的，因为它不仅理性地得出了一个基本的结论——地理环境确实具有整体性，而且为地理环境整体性的“认识论”和“方法论”的阐释与解答奠定了重要而坚实的基础。就地理学的理性思维而言，地理环境整体性的阐释与解答，更应着重于“认识论”或“方法论”，着重于“理解”，将其视为地理学的一条基本原理和地理工程、地理建设的一条基本准则。

对于地理环境整体性的理解通常是这样的：组成某个特定等级地域的地理环境的各个地理要素之间所具有的相互联系性和其结构与功能之间的关联性。这样的理解是正确的，但不够全面。除了上述的理解之外，对地理环境整体性还应作如下理解：组成某个特定的非最末级等级的地域的各次一级地域之间所具有的相互联系性和其结构与功能之间的关联性。这样，地理环境的整体性不仅具有要素含义，而且具有地域含义。如果将这两种含义的整体性归并为“空间域”含义的话，那么，对整体性的认识还应有“时间序”含义上的理解。“时间序”含义上的整体性，可以理解为整体结构与整体功能的形成与演变的过程（或时间坐标上的先后性、因果性）。对于这样理解的整体性——要素的、地域的和时间的整体性的“认识论”和“方法论”（基于“本体论”而又超越“本体论”）的解答，其方法论工具是什么？

二、地理环境“整体性”的研究方法

方法是一种元概念，极不好分析，其定义也颇为繁杂。人们通常将其表述为“方法就是人们为了达到一定的目的（认识或变革客体）所选取的手段、途径或活动方式”。方法与任务密切关联——不同的任务与目的有不同的方法；方法与理论密切关联——从一定意义上看，方法就是人们已有的理论、思想的一种特殊的具体化；方法与实践密切关联——方法可以看成是在一定理论指导下的一种特殊的、极富创造性的实践活动。方法论是从认识论的角度总结人类认识世界和改造世界的经验，探讨各种方法的性质和作用以及方法之间的相互联系，概括出关于方法的规律性的知识，是关于方法的合理性的理论，即关于方法的哲学。方法论具有不同的层次：①比较具体的各专门学科的方法论；②概括自然科学的一般方法的自然科学方法论和概括社会科学的一般方法的社会科学方法论；③从哲学的认识论的高度来论述的方法论。方法论虽然不给人们提供具体的方法本身，但却提供给人们一般性的方法论原则即为人们选择、创造具体的方法提供了一般性原则。“地理环境整体性”的方法论或认识论，为人们在理论上与实践上系统地研究地理环境的整体性问题以及运用地理环境整体性原理或准则进行地理建设的方法的系统选择与组合提供了重要的基础。

人类对客观世界的认识是一个不断深入的过程，将认识的对象——客观世界概括为三大类型：自然客体、社会客体和精神客体。这也即世界Ⅰ、世界Ⅱ和世界Ⅲ。自然客体一般可以理解为自然界，包括天然的自然和人工的自然，即第一自然和第二自然。社会客体，是指人类社会中的各种人文社会现象和人文社会过程，包括过去发生过的和现在正在进行的以及将要出现的种种社会活动。精神客体是指人类的各种精神活动和各种精神产品。这三类客体之间存在着密切的联系，这在地理学中表现得尤为明显。地理学的研究对象“地球表层空间系统”和研究核心“人地关系地域系统”，既非单一的自然客体也非单一的社会客体，又非单一的精神客体。地球表层空间系统或人地关系地域系统或地理环境的这种“多客体性”，决定了地理学认识途径与研究方法的多元性。对于地理环境整体性这个命题的解答，其方法或方法论的选择，应主要定位于一般的哲学认识论的方法或方法论上。

多种具体的自组织理论的研究角度或研究重点是不尽相同的：耗散结构理论是解决自组织出现的环境条件的，协同学基本上是解决自组织的动力学机制的，突变论是着重从数学抽象的角度揭示自组织的途径的，超循环理论主要是解决自组织的结合形式的，而分形学和混沌学理论主要是从“时空序”的角度来解决自组织的复杂性与图景的。这决定了以这些具体的自组织理论为科学基础的具体的自组织方法之间具有很好的通约性。以这些具体的自组织方法为基础的自组织方法论将成为研究地理环境整体性并将其原理化、准则化的重要的方法论。这些方法指导下的地理环境整体性的研究，应主要研究哪些内容？

三、地理环境"整体性"的研究内容

地球表层空间系统或人地关系地域系统或地理环境的组织性，虽然现代的地理学尚无法充分地实证，但是这已成为地理学家的一种信念，他们坚信自组织性的存在，地理环境的自组织性已得到确证。按照自组织方法论的专门研究者的观点，组织可以分成自组织和他组织（或者自组织和被组织）。自组织是指无外界特定干预下的演化，即组织力来自系统内部的组织化过程；他组织（或被组织）是指在外界特定干预下的演化，即组织力来自系统外部的组织化过程。与自组织和他组织同一个量级的概念还有无组织或非组织。它也可以分成非组织力来自系统内部的自非组织和非组织力来自系统外部的他非组织两种类型。自组织、他组织、自非组织和他非组织的关系见表 6－1 所示。就组织性与整体性的关系而言，整体性包含了组织和非组织两个方面。但组织在整体性中的作用更为重要。仅就组织性而言，在地理学中有时是很难将自组织与他组织截然分开的：在较小的区域或论题范围内的他组织在较大的区域或论题范围上则转换为自组织，这是因为对比较小的区域而言来自区域外部的组织力是外组织力，而随着区域范围的扩展，这种外组织力则成为扩展了的区域的内部组织力即内组织力；同样，在比较大的区域或论题的自组织在比较小的区域或论题范围上则转换为他组织。

表 6－1　组织与非组织的关系

总概念	组织		非组织	
含义	系统向有序化、结构化方向演化的过程		系统向无序化、瓦解化方向演化的过程	
二级概念	自组织	他组织	自非组织	他非组织
含义	组织力来自系统内部的组织化过程	组织力来自系统外部的组织化过程	非组织力来自系统内部的组织化过程	非组织力来自系统外部的组织化过程

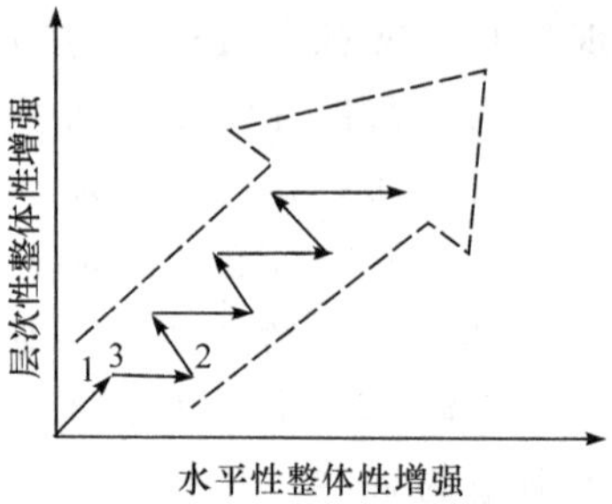

图 6－1　整体性的演化过程
1. 第一类；2. 第二类；3. 第三类

遵循自组织哲学或自组织方法论，组织的演化过程可以划分成三类：第一类，由非组织到组织的演化；第二类，由组织程度低到组织程度高的演化；第三类，在相同的组织层次上由简单到复杂的演化。这三类或三个层次的演化之间有着本质的区别，它们构成了过程演化的连续统一体。据此，地理环境整体性也可以理解为组织的演化过程与状态，包括由地理要素（或次级地域）到地理小系统、由地理小系统到地理系统以及由简单的地理系统到复杂的地理系统的组织水平和组织程度提高的过程或状态（图 6－1）。

从自组织方法论的角度看，地理环境整体性的研究特别是理论研究，其基本的研究应该包括：地理环境整体性的形成条件、地理环境整体性的基本动力、地理环境整体性的基本途径、地理环境整体性的基本结构和地理环境整体性的复杂图景等。不同的研究内容，其所借助的主要的方法论工具也是不同的：对于地理环境整体性的形成条件的研究应主要借助耗散结构理论，对于地理环境整体性的基本动力的研究应主要借助协同学，对于地理环境整体性的基本途径的研究应主要借助突变论，对于地理环境整体性的基本结构的研究应主要借助超循环理论，对于地理环境整体性的复杂图景的研究应主要借助分形理论和混沌理论（表 6－2）。

I. 普利高津所创立的耗散结构理论为地理环境整体性的形成条件问题的研究提供了自组织方法论。这种方法有助于系统地了解和掌握地理环境整体性的形成条件，进而指导人们如何创造条件以实现地理环境整体性。从这种方法论看地理环境整体性的实现：第一，创造条件使得地理环境系统开放，使得外部对地理环境系统的输入自由化，并且使得这种输入达到一定的阈值；第二，对地理环境系统的内部结构进行分析，看各个组成部分是否存在差异以及这种差异是否因不断的输入而趋向非线性或非平衡性。

表 6－2　地理环境整体性的研究内容及其自组织方法

地理环境整体性的研究内容	借助的主要自组织方法
地理环境整体性的形成条件的研究	耗散结构理论
地理环境整体性的基本动力的研究	协同学
地理环境整体性的基本途径的研究	突变论
地理环境整体性的基本结构的研究	超循环理论
地理环境整体性的复杂图景的研究	分形理论和混沌理论

H. 哈肯所创立的协同学为地理环境整体性的基本动力问题的研究提供了自组织方法论。这种方法有助于人们了解和掌握地理环境整体性的基本动力，进而指导人们如何提供动力以实现地理环境的整体性。从这种方法论看地理环境整体性的实现：第一，了解地理环境系统的子系统的数量和性质以及它们之间的可能关系，构建子系统之间合作的桥梁；第二，了解地理环境系统的稳定性状况，发现其不稳定性所在；第三，在不稳定之处，通过各子系统的相互作用分析，发现和确定影响整体性的序参量；第四，寻找和发现序参量的变化以及役使规律；第五，通过外界控制参量与序参量的相互作用，激励地理环境整体性的形成与发展。

R. 托姆所创立的突变论为地理环境整体性的基本途径问题的研究提供了自组织方法论。这种方法有助于人们了解和掌握地理环境整体性的基本途径，进而指导人们如何确定途径以实现地理环境的整体性。从这种方法论看地理环境整体性的实现：第一，通过观察地理环境系统发展变化的轨迹是否产生相互分离的现象，是否产生突跳行为，了解地理环境系统的发展演化的途径；第二，在地理环境系统发展变化的临界点或临界区通过诱导使地理环境系统发生向有利于人类活动的方向突变，或使地理环境系统逐渐趋于平稳变化，引导其自发地实现整体化。

M. 艾根等所创立的超循环理论为地理环境整体性的基本结构的研究提供了自组织方法论。这种方法有助于人们了解和掌握地理环境整体性的基本结构，进而指导人们如何确定结构以实现地理环境的整体性。从这种方法论看地理环境整体性的实现：第一，在具体的地理环境系统的联系中注意构建循环耦合环节和因果反馈关系，特别注意在不同层次之间构建因果反馈关系；第二，注意寻找多种结合途径和结合点，特别注意“远缘”关联以及可能的“远缘”关联等，使超循环得以形成。

B. 曼德布罗特等所创立的分形理论和 N. 帕卡德等所创立的混沌理论对地理环境整体性的复杂性和演化的图景的研究提供了自组织方法论。这两种理论可以有助于地理环境整体性的复杂性的研究：前者主要有助于研究地理环境整体性中的空间特性与结构，后者主要有助于研究地理环境整体性中的时间演化特性。

上述这些方法或方法论，通常要求在有严密的数学方程的情况下运用。然而，地理环境本身尚很难构建出严密的数学方程。这导致自组织方法论在地理环境整体性研究中的定量化的困难。但自组织方法论的概念、思想和方法仍然可以“定性”地运用于地理环境整体性的研究，对其研究起到重要作用，特别是在将“地理环境整体性特征”提升、构建为“地理环境整体性原理”过程中具有重要作用。

很多地理学的实证研究都与地理环境整体性有关。在诸多研究中地理环境整体性的思想与上述方法论已有一些或偏重于观念或偏重于定性或偏重于定量的自觉与不自觉地运用。这些实证性的研究与探索，是我们思考与探索自组织方法论指导下的地理环境整体性的理解与研究的重要的实证基础。对于地理环境整体性理论或原理的探索与构建，除了沿着以已有的运用自组织理论研究地理环境整体性问题的研究为基础进行理论构建之外，还存在着另外一条道路。这就是，从自组织方法论本身为出发点，思考与探索运用自组织方法论研究地理环境整体性的可能性，即在尚无或者尚少见具体地应用自组织方法论研究地理环境整体性的实证性成果之前的理论思考与探索。根据科学哲学关于理论结构及其生成的基本结论，我们绝不否认第一条道路的基础性与正确性，但也绝不同意有的学者否定甚至全面否定第二条道路的正确性与合理性的观点（这些学者之所以有这样的观点，很可能是深受地理学的“归纳”逻辑的影响而对“演绎”逻辑的重要性认识不足所致）。第二条道路，对于地理环境整体性理论或原理的创新以及地理学的创新特别是地理学理论创新而言，可能是更重要的。这样，地理学可能在“经验性”的基础上逐渐增加“超验性”而尽快地发展成为现代科学；在将来若干年里构建出来的地理环境整体性理论或原理也势必具有比较完善的公理化形式。运用自组织方法论研究地理环境的整体性，其研究意义是什么？

四、地理环境“整体性”的研究意义

在地理学特别是综合自然地理学或自然地理的综合研究中，“整体性”被界定为地理环境特别是自然地理环境的一个基本特征。然而，这样的观点或观念，在很大程度上贬低了“整体性”更大的价值。“整体性”不仅是地理环境的基本特征之一，而且也应是地理学（起码也是自然地理学）的基本原理之一——地理环境的整体性原理。这个原理与地理学特别是自然地理学中的原理性的理论——以自然地域分异规律为核心的自然地域分异理论和不仅是人文地理学而且也是地理学的原理性理论——以人地关系论为基础的人地关系地域系统共生理论是同等重要的。它们构成了地理学的“基本原理系统”。对“地理环境整体性原理”的深入研究，将使我们获得更多更系统的关于如何使相对独立的地理要素或次级地域整化为整体性的地理环境和使低级的地理环境系统演化发展为高级的地理环境系统及它们“定向”发展的理性知识。这些理性的知识，一方面可以丰富现有地理学的基础理论，坚实现有的地理学的理论基础，填补地理学先进的综合性理论思维与落后的综合性方法之间的鸿沟；另一方面可以使地理学在解决人类的生存与发展等诸多综合性问题中更好地发挥其独特的作用。在应用“地理环境整体性原理”时，我们应该将其与具体地理环境系统具体问题的研究有机地结合起来。因为“原理”是一种指导，是一种方法论，它不能替代具体问题的具体研究。“地理环境整体性原理”势必在可持续发展特别是着眼于次级地域之间相互作用所形成的地域结构的合理性与相关地域之间的和谐性的区域可持续发展的理论与实践中，和在地理环境的安全格局的研究与构筑中及在“西部大开发”中发挥作用，也势必会因此而完善与发展。地理环境整体性理论或原理的构建的道路势必还很漫长，但无论如何都应该走“第一条道路”和“第二条道路”复合的道路，并应更加重视“第二条道路”。这样才有助于填平“地理环境整体性原理”的思想或理论思维的先进性与“地理环境整体性原理”的方法或技术手段的落后性之间的鸿沟。“地理环境整体性”的研究特别是理论研究任重道远！地理环境整体性虽然已在绝大多数的地理学工作者的地理思维与实践中得到重视与运用，但这可能主要是自发的而非自觉的，尚需要走向自觉。

第二节　地理环境分异性原理

地理学家对同一时期不同地点、不同地方、不同地区之间的地理环境——自然地理环境、人文地理环境和综合地理环境——之间的差别的认识的理论成果，是形成了地理环境分异性观念和提出了地理环境分异性概念以及逐渐构建地理环境分异性理论。

一、地理环境分异研究范式的内涵

某非末级地域 R 在地域分异因素 X 作用下，发生地域分异，当地域分异达到一定程度时地域 R 分异出若干次级地域 R_i（图 6 - 2）。这些次级地域的延伸方向与地域分异因素 X 的方向垂直，每一个次级地域的幅度与地域分异因素 X 的梯度呈减函数关系。这些次级地域 R_i 的排列组合构成了关于 R_i 的地域谱，它也是这个地域 R 的次级地域结构。这里涉及三个重要变量：地域 R、次级地域 R_i 和地域分异因素 X。从理论角度看，在这三个变量中，知道其中两个变量，就可以推演出第三个变量。其中，如果这个地域受多重地域分异因素的综合作用，那么地域分异因素是各个地域分异因素的矢量合成。

$$R \xrightarrow{\quad\quad X \quad\quad} R_1+\cdots+R_i+\cdots+R_n$$

图 6 - 2　地理环境分异基本范式

二、地理环境分异研究范式内涵分析

这里的地域 R 可以是自然地域、经济地域、人文地域和综合地域。对某一地域进行研究：①如果主要从自然地理角度研究它的地域分异，那么这个地域就可以称为自然地域 R，可以对它按研究范式进行自然地域分异的研究，这里的地域分异因素 X 也就是自然地域分异因素，次级地域就是次级自然地域，次级自然地域谱也是地域 R 的次级自然地域结构；②如果主要从经济地理角度研究它的地域分异，那么这个地域就可以称为经济地域 R，可以对它按研究范式进行经济地域分异的研究，这里的地域分异因素 X 也就是经济地域分异因素，次级地域就是次级经济地域，次级经济地域谱也是地域 R 的次级经济地域结构；③如果主要从狭义人文地理角度研究它的地域分异，那么这个地域就可以称为狭义人文地域 R，可以对它按研究范式进行狭义人文地域分异的研

究，这里的地域分异因素 X 也就是狭义人文地域分异因素，次级地域就是次级狭义人文地域，次级狭义人文地域谱也是地域 R 的次级狭义人文地域结构；④如果主要从综合地理角度研究它的地域分异，那么这个地域就可以称为综合地域 R，可以对它按研究范式进行综合地域分异的研究，这里的地域分异因素 X 也就是综合地域分异因素，次级地域就是次级综合地域，次级综合地域谱也是地域 R 的次级综合地域结构。地域 R 的地域分异的研究结果，可以构成关于地域 R 的区划方案。对地域 R 的自然地域分异的研究结果，可以构成关于地域 R 的自然地理区划方案；对地域 R 的经济地域分异的研究结果，可以构成关于地域 R 的经济地理区划方案；对地域 R 的人文地域分异的研究结果，可以构成关于地域 R 的人文地理区划方案；对地域 R 的综合地域分异的研究结果，可以构成关于地域 R 的综合地理区划方案。

第三节　地理环境人地性原理

一、人地关系学说的考察

地理科学始终关注某区域内人的群体的生命活动、经济活动、社会活动和文化活动等各种活动和与这些活动直接相关的自然地理环境、人文地理环境和综合地理环境之间的关系，并将这种关系定义为“人地关系”。关于人地关系的理论探讨构成了令很多杰出地理学家不断思考的理论命题。由于哲学观念、地理环境基础、认识层次和研究角度等的不同，地理学家们形成了既有相同又有相异的若干人地关系学说。主要的人地关系学说有地理环境决定论、地理环境可能论、地理环境适应论和地理环境共生论等。

（一）地理环境决定论

地理环境决定论是认为某区域人的群体活动——生命活动、经济活动、社会活动和文化活动等各种活动的特征全部或部分地取决于与这些活动直接相关的地理环境——自然地理环境、人文地理环境和综合地理环境的特征的一种人地关系学说。

古希腊时代的思想家已开始注意人与气候的关系。希波克拉底、柏拉图和亚里士多德等都认为人的性格和智慧由气候决定。18 世纪法国启蒙思想家孟德斯鸠在《论法的精神》中接受了古希腊学者关于人与气候关系的思想，以气候的威力是世界上最高威力的观点为指导提出：应根据气候修改法律，以便使它适合气候所造成的人们的性格。19 世纪中叶，英国历史学家 H. T. 巴克尔认为气候是影响国家或民族发展的重要外部因素，并认定印度的贫穷落后是气候的自然法则所决定的。德国地理学家 F. 拉采尔在 19 世纪末出版的著作《人类地理学》中认为，人和动植物一样是地理环境的产物，人的活动、发展和抱负受到地理环境的严格限制。他的学生，美国地理学家 E. C. 森普尔把拉采尔的观点介绍到美国，夸大和突出了环境的决定作用。其后，美国地理学家 E. 亨廷顿在《文明与气候》一书中，特别强调气候对人类文明的决定性作用。在 19 世纪里，人类改变地球面貌的作用几乎未受注意，受达尔文进化论的影响，环境决定论取得了优势。进入 20 世纪后，人们逐渐认识到在人与环境的关系中人是主动的、是环境变化的作用者，于是陆续出现了各种不同的人地关系论学说，对环境决定论提出了异议或否定。然而直至第二次世界大战后，环境决定论并未消失。

澳大利亚地理学家 G. 泰勒批评“老式”的决定论，认为孟德斯鸠和巴克尔等把气候对人类的影响说得过分了，但他提出一种“决定行为论”（又称“有限决定论”），认为人类可以改变一个地区的发展进程，但如果不顾自然的限制，就一定会遭受灾难。

（二）地理环境可能论

地理环境可能论是认为某区域人的群体活动——生命活动、经济活动、社会活动和文化活动等各种活动的特征全部或部分地取决于对与这些活动直接相关的地理环境——自然地理环境、人文地理环境和综合地理环境的各种条件的主动选择的一种人地关系学说。

地理环境可能论是与地理环境决定论相对立的一种观点，由法国地理学家白兰士在19世纪末至20世纪初提出。他认为在人与环境的关系中，人是积极的力量，不能用环境的控制来解释一切人生事实；一定的自然环境为人类提供各种可供利用的可能性，而生活方式则是决定人类集团选择哪种可能性的基本因素。法国历史学家L. 费夫尔在1922年发表的《历史学的地理导论》中称白兰士的理论为“可能论”，他概括的基本观点为：自然界没有必然性，但到处都存在着可能性，人类作为可能性的主人，才是利用它们的主宰。维达尔的学生，法国地理学家J. 白吕纳在1910年出版的《人地学原理》一书中，进一步论述了地理环境可能论的思想，并指出心理因素是地理事实的源泉，是人与自然的媒介。他认为：心理因素是随不同社会和时代而变迁的，人们可以按心理的动力在同一自然环境内创造出不同的人为事实。英国地理学家O. H. K. 斯帕特提出了一个介于地理环境决定论和地理环境可能论之间的折中观点。他认为人类发展的每一阶段都是对可能性的选择，但由于地理环境的影响，一些可能性的概率大于另一些可能性。这种观点发展了地理环境可能论的思想，被称为地理环境或然论。关于地理环境或然论，牛文元教授在其《理论地理学》中给予了较为系统的阐述。

（三）地理环境适应论

地理环境适应论是认为某区域人的群体活动——生命活动、经济活动、社会活动和文化活动等各种活动的特征全部或部分地取决于对与这些活动直接相关的地理环境——自然地理环境、人文地理环境和综合地理环境的各种条件的被动适应的一种人地关系学说。

地理环境适应论是受到法国地理学派的可能论的影响而产生的。“adjustment”一词意为“协调”或“适应”，由英国地理学家P. M. 罗士培于1930首先创用。它既意味着自然环境对人类活动的限制，又意味着人类社会对自然环境的利用和利用的可能性。罗士培认为：人文地理学是研究人地之间的相互关系而不是研究控制问题，就是说从不同的侧面论述人类活动对环境的适应能力；人文地理学包括两个方向，一是人群对其周围自然环境的适应，二是居住在一定区域内的人群与其他地理区域之间的关系。与罗士培同时代的美国地理学家H. H. 巴罗斯于1923年发表文章，把地理学称为“人类生态学”。他主张地理学应当致力于研究人类对自然环境的反应，分析人类的活动和分布与自然环境之间的关系，从另一个角度提出了适应论的观点。这种人类生态学的观点又称“生态调节论”。19世纪末以来，人类学者在研究中也逐渐认识到人类分布特性与环境分布特性之间存在一定的因果关系，提出了与人类生态学近似的文化生态学的概念，其研究重点亦为人类社会如何协调与自然环境的关系。地理学和人类学关于这个问题的研究，促进了适应论发展。20 世纪 50 年代以来，社会生产力的发展和人口的增长，使人类作用于自然环境的力量增强，而自然环境对人类的反作用也日益明显。为协调人口、资源、环境和发展之间的关系，人类生态学在 70 年代里重新兴起。从 20 世纪 80 年代开始，协调论由于主张地理学的主要任务是研究如何协调自然环境与人类文化生活的关系而受到更为广泛的重视。

（四）地理环境共生论

地理环境共生论是认为某区域人的群体活动——生命活动、经济活动、社会活动和文化活动等各种活动的特征全部或部分地取决于与这些活动直接相关的地理环境——自然地理环境、人文地理环境和综合地理环境的各种条件的共同创造的一种人地关系学说，也称人地共生学说。

美国地理学家 G. P. 马什根据自己的考察和所读到的文献写了《人和自然：或被人类行动改变了的自然地理》一书，指出人类对自然的开发与利用必须谨慎，以保持自然的和谐与平衡。苏联学者马克西莫夫认为："人过去在改造，现在仍在改造。但是，技术补充生物圈，并作为统一的运动体系内的组成部分与之相互作用。形成这种技术圈与生物圈的共生现象，可以说是一种本质上崭新的全球现象，同时也是科学技术进步的新阶段。"英国学者 R. J. 贝奈特和 R. J. 乔利在《环境系统》中专门论述了共生问题：人类对长时间、大范围、大规模的能流和物流没有能力调节，而只有通过共生来实现人类与自然界的和平共处。苏联地理学家索恰瓦在《地理系统学说导论》中阐述了人类与地理环境共生以及共同创造的思想。20 世纪 90 年代以来，已有学者将地理学的研究核心"人地关系地域系统"与人地关系论中的"人地协调论"结合起来，探讨"人地关系地域系统共生应用理论"。

二、人地关系的历史分析

人类一经产生，就通过人类自身繁衍生产和物质资料的生产与自然环境之间发生联系，开始了人与自然环境辩证发展的新阶段。人作为接受者，从自然环境中获得积极、有益的输入；作为变革者，通过技术圈和社会圈的输出来影响、改造自然环境，进而改变和控制新的输入。这一关系颇具反馈的含义。但在人类社会的不同阶段，其内涵又有所不同。考察人类文明的历史，可以试将人类活动与自然环境相互作用的历史进程划分为下列阶段。这些阶段的划分也可以反映某一个区域的人地关系的发展历史阶段。人地关系的发展历史和对人地关系的认识历史，恰与人地关系的逻辑关系有很好的统一性。

（一）地理环境的决定的时代

地理环境决定人的活动的时代——与农牧业产生以前的原始经济活动对应的阶段，具有人类社会与自然环境的原始共生的特点。距今 1 万年前，当时的古人类以采集和渔猎为主。人类活动仅仅是自然环境复杂系统中的一部分，完全遵从着自然界的组织原则。火的普遍使用是人类文明史上的重要事件，使人类利用自然环境的深度有所增加，但仍没有超过自然环境的容量。人类慑于自然环境，主观能动作用处于低级阶段，没有形成经济机构，尚属"动物社会"。这时的自然环境基本属于原生自然环境。人类和自然环境之间保持着原始的共生。

（二）地理环境的适应的时代

地理环境的适应的时代即人的活动被动适应地理环境的时代——与原始农牧业及小农经济对应的阶段，具有人类对自然环境的被动适应的特点。近 1 万年来，人口数量激增。例如：公元前 1500 年世界人口总数估值为 1 亿人，远超过公元前 7000 年世界人口总数 5000 万的数字。此时，人类活动作用于自然环境的深度和广度都有较大增强，人类对自然环境的影响也明显地表现出来。旧石器时代以后，人类的技术发展又经历了中石器时代、新石器时代、铜器时代和铁器时代。犁具的广泛使用，导致以土地为中心的自然体系的人为改造，出现了不稳定的农业生态系统。它一方面提高了生产力，另一方面则加速了地质侵蚀。但可以认为人类活动依旧保持着自然环境的生物学生产过程的基本特征，土地多保持着自然施肥的特点。在许多地域，人类活动得到较大的发展，在自然环境中留下了人类的深刻痕迹。此时的自然环境已不是原生的自然环境，而是次生自然环境。总体看来，人类活动仍然遵循着自然界的组织原则，没有破坏生态系统的基本营养结构和自然环境的水热结构及地球化学联系。这属于人类顺应自然环境的阶段。

（三）地理环境的可能的时代

地理环境的可能的时代即人的活动对地理环境的主动选择的时代——与以高消耗高污染为特点的工业革命对应的阶段，具有人类对自然环境大改造的特点。18 世纪工业革命在大陆上一开始发展，农业经济就变为工业经济时代，机器逐渐代替了手工劳动，矿石燃料的动力取代了畜力，生产有了巨大发展。大机器生产工具广泛应用于工业、农业和交通运输业，化学工业的发展、电的发明与应用及电力工业的发展，以及生产地域的专门化，使各种物质生产部门得以发展，加速了矿产资源的开发与利用。同时，人口以空前的速度增长，导致物质需求不断增加，人类向自然环境索取的负熵越来越多，并将越来越多的生产废弃物和残存物以及生活排泄物即正熵返还给自然环境。人类与自然环境之间的物质循环和能量转换的广度与深度都大大超过了农业经济占主导的时代，能量的多种转换方式取替了单一的生物学方式。人类借助于先进的科学技术，极大地增加了社会占有，促进了人类文明与进步，“改造论”成为当时的主导哲学。大改造的结果也有消极的一面，导致一系列环境问题。自然环境已经超载和破坏，并已表现出不利于人类经济和生活的新问题。可见，工业革命导致的人类文明与进步，在客观上多是以牺牲良好的生存环境为代价的。大改造所形成的次生的自然环境远不是理想的环境，人类与自然环境多表现出“互害”的状态。

（四）地理环境的共生的时代

地理环境的共生的时代即人们开始重又与地理环境共同创造的时代——与以低消耗和低排放为追求目标的后工业革命对应的阶段，具有人类和自然环境协调共生的探索的特点。大改造的结果造成人类与自然环境之间的空前矛盾。人类开始意识到人类与自然环境之间的关系仍然是密不可分的，而环境不利于人类的状况又有很多是由人类自身活动造成的。如果这个矛盾继续存在并扩大，则将导致人类的毁灭。可见，消除现有的自然环境的弊病，建设一个理想的环境，是我们人类自身最重要的任务。虽然明确提出这个问题仅一二十年，但已引起地理学、生态学和社会学等一系列学科和全社会的关注。

要实现这种过渡，必须勇敢地放弃“改造论”哲学，尽早树立起人类与自然环境协调共生的“协同论”或“共生论”的哲学观念。

三、人地关系的实证分析

（一）地理环境对人的活动的作用

地理环境——自然地理环境、人文地理环境和综合地理环境对人的群体活动的作用，主要表现在生命活动、经济活动、政治军事活动和历史进程等方面。

1. 地理环境对人类生命活动的作用

人类自产生后，虽然是按照自身的规律进化着，但还是不可避免地留下大自然的烙印，在不同的地理环境形成不同的适应特征。距今四五万年前就已逐渐分化出不同体质形态的三个基本的种族，而且同一人种也因地理环境不同而表现出亚类型的地域差别。如中华民族的体质形态同属黄种人（蒙古人种），就存在以长江为界分为南北两大地区类型，具有各自的体质特征。因此，地理环境为人类种属的形成及分化提供了客观基础。

人体素质是由遗传和环境因素共同决定的。从达尔文的进化论看，遗传因素本身也包括环境因素的意义，是自然选择和长期适应的结果。地理环境的差异往往造成食物结构的差异，而它对人体素质存在着短期和长期效应。同时，地理环境的差异又以某些生态因子的差异而影响人体素质。身高是反映人体素质状况的重要标志之一。从阅读的相关文献特别是孙关龙同志的研究论文看，我国人体身高存在着明显的地域差异，其中“南北方人的身高差异”和“沿海与内地人身高差异”都是因为地理环境的差异造成的。因此可以推论，地理环境一方面以短期效应直接影响人体素质，使遗传优势得到实现；另一方面以长期效应间接影响身体素质，使短期效应得到积累，形成遗传上的优（劣）势。

在封闭的人口环境系统中，人口的增减完全取决于死亡率和出生率，而地理环境对死亡率和出生率有着直接或间接的影响。因此，人口发展过程在空间上的表现形式深受地理环境的制约。

2. 地理环境对人类经济活动的影响

人类经济活动主要是通过一定的方式将人们结合起来，使用劳动工具，作用于劳动对象，共同进行生产劳动来实现的。而生产劳动的对象和制造生产工具的原材料，归根到底都取自于自然环境。因此，自然环境是人类经济活动的自然基础，而且成为人类经济生活的重要组成部分。

自然资源可直接投入或参与社会生产过程，并转化为社会财富。其性质直接影响到人类经济生活的性质，对部门产业的性质起到质的规定。同时，自然资源的优劣程度在特定的经济生活或特定发展阶段中又决定了部门产业的生产力水平。例如，土地和水资源的组合便直接参与农业生产，而农业生产力的高低原因之一是地理环境中水土资源的优劣。因此，以自然资源为中心的地理环境对部门产业的性质和生产力水平有重要影响。同时，高技术产业对地理环境的要求则多是自然条件方面，但仍受到地理环境的影响。

在自给自足的经济中，社会的每一个经济细胞既是生产者又是自己产品的消费者，他们具有大体相同的生产内容和生产规模。地理环境（自然资源和自然条件）的多样性和差异性，为社会分工和劳动地域分工提供了客观基础。劳动地域分工乃是“社会劳动分工的空间形式”。地理环境的地域分异，导致自然资源或自然条件的“有形区位”的差异或“有形区位优势”。这种“有形区位优势”相当于“硬件”，有利于开展某种生产经济活动，“导致一定的地域分工，形成后的地域分工也会产生新的区位优势”，两者之间具有正反馈关系。而新的区位优势中包括“有形的区位优势”，还包括“无形的区位优势”。“无形的区位优势”相当于“软件”，包括很多社会人文方面的内容。所以地理环境是劳动地域分工最初形成的根本原因。“自然条件的空间差异和潜在自然资源的集中，是劳动地域分工最重要的基础之一。”地理环境不仅是劳动地域分工形成的客观条件，而且是参与劳动地域分工的内因机制。

劳动地域分工是产业分布与经济地域形成和发展的直接原因，因此地理环境特别是自然环境资源，则成为产业分布和经济地域发展的内在因素与基础，直接影响经济地域的类型和结构。但这种影响对不同类型的经济地域作用的程度不同，对资源型经济地域的产业结构有决定性的影响；对资源—加工混合型地域的部门结构有重要影响；对加工型地域的部门结构也有一定的影响。

地理环境的地域分异还深刻影响着未来经济活动。区域开发的宏观战略必须充分考虑地理环境的差异，即未来发展趋势的差异受地理环境的影响而形成的社会经济条件的差异（这种影响包括两方面的含义：地理环境在经济活动历史上的作用，造成今天的区位差异在今天直接产生的作用）。例如，我国东南半壁和西北半壁的自然条件差异——矿产资源、水利资源与生产（力）地区分布不吻合的差异就深刻地影响着我国区域开发的宏观战略。陆大道院士关于“我国区域开发的宏观战略”的研究，已充分考虑了这些。

地理环境的地域分异造成的“有形区位”，在不同的社会经济阶段或者成为优势，有利于经济活动；或者成为劣势，不利于经济活动。如海洋曾经妨碍人们的经济往来，邻近海洋的区位则为劣势；当航海发达时，海洋是重要的通道之一，表现为区位优势。在相同的社会经济阶段或条件下，相同的区位也会因为时序不同而或优或劣。

3. 地理环境对人类政治军事活动的作用

人们很早就开始探讨政治军事活动和地理环境关系的问题。地理环境往往与受其影响的人文环境共同决定“政治区位”的优劣势。如英国人麦金德的“大陆腹地”概念，汉末政治家诸葛亮的“隆中对答”等就论述了政治活动的地理环境问题。即使是在现代，世界政治格局也深受地理环境的影响。国都是颇具政治意义的地方，而其建置则又与自然条件和地理位置等地理的内涵有密切的关系。黄河之滨的洛阳，以建都的朝代众多而著称于世。自公元前 21 世纪夏朝以来，洛河一带曾出现过好几个洛阳城。究其原因，这主要是与洛阳拥有的良好地理环境分不开的。

战争是军事活动的最主要表现形式。“人类的战争活动与地理环境之间的关系是一种特殊的人地关系”。自然地理位置和自然条件在人类军事活动中具有特别重要的意义。一个国家（战区）的自然地理位置与其国防建设和军队的编制、装备、军事训练等有密切的关系。现代战争因核武器的使用而更加重视数理地理位置，同时国家（战区）的面积大小、边界线长短及其形状对军事行动也有重大影响。地理环境还影响军事活动的战术方面。所以，“无论是历史上的战争或现代战争，地理条件总是影响军事行动的组织和实施的基本因素之一”。

因此，地理环境为人类政治军事活动提供的重要条件是地理空间。地理环境与受其影响的人文环境共同决定的“区位条件”，深深影响着人类政治和军事活动。随着社会发展，地理环境的直接影响将更多地让位于人文环境的影响。

4. 地理环境在社会发展中的作用

不同的地理环境为形成不同的文化提供了选择性。例如，中国文化的特点，与东临大海、北接古代人烟极为稀少的西伯利亚，西北、正西和西南部为浩瀚的沙漠、巨大的高原和山系所构成的腹地与西亚、南亚及遥远的西方隔离开来的地理环境有极大关系。作为大陆文化，它既不同于交通不发达的古代囿于海洋的“有形区位”中的诸民族所创造的孤岛文化，也不同于邻近海洋的“有形区位”下产生的海洋文化。即使同是大陆文化，也因地理环境的迥异而有别。如以突出家庭的农耕生活为主体的农耕文化（如中国，尤其是中原）的特点就不同于长期过着游牧生活的游牧文化的特点。

研究表明，古代文明和经济兴衰与地理环境的变迁有关。1 万年前的最后一次冰期之后，在距今 5000 年前全球出现了人类历史上最温暖的气候，世界四大古文明在尼罗河、两河流域、印度河流域和黄河流域相继诞生（当然还有其他有关古代文明的说法）。这些古代文明多属于农业文明，它们的起源和发达则得益于靠近河流的地理环境。温和的气候、肥沃的土地为农业文明的发源和发达提供了优越的自然基础。人们得益于这种优越的地理环境，发展了农业经济，而发达的农业经济则又促进了对这种优越环境的进一步开发和利用，两者存在反馈关系。农业文明主要在于生活资料的富有和易于开发利用，而工业文明的中心则趋近于自然资源丰富又易于开发的地区。至于文明的消亡，特别是古代文明的消亡，则也同自然环境趋于恶劣有关。如距今 4000 年左右的一次气候寒冷期，印度河流域的哈拉帕文化衰败，撒哈拉地区的游牧民族被逐出。公元前 1000 年左右到公元前 850 年，寒冷的气候使地中海文明相继衰落。中国的中原地区由于气候寒冷和干旱连年，出现了饥荒、家室相离、民族流亡……周室民众被迫东迁的情景。所以，任何文明的建立、发达都与特定的地理环境相适应，不同的文明往往对地理环境（特别是自然资源）有特殊的需求。而当地理环境发生变迁时，则在原来的地理环境中孕育的文明要受到冲击。如果这个冲击过大，超过文明的承受力，则旧的文明就要走向消亡。当然，不同的文明又因社会的发展而表现出越来越强的稳定性。但任何一个社会条件下的文明都只有一定的承受力。因此，也可以认为，任何文明都是人类与地理环境相适应和共同创造的结果。

我国历史上的四次农牧对立均起因于游牧业居民向农业区的扩张。三次南北对峙，而以北胜南败为终。这都与我国地理环境及区域差异有关。如果仅仅说这些是历史的必然或极端强调政治因素，而忽视地理环境的重要作用，则很难得出唯物主义的论证和结论。

地理环境也成为社会结构类型的一个因素，如东、西方封建结构的区别就与地理环境有关。东方封建结构的超稳定性与地理环境及其受人类干预少有密切关系。臧振先生在《地理环境是中国封建社会长期延续的决定性因素》中论述了：西欧资本主义的成长与地理环境造成的开放环境、小国并雄、经济发展不平衡和发达的贸易等有重要关系，而中国的地理环境则促使其形成内向的封建经济共同体。前者和后者都与地理环境有关，在不同的地理环境中，地理环境对历史和社会的作用将会起到主要的和明显的作用。人类社会总是在一定的地理环境和社会经济、人文环境中发展的，如果忽视地理环境对人类社会发展的制约和影响，就无法全面了解人类社会发展的历史。地理环境为人类社会发展提供了客观的物质基础，并且参与人类生活而深刻影响历史和历史进程及社会发展；有时会起到决定性作用，有时起到“加速或延缓”的作用。因此，我们必须承认地理环境的优越和大的灾害对现代具体社会的作用。

（二）人类活动对地理环境的作用

人类活动对地理环境的作用的研究和表达的思路有：①人类活动对地理环境中能量流动和物质流动的改变的作用；②人类活动对地理环境要素进而对地理环境整体的作用。这里主要按着第二种思路来阐述人类活动对地理环境的作用。

1. 人类活动对地理环境诸要素的影响

（1）人类活动对气候的影响

人类活动对气候的影响是很大的，不仅改变了下垫面的状态（如砍伐森林、疏干沼泽、修建水库等）进而引起局部气候条件的改变，而且对地方小气候甚至气候变迁也有影响。通常认为人类活动不能改变一地的太阳辐射，但实际上人类活动已经影响了一地的太阳辐射。据研究，上海市自 20 世纪 60 年代末开始，太阳直接辐射显著减少，散射辐射逐年增加，总辐射有所减少。其原因在于人类活动大大改变了大气的成分，造成了“浑浊岛效应”。同时，人类活动还造成城市的“热岛效应”，引起云量、日照和大气透明系数等的改变。人类活动对气候的影响还有更大的效应，已成为“第四纪气候研究不可忽视的一个重要环节”。人类大量使用化石燃料使 CO_2 浓度增高是一个历史过程，现已表现出对第四纪气候变化的影响，延缓了气候转冷的趋势，暂时干扰了气候发展的自然趋势和过程。

（2）人类活动对土壤的影响

人类活动引起或加速了土壤的侵蚀，使土壤表层的肥沃土层流失，土质变坏。据莱斯特研究：全世界耕地土壤的过大侵蚀量已达 257 亿 t/a，且正以每年 0.7%的速度增加；过度的耕种也将导致土壤肥力的递减。同时，不合理的灌溉导致土壤次生盐渍化。与此相反，合理利用，定向培育土壤，可以将自然土壤转变成农业土壤，使自然肥力转为农业肥力。例如，东北地区黑土型土壤的利用，就既符合当地土壤的发育规律又符合农作物生长的需要。一些区域性、微域性的土壤分布规律也是人类活动与自然规律相结合共同创造的。

（3）人类活动对水文的影响

水资源的自然分布与人们经济利用不相一致，于是就改造它。运河和调水工程改变了自然水道，沟通了不同的流域，调剂了多水区和少水区之间的不平衡；修建水库也是人类影响水文状况的重要方面，调剂了不同时期水量的不平衡，利于防洪、发电、灌溉、航运等。但大水库工程也带来一些意想不到的后果，如尼罗河上修建的阿斯旺大坝就导致很多极为不利的后果。人类的水利工程虽不乏成功的经验，但也有更多失败的教训。所以，人类万不可轻易施行大规模的工程。从水利工程的水文效应考虑，人类活动会导致水文现象的变化。有些地区地表径流减少，地下水位下降，湖泊水位下降、干涸，河道变短等一系列水文现象都有人类活动的原因。杨利普先生对新疆干旱水资源评价的研究更直接而具体说明了这一点。而这种变化则进一步加剧了资源的供需矛盾。同时，人类活动的水文效应往往与地理环境自身演化所导致的水文效应重叠在一起，形成综合的水文效应。对此问题的研究将是地理科学研究水资源的一项重大课题。

(4) 人类活动对生物界的影响

人类对生物的影响是多方面的：人类活动直接地消灭一些动植物（的种属），使生物基因库变小；为了得到优良品种，利用遗传上的杂交优势等，培育适合当地自然条件的新品种；为了防止有用的动植物的灭绝现象的发生，采取了野生动植物的家化及其再度野化；改变了动植物种属的原有自然分布区。人类对森林资源的干扰和破坏的程度与结果是最为广大、深远的。据研究，人类社会初期，陆地面积的2/3被森林覆盖；到19世纪时，全球有森林55亿hm^2；20世纪70年代末至80年代初，全球的森林只有28亿hm^2。森林是地理环境中最主要的调节者，其遭到大量砍伐后，会导致地理环境的质量下降而出现一系列环境问题。长江中上游生态环境调查结果，非常详细地论述了大量砍伐森林的恶果。这些不良后果又都严重地影响了人类的经济活动。

2. 人类活动对地理环境整体的影响

人类活动不仅影响自然诸要素，而且还影响着景观地球化学、水热联系和生态联系，进而对地理环境整体发生影响，深刻地影响地理环境的结构和功能。

可以借鉴自然地理系统结构定义来给出地理环境结构的定义：地理环境诸要素（非最低级的）或地域之间通过因果反馈所形成的时间与空间联系或数量上的对比关系。因此，它的结构包括要素结构、地域结构和时间结构。系统理论告诉我们，结构和功能之间通过涨落存在着制约关系，或者是决定性的，或者是随机性的。大量事实表明，人类活动可以改变局部地理环境的结构（或功能），也可以对大范围地理环境结构或功能产生深刻的影响。当人类活动的影响超过地理环境的一定阈值时，其结构和功能就会发生改变。

张国栋的《近50年来人类活动对气候的影响》论证了人类活动对气候变化的影响。第二次世界大战的武器破坏力甚大，致使北半球大气处于到处皆是战争烟尘的状态。以长崎、广岛为先导的大气核爆炸导致高压、高温的条件下产生氮氧化物气体，这些气体有很强的消光作用，导致日照量减少。资料表明，在一次高空核爆炸后，在相当大的地区，日照量减少2.5%。如果全球日照减少2.5%，可使气温下降5℃，这就是中等程度的冰期。再一个重要的影响就是工业革命造成大气污染及CO_2所致。20世纪70年代中期以来，CO_2增加导致的升温现象越发明显。同时大气中因核爆炸和火山活动所导致的烟尘不断净化。所以，气温的上升主要是CO_2增加所引起的。可以认为在今后很长的时期内，CO_2的增温效应是一个最重要的环境问题，很可能带来一系列后果。关于气候的变化目前仍众说纷纭，但有一点可以确信，气候的改变势必影响到地理环境的方方面面。沙漠化是现代地理学及有关学科颇为重视的问题之一。大量研究表明，沙漠化是人类过度的经济活动使脆弱的生态系统发生退化的过程。与沙漠化相反，也还存在着绿洲化。赵松乔先生在综合分析西北干旱区的自然特点和经济发展的简史后得出，人类活动作用于西北干旱区地理环境导致其产生显著变化的结论：正确认识、合理开发和利用自然则导致绿洲化，反之则导致沙漠化。这两个相反过程的决定因素都是人类活动。人类活动在黄土高原地理环境变化中的作用是有较大学术争论而又现实的问题。人类活动对地理环境的影响既有有利的一面，又有不利的一面。不承认其影响和过分夸大其影响都是不严肃的。有利的方面导致的对环境的影响表现为不同的时空尺度。从空间上看，有全球性的，也有局部性的；从时间上看，有现实性的，也有潜在性的。这些影响表现出来的时间不一样，有短期效应，也有长期效应。

目前，已有一些优秀的地理学家开始定量考虑人类活动对地理环境的作用。例如，以色列大学的道夫尼尔提出了用发展度（DD）和感应度（DP）来综合测量人对地理环境的作用的思想和方法。其中，发展度（DD）用城市人口百分比（UP）来测度，感应度（DP）用文盲百分数（DN）来测度。

四、人地关系的区域分析

人地关系的区域分析是一个宏大的分析框架，这里仅以中国为区域，进行中国人地关系地域系统的分析。中国是一个巨大而复杂的人地关系地域系统，可以从很多方面进行系统的研究。本章对于中国人地关系地域系统的分析，仅讨论地理环境对中国历史进程的影响这个重大问题。更全面的系统分析，我们将在其他论著中讨论。从以下分析中，同时还可以看到地理学对历史学研究的重要作用：以坚实的地理学基础进行历史研究，可以对很多历史问题有更深刻、更系统、更全面的认识。

古今中外很多优秀的历史学家和历史地理学家以及哲学家，都非常重视历史事件和历史进程的地理基础即地理环境对历史事件和历史进程的作用问题。诸如司马迁的《史记·货殖列传》、班固的《汉书·地理志》、白寿彝的《中国通史·导论》、孟德斯鸠的《论法的精神》、黑格尔的《历史哲学》、麦金德的《历史的地理枢纽》、哈辛格的《历史之地理基础》、汤因比的《历史哲学》、普列汉诺夫的《论一元论历史观之发展》、马克思的《1844年经济学：哲学手稿》、宁可的《地理环境在社会发展中的作用》、张执中的《地理环境与人类历史的关系——如何思考环境的制约问题》、杨其等的《关于地理环境决定论的几个问题》、严重奎的《论地理环境对历史发展的影响》、仲伟民的《地理环境：一个可变的量——论人类社会初期地理环境的决定作用》、张艳国的《东方地理环境与中国历史发展》、何梓琨的《地理环境学说是马克思主义哲学体系的重要组成部分》、李澄的《不应该把地理环境对社会发展不起决定作用的命题简单化》、刘昶的《试论中国封建社会长期延续的原因》、刘修明的《中国封建社会的典型性与长期延续原因》、王和的《试论历史规律》、王会昌的《中国文化地理》、蓝勇的《中国历史地理》和李桂海的《地理环境对中国历史发展的影响》以及笔者的《中国北方文明的地理基础》与《中国历史上农牧冲突的地理解释》……这些探索和论述的一个基本出发点或理论预设是：许多历史问题特别是历史进程问题的系统认识和客观阐释均少不了地理成分，而一些历史进程问题或重大历史事件又特别依赖地理条件。这样的认识，是一种历史观念。历史观念虽然不能替代具体的历史研究，但却在始终引导着具体的历史研究。

“历史的合目的性”与“历史的合规律性”是贯穿在康德《历史理性批判》中的中轴线。历史的合目的性是指“当然”的——历史就是朝着一个目的在前进的，所以它不是盲目的；历史的合规律性是指“实然”的——历史就是按照规律而展开的，所以它不是偶然的。地理环境对历史重大事件和历史进程具有重要或重大影响这种历史观念，同样也是符合历史和历史学的合目的性和合规律性的。将地理环境作为一个重要因素去研究这些历史问题，可以得出颇尽人意的历史唯物主义答案。地理环境对人的集团的存在和发展的作用，包括稳定的地理环境对历史进程的影响和变迁的地理环境对历史进程的影响。运用人地关系地域系统思想或理论研究地理环境与人的活动的关系，利于阐明人的集团的历史行为与地理环境之间的内在联系或统一性，以揭示出客观存在的“地理-历史”规律。这里所说的规律，与佘正荣所说的历史规律的含义是一致的。他认为，在大时空的宏观尺度背景下，人类历史发展的最一般规律，根本无法从社会系统本身来加以揭示，而必须由社会和自然相互作用的历史过程及其规律即社会-自然巨系统来加以说明。

（一）区域宏观分析Ⅰ：中国古典文明的诞生

关于中国古典文明的诞生的研究，肇始于郭沫若的《中国古代社会研究》和夏鼐的《中国文明的起源》。自 20 世纪 80 年代以来，发表了数以百计的学术论文与《中国文明起源新探》、《中国古代文明与国家形成研究》、《农业发生与文明起源》和《中国早期文明》等学术著作。这些研究或直接表明或深刻蕴涵着这样的观念：数千年的中国历史是华夏文明在中华大地上不断扩展并融合其他文明且在时间上不断延续的耦合体，中国古典文明是中国特定的自然地理环境和以这种特定的自然地理环境为基础所形成的特定的人文地理环境与特定的经济地理环境为基础的产物，这种地理环境本身就构成了中国古典文明的组成部分。

新生代以来，印度板块与欧亚板块碰撞改变了地表的海陆格局，亚洲水系的分布和随后高原的隆生引起了亚洲甚至全球气候的改变。随后，一系列古老板块的数次抬升和西强东弱的垂直运动，使中国的地势由东高西低改变为西高东低的三大地势阶梯。季风环流系统的形成打破了原有的行星风系，产生冬季西伯利亚高压和夏季印度低压。中国形成了三个截然不同的自然区域：青藏高原高寒区、西北干旱区和东部季风区。其中，东部季风区是我国古人类化石和遗迹最为集中的地区，也可以认为是中国古人类发生和进化以及文明萌发和发展最为集中的地区。这与东部季风区拥有比较适宜的满足人的集团最基本的生存和最原始的发展所必要的气候、生物、土壤条件有关。这样的自然地理环境条件和以自然地理环境为基础所形成的最初级的经济地理环境条件和人文地理环境条件，为古典文明——农业文明、游牧-草原文明和山林文明的诞生和发展提供了多元的可以选择的而并非“决定的”客观基础。这种基础作用的最主要的机制，就是在这样的地理环境中，人的集团的活动与地理环境之间形成了良性的正因果反馈关系和良性的负因果反馈关系。

正如起源于尼罗河流域的埃及文明、发轫于两河流域的巴比伦文明和形成于印度河-恒河流域的印度文明一样，中国的文明则选择了作为多元新石器文化分布区之一的“黄河-长江流域”，并以此崛起。就长江流域和黄河流域的比较而言，黄河流域特别是黄河中下游（其支干流交汇处）地区，则是文明起源和不断发展得比较早和比较集中的地区。从今天的地理环境而言，长江流域的自然地理环境远比黄河流域的自然地理环境优越，更适合相对原始的农业生产活动。那为什么中华古典文明的起源却以黄河流域为先？其原因在于，地理环境是演变的，古今地理环境的地域分异存在差异。大量的古地理和历史地理的研究表明，中国近 10000 年来的地理环境是多变的，存在着冷暖交替和地域分异的变化。其中，在距今8000～3000 年时，黄河流域气候温暖湿润，为气候最适宜期，相当于今天的亚热带湿润半湿润气候。这里的土壤也是疏松的和肥沃的，这里的地貌也有比较大范围的平坦的平原。所以，这里的温暖湿润的气候、肥沃疏松的土壤和相对平坦的地貌，为中国古代农业文明的起源和发展奠定了良好的自然地理环境基础。

距今5000年前，全球很多地区处于“气候最适宜期”。温暖的气候恩泽了新石器中晚期的文明，相继在两河流域、尼罗河流域、印度河-恒河流域和黄河流域产生了苏美尔文明、古埃及文明、哈拉帕文明和华夏文明。这些古代文明都为农业文明，产生于大致相同的纬度带、大致相同的气候条件、大致相同的地貌条件和大致接近的时间。这样的事实，只有从“地理唯物论”——地理环境为文明的诞生提供了多元化的可供选择的客观基础这样的角度来认识才是客观的、唯物的。

不同的文明依赖着不同的地理环境基础：农业文明主要依赖于生活资料的积累和富足；工业文明主要依赖于生产资料的占有和充足。古代文明得利于温和湿润的气候、肥沃的土地和靠近河流的地貌位置。在这样的地理环境中，人们发展了农业生产和农业经济，而发展（达）了的农业又促进了对这种地理环境和农业资源的进一步开发和利用。两者之间形成了正因果反馈关系并逐渐形成负因果反馈关系。这种正因果反馈机制的良性化，使黄河中下游地区的新石器文化比其他地区的文化能更快地远离最初的原始状态，文明逐渐崛起。正是这种良性的正因果反馈机制，使黄河中下游地区的稍优越于其他地区的纯粹的自然地理环境方面的地理环境条件得到放大和强化，进而造成其不仅在自然地理环境条件上而且在地理环境条件方面的区位优势。而这样的地理区位优势与农业文明之间也存在着正因果反馈关系——农业地理区位优势与农业文明的发展之间互相促进共同发展。这样，黄河流域的文化则先于其他地区的文化开始了文明化的进程，崛起而成为华夏文明。中国的文明历史便以此开始。

（二）区域宏观分析Ⅱ：中国封建社会的长期延续

封建社会是一种重要的社会形态。中国的封建社会，如按“西周封建说”之断限，已有三千多年。与世界各国（特别是西欧）相比，中国的封建社会延续漫长，资本主义得不到发展。其原因何在？长期以来，学术界形成了十余种观点：范文澜的“生产力保有发展余地所致说”，翦伯赞的“土地被封建统治阶级瓜分，以及由此引起的封建剥削制度和保护这种制度的专制中央集权所致说”，郭晓棠的“地主阶级残酷剥削、压迫农民的基本原因说”，王亚南和李文治的“地主经济制所致说”，樊树志的“地主、商人、高利贷者三位一体经济所致说”，傅衣凌的“中央集权的专制政体和乡族势力对于封建经济干涉所致说”和“封建经济结构坚韧性所致说”，刘昶的“中国始终没在完成封建化所致说”，刘修明、程洪和梁滨久的“中国封建社会充分封建化所致说”，金观涛和刘青峰的“中国封建社会结构超稳定性系统所致说”，李桂海的“封建结构中惰性因素增加、活力因素得不到发展说”，武建国的“小农与君主专制的中央集权制政府之间的作用力的循环运动所致说”，许新吾的“小农经济生产结构的凝固性所致说”，孙进已的“落后民族征服先进民族，造成社会停滞原因说”，董楚平的“清政府推行锁国政策及战争太多太甚所致说”，以及一些学者的“地理环境是社会停滞的最根本因素或延续的一个原因说”。从学术史看，关于“中国封建社会长期延续”问题引起了不仅仅限于历史学的大论战。其中，已有学者比较充分地认识到中国的地理环境对中国封建社会长期延续的影响问题。吕振羽先生、李达先生、李桂海先生和臧振先生以及潘玉君等阐述了相近似的观点：地理环境对中国封建社会长期延续有重要影响。这种历史观念始终在引导着我们对中国封建社会长期延续问题的理论的、抽象的甚至近乎哲学的思考。我们也试图构建出基于这样的历史观念的一种认识和研究中国封建社会长期延续等问题的新的历史进程的范式。

社会形态的不断更替是社会形态的“范式革命”。替代封建社会形态的是资本主义社会形态。而资本主义社会形态的最基本的特征是产品的专门化生产和商品的大量交换。商品交换是以劳动的社会分工和劳动的地域分工为基础的，而劳动的地域分工又是以产品或商品的经济效（利）益的最大化（或帕累托效应）为发展动力的，受运输费用和关税等的影响。苏联经济地理学家巴朗斯基给出通过经济利益而表现出来的劳动地域分工或产品地域分工的基本条件公式：

$$C_r > C_P + T$$

式中，C_r 为商品在销售地的价格；C_P 为商品在生产地的价格；T 为运费。存在这一公式的基础是地理环境的地域差异，特别是劳动地域分工雏形期的自然地理环境的地域差异。而劳动地域分工的完善则又与地理环境（自然的和人文的）及其差异之间存在着因果反馈关系。良好的正因果反馈关系不断强化自然地理环境和人文地理环境所构成的地理环境的区域差异，不断强化着生产能力和生产潜力的地域分工。这样的地理环境的区域差异和劳动能力的地域分工，构成了产品和商品大量交换的重要基础。可见，大量的商品交换只有在一定地理环境存在地域差异和社会较大分工的基础上才能存在和发展。

中国的封建社会是以中原地区为主要地理区域的。在当时不发达的交通条件下，人们彼此往来的地理区域并不大。而这个区域内的自然地域分异并不很明显。在比较相近似的自然地理环境和人文地理以及经济地理条件下，劳动的社会分工很难发展成劳动的地域分工。因为交通运输条件不利，或即使有运输的可能，但因运费（T）太高，而很难确保 $C_r > C_P + T$ 的存在。所以，在中原地区很难形成持续稳定的大量的商品交换。中国版图内的诸多地域也就很难产生有较大势力的资本的原始积累。同时，封建中国所处的自然地理位置导致其封闭性。在经济上很难产生大规模的对外贸易，也很少受外来的商品交换的影响。这样，域外资本主义很难由外部输入。所以，中国的封建社会也因此而长期延续。

（三）区域宏观分析Ⅲ：中国历史上的农牧冲突

不同类型的文明共存于一个历史时期的时候，必然发生地理或地域上的联系：或冲突或融合。在欧亚大陆上诞生并不断发展壮大的两大文明类型——农业（耕）文明与游牧-草原文明具有鲜明的自然地理的地域性，构成了农业（耕）文明地域和游牧-草原文明地域。中国的版图恰在欧亚大陆两大文明地域的交界处，也因此不断发生着文明地域之间的冲突和融合。

中国自秦汉以来的2000余年的历史发展过程中，曾出现三次大的农牧冲突——牧业区对农业区的冲击。大约1万年前，农业开始出现。现代自然地理环境的地域分异，逐渐形成不同的自然地理地域。而不同区域的自然地理区位优势与社会经济地理区位之间有因果反馈关系。在初期，两者之间以良性正因果反馈关系起主导作用。这样，不同的自然地理区域渐形成不同的专门化区域。在北半球的亚热带和暖温带湿润和半湿润地区，适宜的热量和充足的水分导致农业生产的发展和专门化地域。这个地域由最初的黄河-长江流域、印度河流域、两河流域和尼罗河流域所构成的农耕中心，逐渐向宜农地区扩展，最终绵亘于欧亚大陆东西两岸，呈偏南的长弧形地带。而在亚热带和暖温带的半干旱地区，水分不足，形成了辽阔的大草原。大体上可以将东西绵延的兴安岭、燕山、阴山、祁连山、昆仑山、兴都库什山、扎格罗斯山、高加索山、喀尔巴阡山一线作为两大文明的界线。而中国的农、牧区的划分是与欧亚大陆一致的，这在《史记·殖货列传》中便被清晰地标识出来。所以，中国的农牧文明的形成是以现代自然地理环境的变暖和地理环境的地域差异为基础的，又是人类对这种客观存在的适应和选择及共同创造的结果。

农耕区和牧业区在形成和发展过程中，各自具有愈加明显的特征。农业区稳定的生产建立起富裕的社会，对游牧区有很大的诱惑力。尽管游牧民族在经济实力、组织才能和人口数量等方面显逊于农业区域，然而，源于地理环境条件下所形成的特有的流动的生产和生活方式的作战方面的机动能力则明显优于农耕民族。这明显地抵消了因人口数量劣势而造成的后备兵员不足的弱点。所以，游牧世界的军事实力常常超过农业区。这便构成了游牧世界对农耕世界的长期而持久的威胁。一旦出现对抗力量的失衡，便出现冲突。中国位于欧亚大陆东端，农耕区和游牧区之间仅有并不太高大的燕山和阴山及黄土高原的空间阻隔。这样的环境界线很容易被游牧民族所冲破。所以，中国历史上农牧冲突是深受自然地理环境直接或间接影响的必然事物。

约 1 万年前，全球气候急速回暖。这一时期，自然地理环境及其演变对人类社会的发展有特别重要的意义。其中，具有全局意义的因素，首先是气候及其波动。著名地理学家竺可桢从物候学角度系统地研究了我国近 5000 年来的气候变化，给出了气温变化曲线。可以将这条气候波动曲线与中国的历史进程曲线特别是农牧冲突的时间曲线进行对比，进而得到一些最客观、最基本的认识。

公元初到 600 年前后，三国鼎立，北方少数民族乘虚而入，割占中原，此为第一次冲突。公元 10 世纪后期，五代十国大乱半个世纪，契丹和女真挥师南下，占据中原，此为第二次冲突。14 世纪以后，明王朝的腐败统治诱发了李自成领导的农民起义，清朝趁机入关，称主中原，这是第三次冲突。这三次大的农牧冲突的时间，分别对应了中国近 2000 年以来自然地理环境演变中的三次寒冷干旱期。难道这是巧合吗？如果是一次这样的情况，尚可以巧合而论，而这是一系列的吻合，所以，只要地理唯物论地去认识这个问题，就必须承认自然地理环境之气候波动与农牧冲突之间的内在的必然联系：或者说前者与后者之间存在因果决定论，或者说是后者对前者的适应和选择。

任何一种文明都是由地理环境与深受其影响——或决定或制约的以经济活动为主的人类活动所构成的系统。系统内部，地理环境和人类活动是它的两个子系统。两者之间存在着复杂的因果反馈关系。若以负因果反馈关系占优势，则系统稳定；若以正因果反馈关系占优势，则系统失稳，远离初始状态。气候是自然地理环境的重要子系统，是在大地理环境中起主要作用的。当制约气候的因素引起气候较大的波动时，自然地理环境便可能发生大的变迁或变化。这种变化超过这种文明所承受的阈值，势必严重影响到这种文明。历史上的农耕和牧业生产都是资源型的，深受地理环境的决定作用。

在一定时期内，气候发生由温暖湿润向寒冷干旱的转变，则引起农业区和牧业区的自然生产潜力的极大下降和严重的自然灾害。这种下降和灾害在农业文明地域则引起因食物来源匮乏而引发的社会动荡和统治层内部矛盾的冲突。其结果之一是直接削弱了与牧业区对峙抗衡的军事力量，间接削弱了与牧业区对峙抗衡的经济实力。这种下降和灾害在牧业文明地域则引起因产草量急剧下降而引发的牧业生产和牧业经济的巨大危机。他们为了缓解和消除这些危机，必然选择了扩大生存地域空间即向农业文明地域进扰的策略。牧业区面对这种冲突则多以向农业区的进犯而获得生活资料的补充。同时，草原生态系统比农田生态系统稳定，有相对较强的抵抗气候变冷变旱的能力。这样在相当长的时期内所形成的农业区和牧业区的综合力量的平衡被打破，而游牧在战争或军事上的优势得以显示。所以，这种吻合是必然的。

中国历史上的农牧冲突是许多自然和社会人文因素综合作用到一定程度的必然产物。可以确信，中国自然地理环境及其演变这一历史的地理枢纽对农牧冲突及民族融合是有深刻的影响的，也可以说中国历史上农牧冲突也正是对这种历史的地理枢纽的适应或选择。

通过对中国重大历史事件——中华文明诞生在黄河流域、中国封建社会长期延续和中国历史上农牧冲突的简要分析，可以得出这样的基本认识：中国的独特的自然地理环境和人文地理环境及其地域分异深刻地影响着中国的历史进程。地理环境对中国的历史进程有深刻影响的理论观念，可以促使我们更加重视中国的现代化进程的地理基础。中国自然地理环境的多样性或差异性，逐渐导致中国的人文地理环境和经济地理环境的多样性和差异性。这些差异性，势必深刻地影响着中国的全面发展。这种科学理性，已经在非常重视区域差异问题并力求区域均衡的科学发展观和全面小康社会观念中得到了充分体现。影响中国全面发展的地理基础，不仅包括中国本身的地理环境及其地域分异，而且包括中国发展的外部地理环境即周边国家的综合影响。如果有能力对这些进行更系统的科学分析，那么我们很可能会得出有关的“地理-历史”规律。

五、人地关系理论的探索

在地理学的研究核心“人地关系地域系统”与人地关系论中的“地理环境共生学说”等理论的基础上，将两者结合起来，有一个新的概念——人地关系地域系统共生。这个概念能否引导出一种新的人地关系学说或者理论呢？

（一）人地关系地域系统共生的科学观念

1. 既有的科学观念

20世纪中叶以来，一些地理学大师比较系统地阐述了基于当时的认识水平所理解的人地共生的科学观念。人类与自然环境共生的含义远比生物学中的“共生”要广泛得多。苏联学者N. B. 维尔茨基在1945年提出的“智慧圈”思想就已比较明确地阐述了人类与地理环境共生的思想。人类始终都在改造着自然，但“技术圈不应该去毁坏而应当遵循生物圈的组织原则，补充生物圈，并作为统一的运动体系的组成部分”，进而形成技术圈与生物圈的共生。苏联地理学家索恰瓦在《地理系统学说导论》中阐述了人类与地理环境共同创造的思想。他指出：所谓人与自然的共同创造是指人类对于提高自然力的有益作用的努力，使潜藏在自然界中的一切有益的可能性得到发挥。英国学者R. J. 本耐特等著的《环境系统》中有一章专门论述了共生问题。自然系统和社会系统的相互关系分为调节和共生。调节是指短时间和小范围内对小规模的能流和物流进行的人为控制，而人类对长时间、大范围、大规模的能流和物流没有能力调节，只有通过共生来实现人类与自然界的和平共处，即协调共生。我国生态学家马世骏提出的“社会-经济-自然复合生态系统”的思想，也充分地体现了共生的思想。人类系统和地理环境系统构成了更高级的系统。人在这个系统中具有双重作用，一方面人类系统从环境系统获得负熵而维持有序结构，受到地理环境的影响；另一方面则通过输出来影响地理环境，使其向有利于人类的方向变化（当然，也客观地存在着向不利于人类方向发展的情况）。因此，人类与地理环境共生应当是人类社会使自然结构、社会结构和经济结构互相促进，不断为自己的发展创造有利条件，不应当只顾眼前利益而破坏地理环境的结构和功能。随着人们认识水平和科学技术的进步，不断从自然界取得更多的物质财富，又不断与自然界一起共同创造出更适合人类生活的次生地理环境。共生就意味着“人与自然界的新的同盟”。

以上的人地共生的科学观念——没有区域界定的、仅考虑地理要素意义的共生观念对于我们形成更全面更系统的人地共生的科学观念具有重要意义。

2. 本书的科学观念

根据本书第二章地理科学的研究核心对于人地关系地域系统的阐述，人地共生应该是人地关系地域系统的共生。它包括：①某区域内人的群体的活动和这个区域内地理环境——自然地理环境、人文地理环境和综合地理环境之间的区域内部的要素共生；②某区域和与其有关的地域——相关地域、次级地域和背景地域之间的区域共生；③某区域不同时期之间的时间共生。某区域在某个历史时期或某个未来时期的人地共生目标的实现，要全面考虑要素的、区域的和时间的。在现代或后现代时期，只有通过要素共生、区域共生和时间共生之间的相互协调，才能真正解决好人地关系地域系统的共生问题。

本书的观念可能还存在很多问题，需要更多的地理学家一起研究才能比较好地回答人地关系地域系统的协调共生和控制共生问题。

（二）人地关系地域系统的基本状态

地理学家始终在探索着人地关系、地域系统和人地关系地域系统方面的问题。其中问题之一是，人地关系地域系统到底有多少种基本状态。对于这个问题的回答的最高原则是“历史的和逻辑的统一的原则”，要使“从人地关系地域系统及其发展的历史”和“对人地关系地域系统及其发展的认识的历史”以及“对人地关系地域系统的逻辑分析”三者统一起来，这是最高标准。在无法完全按着“历史与逻辑统一”的原则进行回答的情况下，我们遵循逻辑的原则进行回答。对于人地关系地域系统有多少种状态这个问题，可以沿着三种基本逻辑路径去探索回答：演绎的逻辑路径、归纳的逻辑路径和类比的逻辑路径。其中，最好的应该是沿着演绎的逻辑路径的回答。

1. 理论基础——开放系统的熵方程

杰出的科学家I. 普里高津创立的关于开放系统的理论“耗散结构理论”是我们思考和研究人地关系地域系统状态比较好的理论基础之一。

开放系统遵循方程

$$dS = dS_i + dS_e \tag{1}$$

式中，dS_i 为系统内部熵的产生，依热力学第二定律 $dS_i \geqslant 0$；dS_e 为系统与环境之间的熵交换，即熵流，可正、可负、可零；dS 为系统的熵变，可以衡量系统的状态，负熵越多表明有序性越强，则系统也越好，反之亦然。

从系统的状态看，在短时间内，dS 可以表明系统所发生的变化。dS 有如下状态。

1）$dS = dS_e + dS_i < 0$　这说明有序度增加。须有 $dS_e > -dS_i$，即负熵流的输入量抵消系统内部的熵产生且还有负熵的盈余，系统的负熵积累，系统处于进化状态。

2）$dS=dS_e+dS_i>0$　这说明有序度降低。系统的负熵减少，系统处于退化状态。有两种情况：①$dS_i>0$，$dS_e\geqslant 0$，即环境向系统输入了正熵并与系统内部的熵产生一起使 $dS>0$；②$dS_i>0$，$dS_e<0$，但 $|dS_e|<|dS_i|$，即负熵流未输入或输入的负熵量不能抵消系统的熵产生，使 $dS>0$。

3）$dS=dS_e+dS_i=0$　这说明有序度基本不变。须有 $dS_e=-dS_i$，即环境向系统所输入的负熵恰好抵消了系统内部的熵产生，系统的负熵不变，系统处于不变状态。

从系统的发展看，更重要的是熵 S 的时间积累，即 S 的时间积分：

$$\int_{t_1}^{t_2} S\,dt=\int_{t_1}^{t_2}(S_e+S_i)\,dt \tag{2}$$

如果 $\int_{t_1}^{t_2} S\,dt>0$，说明在 $t_1\sim t_2$ 内，系统向有序度降低的方向发展；如果 $\int_{t_1}^{t_2} S\,dt<0$，说明向有序度增加的方向发展，系统越来越完善，功能越来越好；如果 $\int_{t_1}^{t_2} S\,dt=0$，说明有序度未变。

2. 人地关系地域系统的状态数量

（1）基本状态的数量的研究思路

人地关系地域系统、人的系统和地的系统均是耗散结构系统，其运动规律遵循开放系统的熵方程。根据方程（1），“人的系统的状态（$dS_{人}$）”有三种，即人的系统的退化状态 $dS_{人}>0$、人的系统的不变状态 $dS_{人}=0$ 和人的系统的进化状态 $dS_{人}<0$；“地的系统的状态（$dS_{地}$）”有三种，即地的系统的退化状态 $dS_{地}>0$、地的系统的不变状态 $dS_{地}=0$ 和地的系统的进化状态 $dS_{地}<0$。从因果关系看，某“人地关系地域系统的状态（dS）”是由“人的系统的状态（$dS_{人}$）”和“地的系统的状态（$dS_{地}$）”决定的，应该满足方程：

$$dS=f(dS_{人},\ dS_{地})\approx\sum(dS_{人},\ dS_{地})$$

所以，从逻辑关系看，“人地关系地域系统的状态（dS）”的数量是由“人的系统的状态（$dS_{人}$）”的数量和“地的系统的状态（$dS_{地}$）”的数量按组合关系决定的。

（2）基本状态的数量的研究结论

所以，人地关系地域系统的基本状态有九种（表 6－3）。每一种基本状态都有大量的实际或事实与其对应。在这九种基本状态中，不好的基本状态是［状态Ⅰ］、［状态Ⅱ］和［状态Ⅳ］，其中最不好的基本状态是［状态Ⅰ］；好的基本状态是［状态Ⅸ］、［状态Ⅷ］和［状态Ⅵ］，其中最好的基本状态是［状态Ⅸ］。请大家想一想，如果不按着这种演绎的逻辑路径来回答人地关系地域系统的状态数量有多少这个问题，我们能如此清晰地找到基本状态有九种这个答案吗?

（3）研究结论的否定与发展

否定与发展的可能思路。前述的每一种人地关系地域系统的基本状态（dS）均是由“人的系统（$dS_{人}$）”和“地的系统（$dS_{地}$）”按组合关系决定的。而 $dS_{人}$ 和 $dS_{地}$ 之间的关系是简单的组合关系吗？这种关系还应该从排列关系去考虑。因此，要对每一种基本状态进行结构分析。

表 6－3　人地关系地域系统的基本状态

		人的系统的状态（$dS_{人}$）		
		$dS_{人}>0$	$dS_{人}=0$	$dS_{人}<0$
地的系统的状态（$dS_{地}$）	$dS_{地}>0$	［状态Ⅰ］ ∵$dS_{人}>0$ $dS_{地}>0$ ∴$dS>0$	［状态Ⅱ］ ∵$dS_{人}=0$ $dS_{地}>0$ ∴$dS>0$	［状态Ⅲ］ ∵$dS_{人}<0$ $dS_{地}>0$ ∴dS 不确定
	$dS_{地}=0$	［状态Ⅳ］ ∵$dS_{人}>0$ $dS_{地}=0$ ∴$dS>0$	［状态Ⅴ］ ∵$dS_{人}=0$ $dS_{地}=0$ ∴$dS=0$	［状态Ⅵ］ ∵$dS_{人}<0$ $dS_{地}=0$ ∴$dS<0$
	$dS_{地}<0$	［状态Ⅶ］ ∵$dS_{人}>0$ $dS_{地}<0$ ∴dS 不确定	［状态Ⅷ］ ∵$dS_{人}=0$ $dS_{地}<0$ ∴$dS<0$	［状态Ⅸ］ ∵$dS_{人}<0$ $dS_{地}<0$ ∴$dS<0$

“基本状态”的结构分析。以［状态Ⅰ］的结构分析为例。在仅考虑组合关系时的分析思路是：因为 $dS_{人}>0$，$dS_{地}>0$，所以 $dS>0$。而没有考虑 $dS_{人}>0$ 和 $dS_{地}>0$ 之间存在的因果关系——单向因果关系和因果反馈关系。仅从单向因果关系看，可能存在两种情况：①因为 $dS_{人}>0$，所以 $dS_{地}>0$；②因为 $dS_{地}>0$，所以 $dS_{人}>0$。因此，［状态Ⅰ］内含着两种理论状态：①因为 $dS_{人}>0$，$dS_{人}>0\rightarrow dS_{地}>0$，所以 $dS>0$；②因为 $dS_{地}>0$，$dS_{地}>0\rightarrow dS_{人}>0$，所以 $dS>0$。第一种理论状态的实际意义是，人的系统退化并导致地的系统退化，进而导致人地关系地域系统的退化；第二种理论状态的实际意义是，地的系统退化并导致人的系统退化，进而导致人地关系地域系统的退化。

现在很多区域都面临着人地关系地域系统的退化问题。人们最期盼的最好的状态——［状态Ⅸ］的出现，是开始于人的系统的进化还是开始于地的系统的进化呢？结论一定是开始于人的系统。所以，人的系统在人地关系地域系统中的作用是非常重要的。

（三）人地关系地域系统状态周期律

表 6－3 的意义是重要的，它揭示了可能的人地关系地域系统的发展变化和空间秩序的基本关系，可以称为“人地关系地域系统状态周期律”。

1. 人地关系地域系统的空间秩序周期律

由于任何地域都是地域系统中的地域，所以，在同一时期，某一个人地关系地域系统的状态受与其有关系的人地关系地域系统的影响。我们可以将表中的各种基本状态当做在地域上毗邻的各个人地关系地域系统。从影响方面看，假如某区域属于［状态Ⅸ］，则它通过空间扩散，带动其周边的区域也逐渐接近或达到［状态Ⅸ］，在其周边最容易形成的状态是［状态Ⅵ］、［状态Ⅴ］和［状态Ⅷ］；假如某区域属于［状态Ⅰ］，则它通过空间扩散，影响其周边的区域也逐渐接近或达到［状态Ⅰ］，在其周边最容易形成的状态是［状态Ⅱ］、［状态Ⅳ］和［状态Ⅴ］。这是一种基于形式化分析的结论，尚缺少系统的论述。从被影响方面看，位于以［状态Ⅳ］、［状态Ⅴ］和［状态Ⅷ］为周边的区域要达到［状态Ⅸ］，其难度要远大于以［状态Ⅵ］、［状态Ⅴ］和［状态Ⅷ］为周边的区域要达到［状态Ⅸ］的难度。对于这种理论意义上的空间秩序分析，在我们对云南省主体功能区区划研究结论中得到了初步验证。

2. *人地关系地域系统的时间序列周期律*

由于任何地域都是历史发展中的地域，所以，任何一个人地关系地域系统在某一时期的状态都与其历史时期的状态有关，也与规划中的未来时期的人地关系状态有关。我们可以将表中的各种基本状态当做是某地域在不同时期的状态及其转换。从历史关系看，假如某区域当前的状态是［状态Ⅳ］，那么这种状态可能由哪种状态转换而来呢？从表 6－3 可以形式化地判断为，它可能是直接从［状态Ⅰ］或［状态Ⅴ］或［状态Ⅶ］转换而来。从未来关系看，［状态Ⅳ］进化成［状态Ⅸ］的最短路径有多条，其中，最短路径有三条：第一条最短路径是［状态Ⅳ］→［状态Ⅴ］→［状态Ⅵ］→［状态Ⅸ］，第二条最短路径是［状态Ⅳ］→［状态Ⅴ］→［状态Ⅷ］→［状态Ⅸ］，第三条最短路径是［状态Ⅳ］→［状态Ⅶ］→［状态Ⅷ］→［状态Ⅸ］。这三条路径的长度和其间的状态数是一样的，那有什么区别呢？可根据结构分析的办法进行思考。在决策区域发展战略进而实现人地关系地域系统共生的发展目标时，要根据区域实际情况确定拟走的路径。

第四节　地理环境尺度性原理

事物的空间属性和时间属性，反映在地理学中就是地理客体或地理事物具有尺度性这种地理思想和地理意识。地理环境尺度性思想、意识和概念很早就有，可以追溯到古代地理学时期。地理区划就反映了地理环境空间尺度性。但作为科学概念、科学术语、科学理论和科学原理，地理环境尺度性则是近 20 年来逐渐产生并不断发展完善的。地理环境尺度性不仅表现在地理环境空间尺度性和地理环境时间尺度性上，而且表现在地理环境时空尺度性上。

一、地理环境空间尺度性原理

地理环境空间或简称地理空间，包括地理环境的要素地理空间和地理环境的地域地理空间。某一地理环境（地域、区域、地区）的各个地理要素之间相互联系相互作用所形成的地理空间为地理环境的要素地理空间。某一地理环境（地域、区域、地区）的各个次级地域之间相互联系相互作用所形成的地理空间为地理环境的地域地理空间。这里主要分析后者即地理环境的地域地理空间尺度性问题。地理环境的地域地理空间简称地域空间。地域空间的尺度包括两个方面：地域空间的范围尺度，地域空间的解析尺度。如研究“中国经济发展的省域差距”这个地理科学问题。在这个地理科学问题中，“地域空间的范围尺度”就是“中国”，“地域空间的解析尺度”就是“省域”。又如研究“中国经济发展的市域差距”这个地理科学问题。在这个地理科学问题中，“地域空间的范围尺度”就是“中国”，“地域空间的解析尺度”就是“市域”。再如研究“中国经济发展的县域差距”这个地理科学问题。在这个地理科学问题中，“地域空间的范围尺度”就是“中国”，“地域空间的解析尺度”就是“县域”。这三个地理科学问题的最主要区别之一是“地域空间的解析尺度”不同，是地域空间的解析尺度的精确化或细化。用不同大小的地域空间的解析尺度去研究同一范围尺度的地域空间，可能发现不同的问题和不同的空间分布规律或空间分布格局。在研究地理环境空间时选择和确定合适的地域空间的范围尺度和地域空间的解析尺度是非常重要的工作。

二、地理环境时间尺度性原理

地理环境时间或简称地理时间。地理时间尺度包括两个方面：地理环境的时间范围尺度，地理环境的时间解析尺度。如研究“中国 1949 年以来人地关系年度变化”这个地理科学问题。在这个地理科学问题中，“地理环境的时间范围尺度”就是“1949 年以来”，“地理环境的时间解析尺度”就是“1 年”。又如研究“中国 1949 年以来人地关系五年变化”这个地理科学问题。在这个地理科学问题中，“地理环境的时间范围尺度”就是“1949 年以来”，“地理环境的时间解析尺度”就是“5 年”。这两个地理科学问题的最主要区别之一是“地理环境的时间解析尺度”的不同。用不同大小的地理环境的时间解析尺度去研究同一时间范围尺度的地理环境，可能发现不同的问题和不同的时间序列规律或时间序列态势。在研究地理环境时间时选择和确定合适的时间范围尺度和时间解析尺度是非常重要的工作。

三、地理环境时空尺度性原理

地理环境的空间和时间具有统一性性质。这决定了地理环境的认识、研究和知识等意识也具有空间和时间的统一性。地理环境时空尺度如图 6－3 。如研究“中国 1949 年以来经济发展的县域差距的年度变化”这个地理科学问题。在这个地理科学问题中，第一，在地理环境的空间尺度方面，“地理环境的空间范围尺度”是“中国”，“地理环境的空间解析尺度”是“县域”；第二，在地理环境的时间尺度方面，“地理环境的时间范围尺度”是“1949 年以来”，“地理环境的时间解析尺度”是“1 年”。地理科学问题确定时应该考虑地理环境的时空尺度。

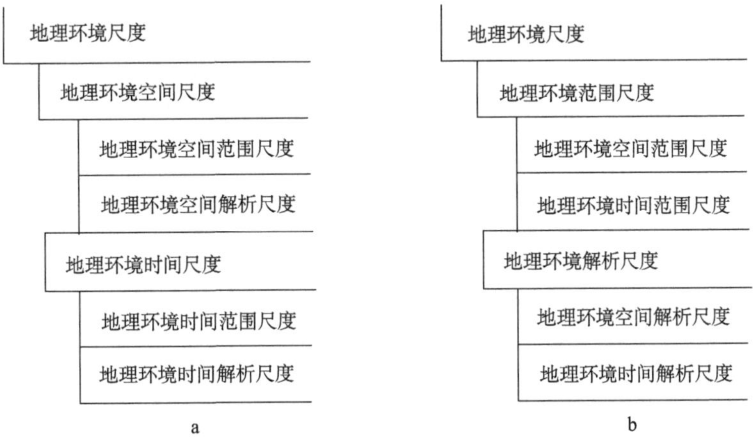

图 6－3　地理环境时空尺度

问题与讨论

一、常规性问题与讨论

1. 地理环境有哪些最基本的属性？
2. 你如何理解地理环境的整体性？

3. 地理环境整体性应遵循什么思路来进行研究？

4. 地理环境整体性有哪些基本的研究内容？

5. 你如何理解地理环境分异性？

6. 你如何理解人地关系？

7. 什么是人地关系论？

8. 请简述人地关系的有关理论。

9. 论述地理环境对人类经济活动的影响。

10. 论述地理环境对人类生命活动的影响。

11. 论述地理环境对人类军事活动的影响。

12. 论述地理环境在社会发展中的作用。

13. 研究“人地关系有多少种状态”这个问题，可能有哪些基本的逻辑思路？你认为最理想的思路是什么？本教材的研究思路是什么？

14. 人地关系的状态有多少种？请你通过阅读文献和实地考察，找出与各种人地关系状态对应的实际例子。

15. 你如何理解地理环境的尺度性？

二、研究性问题与讨论

1. 你如何理解人地关系地域系统状态的空间秩序周期律和时间序列周期律？

2. 请你批评本教材的“人地关系地域系统协调共生理论”。

3. 请分析“中国经济发展（1978 年以来）区域差距”这个科学问题。

第七章　地理科学的基本方法

第一节　地理科学方法的哲学基础

科学方法乃至科学方法论在任何学科（当然也包括地理科学在内）的理论发展与学科发展中具有极其重要的作用。自近代地理学发展以来，《地理学的性质》、《地理学性质的透视》、《地理学中的解释》、《理论地理学》、《地理学方法论》、《地理学基础》和《地理科学导论》（第一版）以及“地理学的哲学贫困”、“地理学的实证主义方法论”和“理论地理学的科学化问题”等重要的地理学基础理论论著和论作，对地理学理论思维的探索，在客观上促进了地理学的理论与学科发展，也使地理学服务于社会经济发展目标的价值得到实现。这些工作和地理学发展的现实，使得重视与加强“地理学思想与方法论研究”成为中国地理学在 21 世纪中最重要的任务。

一、地理科学方法的创新原则

地理科学的基本理论和研究方法的继承、发展和创新，已经成为地理科学的重大任务。中国科学技术部、国家发展和改革委员会、教育部和中国科学技术协会，遵照温家宝总理关于要高度重视王大珩、刘东生和叶笃正三位科学家前辈提出的“自主创新，方法先行……新方法是自主创新的根本之源”这一重要观点的重要批示，于 2007 年启动了关于科学方法论和科学方法的“科技基础工作专项项目”，其中之一是地理学家蔡运龙教授主持的“地理学方法研究”。国家自然科学基金委员会近年来也高度重视科学思想和学科科学思想的研究，立项资助了潘玉君教授主持的“中国 20 世纪初叶以来地理思想发展研究”。地理科学如何才能创新呢？这里有一个方法论问题。理论创新、方法论创新和方法创新，应该遵循的最高原则是历史与逻辑的同一。

（一）地理科学方法创新的最高原则

理论创新、方法论创新和方法创新所必须遵循的最高原则——历史与逻辑的同一具有深厚的哲学渊源。黑格尔在其《逻辑学》《哲学史讲演录》等著作中，系统地讨论了“知识或理论的逻辑结构”与“知识或理论的发展历史”之间的关系问题，认为知识或理论本身所固有的逻辑结构是基础，知识或理论的发展历史是逻辑结构的不断再现。马克思哲学高度重视逻辑与历史之间关系的问题，在高度评价了黑格尔的思想的基础上，阐述了对逻辑与历史之间关系的观点，认为：逻辑结构是人们对实际存在的历史发展的反映，只有历史发展才是不依赖人们的主观意识而存在的运动变化过程；因此，“历史”是“逻辑”的客观基础，“逻辑”是“历史”在理论上的再现；“逻辑结构”只有正确地反映“历史发展”，才能真正地与“历史发展”同一和一致起来。

（二）历史与逻辑的同一原则的解析

“历史与逻辑的同一”中的“历史”，主要是指地理事物本身或其他事物本身的发展历史和人们认识地理事物或其他事物的发展历史。前者可称为“历史Ⅰ——客观历史”，后者可称为“历史Ⅱ——认识历史”。“历史与逻辑的同一”中的“逻辑”，主要是指构成概念系统、规律系统和理论系统的一系列概念、判断和推理所构成的逻辑结构。“历史与逻辑的同一”中的“同一”，主要是指概念系统、规律系统和理论系统的逻辑结构与地理事物历史发展之间的不同程度的一致性。这种一致性包括：①一致性A——历史Ⅰ、历史Ⅱ与逻辑的同一，按照马克思主义观点看即逻辑结构再现历史Ⅰ、历史Ⅱ；②一致性B——历史Ⅰ与逻辑的同一，按照马克思主义观点看即逻辑结构再现历史Ⅰ；③一致性C——历史Ⅱ与逻辑的同一，按照马克思主义观点看即逻辑结构再现历史Ⅱ。对于这三种一致性的水平的高低，马克思主义认为，“一致性A”高于“一致性B”、高于“一致性C”。我们认为：在有些情况下，“一致性A”高于“一致性C”、高于“一致性B”。

在无法达到“一致性”时，存在“非一致性A——主要是逻辑的”、“非一致性B——主要是历史Ⅰ的”和“非一致性C——主要是历史Ⅱ的”三种“非一致性”。我们认为，其水平关系是，“非一致性A”高于“非一致性B”高于“非一致性C”。

可以将“一致性”系列和“非一致性”系列组成一个反映“历史与逻辑的同一”的概念系统、规律系统和理论系统的创新的水平系列。这个系列的水平从高到低依次为：第一，“一致性A——历史Ⅰ、历史Ⅱ与逻辑的同一”；第二，“一致性B——历史Ⅰ与逻辑的同一”；第三，“一致性C——历史Ⅱ与逻辑的同一”；第四，“非一致性A——主要是逻辑的”；第五，“非一致性B——主要是历史Ⅰ的”；第六，“非一致性C——主要是历史Ⅱ的”。

（三）历史与逻辑的同一原则的意义

因此，未来的地理学家特别是地理学大家，通晓地理学史特别是地理学思想史，某一地理学分支学科的地理学家，特别是这个分支学科的地理学大家，通晓这个分支学科的地理学史，特别是这个分支学科的地理学思想史，系统掌握地理学或某一地理学分支学科的基本概念系统（它与基本概念集合是不同的），都是贯彻“历史与逻辑的同一”这一创新原则的最重要、最坚实的基础。只有具备了上述历史的和逻辑的两方面的理论准备，才有可能完成地理学创新由“自发”向“自觉”的转换。

二、科学方法的逻辑基础

地理科学研究离不开逻辑思维。逻辑思维也称抽象思维，是在感性认识的基础上，运用概念、判断、推理等方式对客观对象作出的一种间接的、概括的反映过程，是地理科学认识的一种普遍的、基本的形式。科学概念、定律和原理的形成，一般要经过抽象与概括的逻辑操作。比较、分类、分析、综合、归纳、演绎和类比等方法，是运用逻辑思维常见的科学方法。这里主要阐述归纳的逻辑路径、演绎的逻辑路径和类比的逻辑路径。建设更完善更科学化的地理学理论体系和具体研究有三个互相补充的方法：归纳、演绎和类比。类比推论是提出科学假设的重要途径，但结论需要实践检验。归纳法在近代地理学中普遍应用于判明因果关系。演绎法则是从一般原理到特殊和个别结论的思维过程。就地理学发展来看，目前是三者共存，而未来将出现以演绎和类比为主、归纳为辅的情况。另外，爱因斯坦的方法也具有重要意义。

（一）归纳的逻辑路径

科学归纳法是指在科学研究中运用归纳方法提出和建立假说，在实验基础上抽象和概括事物之间关系的一种科研方法。它是一种由个别到一般、从特殊到普遍、从现象到本质的认识手段和认识方法。它大体上可分为：枚举法、消去归纳、渐近归纳和综合归纳四种类型，它们都是同类的形式逻辑方法在科研过程中的具体运用。科学归纳法具有下列特点：归纳获得的结论内容超出了前提所包含的内容，因而它是人们扩大知识内容的一种逻辑方法；正因如此，其结论与前提之间的关系，即经验命题与理论命题之间的关系是或然关系。归纳方法可能用于提出假说和建立科学理论，但其归纳过程与主观上的猜测和假设不同。基于上述原因在运用科学归纳法时应特别注意经验、事实和实验对归纳的合理性与正确性给予验证；应注意用概括的归纳校正已经归纳的结果。应用科学归纳法的一般途径如图 7－1 所示。

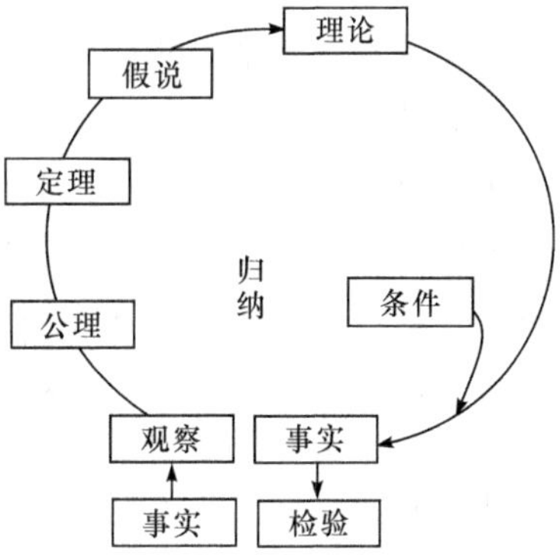

图 7－1　科学归纳的途径

（二）演绎的逻辑路径

科学演绎法是指在科学研究中运用形式逻辑的演绎方法提出问题、创立假说、指导实验及形成理论体系等一系列科学方法的总和，它是形式逻辑的演绎方法在科研活动的各个程序上的具体运用。科学演绎法主要包括在三段论基础上的证明方法、公理化方法和假说演绎法三种具体方法。它们在科研活动中有以下几点作用：①它们是提出问题的主要逻辑手段，通过逻辑演绎既可以发现理论与事实之间、理论与理论之间以及理论自身内部的矛盾，又可以发现检验假说过程中所发现的问题。②它们是简述科学理论的主要方式，是证明科学结论的基本手段。现代数学和自然科学中普遍运用的公理化方法，实际上就是一种高度发展了的演绎方法。③它们具有帮助科学发现的方法论功能。演绎法通过把前提中蕴含的知识明朗地揭示出来，常常导致新概念的形成和新事物、新规律的发现。④它们可以用来正确评价某一科学理论在整个所在理论体系中的地位、功能和发展远景，因而是科学成果评价的主要逻辑手段。不过使用演绎法时要特别注意内容与形式的统一、演绎法与归纳法的统一、理论体系和客观存在的统一（图 7－2）。

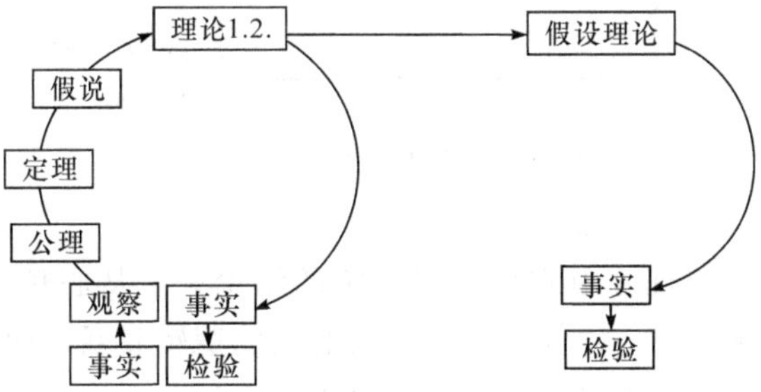

图 7－2　科学演绎的途径

（三）类比的逻辑路径

科学类比法是根据两个或两类对象在某些属性和特征上的类同，从而断定或推论它们在其他属性和特征上也可能相似的一种科学方法。它的客观基础是事物之间的同一性、相似性和客观规律发生作用。科学类比法包括共存类比、因果类比、对称类比、协变类比、直接类比、拟人类比和综合类比等具体类比方法。科学类比是提出科学假说和进行工程设计的重要逻辑方法。使用科学类比，首先要拥有较为充足的科学资料，并对资料本身进行深入研究；在已知两类同性之间的相互关系、结构层次、因果联系、功能作用和现象发生的历史顺序等这一基础上，推出事物的某种特性、功能或结构。

运用科学类比时应注意：①对进行类比的两个研究对象应尽量找出它们之间的共同属性或特征，这是科学类比可靠性的数量基础；②要尽可能以两个研究对象的本质属性为依据，并且类比中由此出发的共同属性和结论之间应有本质的联系，这是科学类比可靠性的质量基础；③科学类比所获得的结论具有或然性，因而它不便直接作为逻辑证明。应用科学类比法的一般途径如图 7－3所示。

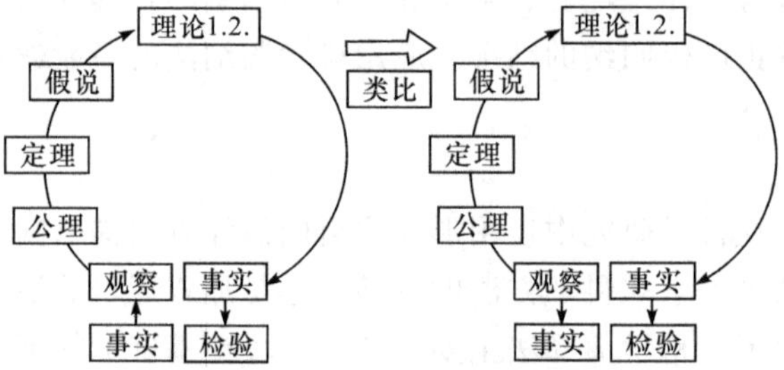

图 7－3　科学类比的途径

（四）其他的逻辑路径——爱因斯坦的逻辑路径

爱因斯坦 1952 年阐述了他所理解和坚持的科学研究的逻辑路径（图 7-4）。以下是他本人对这个逻辑路径进行的阐述。

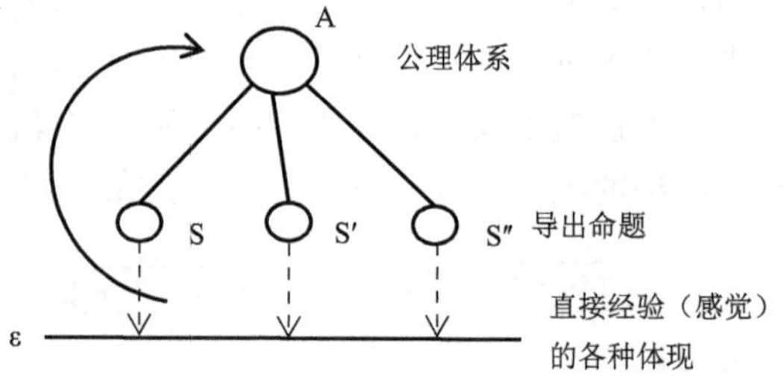

图 7－4　爱因斯坦的逻辑路径

（1）ε（直接经验）是已知的。

（2）A 是假设或者公理。由它们推出一定的结论来。从心理状态方面来说，A 是以 ε 为基础的。但是在 A 和 ε 之间不存在任何必然的逻辑联系，而只有一个不是必然的直觉的（心理的）联系，它不是必然的，是可以改变的。

（3）由 A 通过逻辑道路推导出各个个别的结论 S。S 可以假定是正确的。

（4）S 然后可以和 ε 联系起来（用实验验证）。这一步骤实际上也是属于超逻辑的

(直觉的)，因为 S 中出现的概念同直接经验 ε 之间不存在必然的逻辑联系。

但是 S 同 ε 之间的联系实际上比 A 和 ε 的关系要不确定得多，松弛得多（如狗的概念同对应的直接经验）。如果这种对应不能可靠无误地建立起来（虽然在逻辑上它是无法理解的），那么逻辑机器对于“理解真理”将是毫无价值的（如神学）。

这一切的中心问题就是思维领域同感官的直接经验之间永恒存在的有问题的联系。

三、世界的地理科学图景

“思维与存在的关系问题”是哲学的基本问题。对于这个问题，人们曾将其简单化为“精神与物质的关系问题”，并同样地简单化为“精神与物质谁为第一性”和“思维能否认识世界”这样两个问题。对于哲学这个基本命题的不同回答，在哲学中形成了多种哲学观——“普遍规律说”、“认识论说”、“语言分析说”、“存在意义说”、“精神境界说”、“文化批判说”、“文化样式说”和“实践论说”。其中，“实践论说”是马克思主义的哲学观。这种哲学观不仅重视解释世界，而且重视改变世界。世界的解释与改变，构成了人类的全部实践活动。这种解释与改变在地理科学上则可以诠释为对作为地理学研究核心的“人地关系地域系统”的规律的认识及其未来的优化。

以人的实践活动为基础，人类认识和把握世界的方式是多种多样的。孙正聿教授在其《哲学通论》中阐述了这个问题。人类认识和把握世界的方式主要包括：神话方式、常识方式、宗教方式、艺术方式、伦理方式、科学方式和哲学方式。这些认识方式，决定了人们对世界的思维形式，构成了人的“神话世界”、“常识世界”、“宗教世界”、“艺术世界”、“伦理世界”、“科学世界”和“哲学世界”。其中，常识方式与常识世界、科学方式与科学世界、哲学方式与哲学世界，是人类解释与改变世界的最重要的方式与世界。这里所说的“世界”，是指一种世界图景。从地理科学的角度看，地理科学认识和把握世界的主要方式也是三种，即地理常识的方式、地理科学的方式和地理哲学的方式。这些方式，构成了地理常识意义上的世界图景、地理科学意义上的世界图景和地理哲学意义上的世界图景。对于本科生而言，掌握科学的方式与科学的世界图景是最基本的。

概念既是人类思维的形式，又是人类认识的成果。概念以内涵与外延相统一的方式构成主体对客体的规定性的把握。因此，在人与世界的现实关系中，作为主体的人既要以概念的方式去把握、描述、解释和反思人与世界及其相互关系，又要以概念的方式去理解、解释、规范和反思人的思想与行为，还要以概念的方式去构建关于世界的规律性图景以及对世界的理性、目的性要求。科学概念不是依附于经验表象并围绕经验表象旋转，而是超越经验表象并解释经验表象的本质以及创造非经验的表象。科学的世界图景，是由概念的相互规定构成的，是概念化的、逻辑化的、精确化的和系统化的世界图景。对于概念的使用与把握，一定要在概念框架中。三种最重要的认识方式——常识方式、科学方式和哲学方式决定了概念框架的种类或层次。概念框架包括常识的概念框架、科学的概念框架和哲学的概念框架。同样的“名词”，在不同的概念框架中的含义是不同的。三个层次的概念框架构成如图 7－5 所示。

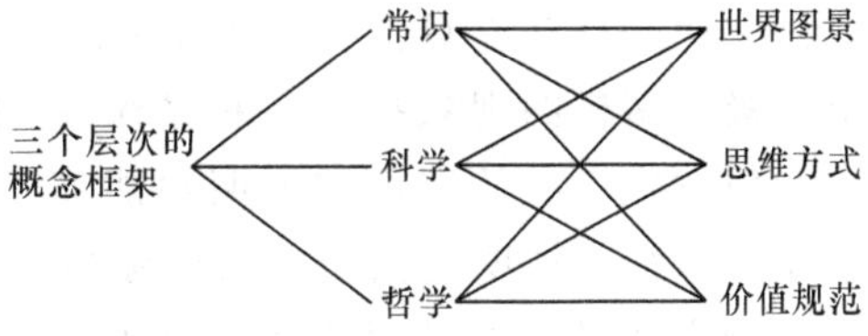

图 7－5　三个层次的概念框架构成

四、理论的内涵与性质

科学和哲学与常识的根本区别，在于科学和哲学是理论思维（概念思维）的两种基本方式，而常识则是一种依附于经验的表象思维方式。这里需要理解什么是“理论”。孙正聿教授在《哲学通论》中介绍了有关“理论”的定义之后，给出了“理论”的概念。他认为：作为“理论”的科学与哲学，都具有三重基本内涵。其一，它们都是由一系列的概念、范畴和原理构成的知识体系。这些知识体系既为人们提供了关于世界的相应的图景，又为人们解释这种世界图景提供了某种“原理”或“公理”。其二，它们的知识体系中都蕴涵着构成该种知识体系及其相应的世界图景的思维方式。其三，作为知识体系和思维方式的科学与哲学，规范着人们的所思所想和所作所为，即规范着人们的价值评价和价值选择。因此，科学与哲学的三重基本内涵，就是知识体系、思维方式和价值规范的统一。他的这些认识，对于我们全面认识与理解以及创新地理学是非常重要的。

作为理论的基本形态之一的科学理论或作为科学的基本形态之一的科学理论具有鲜明的系统性、逻辑性、真理性、多元性和还原性。这是作为理论思维形态的科学理论与同是理论思维形态的哲学理论的重要区别，也是作为科学知识形态的科学理论与同是科学知识形态的科学常识的重要区别。

科学理论的系统性是指科学理论不是各种孤立的概念、原理的简单堆砌，也不是互不相关的各种论点、论据的机械组合，而是根据自然界的有机联系，由它的知识单元（概念、定律、原理等）按系统性原则组成的有内在联系的知识体系。科学理论的逻辑性是指科学理论是一种具有严密逻辑联系的概念、范畴体系。它概念明确、判断恰当、推理正确，亦即合乎逻辑。不但可以从基本命题和基本原理出发推论出各种具体的命题和结论，而且各种具体的命题和结论可以从逻辑上加以推演和证明。科学理论的真理性是指科学理论是客观事物的本质及其规律性的正确反映。这种正确反映一般具备这些基本条件：①建立科学理论所凭借的事实材料是经过实践复核且证明是真实的；②根据这些事实材料所提出的试探性理论已经得到实践确证，并经得起实践的进一步检验；③根据这些理论所得出的科学预见已在实践中得到证明。但是实践是历史的活动，受到历史条件的制约。因而科学理论也是一定历史条件下的产物，既具有客观性和绝对性的一面，又具有条件性和相对性的一面。科学理论的多元性是指理论模式的多元性。科学理论的多元性只是表明科学真理的形式并非是唯一的，而不是指真理本身的多元性。科学理论的还原性是指从逻辑和认识论的角度看，一个科学理论能够用另一个科学理论来理解或解释。被还原解释的理论为次级理论，用于解释次级理论的理论为初级理论。如果有一个科学理论 T_1 被另一个内涵更丰富、覆盖范围更大的科学理论 T_2 所吸收、融合，则理论 T_1 已被还原为理论 T_2。

科学理论具有说明、预言和方法论等多种功能。科学理论的说明功能是指科学理论能为极其多样的现象提供一种系统化的统一说明。科学能说明现象、事件如何发生或为何发生。科学理论的说明功能在于，根据该理论的原则可以指出事物和现象的本质、特征，说明它们产生的根源和条件，说明它们的运动变化和发展历史过程；说明事物之间的各种必然联系。因此，科学理论的说明功能可以划分为因果说明、结构说明、功能说明、起源说明和概率说明等基本的类型。科学理论的预言功能是指科学理论能够预言及说明其建构时尚属未见的现象，从而能拓宽人们的知识及理解。科学理论的预言功能是人类思维创造性、能动性的突出表现和科学理论相对独立的显著标志。科学理论的方法论功能是指科学理论一旦产生，人们又可以把这种科学理论的概念、原理作为进一步进行科学探索和指导实践的工具，这时原有的科学理论就转换为科学方法，起着方法论的作用。科学理论是借助于一定的方法建立的，反过来又成为今后科学研究的方法，促进科学的发展。不同层次的科学理论的方法论价值是不同的，一般而言，抽象程度或普遍性程度较高的科学理论对抽象程度和普遍性程度较低的科学理论起着方法论的作用。

五、地理科学方法的构建原则

从方法论原理看，方法系统具有主体能动性与客体必然性的高度统一、层次有机性与功能互补性的高度统一和系统的多样性与选择性的高度统一等方面的本质特征。以方法为研究对象，已形成了一种专门的学问——方法论。方法论是关于认识世界和改造世界的方法的理论系统。方法论系统一般可以划分为不同的层次：比较具体的各专门学科的方法论；概括自然科学的一般方法的自然科学方法论和概括（人文）社会科学的一般方法的（人文）社会科学方法论；从哲学认识论的高度来论述的方法论。它们的关系呈现从个别与特殊到普遍的关系。科学方法论提供给人们的是一般性的方法论原则，而不是具体的方法本身。这种一般性原则常常能给人们以重要的提示、启发或指导，使他们在工作中能更好地发挥主观能动性，比较自觉地去创造或选择良好的甚至是巧妙的方法。这三个不同层次的方法论大体上为个别—特殊—一般的关系。地理科学的方法论属于比较具体的各学科的方法论。

（一）地理科学方法构建的基本原则

1. 理论与实践的张力

地理学方法的研究不仅应该具有一定的抽象性和理论性，而且也要具有一定的具体性和实践性。如果只注意抽象性和理论性而忽视具体性和实践性，那么就只能停留在哲学的探讨上；而如果只注意具体性和实践性而忽视抽象性和理论性，那么就只能是对地理学研究的具体方法的罗列，而不能从理论基础的高度来分析和提高。两者之间存在一定的张力。它们的结合是地理学方法研究的正确方向。就地理学发展特别是地理学方法论发展的现状而言，应特别重视方法论的抽象性和理论性研究。

2. 演绎与归纳的统一

在过去或现在的地理学世界中，其基本的逻辑是归纳逻辑，辅助的逻辑是演绎逻辑和类比逻辑。诸多相对成熟学科的逻辑方法主要是演绎逻辑，而归纳逻辑是辅助的逻辑。以此而论，地理学尚属不成熟的学科或相对年轻的学科。地理学的发展或未来的地理学世界中，其基本的逻辑应该是演绎逻辑，辅助的逻辑是归纳逻辑和类比逻辑。事实上还存在着基本逻辑的转换或转型。这种转型对于地理学的理论建设与学科发展是极其重要的，可谓库恩历史主义科学哲学中的“范式”的转换。这种转换的过程可能是“自由”的过程，也可能是“自觉”的过程。但我们必须认识到，自觉转换是极其重要的。

（二）地理科学方法的构建的具体原则

为了更好地进行地理科学方法的研究，应该借鉴其他学科方法研究的方法。其中之一是应该建立研究或构建地理科学方法的原则。这些可能的原则主要包括：①世界观和地理学方法论相结合的原则；②各门学科的研究方法综合运用的原则；③方法论必须满足地理学发展需要的原则。

1. 世界观和地理学方法论相结合的原则

要使地理学研究的方法不停留在具体方法罗列的层面而使其具有一定的普遍意义，就必须自觉地接受哲学的指导。当然，这里存在一个接受什么样的哲学指导的问题。一般看来，必须接受马克思主义哲学的指导，对地理学研究的具体方法进行分析、论证和检验，使这些方法的集合去伪存真、去粗取精、由此及彼、由表及里而向更高级的阶段发展。地理学家自觉或不自觉地接受着一定的哲学思想或哲学观念，在很大程度上，这决定了地理学家对地理研究方法与方法论的选择。中外古代地理学家特别是中国古代的地理学家运用高度抽象推理的研究方法，这在很大程度上取决于他们的世界观（如“天人合一”）。中国古代地理学中典型的地理著作——地方志中就普遍存在着以描述为表象，以高度猜测推理为内里的特征。这表现在关于人地关系问题的思考中就明显存在着通过自然的变动来说明人文社会的动荡的情况。近代地理学研究中的调查、分析和实验方法，比起古代地理学的综合猜测与推理方法，就方法本身而言要高明很多。但这种研究又往往缺乏数量概念的抽象推理，也无法真正解决关于人地关系的问题。高明的有大量数据的分析方法，如果没有正确的哲学思想去支配，那么也很难得出正确的科学结论。近代地理学的发展特别是学科体系的构建和还原论或还原方法的盛行，使得一些本身是非常综合性的地理学问题，只好由单一学科的理论与方法来研究，从而导致一系列十分严重的问题。就地理学的观念或精神而言，承认地理环境的整体性并坚信整体性是地理学研究的基本原理或构建整体性原理这样一种正确的选择，在近代地理学阶段受到严重冲击，即使在现代地理学阶段也有很多学者对此认识不足。从科学社会学的角度看，这势必会严重地限制地理学基本价值的实现。

2. 综合运用各学科的研究方法的原则

地理学的研究对象与研究核心以及地理学的学科体系，决定了地理学的研究方法势必既具有自然科学的属性也具有人文社会科学的属性。因此，地理学方法论的研究就要根据地理学的这些特点，吸收并综合运用各门自然科学的方法和人文社会科学的方法而构建地理学本身的地理学方法系统和地理学方法论。地理学对于其他学科的研究方法的吸收与运用必须要消化之进而发展之，切忌生搬硬套。综合运用各门学科研究方法的原则，决定了地理学家必须关注各门学科的最新发展，随时吸收其中有益的理论与方法。同时，地理学家也有责任将地理学的基本方法与方法论自觉地向其他学科领域传播，以促进地理学价值特别是方法论价值与应用价值的实现以及科学整体的发展。

3. 必须满足地理学发展需要的原则

困扰人类生存与发展的诸多问题，其基本核心是“人口、资源、环境、经济、社会”之间的冲突。为了解决这些冲突，人类反思传统的发展观念，提出了可持续发展观。可持续发展已成为诸多学科共同关注的前沿领域和全人类社会共同关注的头等大事。不同的学科有不同的研究传统与特长。地理学长于区域与综合的特点，决定了地理学对于可持续发展研究的切入点势必是“区域”。因此，区域可持续发展就成为地理学为全人类社会实现可持续发展作出独特贡献的方面。为了实现这一愿望，地理学必须克服“综合思想观念的先进性与综合方法途径的落后性”之间的矛盾。这就为地理学家特别是大地理学家提出了一个非常重大而艰巨的任务：不要满足已有地理学方法与思路的熟练操作而舍弃自觉创造新方法与新途径的任务。否则，地理学就只能是地理技术而不是地理学。

六、地理科学方法的基本特点

（一）地理科学方法的层次性

孙小礼教授的《自然辩证法通论·方法论》和李志才教授的《方法论全书·哲学与逻辑方法》，系统阐述了科学研究方法在科学研究中的重要作用。作为理念系统的方法，是关于认识世界和改造世界的目的方向、途径、策略手段、工具及其操作程序的选择系统。方法系统包括如下五个密切联系的层次或要素：①关于指明活动的目的方向的方法；②关于达到目的方向所必须通过的途径的方法；③关于达到目的方向所必须采取的策略手段的方法；④关于达到目的方向所必须运用的工具的方法；⑤关于有效地运用工具所必须遵照的操作程序的方法。科学研究活动是否能取得成功的关键，在很大程度上取决于对这五个层次要素的有机系统的选择和运用。一般方法的五个层次的概念同样适用于地理科学。上述五个层次或要素，构成了完整的方法系统。这五个层次的方法中，第一项是关于“做什么”的方法，其他四项是关于“怎么做”的方法。

（二）实证与思辨的统一性

在科学哲学方面来看，实证方法（或实证性）与思辨方法（或思辨性）是很多学科研究中必须面对的问题。很多地理学家经过系统的论证之后得出地理科学应走实证主义道路的结论。然而，地理学的理论发展历史告诉我们，地理科学的建设与发展除了实证外还必须有思辨。地理科学方法论的研究，是地理科学中最薄弱的环节，也是致使地理科学难以成熟的重要原因之一。地理科学方法论的发展与形成，应该是地理学家自发和自觉的产物。

仅就地理学研究的实证性而言，地理学的科学方法同一般意义上的科学的方法一样，具有具体性、经验性、精确性和可检验性等特征。①具体性：科学是将世界分门别类进行研究的，它们的对象是具体的、特殊的物质运动，相对于无限世界的永恒问题，它们一般只提出和设法解决现实对象的问题。②经验性：科学以经验为出发点和归宿，起源于经验（由观察、实验而来），讫于经验（用实验对所得到的科学认识进行检验），力求不超越经验。③精确性：科学要求得到的结论是具体而明晰的，一般都能用公式、数据、图形等来表示，其误差限制在一定的范围之内。④可检验性：科学的最终结果不是笼统的、有歧义的普遍性规范，而是个别确定的、具体的命题，它们在一定的条件下可以接受实验或观察的检验。在四个特征中，可检验性是关键，体现了实证原则的基本精神。它包括三层意思。第一，它意味着科学实验或科学观察是最基本的科学实践活动，实验或观察方法是科学的标志，是最重要的科学方法。第二，它为科学假说提供了一个基本的方法论原理，不论提出假说还是鉴别假说都应遵循这个原理。第三，它是科学发现得到社会承认的基本条件，即科学实验应是可重复的。

第二节　地理研究的系统论基础

20 世纪 50 年代提出来的系统论已具备了科学方法论功能，对地理学的研究是非常适用的，将成为 21 世纪地理学最主要的方法论。同时，钱学森院士以工程控制论为基础创立了“从定性到定量的综合集成法”。这个方法对于以人地关系地域系统为研究核心的地理科学是非常重要的科学研究方法论。

一、系统科学方法论的基本特征

（一）综合性

综合是相对分析而言的。第一次科学革命的方法论主要特征是分析。那时科学本身的发展需要把整体分解为部分、把复杂的事物分解为简单要素分别加以精确的研究，这种思维方法在当时起了很大作用。但是，事物本身是相互联系的整体，各事物之间也不是孤立的，科学发展要求人们揭示不同物质运动内在的共同属性与共同规律，这就需要综合的方法。所谓综合就是把对象的各部分各方面和各种因素联系起来加以考察，从中找出共同性、规律性。“三论”（控制论、系统论、信息论）中所讲的综合性含义更广，它所指的对象不只是个别事物而是一类事物；它要求对任一对象的研究都必须从它的成分、结构、功能、相互联系方式和历史发展等方面，进行综合的系统的考察。

（二）整体性

整体性是系统科学方法论的基本出发点，它为人们从整体上研究客观事物提供了有效方法。整体性始终把研究对象作为一个整体来对待，认为世界上各种事物和过程不是孤立的、杂乱无章的偶然堆积，而是一个合乎规律的由各要素组成的有机整体。这些整体的性质与规律只存在于组成其各要素的相互联系、相互作用之中，而且各组成部分孤立的特征和活动的总和不能反映整体的特征和活动方式。因此，以“三论”为基础的系统科学方法论所提供的方法，突破了以前分析方法的局限性：它不要求人们硬把活的有机整体分解成死的许多部分，然后机械地相加；而是如实地把对象作为有机整体来考察，从整体与部分相互依赖、相互结合和相互制约的关系中揭示系统的特征和运动规律。

（三）解决多因素、动态、复杂系统的有效性

以往的研究方法只能解决单因素、静态、简单的系统，而对多因素、动态、复杂系统的问题则无能为力，有时硬把这种问题简化或分解为单因素的静态问题来处理。现实系统无论是生物的、技术的、还是社会的，几乎每个事物都是多因素复杂的动态系统，而且随着科学技术的发展越来越复杂。这不仅要求如实地把它作为有机整体来对待，而且还要求在研究这些系统的运动时，与人（或动物）的行为进行类比或模拟，从中找出系统的运动规律。这些系统往往涉及许多变量，而且这些变量的出现是随机的，用传统的方法根本不可能解决问题。“三论”为如实地解决这种问题提供了方法，在电子计算机的配合下能顺利、有效地对这类问题作出满意的解答。

（四）定量化

运用系统科学方法论处理问题时总是尽量采用各种数学语言工具，使问题得到定量的、精确的表述，它使人们对许多复杂系统（包括对社会、经济、军事领域）的研究从定性走向定量，从而使人类认识水平发展到一个更高阶段。系统科学方法的应用有力地推动了应用数学的飞速发展，目前出现的模糊数学等与系统科学方法的应用有直接关系。

（五）最优化

最优化是系统科学方法论解决问题时所能达到的目标，这一点是任何传统方法所不能及的。它可以根据需要和可能为系统定量地确定出最优目标，并运用最新技术手段和处理方法把整个系统逐渐分成不同等级和层次结构，在动态中协调整体和部分的关系且使部分的功能和目标服从系统总体的最佳目标以达到总体最优，从而为系统提出设计、施工、管理的最优方案。这种方法不仅有实用价值，而且意义极为深远。随着人类实践活动对现实世界作用能力的日益增强，人们已深刻地感受到人类生存的宇宙岛——地球面临人口膨胀、资源枯竭的危险，于是把整个地球作为一个大系统，研究它的开发利用，使之对人类最有利而损失最小，以确保人类最优地生存下去，最优化问题被尖锐地提出来了。任何传统方法对此都一筹莫展，唯独系统科学方法论能提供解决这类问题最佳的途径。

（六）信息化

系统科学方法论解决问题时的着眼点与传统方法不同，它不是着眼于物质和能量，而是着眼于信息。它撇开物质与能量的具体形态，而把任何通信和控制系统看作是一个信息传输、加工处理系统，认为正是由于内部存在的信息流才使系统维持正常的、有目的的运动，进而把任何实践活动简化为三股流即人流、物流和信息流。其中信息流起着支配的作用，它调节着人流和物流的数量、方向、速度和目标，驾驭人和物作有目的、有规则的运动，而且在解决实际问题时，总是把它变换为信息形式加以处理。

（七）人-机系统处理方式

过去人是思维的唯一主体，人脑是信息加工的唯一器官，任何方法都是人通过人脑的思维加工得到的，只要有了人，任何方法都可以用来解决问题。而系统科学方法论的创立和应用都与电子计算机——这个人脑延伸物直接相关。现实问题越来越复杂，需要处理的信息量越来越大，单靠人脑和人来进行加工和处理已远远不能适应。系统科学方法论提供了人作为思维主体利用电脑组成人-机系统最佳地处理问题的方法。在这里，电子计算机不仅显著地帮助人节省处理大量信息的时间，而且能解决目前人脑无法解决的许多复杂问题。因此，这种人-机系统方式大大加强了认识主体——人的思维能动性。有些复杂的大系统问题（如复杂的天气过程）有成千上万个变量，成千上万个约束条件，计算量相当大，单靠人工计算是不能做到的，必须借助计算机才能解决。

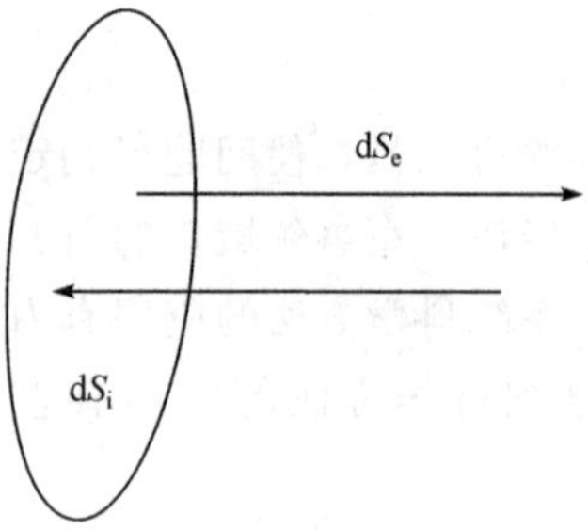

图 7-6　开放系统

（八）熵方程

任何组织水平的地理系统都可以具有开放性，称为耗散结构。诺贝尔奖获得者普利高津提出的耗散结构理论，已经在地理学的纯理论研究和部分实践研究中得到应用。地理系统的结构（或功能），可以借助其所具有的熵值（或负熵值）来反映。其熵值越低（负熵值越高），表示越有序，结构（功能）就越好。反之则相反。根据耗散结构理论可以给出地理系统的熵方程（图 7-6）：

$$dS = dS_e + dS_i$$

式中，dS_i 代表系统内部熵产生；dS_e 代表系统与环境之间的熵流，可正可负，也可为零。在一定条件下，$dS>0$ 代表地理系统退化，$dS<0$ 反映地理系统向好的方向发展进化，$dS=0$ 反映地理系统处于稳定状态。

（九）“S”形曲线

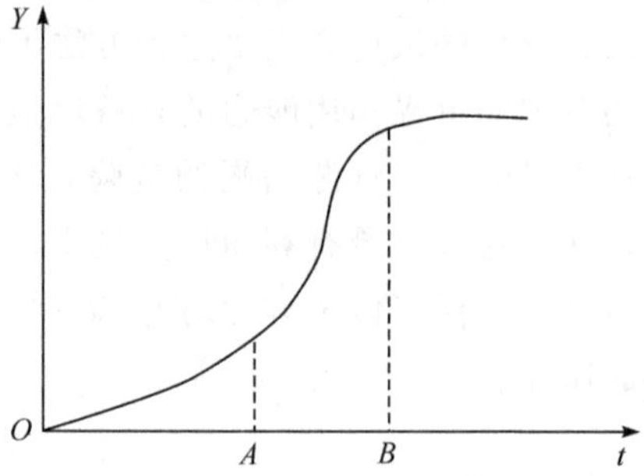

图 7-7　“S”形曲线

在生物科学中，有逻辑斯谛曲线，即“S”形曲线。其实这条曲线还有更广泛的含义。

系统论提出的关于事物发展“S”形曲线（图 7-7）的思想，揭示了地理事物或任一组织水平的地理系统的大发展趋势。这为地理学家认识众多繁杂的地理过程及进行地理设计，提供了重要的历时曲线上的指导思想。在这条曲线上，Y 与 t 表现为单调递增。在不同区间内，其变化速度不同；在（A，B）区间变化最大。

（十）整体、涨落、突变、协同

1. 整体

地理学的传统观念之一是整体观念。这是在地理学漫长发展过程中，众多地理学艰辛探究而明确下来的科学观念。这个观念正与系统思想相吻合。系统思想中的“整体大于部分之和”又强化了现代地理学中的整体观念，可以写成“整体等于部分和＋关系”。地理学强调各地理要素之间的关系，也体现出自己的优势所在。

2. 涨落

系统思想强调系统的功能与结构之间具有概然性涨落关系。大量地理研究表明，地理系统是极其复杂的，它的整体功能与结构之间存在着明显的涨落关系（主要是时间上的）。这些规律的发现，可以成为地理学家演绎逻辑思维的重要途径之一。

3. 突变

传统的地理学观念中，认为地理事物的时间发展过程和空间地域分异多表现为 0 和 1 之间的多值逻辑关系，也就是说，它们多以连续的性质反映质变。但事实上还存在大量的突变式的质变。前者可以用微分方程描述，后者可以用突变理论描述。数学家欧·托姆提出的突变论为地理学家的这种观念提供了更新的指导思想或意识。在这种思想指导下，地理学家开始比较认真地研究地理中的非连续变化问题，承认突变类型质变的存在。因此，在突变论指导下，地理学的归纳逻辑和演绎逻辑研究中的变化过程问题便有了更开阔的思路，并能借助一定条件转化突变型和非突变型质变，有利于地理实际问题的研究和解决。

4. 协同

人们已经承认地理系统是复杂的巨系统，由极多数量的要素组成。这些要素之间何以组成巨系统呢？这就在于诸多要素之间在漫长发展历史中不断进行的协同作用。哈肯的协同学指出：慢变量决定大趋势或总规律；而快变量变化幅度小，使慢变量所决定的规律复杂化。在地球表层任何组织水平的地理系统，都有其自己特有的一个或两个慢变量，进而决定了自己的发展趋势和发展历程。这种思想的指导，可以帮助地理学家从演绎逻辑思维上认识地理过程和现代地理环境、地理系统的空间秩序及其与动因机制之间的关系。

5. 因果反馈

根据系统思想，特别是系统动力学理论，任何事物之间存在着各种各样的关系。以两个事物 A 和 B 为例，可以具有的关系如下：

A 和 B 的关系
- 非关系
- 因果关系
  - 单项因果关系
  - 双项因果关系
    - 正因果反馈关系
    - 负因果反馈关系

就地理系统而言，诸组成要素之间都存在着直接或间接的因果反馈关系，进而组成因果反馈关系环（网）。所谓 A 和 B 之间有正因果反馈关系，即 A 的增加（或减少）引起 B 的变化，而 B 的变化又使 A 进一步增加（或减少），最终导致 A 远离初始状态（图 7－8）。当 A 增加（或减少）引起 B 变化，而 B 变化又使 A 减少（或增加）时，则两者之间表现为负因果反馈关系，最终使系统保持在初始状态。

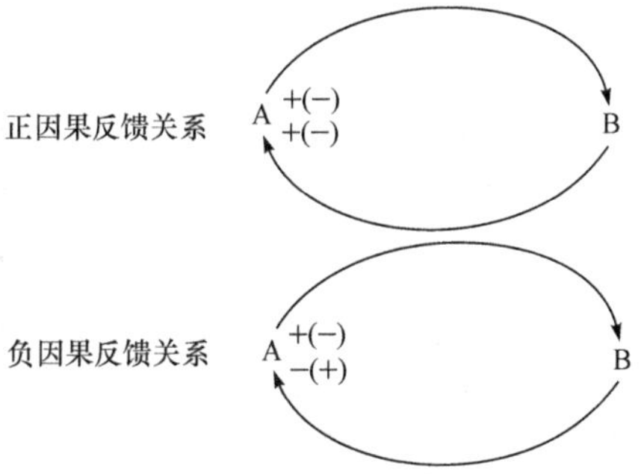

图 7－8　因果反馈关系

如果地理系统以正因果反馈环（网）为主，则它将使系统的熵值（或负熵）发生越来越大的变化，引起系统远离初始状态，地理系统发展（进化或退化）。如果地理系统以负因果反馈环（网）为主，则它使系统保持熵值相对不变，维持初始状态。在地理系统发展中，遵循“S”形曲线，也可以借助突变论来研究。具体情况，主要取决于地理系统中慢变的性质或特征。在维持初始状态情况中，地理系统同样因快变量的作用而表现出节律性。这个规律在地理环境问题的研究中具有极其重要的指导作用。

二、综合集成法

地球表层或人地关系地域系统是复杂的巨系统。对于这个系统的研究，应特别处理好定性与定量之间的关系。一些优秀的地理学家在长期的地理学研究实践中，成功地处理了系统研究全过程中定性与定量的关系。我们也曾在应用理论层次上，从地理学方法论角度探讨过这方面的问题。

复杂系统往往规模庞大、结构复杂，系统内因素相互作用、相互影响、相互渗透而使系统与环境的边界更加模糊。传统的处理简单系统的研究方法对此失去效力。而开放的复杂巨系统，同用传统的系统工程方法和控制理论方法所研究的一般小系统乃至大系统相比，其结构特征的复杂性等方面更是有着本质的区别，传统的系统方法论显得无能为力。钱学森院士创立的M-S方法（从定性到定量的综合集成法）是处理地理学的研究对象与研究核心的重要方法论。

（一）M-S方法的提出与发展

钱学森院士在20世纪80年代初就对处理复杂行为系统的定量方法做了概括，认为是半经验半理论的，提出了经验性假设（猜想或判断）是建立复杂行为系统数学模型的出发点。这些经验性假设没有科学方法证明，但需要用经验性数据对其确实性进行检验。从经验性假设出发，通过定量方法与途径获得的结论，仍然具有半经验半理论的属性。这里强调了人的重要性及来源于人的智慧与实践活动经验的重要性。

从20世纪80年代末到90年代初，钱学森院士进一步从社会经济系统、人体系统和地理系统的研究和实践的基础上，分析了还原论方法的局限性，从而提炼出“开放复杂巨系统”研究的设想及其方法论，提出处理开放复杂巨系统的方法即“从定性到定量的综合集成方法”。这种方法的提出是科学认识论和方法论上的一个重要进展。

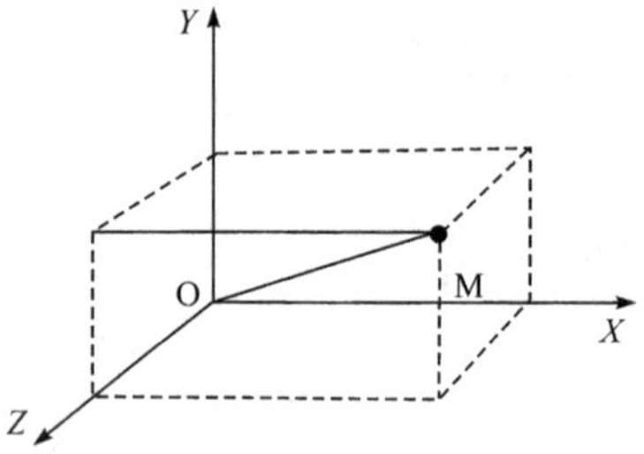

OM表系统的综合集成。$X=$［“软”科学，经验，宏观分析，定性分析……］；$Y=$［“硬”科学，现论，微观分析，定量分析……］；$Z=$［马克思主义世界观，方法论，经济学，科学哲学……］

图7-9　M-S方法实质

（曾珍香和顾培亮，2000）

（二）M-S方法的实质和特点

钱学森院士在有关论著和给潘玉君第三封亲笔信中明确提出研究地球表层或人地关系地域系统这一复杂系统的重要科学方法是“从定性到定量的综合集成法（M-S）”。其实质是将专家群体（各种有关专家）、数据和各种信息与计算机技术有机地结合起来，把各种学科的科学理论和人的经验知识结合起来，以发挥整体优势和综合优势（图7-9）。

这种方法具有如下基本特点。

1）M-S方法不仅要求定性分析与定量研究相结合，而且强调从多方面的定性认识上升到定量认识。它不同于一般的定性问题的定量化，也不同于一般的定性与定量相结合。

2）M-S方法将科学理论与经验知识结合起来，把人对客观事物的零散知识综合集中起来解决复杂问题。

3）M-S方法根据复杂巨系统的层次结构，把宏观研究与微观研究结合统一起来。

4）M-S方法将软硬技术结合起来，把现代方法和传统方法结合起来，按系统思想把自然科学、社会科学等多种学科结合起来进行综合研究，并在方法上互补。

（三）M-S方法的应用

M-S方法的应用过程可以归纳为如下步骤（图7-10）。

第一步，组织系统工程专家和相关领域的专家研讨，依据他们掌握的科学理论和经

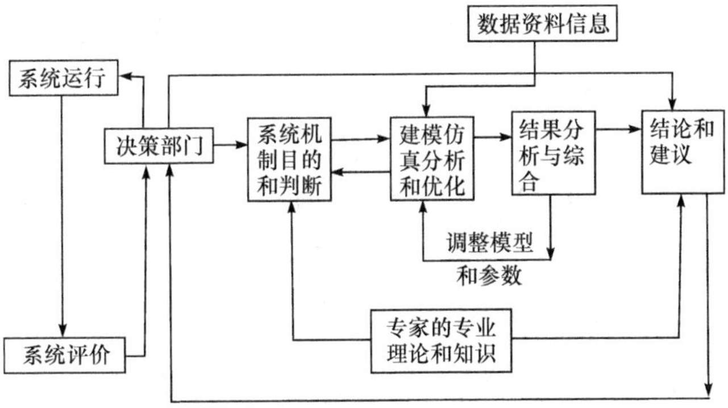

图 7-10　M-S 方法的基本步骤（钱学森等，1994）

验知识，对实际系统的问题进行分解与研究，对系统分析的途径和方法作出定性判断。

第二步，用系统思想和观点把研讨的结论纳入系统框架，界定系统边界，明确变量的类型，如状态变量、环境变量、控制变量和输出变量。

第三步，建立起用数学模型、概念模型和逻辑模型等描述的实际系统的结构、功能、目标、输入-输出关系，即系统模型。一般情况下，一个复杂系统的功能、结构或属性可以分解成为一系列子系统，对子系统进行建模描述，再由它们综合成总的系统模型。

第四步，在系统模型基础上，进行系统功能的计算机模拟和仿真，从而研究系统在不同输入条件下的反映和系统的动态特性以及对未来的预测等。

第五步，通过以上步骤获得定量分析结果，再由专家分析、讨论和判断。这里包括理性的、感性的、科学知识和经验知识的相互补充，其结果可能是可信的，也可能是不可信的。对于后者，还应修改模型和调整参数，回到第二步，直到结果是可信的，再作出结论。

（四）定性与定量关系

在地理学中，定性和定量始终并存，具有时代特点。现代地理学中，两者更加密切：定量以初步的定性为基础，以高级的定性为结果。其实，初步的定性也是以一定的定量为基础的（图 7-11）。

地理学的研究对象既广泛又庞杂，是涉及自然和社会等许多方面的复杂系统。用系统论的语言来说，地理学所研究的系统大部分属于灰色系统，用精确的数学语言是难以表达的。所以在应用数学方法处理地理问题时，只能抽取其主要因素、主要过程，采取简化手段进行数学处理。得出的结论往往是概率的、统计的，而不可能是完全精确的、包罗万象的。从大科学群体事物的决定论的思想来看，不能用某一特定事例决定一个法则，也不能用某一特定事例否定一个法则。对待地理学中的数学分析也必须持这种态度，用一些极端事例否定数学模型所表现的一般规律的态度是不可取的，而且不是科学的思维方法。所以对待定量分析，既要看到它的艰巨性，需要有一个提高过程；又要看到研究对象本身的特殊性，对这种特殊的系统要用相应的数学语言形式来表达。目前在地理学界，关于“计量方法至今成果平平，尚未见很成功范例”的议论，与对地理计量方法的认识不够有关，这值得我们深思。

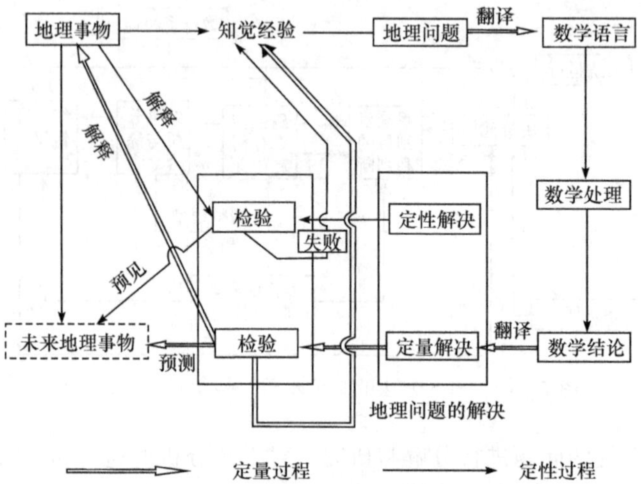

图 7-11　定性与定量之关系

在充分认识和估价定量方法的同时，也应当看到定性方法在当前和今后的地理研究中仍然是重要的基本方法。野外考察和地理调查等传统方法就是在科学技术最发达的国家，仍然还是地理学最基本的方法。人脑本身就是一个很高明的计算机系统，它通过以往的经验和学术水平，存储信息进行及时、简明的判断分析，但人脑的各种分析是电子计算机不能代替的。计算机的程序设计，最初的地理因素的因果反馈关系的分析，乃至计算机最后结果的评价判断，都离不开人的理性分析。计量方法解决问题的精确程度、正确程度，直接与研究者自身的学术素养密切相关。

第三节　地理研究的基本过程

地理学研究的程序与模式与一般的科学研究的程序与模式没有本质的区别。近年来出版的一系列关于科学方法论的著作，如《方法论全书》和《自然辩证法通论·方法论》等，均从不同的角度系统地阐释了科学研究的程序与模式或过程。这些论述同样适合于地理学研究。关于如何从事科学研究、科学发现，不同的科学家和哲学家总结出了不同研究的程序和发现模式，概括起来基本上分为如下三种类型：一是传统的经验归纳模式；二是波普尔的猜测、反驳模式；三是库恩的范式更替模式。

一、地理学研究的程序和模式Ⅰ——传统的经验归纳模式

传统的研究程序主要是指一般科研人员所遵循的一种常规程序。它通常都采用归纳方法作为科学研究的主要方法。这种程序一般都包含如下的基本环节和步骤。

（一）确定研究课题

科学研究本质上就是一个不断提出问题和解决问题的过程。因此进行任何一项具体的科学研究，首先都需要确定研究课题。这是科学研究工作的一个重要而又关键的环节。选题的正确与否直接关系到科研工作的成效。一般来说，确定了研究课题，也就决定了科学家的主攻方向、奋斗目标，同时也在一定程度上决定了科研工作所应采取的途

径和手段。科学家们普遍认为，正确地提出问题就意味着科研课题的任务获得了一半的成功。那么，究竟怎样来选择科学研究的课题呢？这里有几个原则可供参考。

1. 需要性原则

在选择课题时首先要考虑它是否为社会的发展、经济的繁荣和国民生活所需要；其次是要考虑它是否符合科学技术本身的需要，是否符合科学发展的总体趋向。否则将得不到社会及一定的科研机构的支持。而仅靠个人力量，孤立无援，在当今的大科学时代，是不会获得重大成功的。

2. 可能性原则

在选择课题时要考虑是否具备完成该课题的现实可能性；从人力、物力、财力、社会背景和文化传统等各方面全面考核，看是否具备完成该课题的必要条件。无论是个人还是国家，如果在人力、财源、知识背景等条件不具备的情况下，盲目地主观地选择与自身能力相距甚远的课题，那么就必然会遭到失败。

3. 发展性原则

发展性原则即要选择那些有发展前途的具有开拓性的研究课题。这样的课题完成后不仅能推动科学的发展，而且能影响和制约某一研究领域乃至整个科学的发展、演变趋势。这样才有可能使自己的科学研究在科学的百花园中独树一帜。

4. 经济合理性原则

在选择科研课题时，需要进行经济分析，力求做到用最小的经济代价获得最满意的科研成果；要避免选择那些花钱多、周期长和规模大却又没有多大社会效益的课题。

5. 发挥优势原则

选择的课题是否在自己所从事的专业范围之内，是否能够引起自身的兴趣和同行们的兴趣，即是否能最大限度地发挥自己的聪明才智或一个研究机构的内在潜力。

选择课题除了需要考虑这些基本原则之外，还需要选题者具备一定的素质（即要拥有丰富的知识储备、科研经历和经验），具备优良的思想品格（即要拥有独立思考的能力、丰富的想象能力和辩证思维的能力）；此外还要消息灵通、信息广泛、情报准确，并能够及时地掌握科技发展动态。只有这样，我们才可能选择一个理想的、有价值的和有成功希望的研究课题。

（二）积累知识与搜集资料

凡是与（该）课题有关的理论、学说、定律、定理、概念、观念、猜想、假说、经验事实和感性材料都要无一遗漏地搜集到，尤其是那些与自己的选题相类似或相接近的研究材料要特别注意吸收、借鉴和学习。搜集的方法，不仅要大量地阅读图书、期刊和科研信息报告，而且要进行大量实际调查和咨询工作。向有经验的科学家直接进行请教，与其讨论和相互切磋，是科研工作的重要一环。

在积累知识和搜集材料的过程中，既要有辨别真伪的能力，同时又不能只搜集一面的东西或只听“一面之词”。与该课题有关的正面材料、反面材料都要注意搜集、积累、分析、批判和借鉴。往往正是一些反面东西可供批判和借鉴，而且往往正是一些反面的东西给予我们新的启发、新的观念和思想。另外，前人的研究中虽有些观点或结论错了，但是他所获得的感性材料却很有可能为我们所用，可从中得出正确的观念和结论来。这就是说，在我们搜集和积累材料的时候，注意不要把理论、观念和与之相关的经验事实混为一谈，而要认真地对理论、观念的真伪进行识别或判断；同时也要判别经验事实的真假。

（三）观察、实验

1. 科学观察

积累知识、搜集材料只是接受和继承前人的知识。为了获得新的更直接的材料，还必须针对问题或所设计的研究方案进行各种科学实践，即通过亲自的观察和实验搜集大量的第一手资料。一般说来进行观察要符合如下的基本原则和要求：一是科学观察人员应该具备勇于探索和为科学献身的精神；要树立严谨、细心、耐心的工作作风，努力提高观察水平；二是观察要符合客观性原则，即坚持从实际出发，采取实事求是的态度，按照客观事物或事件的本来面目去如实地进行记录、描写和反映，决不弄虚作假；三是坚持全面性原则，即观察要尽可能多地从各种角度、各个层面去进行，要反映和把握研究对象的各种属性、特征、规定、关系、结构和机能，只有这样才有可能抓住事物的本质，不致犯以偏概全的错误；四是遵循典型性原则，即观察中要选择那些具有代表性的观察对象，掌握良好的观察时机，选择利于观察的地点，力求捕捉能够反映事物本质的事实和材料；五是运用理论渗透观察的自觉行动，有意识地利用各种理论来观察和解释研究对象，以获得尽可能全面的、客观的观察资料和经验内容；同时要把辩证法带进观察实践当中，要充分地认识到任何观察对象、观察结果都是相对的、有条件的和可变的，不是绝对的和永恒的。

2. 科学实验

所谓实验，是科学家最常应用的一种获得丰富、具体、精确的感性材料和经验知识的重要手段与途径。一般说来最常见的实验方法有如下六种：①比较实验。为了寻找或确定两种以上事物或事件的优劣和异同，利用比较方法进行的实验。②定性实验。为了判定研究对象的性质、属性、结构、功能和要素之间的构成关系等所进行的实验。定性实验解决的是“有没有”或“是不是”的问题。③定量实验。为了认识研究对象的数量特征和各构成要素之间的数量关系而安排的实验。④析因实验。为了寻找引起事物某些变化、某些现象和某些结果的原因而进行的实验。⑤模拟实验。在研究工作中，由于研究对象不允许进行实际操作和实验，而采用模拟的方法把研究对象模型化，然后通过在模型上进行实验来间接地认识研究对象。⑥判决实验。在科学发现的过程中，为了检验科学理论和科学假说的真伪而设计的一种特殊的判决性实验，即它的实验结果对于确定一个理论的真伪具有决定性的作用。对实验的要求，除了要遵循观察方法所要遵循的原则和规则之外，科学实验的结果还要具有可重复性，即在相同的实验条件之下应该出现相同的实验结果。同时，要求把深刻的理论思维贯穿于实验设计、实验观察、实验数据的处理和实验结果的理解等各个实验环节中。

（四）抽象、概括、判断、推理

人们通过观察和实验获得研究对象的大量感性材料，这只是对事物的一种现象认识。而本质则隐藏在现象的背后，不能为人们直接感知。为了揭示研究对象的本质，并找出其内部规律，必须进行科学抽象，进行理性加工工作。

1. 科学抽象

所谓科学抽象指的是在科学研究中，人们运用思维能力排除非本质的次要因素，从现象之中抽出其固有的本质特征，以达到对事物的规律性认识的一种方法。科学抽象的过程就是运用正确的理论思维对观察和实验材料进行去粗取精、去伪存真、由此及彼和由表及里的改造制作过程。它通常都要遵循如下基本原则。

(1) 以实践为科学抽象的基础。科学抽象是对人们在实践中所获得的感性材料的抽象，抽象的结果是否反映客观实际，还需要回到实践中进行验证。

(2) 掌握充分可靠的观察实验材料是进行科学抽象的基本条件。理性认识总是存在于感性认识之中，本质总是存在于现象之中，要想抽象出事物的固有本质，发现其内在规律，就必须充分地占有感性材料，而且必须是可靠材料，否则就不可能得出正确的结论。

(3) 掌握思维规律和方法。正确地进行思维是进行科学抽象的关键。法国生理学家贝尔纳说："良好的方法能使我们更好地发挥运用天赋的才能，而拙劣的方法则可能阻碍才能的发挥。因此，科学中难能可贵的创造性才华，由于方法的拙劣可能被削弱，甚至被扼杀；而良好的方法则会增长，促进这种才华。"

2. 科学概括

科学的过程也就是对感性材料进行概括，形成概念的过程。因此，任何概念都是抽象和概括的结果，都是对事物的普遍的和本质的认识。一切科学认识都必须借助于概念才能进行。换句话说，人类只有运用概念才能进行思维，进行判断和推理，构造出理论体系和科学大厦来。

概念虽然有着一定质的稳定性和确定性，但并不是固定不变的和僵死绝对的，而是流动着和变化着的，是随着人类和实践内容的不断丰富而不断地发展着的。有鉴于此，人们只有在反复的社会实践中，才能发现新的概念来代替被实践证明是错误的旧概念，使人类的认识更正确地反映事物的本质，从而推动人类的认识不断地向前发展。

概念虽然是对事物的本质的认识，但仅靠概念并不能积极地能动地发挥人的思维本性以迅速扩展对外部世界和研究对象的认识。概念产生后，它作为思维的细胞，必然要被用来进行判断和推理，以使概念的内容充分展开。所以判断和推理与概念相比，是更为高级、复杂的思维形式。

3. 科学判断

所谓判断是对思维对象有所断定的一种思维形式。没有判断，人们的思维就无法进行活动，可见判断是很重要的一种思维形式。它一般具有如下几种形式：在形式逻辑中，根据主词的量分为单称、特称和全称判断；根据谓词的特征分为肯定、否定和不定判断；根据主词和谓词的关系分为直言、假言和选言判断；根据主词和谓词的联系分为或然、实然和必然判断。

4. 科学推理

由判断发展到推理，这既是人类认识的深化，也是人类思维形式的进化。因为推理是比判断更高级的思维形式，它是内部矛盾的展开，揭示了各个判别之间的必然联系。通过推理，可以从现有的知识中推出新的知识，从而扩大已有的认识成果。

推理的种类很多，按照前提条件有直接推理和间接推理；按照思维进程的方向，有归纳推理、演绎推理和类比推理。但是，无论何种类型的推理，都像概念一样，有其客观基础。因此，要想运用推理获得正确的结论，必须使推理的前提如实地反映客观事物，而且前提和结论之间的联系也一定要符合客观事物之间的内在联系，否则推理的结论就是不正确的。这点特别是在运用推理来认识那些不能直接观察的现实过程时显得更为重要，只有这样才能真正获得科学的和正确的结论来。

（五）提出假说理论

科学研究的最终目的是要实现对研究对象的本质和规律性的认识，即形成科学理论。但是，任何科学理论的形成都不是一蹴而就的，而是一个逐渐的依次完成的过程。在科学研究的过程中，它常常是研究程序中的最后一道工序。具体地说，一种科学理论的产生大体要经过如下程序：从观察实验获得感性材料开始，通过人的抽象概念，并运用判断与推理等逻辑思维形式和直觉、顿悟等非逻辑的思维形式提出定律和定理，最后经过大胆的猜测、想象或逻辑构造形式提出假说；对提出的假说再回到实践的过程中或者得到实验的验证或者永远地被淘汰。所以，在科学理论形成之前还有一道工序，这就是提出猜测与假说的过程。

所谓假说，是一种以假定的想法为基础的知识或理论，它是对事物以有限数量的事实和观察为基础的一种新的说明方式。假说绝不是宗教式的主观臆造，它与科学理论相比只是还有待于接受科学实验的进一步验证；但是与感性材料、概念、定律、定理和个别的推论相比，它又更具有系统性、条理性和理论性。所以科学假说是人的认识到达科学真理的一个必不可少的环节和桥梁，是科学发展的一般形式。提出和建立假说的方法是多种多样的：理性的方法有归纳法、演绎法、类比法、模拟法、对称法、移植法、比较-分类法和数学法；非理性的方法有直觉、灵感、顿悟、猜测、想象等形式。在科学研究过程中，科学假说一旦被提出，接下去的工作便是选择正确的方法和途径通过科学实验去验证它，使其转化为科学理论。

一般说来，验证科学假说有如下几种基本的途径与方法。

1）直接验证法。就是通过科学观察或科学实验，直接地观测科学假说所反映的自然现象，以直接地证实或否定科学假说的客观内容。

2）间接验证法。从直接观察或验证科学假说成立所应该导致的必然结果或客观效应上，间接地证实或否定科学假说的客观内容；从直接观察和验证科学假说成立所必然具有的本质现象和本质特征上，间接地证实或否定科学假说的客观内容；从直接观测或验证科学假说成立的充分且必要的条件上，从逻辑上验证；根据科学假说逻辑地作出推论和预言上，间接地证实或否定科学假说的客观内容。

3）逐渐逼近法。第一，从一个与科学假说的实质内容有着本质联系的较大的范围上进行验证，然后逐步缩小范围，逐步逼近以致最后达到验证科学假说本身的实质内容或最终结论而发展为科学的理论。第二，从一个初步的科学假说开始，经过反复验证，多次修改和补充，使之逐步接近并最后发展为科学的理论。

二、地理学研究的程序和模式Ⅱ——波普尔的猜测、反驳模式

波普尔从他的批判理性主义和否证论的立场出发，把科学发现的模式总结成为一种四段图式。它的简单形式是：$P_1 \rightarrow TT \rightarrow EE \rightarrow P_2$。其中：$P_1$ 表示问题（problem）；TT 表示试探性理论（tentative theory）；EE 表示批判性检验或排除错误（elimination of error）；P_2 表示新的问题（problem）。

四段图式所表示的科学发现的程序是：从问题出发，为解决问题提出各种不同的试

探性理论（或期望、假说），通过对理论的检验而排除错误，提出新的问题；如此往复，以至无穷。

科学发现或科学研究的第一个阶段是：问题是起点，从问题开始意味着方法乃是解决问题的方法；认识的逻辑和研究的逻辑都是解决问题的逻辑。问题的产生和出现，在波普尔看来都是突然的。问题出现的时机主要是期望遭到挫折的时候，或者知识陷入困境的时候。就科学知识来说，问题常产生于以下三种情况：一个理论体系内部的不协调；两个不同理论之间出现矛盾；理论与观察或实验之间有冲突。

第二阶段是针对问题提出各种解决问题的理论和假说。它们是作为试探性的解决办法而存在的。这些解决办法可能有效也可能无效。因为它们都是针对问题提出的猜想与假设。那么这些理论或假说是怎样提出来的呢？波普尔认为：这是一个属于认识心理学的问题而不是属于认识逻辑的问题，因而没有逻辑的途径，只有非逻辑的或非理性的途径；解答问题要靠灵感的激起和释放，或者说靠创造性的直觉和想象。他说，为了解决问题，人们设想的解决办法、推测性理论或假设可以不止一个，而往往要有多个。这样就自然地存在着不同的假说或理论之间的竞争。由于一些条件的限制，参与竞争的理论或假说在数目上总是有限的，于是可以从中筛选和择优。这就表现出科学发现方法的试错性质。

第三阶段是排除错误。设想出的假说或理论是否能站得住脚，需要通过检验。所谓检验，在波普尔那里指的是对假说或理论的判别性讨论。在他看来，观察和实验本质上是检验的方法，所以都属于这样的判别性讨论。检验的程序是演绎的，即从接受检验的假说或理论之中演绎出一些个别性命题，然后对这些命题加以判别性讨论。检验的方式有两种。一是从逻辑上作判别性讨论。凡是逻辑上有矛盾的或者属于重言式命题的，都是不科学的，要被淘汰和排除。二是在实践中作判别性讨论，即在实验中或理论的实际应用中进行检验，那些没有得到检验的内容暂时确认的理论或假说都将被淘汰和排除；那些被检验内容暂时确认了的理论和假说将被保留下来继续接受批判和反驳，直到被否定。

第四阶段是产生新问题，即只要在持续不断的反驳与批判过程中发现了理论或假说与经验事实之间有矛盾冲突，则新的问题便出现了。新的问题出现就意味着科学发现过程又进入了另一个新的循环周期。

波普尔所描绘的科学发现的四段图式显然具有如下特点。

1）反对经验主义。认为科学研究不是从观察和实验开始，不是从实践所获得的经验内容开始，而是从问题开始，从已有的知识、期望或理论开始。

2）反对归纳主义。波普尔认为假说或理论不是利用归纳法归纳出来的。因为，归纳方法不能从逻辑上说明人们是如何从个别命题、个别的经验事实归纳出全称命题的；另外，利用归纳法所作出的结论总是有错的。

3）反对可证实性原则。波普尔认为一切理论都不可能得到证实。因为要证实一个理论，必须找出肯定这个理论的每一个经验事例，包括过去、现在和未来的所有有关的事例。显然这是不可能办到的。

4）反对传统的理性主义。波普尔把柏格森意义的非理性因素引进他的科学发现的逻辑中，弥补了纯理性所不可能起到的作用。

三、地理学研究的程序和模式Ⅲ——库恩的范式更替模式

在库恩看来，科学研究在科学发展的不同阶段具有完全不同的性质和使命。他认为，在常态科学时期，科学研究就是根据已经确立的范式进行研究。这种常态研究不能改变范式；在观念上和现象上都很少要求有创造性的东西。这个时期的科学家的任务不是检查范式或改变范式，而是坚守范式，坚定不移地用范式去解决科学研究中的各种问题。

库恩把常态科学中的问题称为“难题”。所以常态科学时期的科学家不是解决问题，而是解决难题。库恩说：“我采用难题这个词是为了强调即使是最好的科学家，通常所遇到的困难，就像纵横字谜或死棋那样，只是对他自己的创造性的挑战，陷入困境的是他，而不是现行的理论。”库恩说：在常态科学时期，科学家们盲目信仰范式，教条式地墨守范式，不容许有任何超出范式的突破；因而这个时期常常压制重大革新，严重地阻碍了科学家们的视野，使这个时期的科学只是渐进性的量变，而没有质变。但是库恩又认为：“这对于整个科学的发展来说却是十分必要的。因为，这样就可以把科学家们的注意力集中在狭小的范围内的一些深奥的问题上，从而迫使他们细致而深入地去研究自然界的某一小部分，否则，科学的进步是不能想象的。”

库恩认为：科学研究在反常、危机和革命时期具有与常态研究完全不同的性质。在危机时期，科学范式的摇摇欲坠虽然给科学家们带来了分歧与混乱，失去稳定和方向，但是也给他们带来了批判精神与创造意识。他说：“首先由于危机，才有新的创造。”新的模式一旦被创造出来，危机也就随之结束而进入更激烈的新旧范式竞争的时期，即科学革命的时期。

那么新的范式究竟是怎样产生的呢？在这个问题上，库恩与波普尔一样，持直觉主义或非理性主义的立场。他认为：范式或科学理论不是科学家的理论思维的结果，而是他们的“神秘的灵感”或“想象的直觉”的产物，它们是在科学家头脑里“一下子涌现出来的”；另外，由于范式不是认识，不是对外部世界的客观反映，而是科学共同体集体所确立的一种信念，因此从旧范式到新范式的转变并不是科学家们认识的深化，而只是信念的转变或宗教的“皈依”。库恩认为：新范式的创立者和拥护者往往是科学家共同体中的年轻一代，他们受旧范式的熏陶不深，对旧范式的信仰也不坚定，容易对它产生怀疑，是科研队伍中和科学革命过程中的进步力量；而老一辈科学家由于长期受旧范式的熏陶，他们中的一些人思想保守，难以放弃旧范式接受新范式，常常是科研队伍或科学革命过程中的保守力量。

总的说来，库恩对于科学研究的程序或科学发现的过程描述是：年轻的一代，在科学的危机和革命时期，利用发散式的思维提出新的概念、理论和范式，然后通过新旧概念、新旧理论和新旧范式的激烈竞争，使某种新概念、新理论和新范式作为一种信念而被整个科学共同体所接受，并排除了旧的概念、理论和范式，这样就推动了科学的运动和发展。不过，库恩也没有忽视常规时期科学家们的工作。在这一时期，科学家们实际上是在运用已经确立的理论和范式来从事研究实践和应用。正是这一时期的实践和应用即解决难题的过程，为科学家们提供了大量的感性材料。

第四节　地理研究的模型方法

一、模型方法的概念与功能

科学模型是人们按照科学研究的特定目的，用物质形式或思维形式再现原型客体的本质属性和本质关系的系统，是研究客体的一种类似物。通过对模型的研究获得关于原型客体的信息，从而形成对客体的科学认识。这种借助模型来推断客体的某种性质或规律，进而进一步认识客体原型的科学方法即为模型方法。科学模型是主体与客体之间的一种特殊的中介，既是主体（研究者，个体的或群体的）创造和运用的一种研究手段，又是作为客体（被研究对象）的一种替代者而成为科学研究的直接对象。就模型与原型之间的关系而言，科学模型并不需要与原型客体在外部形态、特征、质料、结构和功能上完全相似，但必须按照所要研究的问题和目的与原型客体在某一方面或某些方面有本质上的相似性，即在模型中以某种方式再现原型的本质属性。只有这样的模型才具有方法论意义，才有可能发挥其对原型的解释功能和预见功能。而这样的模型只有在人们具有对客体的一定认识与积累了一定数据和资料的基础上才能建立起来。同时，科学模型的建立还必须以一定的科学观点或科学理论为指导。这就意味着，对于同一问题，人们可以从不同的角度以不同的方法和不同的思路去认识，依据不同的概念或假说等理论的认识构造出各种不同的模型，对原型作出不同的解释或预见。在科学研究中，对不同的模型要进行分析比较，作出评价、筛选和检验。这些模型之间可能是对立的，也可能是互补的。高性能电子计算机的运用为不同模型的比较提供了有力的手段。模型作为一种对客体的阶段性认识成果，以及通过模型研究所取得的对客体的进一步的认识，都是相对的、近似的，只是在一定程度上或从一定侧面上反映客体的属性。通过模型研究得到的认识要通过检验来判定。合理的科学模型是对客体的一种好的抽象，能发挥理论模型对实践的指导作用。然而对原型客体过度抽象简化或过于烦琐复杂的模型，其价值是不大的，会因其方法论意义过小而势必被淘汰。

二、模型的基本类型

科学模型可以从不同的角度进行分类。从构造模型的形态看，模型可以划分成物质形式的科学模型和思维形式的科学模型。物质形式的科学模型是自然的或人工的实物模型，是客体的一种实际模拟系统，成为人们进行观察和实验的对象。思维形式的科学模型，是经过科学抽象而形成的思想模型，是客体的一种思维上的模拟系统，成为人们进行分析、推理和演算的对象。思维形式的科学模型又可以分成理想模型、数学模型、理论模型和半经验半理论模型等。从模型表征信息程度看，模型可以划分为物理模型、数学模型、思想模型和仿真模型四大类。地理学研究中的科学模型也可以参照这些进行综合分类。在地理学研究中存在一种不好的情况，这就是数学模型的“滥化”。

三、模型化的方法与步骤

（一）模型化的方法

模型建立的任务就是确定模型的结构和参数。其主要的方法有演绎法、归纳法和综合法。

1. 模型化的演绎法

对于内部结构和特性清楚的系统，即所谓的“白箱”系统，可以利用已经研究出的信息、定理和原理，经过分析、数学或逻辑演绎导出系统模式。这类建模方法又称为机理建模，多用于化工和电气工程系统。由于演绎法是由一般到个别的推理，因此，通过此法所建立的模型存在一个问题，即是否一定能获得一个有效的数学模型。

2. 模型化的归纳法

对于那些内部结构和特性不清楚或不很清楚的系统，即黑箱和灰箱，如果能够获得通过试验观测系统的输入和输出数据，则可以基于这些试验数据来建立模型。此类建模方法对有关学科的专业知识要求较少，所需建模时间较短，是对实际系统功能的一个近似描述，模型的有效范围受到一定的限制，故又称为经验建模法。由于归纳法建模是从特殊到一般，所以建立的模型将不是唯一的。

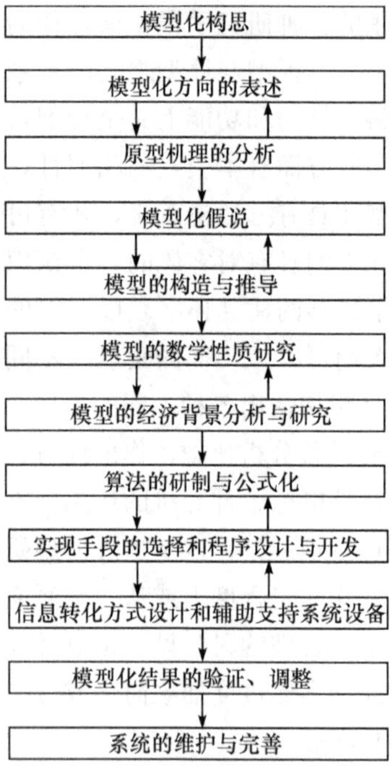

图 7－12　模型化流程图

3. 模型化的综合法

对于内部结构和特性不完全清楚的系统，如果系统不能够进行直接观测，则可以利用一部分先验知识进行演绎，同时通过搜集大量数据进行某种归纳来建立模型。这是一个能充分利用自己获得的有关系统信息进行最有效建模的方法，又称为灰箱建模法。

（二）建模的基本步骤

在各种模型方法中，数学模型方法是最主要的方法。尽管数学模型化的具体途径千差万别，但遵循着大致相同的步骤（图 7－12）。

（三）建模的关键环节

徐建华教授在《现代地理学中的数学方法》等论著中阐述了模型的建造和数据的准确性等方面的问题。而这些是模型方法应用的关键环节。

1. 模型的建造问题

描述地理问题的数学模型，是对地理问题进行定量研究的依据。所以，描述地理问题的数学模型的建造，是对地理问题进行定量研究的关键环节之一。英国著名地理学家威尔逊曾就如何建造地理数学模型发表了自己的见解。这些见解可以归纳为如下七点：①建造一个数学模型，首先必须明确建模的目标，即建模者必须清楚所建模型将被用来做什么或企图解决什么问题。②必须明确地理问题所研究的对象系统及其构成要素是什么；这些要素之间的相互联系、相互作用及其动态变化应该由什么形式的变量被模型所反映；其中哪些变量是以量化变量的形式出现的。③在各类变量中必须明确哪些变量是可控变量，即通过对哪些变量的调控可以使系统的行为发生改变。④必须知道在模型中如何处理时间概念，即认为被研究的对象系统是无记忆系统还是记忆系统；是建立静态模型还是建立动态模型。⑤必须明确所建模型将采用什么观点，解决哪些理论问题。与此问题有关的建立模型的基本假设以及所依据的理论和将要解决的问题等都能直接或间接地体现在模型之中。⑥必须清楚能用于建模的有关数据、资料是什么，其可能性如何；应采用什么样的建模技术，有现成的技术方法可供借鉴还是需要建造新模型；采用什么方法确定模型的参数。⑦必须清楚所建模型的精度以及该模型的合理性和有效性如何；采用什么方法和手段检验所建模型。威尔逊的这些见解道出了建造地理数学模型所必须注意的各个环节，同时也为我们提供了一个一般性的建模程序。

2. 地理数据的筛选与质量检验问题

数学方法在现代地理学研究中的作用无疑是重要的，它是建立模型和进行定量分析的基本工具与先决条件。但是，地理数据却是定量地研究地理问题的基础。它在建模分析中的作用有两个方面：一是确定模型中的参数与初值；二是检验模型的正确性、合理性和有效性。没有地理数据，模型中的参数与初值将无法确定，模型的正确性与否、合理性和有效性将无法检验。地理数据的质量，直接影响着由模型所得出的研究结果的正确性。在地理问题的研究中，运用数学方法所建立的定量分析模型，可以被形象地看做加工原料、制造产品的机器或设备。这里的原料就是输入模型的原始地理数据，而产品便是由模型得出的研究结果。显然，产品的质量不仅取决于机器的性能，而且还依赖于原料的品质，如果输入的地理数据质量不高，则输出的结论就不会可靠。由此可见，在地理问题的研究中，地理数据的丰富性、完备性和准确性，也是能否成功地运用数学方法的关键。所以，在运用数学方法研究地理问题时，就必须首先注重对地理数据的筛选和质量检验工作。

四、模型的数学工具

徐建华教授在《现代地理学中的数学方法》等论著中阐述了有关的数学方法问题。

（一）主要的数学方法

地理学中的数学方法的内容，已经涉及数学及其相关学科的各个领域。它不但继承了现代地理学发展史上计量运动的成果，而且还吸收了40多年以来数学、系统理论、系统分析方法、计算机科学和现代计算理论及计算方法等领域内的有关成果，内容十分丰富而广泛。主要的数学方法及其作用如表7-1所示。

表7-1　现代地理学中的数学方法的内容体系

数学方法	用　途
概率论	用于地理现象、地理要素的随机分布研究
抽样调查	用于地理数据的采集和整理
相关分析	分析地理要素之间的相关关系
回归分析	用于拟合地理要素之间具体的数量关系、预测发展趋势
方差分析	研究地理数据分布的离散程度
时间序列分析	用于地理过程时间序列的预测与控制研究
主成分分析	用于地理数据的降维处理及地理要素的因素分析与综合评价研究
聚类分析	用于各种地理要素分类、各种地理区域划分

续表

数学方法	用　途
判别分析	用于判别地理要素、地理单元的类型归属
趋势面分析	用于拟合地理要素的空间分布形态
协方差与变异函数	用于研究地理要素的空间相关性及空间分布的数量规律
克立格法	用于地理要素分布的空间局部估计与局部插值
马尔可夫过程	用于研究随机地理过程、预测随机地理事件
线性规划	用于研究有关规划与决策问题
投入产出分析	用于产业部门联系分析、劳动地域构成分析、区域相互作用分析
多目标规划	用于研究有关规划与决策问题
非线性规划	用于研究有关规划与决策问题
动态规划	用于有关多阶段地理决策问题的求解
网络分析	用于交通网络、通信网络、河流水系等地理网络的研究
层次分析法	用于有关多层次、多要素战略决策问题的分析
风险型决策分析法	用于各种风险型地理决策问题的分析
非确定型决策分析法	用于各种非确定型地理决策问题的分析
模糊数学方法	用于各种模糊地理现象、地理过程、地理决策和系统评价研究
控制论	用于地理过程、地理系统的调控研究
信息论	用于各种地理信息的分析、处理
突变论	用于有关突发性地理现象、地理事件的研究
耗散结构理论	用于有关地理系统、地理过程的组织与演化问题研究
协同学	用于有关地理系统、地理过程的自组织问题研究
灰色系统方法	用于灰色地理系统的分析、建模、控制与决策研究
系统动力学方法	用于对地理系统的仿真、模拟和预测
分形理论	用于有关地理实体的形态及要素分布形态的自相似机理研究
小波分析	用于多层次、多尺度、多分辨率的地理时空过程的时频分析
人工神经网络	用于有关地理模式的识别、地理过程机制的自学习及预测等
遗传算法	用于复杂的非线性地理问题的计算
细胞自动机	用于有关地理过程的计算机模拟

（二）主要的应用领域

1. 分布型分析

这类研究，主要是对地理要素的分布特征及规律进行定量分析。例如，运用平均值、方差、标准差、变异系数、峰度和偏度等统计量描述地理要素的分布特征；运用概率函数研究地理要素的分布规律；运用分形几何理论研究地理要素分布形态的分形特征等。

2. 相互关系分析

这类研究主要是对地理要素、地理事物之间的相互关系进行定量分析。例如，运用统计相关分析方法定量地揭示地理要素之间的相关程度；运用灰色关联分析方法揭示地理事物之间相互联系的密切程度；运用回归分析方法给出地理要素之间相关关系的定量表达式；运用投入产出分析方法定量分析区域经济系统中各个产业之间的相互联系等。

3. 类型研究

类型研究主要是对地理事物的类型和各种地理区域进行定量划分。例如，运用模式识别方法、判别分析方法和聚类分析方法等定量地研究土地类型、地带及自然区和经济区的划分问题等。

4. 网络分析

网络分析主要是对水系、交通网络、行政区划和经济区域等的空间结构进行定量分析。在地理网络分析中，几何学方法和图论方法是常用的主要方法。例如，交通网络中结点之间的接近度、可达性、最短距离，最大流与最少运费流，以及行政与经济区域中的城镇体系及其等级规模等问题的研究，均属于网络分析的范畴。

5. 趋势面分析

趋势面分析就是运用适当的数学方法计算出一个空间曲面，并以这个空间曲面去拟合地理要素分布的空间形态，展示其空间分布规律。这种空间曲面就称为趋势面。趋势面分析所采用的数学方法通常是回归分析方法。其分析的步骤是：首先运用回归分析方法拟合出所要分析的地理要素的趋势面方程，然后用趋势面方程计算出每一个测点上的该地理要素的趋势值，并以一定的间隔画出趋势等值线图。这种趋势等值线图就展示了所要分析的地理要素的空间分布规律。

6. 空间相互作用分析

空间相互作用分析主要是定量地分析各种“地理流”在不同区域之间流动的方向和强度。例如，运用线性规划方法研究某个大区域中各个小区之间的货流问题；运用投入产出分析方法研究各个区域之间产品的流动及分配与消费问题；运用一些已经建立的理论模式研究不同区域之间的人口流动问题和商品购销问题等。

7. 系统仿真研究

系统仿真研究就是针对复杂的地理问题——对象系统，在对各种系统要素之间的相互关系与反馈机制分析的基础上，构造系统结构，建立描述系统的数学模型，并以适当的计算方法与算法语言将数学模型转化为计算机可以识别与运行的工作模型，通过模型的运行，对真实系统进行模拟与仿真，从而达到揭示系统的运行机制与规律的目的。实践证明，系统动力学方法是地理系统仿真研究中可供借鉴的一种有效方法，它为许多复杂地理问题的研究提供了一种可供尝试的途径。

8. 过程模拟与预测研究

任何地理事物和地理现象，都随着时间在不断地运动和变化着，即经历着特定的地理过程。这类研究，旨在通过对地理过程的模拟与拟合，定量地揭示地理事物和地理现象随时间变化的规律，从而对其未来发展趋势作出预测。在地球表层系统中，主要的地理过程包括气候过程、水文过程、生物过程、地貌过程、生态环境过程、经济过程、社会过程和文化过程等。对于这些过程的模拟与预测研究，经常采用的数学方法有回归分析法、时间序列分析法、马尔可夫方法、灰色系统建模法和系统动力学方法等。

9. 空间扩散研究

这类研究旨在定量地揭示各种地理现象包括自然现象、经济现象、社会现象、文化现象和技术现象在地理空间的扩散规律。例如，坡面泥石流运动、各种污染物在水体和大气中的扩散、各种经济现象的集聚与扩散及文化与技术的传播等问题，都属于空间扩散研究的范畴。这类研究，经常采用的方法有微分建模方法、数学物理方法和蒙卡罗模拟方法等。

10. 空间行为研究

空间行为研究主要是对人类活动的空间行为决策进行定量的研究。例如，资源利用与环境保护问题、经济活动的空间组织问题、产业布局的区位问题和城乡区域规划问题等都属于空间行为研究的范畴。这类研究，经常采用的方法有数学规划方法如线性规划、多目标规划、多维灰色规划方法等，以及决策分析方法如 AHP 决策分析方法、风险型决策方法、非确定型决策方法、模糊决策方法和灰色局势决策方法等。

11. 地理系统优化调控研究

地理系统优化调控研究主要是运用系统控制论的有关原理与方法，研究人地相互作用的地理系统的优化调控问题，寻找人口、资源、环境与社会经济协调发展的方法、途径与措施。这类研究，经常采用的是现代控制论方法、大系统理论及灰色去余控制理论等。

12. 地理系统的复杂性研究

1999 年，美国著名的《科学》杂志出版了一期题为复杂系统的研究专辑，专门论述系统的复杂性问题。其中涉及地理系统复杂性的有两篇论文，一篇是关于地貌的复杂性的，另一篇是关于气候的复杂性的。这说明，地理系统的复杂性问题已经引起了国际地理学界的高度重视。事实上，在 20 世纪 90 年代初，中国地理学家就已认识到地理系统的复杂性问题。但是，关于地理系统的复杂性问题研究，目前还没有形成一种非常有效的方法，我们只能针对不同的问题从不同的角度运用突变理论、混沌理论、分形理论、小波分析和人工神经网络等非线性方法做一些力所能及的探索。

第五节　系统动力学方法

从系统方法论来说，系统动力学的方法是结构方法、功能方法和历史方法的统一。系统动力学研究复杂系统问题的方法是定性与定量结合的系统综合推理的方法。按照系统动力学的理论与方法建立的模型，借助计算机模拟可以用于定性与定量地研究系统问题。系统动力学的模型模拟是一种结构功能的模拟。它最适用于研究复杂系统的结构、功能与行为之间动态的辩证对立与统一的关系。系统动力学认为，系统的行为模式与特性主要地取决于其内部的动态结构与反馈机制。

由于非线性因素的作用，高阶次复杂时变系统往往表现出反直观的千姿百态的动力学特性，已引起人们的重视。系统动力学正是这样一门可用于分析研究社会、经济、生态和生物等一类复杂大系统问题的学科。系统动力学模型可作为实际系统，特别是社会、经济和生态复杂大系统的“实验室”。系统动力学的建模过程就是一个学习和调查研究的过程，模型的主要功用在于向人们提供一个进行学习与决策分析的工具，并使决策群体或整个组织逐步成为一种学习型的创造型组织。

一、系统动力学的研究对象与研究方法

（一）系统动力学的研究对象

系统动力学的研究对象，一般具有高阶次、非线性和多重反馈等特点。

1. 复杂系统的高阶次性

系统动力学的重要应用领域是社会系统。一般来讲，凡是涉及人类的社会活动（包括经济活动）的系统都属于社会系统，如环境系统、教育系统、能源系统、人口系统和森林资源系统等。社会系统有多种状态，如果我们把每种状态变量看成一阶，则 n 种状态变量为 n 阶。

2. 复杂系统的非线性

如果我们按照系统中主要变量随时间变化规律来分，则系统有线性系统和非线性系统之分。从数学上看，线性系统是指状态变量 x 的微小变化率 $\frac{\mathrm{d}x}{\mathrm{d}t}$ 正比于该变量本身。而现实社会系统大多为非线性系统，简单地说，非线性系统就是指系统的输出同输入呈非正比例的变化规律。

3. 复杂系统的多重反馈性

要了解复杂系统的多重反馈性，首先得了解以下四个基本概念。

1）反馈——是指系统把输出返送到原输入端，并对其的再输出发生影响，引起控制的作用。我们把这一过程称之为反馈。

2）因果键——当两个系统变量之间存在着相互制约和相互影响的因果作用时，我们就说它们之间形成了因果键。在实际系统中几乎所有的变量之间都存在着这种因果键。我们用键能表示因果作用的强弱。对于某一个具体的系统来说，系统中变量的因果关系实际上存在着“一因多果”和“多因一果”的复杂现象，而因果键的键能有大小之分，这是系统动力学建模中要特别注意的问题。因果键是有代数极性的，因变量和果变量呈同向变化的称为正性因果键，用“$\xrightarrow{+}$”表示，如人口出生率（越大）$\xrightarrow{+}$人口（越多）；因变量与果变量呈相反变化趋势的称为负性因果键，用“$\xrightarrow{-}$”表示，如人口（增多）$\xrightarrow{-}$人均国民收入（减少）和造林面积（增加）$\xrightarrow{-}$宜林荒地面积（减少）。

3）因果网络——一系列因果键的连锁便构成因果网络。

4）反馈环（反馈回路）——一个封闭了的因果网络则构成反馈环。例如，图7－13是一个人口简化模型，图中共有四个反馈环。

设 a 为出生率；b 为生育率；c 为人口密度；d 为人口；e 为死亡率；f 为平均寿命；g 为土地面积。则有反馈环 1：$d\xrightarrow{+}a\xrightarrow{+}d$；反馈环 2：$d\xrightarrow{+}e\xrightarrow{-}d$；反馈环 3：$d\xrightarrow{+}c\xrightarrow{-}b\xrightarrow{-}a\xrightarrow{-}d$；反馈环 4：$d\xrightarrow{+}c\xrightarrow{-}f\xrightarrow{-}e\xrightarrow{-}d$。

其中环 1 为正因果反馈环，环 2、环 3、环 4 均为负因果反馈环。g 为开环。

如上所述，反馈环有正反馈环和负反馈环之分。当由某一变量的增大经一系列因果键作用又回到该变量时，该变量值更大了，则称该环为正反馈环；反之为负反馈环。反馈环正负极性的确定很简单，如果环中所带的负键个数是偶数时，那么它是正极性的，

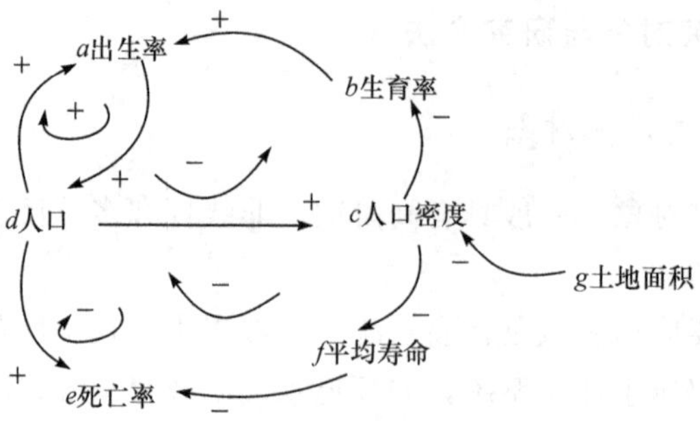

图 7－13　人口简化模型

这时该环为正反馈环。正反馈环的特点是，能产生自身运动的加强过程。如果环中所带的负键个数是奇数时，那么它是负极性的，这时该环是负反馈环。其特点是能自动寻求给定目标，未达到（或未趋近）目标时将不断作出响应。如果环中全部为正键，就是正反馈环。

以上四个基本概念，可以帮助我们理解复杂系统的多重反馈性。如图 7－13 所示，该系统有 1 个正反馈环，3 个负反馈环。在某一系统中，一般情况下，不同时期起主导作用的反馈环是不同的。如在此人口系统中，开始是正反馈环起主导作用，人口增长呈指数甚至超指数增长。随着人口的急剧增长，人口密度急剧上升，当密度达到一定程度时，会导致资源和能源枯竭、食物减少、住房拥挤和污染加剧，从而导致生育率和平均寿命的下降，于是负反馈环起主导作用，从而导致人口增长的减缓。由此可见此复杂系统的多重反馈作用。一般来说，具有四个以上反馈环的系统就可称为复杂系统。

（二）系统动力学的研究方法

系统动力学的研究对象是复杂的社会大系统。对这样的大系统不可能将其原型制造出来进行试验和观察，采用传统的调查研究方法也只能触及其某一侧面或某一瞬间，不能从整体上反映其变化和发展。而系统动力学研究这样的复杂系统，是采用建立系统的数学仿真模型，在计算机上模拟系统的动态变化过程。

模拟又称仿真，即仿效系统的真实变化过程。模拟是通过模型借助于电子计算机语言编制程序在计算机上实现的。模型是客观事物或现实系统的抽象，它高度概括了客观事物或现实系统的内部结构、关系与规律。系统动力学正是在对实际系统诊断的基础上，通过分析系统变量之间的因果制约关系，建立仿真模型，仿效实际系统的动态变化行为。随着现代电子计算机的发展，适合于系统动力学方法模拟反馈系统的专用语言——DYNAMO 语言也相应产生了。用此语言编制仿真程序效率高、运行快，易于掌握。这样可使用户把主要精力用于研究系统的模型结构上，而分析系统结构和构造模型正是系统动力学仿真的关键。

仿真方法对研究社会系统具有特殊意义。一般来说，社会系统边界很长，内部构造是多重反馈环，而且相互以动态关系发生作用，使系统呈现出复杂的非线性，给数学描述带来困难。即使勉强地在严格的假设条件下构建解析模型，所得到的数学上的最优解也并不一定都是实际被研究对象的最佳状态。而仿真方法则可以避开以上难题。仿真方法不是从抽象的理想状态出发，而是以现实存在的系统为前提，以已掌握的现有信息作为初值，给出仿真模型所代表的实际系统的动态行为。它不是强求最优解，而是追求改善系统行为的机会，在计算机的帮助下，可以充分发挥人的功能，逐步获得改善系统的途径乃至得到满意的解答。

（三）系统动力学的主要特点

系统动力学的主要特点可概括为如下四点。

1）系统动力学可以把人力、财力、物力和信息等综合成一个系统来考虑，沟通了自然科学和社会科学两大领域，又使纷繁复杂的社会经济现象系统化、清晰化。

2）它所建立的“构造型”模型，着重于系统内部构造的研究。通过认识事物的内因（因果关系）来了解事物的发展行为，不要求严格的时间序列历史数据，因而特别适用于数据不足的社会经济系统。

3）能够做到定性与定量结合。它采取定性分析和定量模拟的方法研究系统各组成部分之间的关系，优化系统的整体功能。定性分析所建立的模型保持了系统的构造特征，可以明显地显示出系统是怎样构造的，因果是怎样制约的，控制是怎样进行的，行为是怎样产生的。在定量模拟时可以通过改变政策参数，对不同模拟方案进行仿真，可得到各种政策和措施产生的结果，这便为领导决策和政策分析提供了可靠的数据依据。因此，系统动力学被称为“政策实验室”。这种分析和研究系统的方法与人们的日常思维习惯很接近，易被人们接受。

4）系统动力学模型是动态模型，利用它不仅可以对系统的未来作出规划性和警告性预测，而且还可以回测系统的历史行为。

二、系统动力学对系统的描述

在系统一般描述的基础上，系统动力学对地理系统还有其独特的具体描述方法。根据系统的整体性与层次性，系统的结构一般自然地形成体系与层次。因此，系统动力学对地理系统的描述可归纳为如下两步。

1. 系统的分解

根据分解原理把地理系统 S 划分成若干个（p 个）相互关联的系统（子结构）s_i。

$$S=\{s_i \in s|_{1-p}\}$$

式中，S 指整个地理系统；s_i 指地理子系统，$i=1，2，\cdots，p$。

在这些子系统中往往只有一部分是相对重要的，是人们感兴趣的。

2. 子系统 s_i 的描述

地理子系统由基本单元和一阶反馈回路组成。一阶反馈回路包含三种基本的变量：状态变量、速率变量和辅助变量。这三种变量可分别由状态方程、速率方程与辅助方程表示。它们与其他一些变量方程、数学函数、逻辑函数、延迟函数和常数一起，能描述客观世界各类系统和千姿百态的变化。不论系统是静态的还是动态的，时变的还是时不变的，线性的还是非线性的，都可用这些变量方程来描述。下面根据系统动力学模型变量与方程的特点，定义变量并给出数学描述如下：

$$\boldsymbol{L}^{\cdot}=\boldsymbol{PR}$$

$$\begin{pmatrix}\boldsymbol{R}\\\boldsymbol{A}\end{pmatrix}=\boldsymbol{W}\begin{pmatrix}\boldsymbol{L}\\\boldsymbol{A}\end{pmatrix}$$

式中，$\boldsymbol{L}^{\cdot}$ 为状态变量向量；$\boldsymbol{R}$ 为速率变量向量；$\boldsymbol{A}$ 为辅助变量向量；$\boldsymbol{L}$ 为纯速率变量向量；$\boldsymbol{P}$ 为转移矩阵；$\boldsymbol{W}$ 为关系矩阵。$\boldsymbol{P}$ 之所以称为转移矩阵，是因为其作用在于把时刻 t 的速率变量转移到下一个时刻 $t+1$ 上去。通常纯速率 $\boldsymbol{L}$ 仅为各速率 $\boldsymbol{R}$ 的线性组合，因此一般 $\boldsymbol{P}$ 是个常值矩阵。$\boldsymbol{W}$ 之所以称为关系矩阵，是因为它反映了变量 $\boldsymbol{R}$ 与 $\boldsymbol{L}$ 之间以及 $\boldsymbol{A}$ 本身在同一时刻上的各种非线性关系。显然，在特殊情况下，若系统是线性的，则关系矩阵 $\boldsymbol{W}$ 为一常值矩阵。

三、流程图及其构成要素

（一）构成要素及其符号

在系统动力学中就利用了流体中的名称来代替一般系统中的相应量。系统动力学通过流程图来反映一个系统的模型结构。构成流程图的基本元素有七类：①积量，亦称状态变量或水平变量，它表示在系统中的某个元素在整个时间内积累起来的数量。②率量，亦称速率变量，是指在系统中引起积量在单位时间内的变化数量。因为决策者是通过控制率量变化的大小来实行决策的，所以率量又称为决策函数。③辅助变量。在建立一个系统的模型中，除了积量和率量以外，往往需要引进几个独立的变量来描述或补充说明率量，这些变量统称为辅助变量。④常量，指在模拟系统的整个状态变化过程中始终不变的量。⑤流。动态变化的系统中，某些元素之间一定要产生“流”。流分为实体流（如物质流、资金流和订货流等）和信息流两大类。实体流可以代表系统中任何流动着的实体如材料、产品、资金和货源等；信息流是连接积量和率量之间的信息通道。⑥源和漏。“源”为流的发源地，“漏”为流的消失地。只要系统中有流，就有流产生和消失的地方。在系统力学中，源和漏代表着系统以外的环境。⑦外生变量，指不是由系统自身产生的变量。它是与内生变量相对而言的。

以上为系统动力学模型中的基本构成元素，在流程图中分别用图 7－14 所示的符号表示。

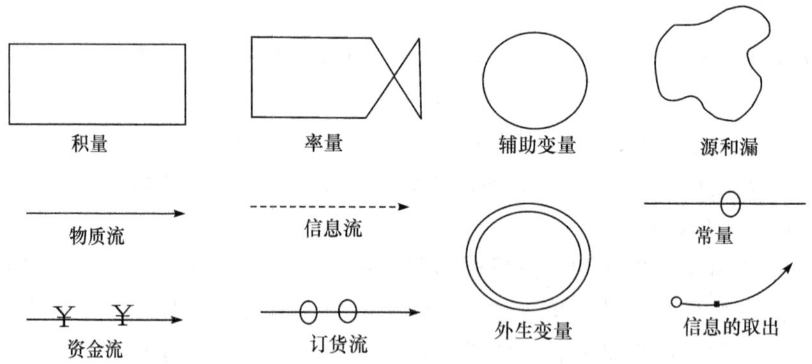

图 7－14　流程图符号

（二）构成元素之间的关系

1. 积量与率量

积量组成的反馈回路是系统内的子结构。显然，任何一个系统总是由大量的积量和率量组成，此两者之间往往存在着反馈机制面形成的反馈回路。积量存在于守恒子系统之中，在守恒子系统内度量的单位是相同的。所有的积量都是“守恒”的量。在一个守恒子系统内，所有的积量有同一种内容，变量单位也是相同的。积量是指整个时间内所积累起来的数量，而率量是指活动、运动及流动，并因此种活动而引起积量在单位时间内的变化数量。某个时间间隔内积量变动量等于时间间隔乘上输入流率与输出流率之差，即

某时刻的积量＝前一时刻的积量＋时间间隔×(输入流率－输出流率)

积量数值的大小，表示着某一系统的状态。一个因果链中的积量值具有改变整体的动力学模式的能力。如果已知系统的积量值，就可以求得率量值，系统的状态完全由积量值决定。系统的模型必须包含描述实际系统每个状态所需要的全部积量。只有率量能改变系统的积量。因为积量的现值是由前一观察期的积量值加上观察期内率量的净增值决定的，所以积量的现时值与任何其他积量的数值都不可能有任何直接关系。两个积量彼此之间有某种联系，这种联系必须通过一个率量来实现。

2. 辅助变量

除了积量和率量以外，通常引进几个独立的变量来描述率量，以增强率量的清晰度，这些变量称为辅助变量。辅助变量只能在信息联系线中间出现。辅助变量处在积量和率量之间的信息通道中，是决定速率大小的组成部分，是细分速率而得到的。辅助变量没有改变系统整体动力学模式的能力。

3. 信息和信息流

物质流、资金流和订货流等都是系统活动过程中的实体流，属于被控对象。这三种流是构成系统的基本流，它们与对系统流的管理（控制）有直接的关系。信息流是与系统管理（控制）有直接关系的流，是形成管理与控制网络的流。信息流建立从积量到率量的联系。信息流是把积量信息传递到率量上，用来控制速率变量。信息量不是守恒量。信息量不会因被使用而减少，它不受守恒定律的支配；在不破坏现存信息源的情况下，能够将信息传送到另一点。决策函数（率量）只能以可资利用的信息为基础。信息流与实体流一样有延迟现象。无论是数据和情况，一经收集就变成过去；同时还要经过整理、统计、制表、写报告和文件传递等，都需要时间。建模时要考虑到这一延迟现象。信息流是系统内各子系统之间相互联系的桥梁。只有信息流能在各守恒子系统之间进行相互的联系。在一个子系统中，积量的信息能由不同子系统中流的速率控制。

（三）流程图的形式

系统动力学是通过因果关系图和流程图来描述一个系统的结构关系的。一般是先有因果图，后有流程图。

1. 因果图

在绘制因果关系图时，首先要围绕着所研究的系统目标确定各元素之间的因果关系并选取恰当的变量，每个变量要有确切的含义和准确的度量单位。其次要注意主要反馈环的封闭性，它应该能够组成一个完整的反馈回路，如果不能组成反馈回路，则说明在因果关系图中没有将系统边界内的变量列完整，或者说系统边界还应适当扩大。下面的实例可以说明建立因果关系图的过程。例如，研究某地区的造林经费与森林资源更新的关系，可以建立一个如图 7－15所示的因果关系图。

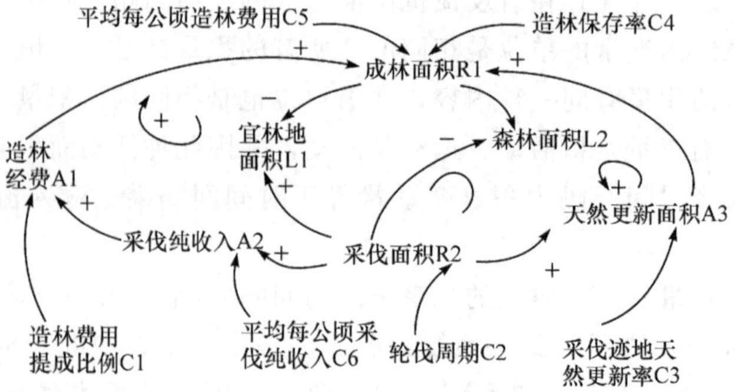

图 7－15　造林经费与森林资源更新因果关系图（顾凯平等，1992）

从图 7－15 中可以看出，森林面积→采伐面积→采伐纯收入→造林经费→成林面积→森林面积组成了一个正反馈环，反映了它们之间相互依赖和相互促进的关系，是该模型中的主回路，系统的行为主要由该反馈环决定。另外由采伐面积组成的负反馈环制约了采伐面积的大小。还有一个采伐面积→天然更新面积→成林面积→森林面积组成的反馈环，它反映了天然更新对森林面积的正影响。

2. 流程图

了解因果关系图中的反馈回路以后，就可以确定哪些变量是积量，其相应的率量是什么，哪些量是辅助变量及常量，这样就很容易将因果关系图转变为流程图（图 7－16）。

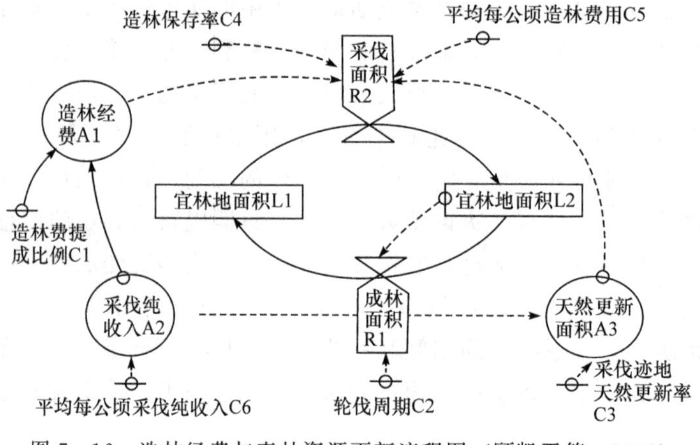

图 7－16　造林经费与森林资源更新流程图（顾凯平等，1992）

第六节　地理研究的第四范式方法

一、科学研究第四范式

计算机图灵奖得主吉姆·格雷 2007 年在美国国家研究理事会计算机科学和远程通讯委员会的演讲报告中指出科学研究的“第四范式”，即以数据密集型计算为基础的科学研究范式。科学研究第四范式的本质是数据驱动和需求驱动的科学研究范式，通过多元数据的自动化获取，数据集成共享，数据智能化分析，满足科学研究和社会发展的需求。

科学研究经历了四次范式演化。第一范式产生于几千年前，是描述自然现象的，以观察和实验为依据的研究，可称为经验范式；第二范式产生于几百年前，是以建模和归纳为基础的理论学科研究，可称为理论范式；第三范式产生于几十年前，是以模拟复杂现象为基础的计算科学研究，可称为模拟范式；第四范式今天正在出现，是以数据考察为基础，联合理论、实验和模拟为一体的数据密集型的研究，数据被一起捕获或者由模拟器生成，被软件处理，信息和知识储存在计算机中，科学家使用数据管理和统计学方法分析数据和文档，可称为数据密集型范式。

科学研究范式在演化的过程中所产生的四个科学研究范式，在现今的科学研究过程中均发挥着重要作用，四个范式之间不是相互取代和相继演替的关系，而是在不同学科领域有不同作用的关系。

二、地理研究第四范式方法的基础

地理研究第四范式的发展有一定的基础。第一，地理研究第四范式的认知前提——地理要素存在于一个开放的复杂地理系统中，各要素相互依存、协同演化。要求地理学家和地理科学工作者遵循地理研究综合范式理论（见第五章），从地理环境整体性、地理环境分异性、地理环境人地性、地理环境尺度性和地理环境过程性（见第六章）出发思考和研究地理学科学问题。第二，地理研究第四范式的研究目的，即揭示现实世界中地理现象发生的本质，监测和预测地理事件的发生和发展，成为能够及时甚至实时认识地球表层陆地空间系统的科学。第三，形成地理研究第四范式的数据获取机制，即通过无线传感器网络和高速网络传输技术带来可以移动部署的、实时获取的、数量庞大的科学数据流。第四，形成地理研究第四范式的数据分析机制，将云计算等大数据分析平台和智能算法、复杂网络和多智能体等研究方法相结合，形成完备的数据分析闭环。第五，构建适应地理研究第四范式的数据共享平台，地理学科学数据共享平台的建立和发展为地理学家和地理学科研工作者检索、使用地理学科学数据提供了获取路径。

三、地理研究第四范式方法的特征

地理学研究同时具有基础科学和应用科学的双重性质。基础科学研究由科学问题驱动，而应用科学由社会需求驱动，而后进行实验设计和数据收集，地理学兼具两者特点。数据密集型科学研究范式的出现，为地理学研究提供了全面、完备、丰富的科学数据，使得科学问题和社会需求提出之前，开展相关研究的数据已经准备充分，这样面向第四范式的新应用地理学将区别于以往地理学研究。面向第四范式的新应用地理学具有以下特征：第一，需求驱动。新应用地理学由社会需求驱动，关注创造追求行动的过程和确定结果的能力；第二，丰富、全面的数据积累。数据积累是第四范式研究的中心和起点，可移动无线传感器网络实现了地理学对局部地区开展研究的全面观测，移动智能设备为地理学研究的尺度精确到人成为可能；第三，复杂性视角。新应用地理学应该从复杂性视角出发，深刻理解从微观基本单元到宏观复杂网络和统计规律之间的涌现机制；第四，知识稳健性和术语的标准化。新应用地理学更加重视综合性研究，综合集成研究思想贯穿始终，与其他学科的联系将更加紧密，在与其他学科联系的过程中将形成标准化语义的术语体系，促进知识具有高度稳健性；第五，智能算法的广泛应用。新应用地理学中数据的收集、挖掘、管理和分析过程中将广泛应用智能算法实现从数据流、信息流和知识生产的全面自动化。

第七节　地理研究的综合考察法

综合考察历来是地理科学的重要研究方法之一。中华人民共和国成立以来，中国科学家进行了大量的、大范围的综合考察，促进了区域经济发展与生态环境整治、区域农业发展、区域工业发展、生态环境治理和重大开发建设项目的科学决策，带动了地理科学及其诸多学科的发展，催生了自然资源科学的形成与发展。吴传钧院士 1961 年在河南省地理学术年会上的报告“对于综合考察工作的一些初步体会”和孙鸿烈院士《中国自然资源综合科学考察与研究》等论著，系统而深刻地阐述了综合考察方法。

一、地理综合考察的基本任务

一般综合考察的任务是：根据国家经济建设任务，有计划地组织科学力量对一定地区进行自然条件、自然资源和社会经济情况的综合调查研究；在此基础上，提出该地区改造自然、开发利用自然资源和生产合理布局的地区远景开发方案和建议，为国家经济计划和设计工作提供科学依据。远景开发方案是轮廓性的经济规划，计划和设计部门参考它以便根据人力、物力和财力来制订计划和进行设计。因此，综合考察的工作成果十分重要。它包括生产和科学研究两方面：在生产方面，提出解决生产上当前存在的问题和进一步发展生产的意见；在科学方面，提出需要进一步调查研究的项目，以便进一步组织力量进行工作。有的综合考察是专题性的，它最后提出的方案不是地区的全面远景开发方案，而只是为解决某一部门的某个问题而提出的意见；但它与一般综合考察的目的是一致的，都是为了更好地利用自然资源为社会主义建设服务。

二、地理综合考察的性质

（一）基础性

自然资源综合科学考察研究工作，主要是构建在多部门和多学科大协作所收集和掌握的雄厚科学资料的基础之上。在全部科考工作中“查明资源”，是最具基础性的综合考察研究阶段。对于跨部门、跨地区和跨流域的区域自然资源综合科学考察研究工作来说，基础性资料具有丰富的内涵。由于考察研究的任务不同和地区不同，各科考队需要取得的科学资料也有所差异。如果按地区分类，大体可以划分为以下五种类型。

1. 科学资料空白的未开发地区

指以查明资源和资源开发利用为主的综合科学考察研究地区，主要集中在我国西部，如西藏、新疆、甘肃、内蒙古和宁夏等省（自治区）。在这些地区从事资源考察研究，因缺乏各种原始资料，必须从收集第一手资料开始，以填补科学资料的空白。所以，在这类地区科考多是通过野外实地考察工作来收集各种原始数据。例如，实地采集各种资料和标本，进行样方测量和气候与水文要素的观测测量，地形和地貌一些参数的测定；必要时，还要设置一些临时的观测仪器。同时也包括一些社会经济现状和历史资料的收集。各学科通过大量的点上和面上资料的收集，为其专业（或专题）的研究提供坚实可靠的科学数据。例如，20 世纪 50 年代的新疆综合考察队，就是在多年野外考察收集第一手资料的基础上进行系统的科学总结，编写了有关新疆的地貌、地理、植被及利用、水文地理、地下水、气候、农业、动物、鸟类和昆虫等 11 部科学专著，共约 500 万字；同时还在大量科考资料的基础上编制了新疆1∶100万土壤图、植被图和地貌图等专业图。

2. 已有一定基础资料的半开发和已开发地区

这类地区是以资源开发利用、经济发展和环境建设为主的综合科学考察研究地区，如西南地区、黄土高原地区、南方丘陵山区以及东部等地区。由于当地资源已有一定程度的开发利用，经济发展达到一定水平，科学资料有了一定积累，所以在这类地区从事科学考察，充分利用已有资料以及到有关部门去收集他们在不同时期的调查资料和统计数据是十分重要的。不过，尽管这类地区有较丰富的原始（或本底）资料，但因不同时期各种资源状况都处于变化状态，所以还要根据考察研究任务需要在向有关部门系统收集各种已有资料的同时补充收集相关的第一手资料。总之，在这类地区科考，主要的大量基础性工作已放到收集和分析已有资料以及总结资源开发利用规律等方面。但在有些已开发地区，资源开发利用的浪费现象和破坏现象相当严重，所以对其生态环境演变过程和发展趋势的实地考察研究就非常重要。为能得出既可保护资源和改造环境又利于发展经济和增加收入的科考观点，取得最佳“治用结合”效果的第一手资料，就成了这类地区科学考察的首要任务。

3. 以学科基础研究为主的科学资料空白地区

同样在科学资料空白的未开发地区开展综合科学考察研究，有一种是以学科的基础研究为主要任务，以采集科学基础资料为主。这种类型以青藏高原地区综合科学研究最具代表性。它在我国综合科学考察研究历史上，是历时最长、规模最大、参加的学科专业和科技人员最多以及考察研究成果最为丰硕的大规模科学考察研究活动，不仅在国内而且在国际上也具有重要影响。考察从 1951 年开始，历时半个世纪，除少数年份暂时中断外，各个年代基本上是连续进行，参加的学科数十个，专业人员达数千人。经过数十年的考察研究，在地学和生物学的众多领域内填补了大量的科学空白，获得了一批新的发现和记录；在若干学科上实现了重大突破，充实和丰富了许多学科的内涵，发展了地学和生物学的基础理论。在自然资源研究方面，全面系统地考察和研究了高原的自然条件和自然资源，获得大量第一手基础资料，填补了该区域科学的空白；基本完成了资源的本底调查，不仅揭示了资源的形成、赋存和特征与高原隆起的关系，而且成为该地区国土资源开发和保护的科学依据。

4. 全国性的资源研究工作

在长期的综合科学考察研究工作基础上，对全国各地区已掌握但又很分散的科学资料通过加工和整理并进行适当补充的基础上进行系统的全面的研究，提出一批全国性有关资源系统研究的重大成果。这类研究更具综合科学研究的基础性特点，对资源科学的发展和国民经济建设均具有重要意义。主要有《中国宜农荒地资源》《中国自然资源手册》《中国土地资源》《中国水资源》《中国草地资源》《中国农业气候资源》《中国农业自然资源经济研究》《中国 1∶100 万土地资源图》《中国 1∶100 万草地资源图》《中国土地资源数据集》《中国水资源研究资料汇编》等。在编辑出版各种全国资源研究成果和资料汇编的同时，还充分利用计算机技术，建立了有关地区和全国性资源的数据库，如“黄土高原地区数据库”、“中国土地资源数据库”、“中国草地资源数据库”以及“中国自然资源数据中心”等。

5. 定位试验研究

通过区域性资源综合考察研究，在一些典型地区还建立了资源开发利用实验站（点）。例如，在江西省泰和县的千烟洲和九连山、重庆市巫溪县的红池坝以及西藏自治区的达孜区等建立了不同试验研究任务的试验站。通过多年科学试验，获得了大量的第一手科学资料。它对于“点面结合、以点带面”的区域综合科学考察研究起到了宏观与微观互补、相互验证和互促互进的积极作用。

（二）综合性

“综合”是自然资源综合科学考察研究的灵魂。自然资源综合科学考察是把自然界（在研究资源开发利用时，也要包括经济和社会的相关要素）作为一个整体来进行综合考察研究的。它的综合性主要表现在以下三个方面。

1. 以科考任务为总目标的多部门和多学科大协作的综合科考组织

自然资源综合考察研究的“综合”主要是指科考工作方法的综合。但采用怎样的科考方法，则要取决于科考任务要求达到的中心目标。总括历次科考任务的原则性要求，基本上都是要求在查明资源的基础上提出合理开发利用自然资源（或生产力布局）方案。为了完成这种科考任务，必须是自然科学、经济科学以及社会科学的几十个学科参与的大协作。所以，组织多部门和多学科的大协作，是科考队伍组成的一大特点。大协作的根本目的是在一个统一任务与目标要求下，多学科各施所长，并通过综合集成使各学科相互依赖、相互反馈与相互渗透（即“综合下的专业深入、专业深入上的综合”的相互反馈过程），最终形成综合性更强层次更高的科考观点。

2. 宏观为主、微观为辅和宏微互补（即点面结合）的综合科考思想方法

在科考地区进行大面积的野外宏观考察与典型地区（或有代表性的独立单位）进行的微观典型调查（包括定位试验研究）有机配合的科考方法，是非常典型的宏观考察研究与解剖麻雀之间相互验证的“点面结合、宏微互补”科考方法。我国资源考察创始人竺可桢老前辈从开始组建考察队之初，就反复强调这种“点面结合、宏微互补”的科考方法。例如，农业自然资源的科学考察，就是把宏观科考与典型生产单位先进经验的科学调查总结所得到的观点，在典型地段进行生产性科学试验，再用科学试验的结果或先进经验的结论去验证和完善宏观科考观点；如此相互反馈，可以不断提高科考成果的实用价值和科学价值。

3. 自主性与客观性的综合研究

自然资源综合科学考察研究具有明显的自主性（独立性）、客观性和导向性。这些特性主要表现为它所提出来的科考观点或选比方案，完全是科学家们依据客观规律进行综合考察研究的结果。他们在一系列综合考察研究过程中，都以全局观点考虑了局部与整体之间、部门与部门之间、今天与明天之间、社会需要与资源可能之间以及资源开发与生态环境之间的协调发展关系，进行了系统分析和科学论证，力求论点明确论据充分。这样得出的科学观点，不受部门、地区利益与决策者偏好的影响，能够经得起实践考验，具有较强的说服力和导向作用。

（三）战略性

战略性体现了自然资源综合科学考察研究为国家经济建设服务的根本方针。自然资

源综合考察研究工作所要完成的任务就是向地区和国家提交这种既有远景目标又有基本对策的战略性方案和建议，为地区和国家制定国民经济发展远景规划（或计划）的宏观决策提供科学依据。科学考察所提出的方案和建议关系到自然资源的合理开发与利用及经济社会的可持续发展。

综合科学考察研究工作的总方向虽然是着重于长远目标，但在考察研究过程中却不能把发展远景与当前的生产建设截然分开。因为远景规划中的许多方面现在就需要着手进行，特别是当前生产建设中的“老、大、难”问题。这些问题既影响当前的生产和生活，又是未来经济发展的制约因素，如果不能就此提出及时的科学对策，必将影响科考方案的科学性和可行性。确切地说，立足当前是为了放眼未来，但必须在始终坚持“以远为主”这个大方向的前提下，有条件地联系当前生产建设中与发展前景有关的重要问题，把当前的重大建设与远景展望结合起来，采取“以远为主、由近及远、远近结合”的科考方法进行综合考察研究。人们把这种战略性很强的综合考察研究工作誉为“计划的计划”，说它起了“计划的尖兵”或“计划的探照灯”作用。

三、综合考察的主要工作方法

（一）综合预察

综合预察就像大兵团作战前进行的侦察工作。考察的地区有大有小；在时间跨度上，大地区要进行几年，小地区也要几个月。因而在大规模考察之前，就要组织一部分有经验的专业人员去实地预察，征求当地各部门的意见和要求，发现该地区的特点等；然后再细致地考虑组织哪些科学的力量，要求哪些部门配合协作，确定路线和重点地区及重点部门，把任务、力量的配备和时间等作好具体安排，这样便于综合组作计划，以及各专业组制订具体行动计划。可见预察可以大量节省时间和人力。

（二）全面调查

实地调查是了解情况的最基本的方法，也是综合考察工作的关键性步骤。综合考察工作主要是为计划和设计部门服务，所以尽量要符合他们的要求；但是综合考察提出的远景开发方案并不是国民经济的长期计划，它不必要也不可能代替各部门的计划工作。综合考察主要是抓计划和设计，是生产部门需要掌握而他们一时还没有去抓的问题，如资源的摸底、鉴定、评价等工作；另外对各生产部门当前存在的迫切要求解决的问题，如劳动地域分工、生产合理布局、生产地域综合体的形成以及农业区划等问题。通过重点专题研究，可以保证考察工作中提出的远景开发方案的质量，使我们提出的方案和建议能够实现。每个组的重点要因地制宜和因时制宜，特别要抓住当地生产中的主导部门和主要问题。

（三）分析现状

对于某地当前生产水平、生产部门结构的特点、自然条件和资源利用改造的程度，该地区和其他地区的联系和它在全国全省所处的地位，以及该地进一步发展生产的潜力等，都是在分析现状中要研究的问题。分析现状是为我们考虑生产发展远景打下基础。在考虑这些问题时，要有全国一盘棋的观点；要与邻近区域和全国作对比研究，以便了解其特点及其相互之间的关系，从而了解它在发展生产上与邻近地区分工的地位和作用。

（四）评价资源

评价资源包括对自然条件和资源本身的评价和开发利用改造措施的评价，这对生产力的发展和生产合理布局有重大意义。只有充分地正确认识自然，才能有效地控制自然，充分利用其有利因素，改造其不利的因素，甚至把不利的因素转化为有利因素。评价资源是研究生产力发展的必要手段，也是制订生产计划的依据。

评价的方法，最好首先集中力量广泛搜集有关资源的资料，然后通过分析、整理、系统汇总并加以鉴定。如果分散进行，数据必然会有出入。资料搜集之后，加以分类编号，分门别类地整理和登记，对于各种资源的分布、特性、数量、利用程度和利用的可能性等都要登记列表。这样，可以防止野外工作时因整理资料所花时间太多而影响其活动。对资源的评价，除研究资源本身的条件外，还要研究其他有关条件，如利用改造资源的劳动力、资金、设备和技术状况等。评价资源的准则是技术的可能性和经济的合理性的结合，即以最少量的人力、物力和财力达到最大限度地利用资源，获取最多的产品。在评价中，既要算经济账，更要算政治账；既要算小账也要算大账。评价所得出的数据可能比较简单，但它能给我们在利用资源上一个清楚的印象即利用该项资源所需的投资和经济效益有多大，使有关生产部门作规划时便于考虑抉择。具体作法要因部门因资源的特点来考虑，因为不同部门所联系的资源不同。

（五）远景论证

这是综合考察工作的中心内容。在这项工作中，要考虑该地区的经济综合发展、劳动地域分工和区际经济协作相结合的原则。既要利用该地区各业务部门的现有资料，又要利用自己进行考察和深入调查而获得第一手的活资料，这样才能较正确地论证发展远景。远景指标要看得远，但又要实事求是。考虑发展远景时，既要鼓足干劲，又要留有余地。在考虑发展远景指标时，既要参考各部门现有的计划和规划资料，又不能受它束缚；可以在他们现有的计划和已有的数据基础上进一步发展，这样对计划部门才有帮助。总之，在参考、利用现有资料时要有创造精神。

远景开发方案，要有比较方案；通过比较，指出不同地区的不同经济效益。但总结意见不能武断，要考虑主要是供领导层更好地参考。对于资源利用的方法也可以进行技术经济评价的比较，根据多种设想提出多种比较方案。越实事求是，方案的价值就越大。在发展远景方案中，要分出几个阶段，并说明各阶段的生产规模和措施。远近结合，由近到远，要贯彻不断革命论和革命发展阶段论相结合的精神。

（六）区划草案

地理综合考察的结果可以通过区划草案反映出来。生产布局最后要落实到地区。在远景开发方案中，可综合所考察地区的自然特征，划出自然区划；根据经济特征，划出综合经济区划和部门经济区划。区划的目的是更有效地利用和改造自然，促使生产布局和地域分工更加合理。但并不是说每次考察都要进行区划工作，因为区划要在进行大量工作大量地掌握了资料并加以消化后才可能进行。条件不具备时，区划工作可另外组织力量，作为单项任务来进行。

问题与讨论

一、常规性问题与讨论

1. 简论“历史与逻辑统一”原则的含义及意义。

2. 科学研究应遵循的基本逻辑路径有哪些？它们各有什么特点？你认为最好的是什么路径？

3. 简述归纳的逻辑路径。从《地理学报》等期刊找出按照这种路径进行研究的例子。

4. 简述演绎的逻辑路径。从《地理学报》等期刊找出按照这种路径进行研究的例子。

5. 简述类比的逻辑路径。从《地理学报》等期刊找出按照这种路径进行研究的例子。

6. 简述“从定性到定量的综合集成法”。

7. 简述“地理科学研究的经验归纳模式”。

8. 简述“地理科学研究的猜测反驳模式”。

9. 比较“地理科学研究的经验归纳模式”与“地理科学研究的猜测反驳模式”。

10. 你如何理解科学模型？

11. 科学模型可以分成哪些基本类型？请你阅读《地理学报》中的论文和有关学术著作，看作者是用什么科学模型来进行科学研究的。

12. 建立地理科学模型有哪些最基本的数学工具？

13. 你知道“哲理数学”吗？请你尝试用这种数学方法建立地理模型。

14. 阐述因果反馈图。

15. 地理科学考察一般可以完成哪些基本任务？

16. 地理科学考察有哪些基本性质？

17. 简述地理综合考察的基本方法。

二、研究性问题与讨论

1. 请就你所在地区的社会经济发展特别是“十四五”社会经济发展问题进行地理科学研究，设计一个研究方案。

2. 请阐述“从定性到定量的综合集成法”在区域发展实证研究中的具体应用。

第八章　地理科学的现代发展

第一节　地理科学发展的模式与动力

地理科学在地理环境、区域发展、哲学思想、科学技术、科学共同体和大地理学家以及政府等动力因素作用下，从古代时期经过近代时期到现代时期，其模式不是科学哲学家所阐述的那些发展模式，但可以用那些模式理论系统研究地理科学发展的模式，以促进地理科学的自觉发展。了解和掌握地理科学的发展模式，对于地理学家和地理工作者，自觉地思考地理科学的发展具有重要意义。

一、地理科学发展的模式

借助科学发展模式的一般概念，即科学发展的模式是关于科学发展的规律性、内在机制和基本特征的概括和描述，可以定义地理学的发展模式概念。以对科学理论和科学结构的定性理解为前提，可以构造出科学发展的一般模式。科学作为知识体系，其发展表达模式最形象也最简单的就是树型模式，即在表示科学知识的主干线上划分出不同的区间用以表现不同层次的知识，这些分界线延伸出去，表示每一个层次都有自己的理论和结构并派生出若干子层次。这样分解下去，就形成了科学知识发展的树型模式。

科学哲学给出了科学发展的多种基本模式：①以逻辑经验主义的累积式和波普尔证伪主义的模式为代表的确定型科学发展模式；②以拉卡托斯的科学研究纲领方法论和劳丹的解决问题的模式为代表的弱确定型科学发展模式；③以劳丹关于科学合理性的网状模式和夏皮尔的关联主义为代表的不确定型科学发展模式；④以库恩的范式转换模式和费耶阿本德的多元主义为代表的不确定型科学发展模式。在世界范围内具有较大影响的科学发展模式有归纳主义的累进模式、波普尔的证伪主义的科学发展模式、库恩的科学革命论的科学发展模式和费耶阿本德的辩证的科学发展模式。

1）科学发展的累进模式。归纳主义科学哲学认为科学的发展是累进的。这是一种关于科学理论演化的传统模式。归纳主义认为，科学理论是经验事实的真命题，科学理论的发展是许多绝对真命题的积累，观察次数越多、越深入、越广泛、越系统，在此基础上归纳出来的理论就越普遍越正确。科学理论的发展是真命题数量的不断增长过程，是量的积累与递进，而没有革命的、渐进的中断与质的飞跃。依照归纳主义的科学发展观，科学定律或理论是以感觉经验从事实中归纳出来的，从单称陈述上升为全称陈述，从部分上升为整体。这是通过归纳原则建立起来的。在归纳主义的累进模式中，科学理论或模式的发展表现为一个相对自足的理论为另一个内涵更大的理论所吸纳。科学理论就是在这种不断吸纳的过程中发展的。

2）科学发展的证伪模式。波普尔的证伪主义科学哲学，提出的科学发展的模式为：问题 1→假说→证伪→问题 2。波普尔认为科学不始于观察而始于问题，针对问题提出各种假说，然后试图证明它们是伪的。一个科学家提出或检验一个假说的目的，就是要进行证伪。在证伪过程中，又会提出新的问题。针对新的问题，再提出新的假说。如此不断地重复上述的发展模式，科学理论得到发展。他还认为：任何理论只要一次证伪即可肯定其为假，但即使多次证实也不能证明其真；没有证伪的理论暂时保留下来。因此他把科学的发展过程看成是理论的不断证伪过程。

3）科学发展的革命模式。库恩的科学哲学反对波普尔的科学发展观与发展模式，认为科学发展的基本模式为：前科学→常态科学→反常→危机→革命（出现新模式）→新的常态科学。前科学阶段是没有系统理论、众说纷纭的阶段；等到终于出现了一种被当时的科学家集团普遍接受的系统的理论和一套模式之后，就进入"常态科学"时期。常态科学经过平稳积累的长期发展后，逐渐出现了一些该理论或模式无法解释的"反常"现象，保守的科学家把这视为"例外"，千方百计通过各种"补充"和"修改"来弥补理论或模式的不足；随着"反常"的大量出现，旧科学理论模式已被修改得千疮百孔，难于自圆其说，于是，旧的科学理论或模式出现了"危机"；这种危机激励科学家不断探索，此时势必会有新的科学家出现，他们掀起科学革命，抛弃旧理论模式，创立新理论模式，科学因此进入一个新的"常态科学"时期。

4）科学发展的辩证模式。费耶阿本德提出科学发展的辩证模式。费耶阿本德认为，科学在发展过程中具有一定的韧性，即当一个科学理论得到承认后，它必定会影响和指导人们对客观事实的发现，并置大量反证而不顾。在这种情况下，有价值的新假说往往不被重视。因此，人们绝不能放弃没有得到事实支持的假说，因为其中某些非理性的因素很可能会使科学发展获益。费耶阿本德把全面多层的理论称为背景理论，认为背景理论的更替并不是在一个层次上的，因而并不需要完全推翻旧有的理论；新理论与旧理论可以同时并存。这种理论的多元主义观点，简称增生原则。因此，费耶阿本德否认库恩的常态科学时期和科学革命时期交替进行的观点，认为这是两种始终起作用的因素。科学发展图景也是这两种不同因素的辩证综合。

考察地理学的发展可以发现，地理学发展模式并非上述某一种模式的摹本，而是兼有多种模式的一些特点。地理学的发展既有规范性因素，又有历史性因素的作用；地理学越发展，规范性因素的作用越强，历史性因素越少。这也正是康德在《历史理性批判》中所贯穿的"历史的合目的性"与"历史的合规律性"。历史的合目的性是指"当然"的——历史就是朝着一个目的在前进，所以它不是盲目的；历史的合规律性是指"实然"的——历史就是按照规律而展开，所以它不是偶然的。科学的发展经历了一条"整体→分化→整合＋分化"的道路。地理科学的发展也是如此。受这种科学发展的普遍规律的支配，地理科学的发展也经历了从朦胧的、思辨性的、整体性思维的古代地理学到强调精细的、实证的、分析性思维的近代地理学。当分门别类地深入研究之后，又要整合，强调将不同门类的专门研究综合起来，摒弃忽视横断和交叉的倾向。于是，以辩证的、"综合（分析支持下的综合）＋分化（综合指导下的分析）"为特征的归纳复合演绎的现代地理学取代了近代地理学。在这个漫长的既有常规性又有革命性的发展的历史中，是什么力量推动着地理学的发展呢？学者们运用这些科学发展模式的理论研究地理科学发展的模式，在掌握了地理科学发展模式的基础上，促进地理科学的自觉发展。

二、地理科学发展的动力

推动地理科学进化和发展的各种要素和动因构成了地理科学发展的动力系统。由于科学是社会系统的一个子系统，因此科学的发展必然受到社会条件的制约。但科学又是相对独立的知识体系，组成科学系统的诸要素相互联系、相互作用，从而又使科学认识本身有了内在活力。因此，科学知识系统与社会环境的外部联系和科学系统诸要素的内部关系以及它们之间的相互作用，是科学发展的基本动力。考察地理科学的发展历史，可以确信，地理科学发展的基本动力包括地理环境、区域发展、科学技术、哲学思想、科学共同体和大地理学家的作用等。这些动力因素是从系统分析地理科学的“自由”发展的历史而得到的。这些动力也是地理科学特别是中国的地理科学在21世纪中“自觉”发展的动力。

（一）地理学发展的动力Ⅰ——地理环境

地理学的研究对象是地球陆地表层空间系统。而在不同地域有不同的特征，便决定了对地理科学有不同的认识。这在人类社会早期即古代地理学时期最明显，如我国和古希腊的地理学。我国位于欧亚大陆东部、太平洋西岸，是一个海陆兼备的国家。但在先秦时代，是以黄河流域为政治、经济和文化的中心，西部是崇山峻岭和万里荒漠，北部是辽阔的荒漠高原，东部和东南部则是大海。这些，在当时构成了界限明确的天然屏障，是人们视野的极限。在这种特定的封闭型的内陆地理环境中，中国居天下之中心的思想产生了（《诗经》：“惠此中国，以绥四方”），中国周围地区，则被视为“天末遐荒”。中国独创性地发展了自己的古文化，在地理学的思想方面孕育了地平大地观和以中国为中心的世界图式观念。此外，在这一特定的封闭型的内陆地理环境中，由于视野所及是苍茫的天空、辽阔的大地，以及活动于天、地之间芸芸人群，于是又很自然地孕育了天-地-人系统观及相互关系观念。古希腊位于地中海东部、巴尔干半岛南部及爱琴海诸岛和东岸一带地区，而巴尔干半岛的西面是爱奥尼亚海，所以古希腊并无明确的天然疆界。散布在爱琴海中的1400多座大小不等的岛屿被称为海上的“桥墩”；岛与岛之间的海域被称为“道”，为古希腊人在海上活动提供了有利条件。此外，爱琴海西岸的小亚细亚一带又是欧、亚、非三洲的交会点，使古希腊人的视野更为辽阔。在这一特定的开放型的海洋地理环境中，古希腊人创造的文化中还吸收了相邻地区古埃及、古巴比伦等古老的东方文化；在地理学方面，重要的是孕育了球形大地观和以宇宙为范围的世界图式观念。中国地理环境——自然地理环境、人文地理环境和综合地理环境的多样性和发展性，是发展有中国特色的地理科学的最宝贵的科学资源财富，在其他因素的综合作用下，可以孕育出具有中国特色的地理科学。

（二）地理学发展的动力Ⅱ——区域发展

人类生活、生产和其他需要是地理科学发展的基本动力之一。不同社会发展阶段或形态，奠定或要求着不同阶段的地理学。农牧业社会产生了古代地理学，工商业社会产生了近代地理学，科技和信息社会产生了现代地理学。需要指出，即使在同一社会形态所决定的地理学发展的同一阶段，地理环境的差异所决定的生活、生产和其他需要也存在着地域差异，而这种差异则决定了地理学本身的地域差异。这在古代的中、西方表现得最明显。我国自商代起，农业生产就开始有了很大的发展。但受当时科学技术水平的局限，农业生产只能单纯依赖大自然提供的条件。在长期的农业生产实践中，积累和发展了有关气、水和土等方面的自然地理知识。古希腊人“靠海吃海”，生产活动以航海经商和殖民为主；为适应这些方面活动的需要，在自然地理学方面，积累了气象、气候及海陆成因等知识，还由于航海里程和经商利润的计算，奠定了西方地理学的数学传统基础。中国20世纪特别是中叶以来的地理科学的发展就是以为国家或区域发展服务为主要动力而发展起来的。中国自改革开放以来，在国家和各地区的社会经济发展中取得了辉煌成就，也凸显出很多在区域发展方面的问题——区域要素均衡、区域关系均衡和区域时间均衡。以人地关系地域系统科学概念和理论为基础，科学解决这些问题以实现区域科学发展的宏大目标，可以极大地促进中国的地理科学乃至世界的地理科学的巨大发展。但要真正促进地理科学的发展，则需要有哲学头脑和方法论修养的理论地理科学家的工作。

（三）地理学发展的动力Ⅲ——科学技术

地理学要借助于整个科学技术，特别是实验或分析的仪器和方法来开展自己的研究。18世纪前，整个科学界都没有什么实验仪器和方法可以用来进行分析测试，因而地理学不可能对具体地点和具体地理事物进行深入分析，所以不可能以差别分析为主。18世纪以后，物理学、化学和生物学等学科的实验分析手段发展很快，使整个科学呈现出以微观分析为主的特征。相反，综合思想和综合技术发展却很慢。在这种情况下，地理学不可能以微观分析即差别分析为主。20世纪60年代以后，由于人工智能、电子计算机和遥感信息等技术手段的发展，使人们有可能在深入分析的基础上，进行多层次、多角度的辩证的综合。加上其他一些原因，这一时期的地理学逐渐发展成以综合为主的学科。科学思想和科学理论与技术在地理科学发展中的动力作用，体现得最鲜明的就是现代地理学的发展。在科学技术蓬勃发展的今天，对地理科学的发展特别是地理科学认识论和方法论的发展有重要作用的方法论，是杰出的科学家钱学森院士所创立的“从定性到定量的综合集成法”。中国的地理学家要通过各种渠道学习“从定性到定量的综合集成法”的科学哲学思想和基本的工作方法。

（四）地理学发展的动力Ⅳ——哲学思想

整个科学的哲学观点对地理学的影响也很大。古典地理学时期，科学中居主导地位的哲学观念是笼统的“天人合一”观和朴素的唯物论，因而地理学就以笼统的、模糊的整体思维为主。近代地理学时期，统治科学界的哲学观念是机械唯物论和形而上学。其中，机械唯物论强调因果关系，形而上学强调孤立、绝对、静止。所以此时的地理学就“在区域差异和人地关系的框架下进行寻因索果的解释”。20世纪50年代以后，马克思主义哲学即辩证唯物主义和历史唯物主义对科学的影响越来越大。尽管西方大多数学者不承认马克思主义，但他们在实践中所运用的思想观点有很多是马克思主义的东西。系统科学的兴起，促进了马克思主义哲学的发展和普及，并与马克思主义哲学思想一道逐渐成为科学圣坛的主导思想。所以，这一时期的地理学既讲差异又讲联系，注重的是差别中的联系和对立中的统一，强调要多层次、多方位、整体地和辩证地进行思维。这样，地理学就逐渐发展成为介于自然科学和社会科学之间的一门学科，与生态学、环境学、心理学等一道成为科学大家族中的又一大门类，并伴随着科学技术功能体系的逐步完善，初步形成了自己的基础科学学科、技术科学学科和应用技术学科系列，理论和实践都获得了较大的发展。同样，这种哲学思想或观念也存在着地域差异，这种差异影响或决定着地理学和地域差异。先秦的哲学思想，根本上是探讨人与人之间的相互关系及人与自然间的相互关系。就后者的影响来说，在地理学方面突出地导致人地关系的探讨。古希腊的哲学思想特别是自然哲学家则着重于宇宙奥秘的探讨，因此，在地理学方面就侧重于地球整体性的研究，如世界图式观念、全球五个气候带的划分等。恩格斯指出：最早的希腊哲学家同时也是自然科学家。古希腊哲学家对西方古典地理学，特别是对自然地理学思想发展的影响，远远超出我国先秦哲学对我国古典地理学特别是对自然地理学思想发展的影响。现在看来，马克思主义实践论的哲学——不仅重视解释而且重视改造——对于地理科学核心概念“人地关系地域系统”和重要理论“人地关系地域系统理论”、地理环境整体性理论和地理环境分异理论的发展及其科学应用，具有特殊重大意义。因此，中国的地理学家不仅要从事地理科学实证研究，还要自觉接受马克思主义哲学思想。这样，每一位具有马克思主义哲学观念的地理科学家就可以成为促进中国地理科学发展和世界地理科学发展的重要力量，使地理学在常规性发展的历程中尽早出现新的革命性发展。

（五）地理学发展的动力Ⅴ——科学共同体和杰出地理学家

有些学者将大地理学家和科学共同体对地理学发展所起的作用看成是偶然性因素，这是不正确的。从地理学家或科学家对地理科学发展的作用看，近代地理学的开山大师洪堡和李特尔对于自然地理学和人文地理学发展的作用，道库恰耶夫对自然地理学中的重要理论“自然地域分异理论”和地理环境整体性理论的发展的重要作用……竺可桢院士、黄秉维院士、吴传钧院士、陆大道院士和郑度院士等以及钱学森院士等对中国地理学发展的重要作用，都表明专家对地理学发展的重要作用。这些专家，不仅是某一分支学科或领域的一流专家，而且是思考地理学整体发展的地理战略科学家。作为科学共同体的地理学家组织如地理研究所、地理系、地理学会等，对于地理学范式的形成、发展起着极其重要的作用，特别是能使潜在网络因素M逐渐明朗化，即变成NP。作为地理学共同体的主要构成者的大地理学家，当然对地理学发展有重要或重大影响。

上述要素在地理学发展中的作用，特别是在不同发展时期的作用是不同的。在地理学发展的革命时期，各种动力因素的综合作用十分突出；而在常规发展时期，起作用的动力因素则较为单一。同时，对于地理学基础理论的发展而言，地理学理论内部的矛盾性及其解决是更主要的动力。我们也确信，科学哲学的历史社会学派的如下观点是正确的，也符合地理学发展的实际，即：科学进化的早期阶段与社会需要和社会价值关系密切；在晚期阶段，科学研究的问题则不再由外部社会提出而产生于科学内部。地理战略科学家，要从哲学的高度、从影响地理科学发展的动力因素，全面思考中国21世纪地理科学的发展战略和规划问题。影响地理科学发展，特别是中国21世纪地理科学发展的因素还可能有哪些？其中最重要或最主要的因素有哪些？在这些动力因素的综合作用下，地理科学能否进入现代时代以及已经取得了哪些辉煌成就呢？这些都是值得思考的问题。

第二节　现代地理科学发展的背景

现代地理科学继承近代地理学的精髓，以全人类社会亟待解决第二次世界大战以来的区域人地关系冲突和区域关系紧张为社会背景，以系统论和系统科学及其他学科思想理论、方法的渗透为科学背景，以电子计算机的普及和遥感信息技术的发展及地理科学考察装备的改善等为技术背景，诞生在美国。在现代地理科学时代，古代和近代地理学的传统得到继承和发展，形成了诸多学派。20 世纪中叶以来，人类社会面临着越来越严重的、集中表现为区域人地关系冲突和区域之间关系冲突的社会背景，渴望实现区域人地关系的协调和区域之间关系的协调。这样的地理环境和社会需求，成为地理科学现代发展阶段的地理环境动力和社会需求动力。同时，以一般系统论为代表的系统科学的思想和理论有了很大发展，已被富有创新精神和创新能力的地理学家成功地引入到始终富有地理环境整体性观念的地理学中；电子计算机技术和遥感技术等技术手段也已逐渐成为地理科学研究的重要手段。这样的科学思想理论和技术方法，也成为地理科学现代阶段发展的科学技术动力。它们共同构成现代地理科学产生和发展的背景条件。除此以外，马克思主义哲学在地理科学中的自由渗透和地理学家的自觉接受，大地理学家的领袖作用和地理学会与地理学系的完善和发展，均成为现代地理科学产生和发展的动力。

一、现代地理科学的历史背景

（一）地理学史的概念

现代地理科学是在继承了古代地理学和近代地理学基础上而发展起来的，近代地理学是现代地理学的最主要的历史背景。美国学者杰弗里·马丁在《所有可能的世界——地理学思想史》中定义了地理学史。他认为“地理学史是由过去时间里发现、认识、思考和评价地理事物的方法所构成的”。对这个定义可以优化，得到我们所理解的地理学史的定义：地理学史是由过去时间里发现、认识、思考和评价“既有的”地理事物以及“构建”“将有的”地理事物的过程、方法论和思想所构成的历史。根据科学知识是社会系统的一个子系统并深受其影响的观念，从科学社会史学的角度，可以将地理学发展的历史划分为古代地理学阶段、近代地理学阶段和现代地理学阶段。绝大多数的地理学史或地理学思想史研究皆据此分期。而事实上，在我们系统地研究地理学发展过程特别是地理学概念与地理学思想的形成与发展后，可能会形成一个有别于上述的“外史”论分期的“内史”论分期方案。这个分期的主要标准是对地理学的元问题即地理学的研究对象、研究核心、研究维度、基本性质、学科体系和核心概念等方面的认识水平来划分。这是地理学史特别是地理学思想史研究的重大而困难的领域。在地理科学史中，地理科学思想史是最重要的组成部分。

（二）地理科学的发展时期

《中国大百科全书·地理学》在“地理学发展史”条目中，主要从“外史”论的角度即地理学科学与社会经济等的相互关系的角度，将地理学的发展历史划分为古代地理学、近代地理学和现代地理学三个时期。古代地理学（上古时期到 18 世纪）是农牧业社会的产物。这个时期的地理学以地理知识的描述性记载为主，学科内外分化尚不明显。同时，由于自然地理环境以及因此形成的人文地理环境的地域差异和交通不便等原因，古代地理文献的体例与内容具有明显的地域差异即体现出多元文化特质的特征。近代地理学（19 世纪到 20 世纪 50 年代）是与工商业社会相适应的地理学。近代地理学对地表各种事物及其关系的描述已明显地有别于古代地理学而呈现为解释性描述，力图阐明基于近代科学意义上的因果关系；地理学理论思维中的推理和地理学概念体系渐趋形成与完善；地理学分化出一系列二、三级学科且学派林立。同时，因文化交流的扩展，各国或各地区之间的地理学得以相互影响。例如，发源于德国的近代地理学很快传播到法国、英国、美国等发达国家，以及包括中国在内的不发达国家。20 世纪 60 年代，现代地理学在美国诞生后，相继影响英国和北欧，然后再传播到苏联、日本和中国。现代地理学具有如下特点：将人类居住的地球表面看作是统一的复合系统，地理学本身的结构和体系已趋向世界性的一元化；对地理现象的解释由单纯的类型归纳过渡到理论演绎、实验反馈和模式化的方法；采用定性与定量相结合的方法，对纷纭复杂的地表机理进行确定性研究等。

二、现代地理科学的社会背景

科学产生与发展的动力之一是社会经济发展需要。现代地理学的发展动力也正来自现代社会需要。现代社会的社会需求最主要的是区域人地关系冲突问题和区域之间的冲突问题的系统解决。而这些问题的系统解决，就成为地理学理论研究和创新的动力，孕育着人地关系地域系统及其共生思想。

（一）区域人地关系冲突及其亟待解决

地理学特别是 20 世纪初叶以来，始终主要从人地关系的角度关注区域的发展及其地理环境——自然地理环境和人文地理环境以及综合地理环境基础等方面的问题，区域人地关系冲突及其亟待解决是现代地理学产生和发展的社会背景之一。区域人地关系冲突是地理科学发展动力中的地理环境，人地冲突的科学解决是地理科学发展动力中的区域发展需求。

第二次世界大战以后，世界各国经过了一段休养生息、恢复重建阶段。到了 20 世纪 60 年代，生产力普遍有了提高，随之也就产生了许多新的社会问题。首先就是因人类不合理的活动而导致的环境问题。其中，除了以工业“三废”为核心的“环境污染”问题以外，最突出者就是以人类生产和生活对原有环境秩序的破坏为核心的“环境退化”问题，如植被土壤的破坏、沙漠化的加剧及人口的激增与资源短缺和粮食生产的矛盾等。这些问题在 19 世纪和第二次世界大战以前，基本还只限于教授们在课堂上、书斋里坐而论道的范围，如今却迫在眉睫。不止一个国家遇到这方面的麻烦，简直是展现了一条人类“自取灭亡”的道路，难怪许多经济学家和社会学家发出“停止增长”、“零增长”和“只有一个地球”的呼吁。同时，一些工业化较早较强的国家也面临着发展工业的资源短缺等问题。解决人与地理环境——不仅是自然地理环境而且包括人文地理环境之间的关系问题，向来是地理学的主题。20 世纪 60 年代以后的地理学，绝大部分都是围绕这个问题而发展起来的，它为地理学新领域的开辟提供了广阔天地。

（二）区域之间关系冲突及其亟待解决

区域发展的伟大实践或经验事实，促使地理学不断丰富着区域的科学事实，完善和优化着区域的科学观念。20 世纪初叶以来，地理学的区域观念发生了巨大变化，从孤立的区域观念转变为“区域是区域系统中的区域”。区域之间的冲突问题及其科学解决成为现代地理学产生和发展的社会背景之一。区域之间的冲突是地理科学发展动力中的地理环境，区域冲突的科学解决是地理科学发展动力中的区域发展需求。

伴随环境问题还出现了另一个十分尖锐的问题，即空间问题。从地理大发现到第二次世界大战，人类所面临的主要是争夺政治空间的问题。为此，帝国主义国家之间相互争夺殖民地，搞领土扩张。因为从那个时候的技术条件看，谁占有的资源多、人口多，谁就有实力，而不太注意空间本身的结构问题。第二次世界大战后情况发生了变化。一是由于两次世界大战的创伤和世界各国彼此信息沟通、门户开放，多数人们不愿意再打仗。企图靠战争谋私利的统治集团也难于再用民族主义的口号煽动人们去彼此厮斗。二是核武器的相对均势发展，更增加了战争的可怕性，从一定意义上说“可怕的武器制造了可怕的战争”。在这种形势下，空间的有限性就更突出了。一些发达的国家必须首先在本国的空间打算盘，合理利用本国空间，挖掘内部潜力。另一方面，由于技术的发展和国际经济的扩大，空间的意义并不全在于资源。例如，日本基本上是资源穷尽的国家，但仍然获得了较快的发展。因此，此时空间的位置意义、结构意义就更重要了。所以，战后有关空间布局和合理利用的研究与实践获得迅速发展，诸如土地利用和国土整治等。这些都是地理学直接为社会实践服务的重要形式，它要求地理学必须产生有关地表空间系统一系列理论和方法，从而刺激现代地理学的发展。与此同时，没有国界的国际经济空间的争夺仍在继续，国际经济空间的机能结构研究也构成了现代地理学的重要方面。由于经济的发展，一些发达国家相继进入工业化社会，第一、第二、第三产业的人口比例发生了倒置现象，城市化趋势越来越突出；社会文化事业的比重越来越大，关于社会文化空间规律性的研究也越来越突出。由于情报科学的发展，各国文化彼此接触和影响越来越深，外部世界已不再是少数人而是大多数人渴望了解甚至希望亲自置身于其中来理解异国文化。社会文化地理的发展，特别是旅游地理的发展，正反映了这个客观需要。

由于区域人地关系冲突和区域之间关系冲突的双重激化而成为密切关联的问题，已无法就某一个区域内的人地冲突而提出解决对策。而区域之间冲突的解决，势必使有人地冲突区域的问题转嫁到原来人地关系尚协调的区域。社会的这种需求为现代地理科学的发展奠定了社会基础。

三、现代地理科学的科技背景

因为地理学是科学系统中的子系统，而科学又是“科学-社会-经济-教育-技术”复合系统的子系统，所以，地理学的常规性发展和革命性发展都深受科学、技术、经济和教育等的综合影响。任何科学的发展都不是孤立的，都是以当时的科学技术水平为基础的，现代地理学也是现代新技术革命浪潮的产物。

（一）现代地理科学的科学背景

一向重视地理环境整体性的地理学，长期以来，由于缺少科学理论支持而只能将地理环境整体性当做地理环境的基本性质和进行地理研究时的一种思想和观念。要使地理环境的整体性质得到全面认识和将地理环境整体性思想观念转化为科学理论和方法，其必要条件之一是有一种比地理环境整体性更具有普遍性或一般性的理论，作为研究地理环境整体性质和构建地理环境整体性理论以及形成地理环境整体性研究方法的理论和方法。这种更具普遍性或一般性的理论在哪里呢？20 世纪中叶产生和发展起来的一般系统论就是这样的理论。地理学家自觉在地理学研究中引入系统论，是现代地理科学最重要的科学背景。很多地理学家的地理学思想都深受系统论的影响。

在第二次世界大战以前，无论是西方世界还是东方世界，科学只划分为两大家，即自然科学和社会科学。虽然有研究统一的物质世界的哲学，但其论题也只是高度概括即讨论世界本源、精神和物质关系等世界观方面的问题，关于认识统一的物质世界的方法论问题涉及不深。“系统论”、“控制论”和“信息论”等横断科学的出现，深化了科学的世界观，也进一步提出了科学的方法论问题。它们向人们表明：无论自然现象还是社会现象，都是一种系统组织的表现，都有一些共同规律可循，就像生物的生长曲线、数学上的坐标曲线、经济发展曲线、人口增长曲线都具有极为相似的“同型性”（S 形曲线）一样。用系统论的观点可以预报排水系统、生态系统、经济系统以及其他许多系统的运动。地理学长期以来就有综合的传统。“三论”的出现给地理学以新的武装，使它摒弃了烦琐枝节，抓住地球表层及组成部分的结构、功能和演变的主线，并配合相应的数学方法，更清晰地揭示了其规律。科学观和科学哲学的发展，还表现在认识世界的决定论上。从 19 世纪末到 20 世纪前半叶，以物理学为中心的自然科学的新科学观出现了。相对论和量子力学的发展使古典物理学的世界观为之一变，从古典物理学的决定论的思想发展为非决定论、概率论的思想；从绝对空间发展为相对空间的概念；从个体一对一的实证思想发展到群体事物的概率决定论的新思想。这为现代地理学开辟了新的道路，使困惑的传统地理学“柳暗花明又一村”。长期以来，地理学在研究人与自然环境关系和环境因素间关系时，总是陷入这类无穷的争论中：一些学者提出一些例证证明地理环境某种因果关系，另一些学者同样可以举出其他一些例证否定之。多少人试图像伽利略发现重力加速度那样企图用实验科学找出精确的地理规律，但总是像哈特向说的那样“拿了方塞去插入圆孔”不能如愿以偿，原因是用实验科学的方法研究复杂的群体事物是不行的。新的决定论思想则是应用统计的方法、概率的方法和灰色系统的方法找出事物的基本规律，而不为细枝末节的个别例外所困扰。

（二）现代地理科学的技术背景

技术是在一定的自然和社会环境中，遵循客观规律实现输入集和目标集之间有向转换进而实现从认识到实践的转化，将理论应用于解决特殊或个别问题的可操作程序。其主要任务是为改造、利用和控制客观世界提供方法，着重解决应当做什么和怎样做的问题。它对科学的发展有一定的促进作用。20 世纪以来，地理科学数据资料激增，对它们进行定量分析的工作量巨大。这样的海量计算，只有借助性价比较高、使用标准化程序的电子计算机才能实现。同时，地理科学研究需要大量的、系统的区域地理实际资料，而它们又无法完全通过地理学家进行实地考察而获得，这就需要一种可以使大部分“直接的实地考察”转化为“间接的实地考察”的有效方法和工具。以上两种需求在20世纪中叶以后逐渐得到了满足。电子计算机性价比的普遍提高、标准操作系统和规范操作语言的使用，航空遥感和卫星遥感技术的发展，使地理学家采集海量数据的能力和分析数据的能力得到提高。它们是现代地理科学产生和发展的技术背景。最近二十年来，人工智能科学技术为现代、当代乃至未来的地理科学的科学发展提供了重要基础。

第三节　现代地理科学的发展历程与基本特征

在区域冲突及其求解、科学技术进步、哲学思想指导和科学共同体以及大地理学家等多重因素的共同作用下，地理科学开始了从数量运动、行为研究、综合研究到区域可持续发展研究的现代历程，逐渐具备了信息化、统一性、理论化、数量化、行为化和生态化以及演绎化等基本特征。

一、现代地理科学的发展历程

《中国大百科全书·地理学》概括了现代地理学的发展过程。结合当代的可持续发展潮流特别是地理学所参与的区域可持续发展研究，现代地理学的发展过程主要包括20世纪60年代的“数量运动”、70年代的“行为研究”、80年代的“综合研究”和90年代的“可持续发展研究”等，总体可称为地理学的理论化和数量化。

20世纪50年代初期，旅美经济地理学者谢弗对区域学的批评形成了“数量运动”的前奏。之后，在西方出现了地理学的理论化和数量化的三个学派。①以加里森为组织者，由美国著名经济地理学者厄尔曼协助，在美国华盛顿大学地理系举办研究生班——“华盛顿小组”。这是美国数量地理中心影响的最大者，从推广中心地方论、交通网络理论和其他统计方法开始，培养了邦奇、贝里等著名地理学家。②以乔利、哈格特和哈维为代表人物形成于英国剑桥大学的“剑桥派”。此派继“华盛顿小组”而兴起，以理论造诣高深而著称。③以哈格斯特朗为首的在瑞典兴起的“德隆大学派”。他们开展了时-空地理学工作，卓有成效。哈氏被公认为是当今最著名的理论和数量地理学者，现代区位论大师。地理学中的行为研究是20世纪60年代行为科学波及的产物，至70年代大为风行。它是在自然、技术、经济和社会等客观条件之外，再估计到地理事物形成与改变的人的主观因素，即各式各样的人群（如决策人、劳动者、消费者等）对地球表面现象的知觉（感觉）和采取的相应的行为，从而使决策和预测更符合实际。故正确的行为研究应是对人们主观因素的客观规律进行探索，美国地理学者普雷德提出的“行为矩阵”便是一例。20世纪80年代，由于世界范围内人口、资源、环境和开发等问题日趋严重，在联合国有关组织号召下，有关科学家介入了对上述问题的研究。各国地理学者广泛地参与了三大规划（城市规划、区域规划和环境规划）工作，在某些方面起到了主导作用。这样，地理学者就从实践中产生了对城市、区域和环境的综合研究，在理论、模式和决策等方面大有进展，发挥了地理学固有的综合特点。20世纪90年代，区域可持续发展研究和21世纪议程研究等成为地理学的主要研究领域。

二、现代地理科学的基本特征

《中国大百科全书·地理学》从科学社会学的角度将现代地理学的基本特征概括为"信息社会的产物、强调地理学的统一性、理论化和数量化、行为化和生态化"等。此外，它还有一个重要的基本特征：在科学研究方法论方面，现代地理科学除了重视以地理科学事实为基础的经验归纳的科学方法论，还高度重视演绎的逻辑路径的科学方法论。

（一）信息社会的产物

现代地理学发端于现今经济和科学最为发达的美国，首先影响英国和北欧，继而波及西欧、苏联、东欧、日本和中国。代表人物和流派包括：美国以加里森和厄尔曼为首的华盛顿大学派，英国以乔利和哈格特为首的剑桥大学派，瑞典以哈格斯特朗为首的隆德大学派。

（二）强调地理学的统一性

近代地理学时期部门地理学的蓬勃发展，一方面促进了地理学各分支学科研究的深入，另一方面又忽视了地理学的统一性，削弱了地理学综合性的特点，使部门地理学的再深入研究遇到了很大困难。20 世纪 60 年代以来，全球性的人口剧增、资源危机、环境污染、城市化以及区域开发等一系列问题，都不是任何部门地理学能单独承担的课题。地理学自身的发展和实践的需要，都要求它加强一体化，充分发挥地理学固有的综合性特点。

（三）理论化和数量化

为加强地理学研究的综合性特点，建设统一地理学，需要探讨各种自然地理现象和人文地理现象之间的联系与规律以及它们所遵循的总规律，于是理论地理学应运而生。20 世纪 50 年代起，系统论、控制论和信息论等综合性科学方法论的兴起，电子计算机和遥感技术的应用，革新的地理学研究方法，使野外考察能与航空像片、卫星像片的调查和解译结合起来。地理学研究从单纯的类型归纳向理论演绎过渡，从一般的实验和分析向模拟实验和分析模式化过渡，从人工制图向自动化制图过渡，使地理学由定性向定量发展，出现了地理数量方法和地理信息系统等研究领域。

（四）行为化和生态化

20 世纪 60 年代行为科学的出现及其随后的大发展，波及社会、经济、科学和文化的各个方面，也波及地理学。各种不同人群（如决策人、劳动者、消费者等）对地球表面现象的感应以及采取的相应行为是不同的。研究这些感应和行为的规律，让地理决策和预测更符合实际情况，成为地理学的一项重要任务。从而使地理学研究行为化，并萌发出感应地理和行为地理研究。自 20 世纪 20 年代美国出现生态派，30 年代中期英国学者提出生态系统概念并进行研究以后，自然地理学研究逐步形成生态化的趋势。20 世纪 60 年代系统论等方法论引入地理学以后，自然生态系统研究成了自然地理学研究的热点，从而形成了新自然地理学以及景观生态学等研究领域。以后，生态化研究进入人文地理领域，城市生态系统、地域经济系统、农业地域结构和文化生态等研究领域陆续出现。统一地理学还深入研究自然生态系统与社会生态系统之间的联系和转化。

（五）科学方法论的综合化

地理科学的传统思维模式是以观察材料和事实为基础，从相互关系中去认识和阐述规律及概括理论，属于经验归纳型综合。在传统模式的基础上，地理学更加重视理论演绎型综合。以吴传钧院士为研究组组长、国家自然科学基金委员会组编的《自然科学学科发展战略调研报告：地理科学》，以陆大道院士和郑度院士为顾问、中国地理学会编著的《2006—2007 年地理科学学科发展报告》等关于地理科学发展方略方面的论著，均阐述了地理科学方法论要走出单一的经验归纳的道路方面的问题。在传统模式的基础上，现代地理科学的综合模式应该体现在：①有更强的整体观念，更多地从系统整体出发，注意发展从理论假设出发进行演绎，使分析与综合及归纳与演绎互相补充，实现辩证综合；②综合的内容更加深广，包括空间与时间、数量与质量、静态与动态、内部与外部、自然与人文等方面，深入研究系统的结构功能及动态演变过程；③综合的方法更具有逻辑性和精确性，多通过结构分析、功能评价、过程监控与动态预测等途径来解决，并力求使用形式化语言、图解语言和数学模式等来表达综合的结果。地理科学应该在 21 世纪中叶实现辩证综合和系统综合的目标。

第四节　现代地理科学的辉煌成就

现代地理科学自诞生以来，在学科观念强化、基础理论形成完善、学科体系发展、学派形成和实际应用等诸多方面取得了辉煌成就。在这些成就中，尤为重要的是地理学的地理环境整体性科学观念的强化和主要学派的形成。

一、地理学科学观念——地理环境整体性

地理科学自诞生以来，就关注地理环境的整体性。正如詹姆斯在《地理学思想史》中写道："地理学一向具有一种整体高于局部的传统信念，因此它去研究不同来源事物中相互联系与相互依存的部分的系统。"在地理科学的不同时期，对于地理环境整体性的认识和研究的深度有很大差别。关于地理环境整体性观念及其发展变化问题，我们将在地理学思想史的有关论著中系统阐述，这里仅简要介绍古代地理学、近代地理学和现代地理学的地理环境整体性观念。

（一）古代地理学的地理环境整体性观念

在古代地理学阶段，很多杰出的地理学家在直接观察地理要素之间和地理区域之间的发展变化中，在哲学家关于事物之间具有联系性的哲学思辨中，在无法对地理要素之间和地理区域之间进行科学因果关系研究的情况下，逐渐形成了从关联性理解地理环境整体性的思想。这种从关联性理解地理环境的整体性即地理环境关联性，在当时仅主要被理解为是地理环境的一种基本性质，也有少数地理学论著或地理学家自发地将地理环境整体性作为一条原理去设计未来。在这方面最突出的例子就是《尚书·禹贡》。

（二）近代地理学的地理环境整体性观念

在近代地理学阶段，地理环境整体性观念仍是地理学的基本信条。很多地理学家在他们的学术论著中系统地阐述了他们所理解的地理环境整体性思想，逐渐形成了从关联性理解的相对完整的地理环境整体性——地理要素之间的关联性和“相关地理区域”之间的关联性——思想或理论萌芽。在这个时代，地理环境整体性已不再仅是地理环境的一种性质，而是地理环境性质基础上的一种原理。而在如何进行地理环境整体性研究和如何利用地理环境整体性原理去构造新的地理综合体方面，尚属一片空白。这是近代地理科学留给现代地理科学的一项重大任务。

（三）现代地理学的地理环境整体性观念

在地理学的现代阶段，很多杰出的地理学家都在自觉或自发地思考和研究地理环境整体性问题，使地理环境整体性观念得到很大发展。对地理环境整体性之“整体”的认识有了很大提高，已从地理关联性——地理要素之间的关联性和相关地理区域之间的关联性提升到系统意义的整体性。从系统论看，地理环境整体性包括：①某区域内部的诸多地理要素之间的整体性；②某区域内部的地理要素与“各个地理要素相互作用所形成的地理综合体”之间的整体性；③某区域与其相关地域之间的整体性；④某区域与其次级地域之间的整体性；⑤某区域与其背景地域之间的整体性；⑥某一时期与整个发展历程之间的整体性。同时，地理环境整体性已不仅是地理环境的一种基本性质，而更是地理环境整体性原理。地理环境整体性理论的系统构建和方法集成，是 21 世纪地理科学重大发展的前沿领域。如何对地理环境整体性进行理论探讨，进而构建地理环境整体性理论或地理环境整体性原理呢？在地理环境整体性理论或地理环境整体性原理中，必然要包括地理环境整体性的研究方法。我们认为，以地理实践为基础，运用系统科学遵循演绎逻辑的路径可能是唯一的办法。

二、地理科学的主要学派

（一）地理科学学派的概念与作用

现代地理科学最辉煌的成就之一就是在继承古代和近代地理学的基础上，广泛吸收哲学和其他学科的思想、理论和方法，以一定的科学单位，如地理学会与地理院系等和地理学大师为旗帜，形成了具有鲜明学术特色的学术流派。地理科学学派是地理科学研究的一种组织形式，是具有相同的研究方向或相同的理论观点和方法的一群地理科学工作者，自发地聚集在开辟这一研究方向或研究区域或建立这一理论和方法的权威地理学家周围，共同进行地理科学活动而形成的有形或无形的优秀地理学家的研究集体。地理科学学派在地理科学发展特别是地理科学理论发展中，发挥着形成地理科学的新概念、新理论，创造地理科学研究的新方法，开辟地理科学研究新道路的重要作用。在任何一个科学研究领域中，不同学派可以选择不同的研究方向，根据自己的科学资料，利用自己独创性的科学方法，进行卓有成效的研究工作。这些学术流派既是现代地理学的产物，又极大地促进了现代地理学的发展。詹姆斯的《地理学思想史》、国家自然科学基金委员会组编的《地理科学》、《中国大百科全书·地理学》、郑昭佩的《地理学思想史》

和潘玉君的《地理学基础》等论著都比较系统地介绍了这些有世界影响的学派。

（二）地理科学学派的主要代表

1. 区域学派

这是最古老的以对地表各种现象进行记载、描述为特征的传统的产物。但在近代地理学中，德国的赫特纳，美国的哈茨霍恩、詹姆斯，以及苏联的巴朗斯基与科洛索夫斯基等人，把地域分异论引入区域的自然和人文现象的研究，使区域地理研究达到顶峰。20 世纪 50 年代以来，该学派开始受到挑战，逐步与地域的空间结构、功能特征及其变化过程联系起来，通过区域整体结构的能流、物流与信息流的分析研究区域各要素的变化规律。这些，至今仍成为现代地理学研究的基础与核心。

2. 综合景观学派

综合景观学派主要是以发生学的观点，用综合方法划分地表类型。它始于德国的近代地理学，20 世纪 40 年代以后在苏联发展得很快。它的代表人物有德国的施吕特尔、美国的苏尔和苏联的贝尔格、苏卡乔夫、波雷诺夫等。他们把地表划分为自然景观与文化景观两大类，建立和发展了景观形态学、景观生态学与景观地球化学等学科。该学派自 20 世纪 60 年代以后进展更快，在学科分类与应用方面都有长足的发展，并从东欧与苏联地区向北美、西欧与澳大利亚地区发展，现已逐渐成为土地系统综合研究的一个重要领域。

3. 环境学派

这是从生态和环境角度来研究人地关系问题的一个学派。早期的代表人物为德国的拉策尔与美国的辛普尔。有关论著中曾过分强调环境的作用，导致其在 20 世纪 20 年代和 30 年代于西方和苏联以及 50 年代于我国都受到激烈的批判。但自 20 世纪 60 年代以后，随着全球的人口、资源、环境与发展问题的出现，该学派克服了过去只看到人地关系的单向影响的片面性，认识了人类与环境的交互作用，在处理全球性的生态和环境效应时取得了较为明显的效果，因而发展很快，并已成为当前地理学研究的一个全球性热点学派。

4. 数量学派

在 20 世纪 60 年代兴起的所谓地理学的“数量革命”，主要是以中青年地理学家为主，利用数学方法探索地域分布规律的一种热潮。这对于充实地理学的理论研究，使之成为比较严密、精确的模式化理论学科起过推动作用。其代表人物主要有英国的乔莱、哈格特，美国的加里森和德国的略什等。他们采用数理方法研究地理环境中广泛存在的自然现象与人文现象，运用归纳、演绎的推理方式来论证事物的空间分布规律。其中一部分与经济学理论相结合研究工、商、运输业的布局问题，被称为“区位学派”，也有称为“中心地理论”。由于这方面的研究目前多处于假设试验阶段，往往会把地理环境中的复杂问题过于简单化，因而不能客观地反映现实中的复杂问题，尚有待进一步完善、充实与提高。

第五节　地理科学的思想研究

地理科学知识中最重要的知识层次之一是地理学思想。地理学思想是人们关于地理学的世界观和方法论以及地理学元问题方面的地理学知识，是地理学知识中的精华。从中国地理思想特别是20世纪初叶以来的地理学思想及其发展的初步研究看，中国的地理学家已经形成了一系列不同层次的思想或思想萌芽或思想基础——这是学派及其形成发展的最重要的组成成分。在全世界的地理科学大厦中，应该有中国的地理学派。系统总结这些地理思想及其发展，已成为中国地理学家深远的历史任务和重大的现实任务。对中国20世纪初叶以来的地理思想及其发展，应该如何进行研究呢？这方面的研究有什么意义呢？

一、中国20世纪初叶以来地理思想研究的基本意义

“经历了原始综合与经验实证两个阶段，而目前正酝酿着向辩证综合阶段发展”的地理学，在科学认识和系统调控人类谋求自身福祉活动中所出现的诸多综合性和区域性偏差方面，发挥着越来越大的、其他学科无法替代的重要作用。中国的地理学如何才能缩小与国际先进水平在地理学理论等方面的差距，努力在21世纪创建出具有中国特色和时代特色的地理学呢？

“地理思想”是人类通过地理活动反映“既有的”地理世界图景和建设“将有的”地理世界图景的驱动力的科学思想。它在地理科学认识活动中，成为地理科学假说和地理科学理论产生、形成、阐释和理解的最一般的概念框架和信念基础。它制约着地理科学认识过程中的思维方式和想象力，影响着地理科学方法的形成及其发展方向，对地理科学理论的构成起到了指导作用，影响着社会对科学价值的评价。所以，第一，地理思想是更重要的、更基础的地理科学知识，是形成有国别特色和时代特色的地理学的必要条件；第二，地理思想研究是在高于各分支学科具体科学原理和方法的层次上，对地理学的普遍性理论和方法论加以概述、总结和演绎开拓的研究；第三，有中国特色和时代特色的地理思想是创建出有中国特色和时代特色的地理学的必要条件。

20世纪初叶以来，中国地理学在纵向继承中国地理学传统和横向吸收外国地理学知识的基础上，为国家和地方的社会经济发展发挥了其他学科无法替代的重要作用，表现出了巨大的应用价值。而与此相背，中国地理学在学科发展方面尚显不足，尚未创建出具有中国特色和时代特色的地理学。这显然与我国地理资源异常丰富、地理应用成就显著、优秀地理学家众多、国家鼓励学科创新和各级政府急需地理科学支持等方面的情况极不协调。其原因主要是尚未完全形成或尚未系统阐释具有中国特色和时代特色的地理思想。而怎样才能尽早促成或系统阐释有中国特色和时代特色的地理思想呢？

“科学不是哪一个时代的产物，而是历史性的积累和发展的结果”，“知识成果形式表现出更强的实践性”的中国地理学要“在继承的基础上不断创新”。20世纪初叶以来，中国几代地理学家运用和发展了近现代地理知识，促进了继承中国优秀传统、借鉴外国先进经验的具有中国特色和时代特色的成熟地理思想或萌芽地理思想的形成。这些地理思想是创建有中国特色和时代特色地理学的最宝贵财富。所以，对中国20世纪初叶以来的地理思想进行全面整理和系统阐释，是促成有中国特色和时代特色的地理思想尽早形成的必要条件和基础工作。

20世纪初叶以来，受“哲学分析思想”等影响，中国地理学的整体发展与分支学科的发展之间很不平衡，整体发展远落后于某些分支学科的发展。这导致了中国地理学整体的“空心化”。这种“空心化”不利于在21世纪中创建有中国特色和时代特色的地

理学。所以，对中国20世纪初叶以来地理思想的研究也应避免强调地理分支学科而弱化地理学整体的倾向。这是为什么要研究地理思想而不是研究自然地理、人文地理及其分支学科的地理思想的原因。这里所指的地理思想，不仅是“各种具体的地理思想的集合”，而且是在其基础上的系统——系统的地理思想。

因此，中国20世纪初叶以来地理思想的系统研究，对促进“辩证综合的地理思想”的形成、促进具有中国特色和时代特色的地理学的创建、促成地理学完成由“自发发展”到“自觉发展”的转换，具有重要的学科意义。

二、中国20世纪初叶以来地理思想研究的基本现状

创建有中国特色和时代特色地理学，最重要的核心是形成具有中国特色和时代特色的“辩证综合的地理思想”。所谓辩证综合的地理思想，就是以唯物辩证法和历史唯物论为哲学基础，充分吸收经验实证地理学的合理内核和原始综合地理思想，在分析的基础上对地球表层这个自然-人类社会复杂综合体和人地关系地域系统，进行全面、深入系统研究的综合的地理思想。促成具有中国特色和时代特色的“辩证综合的地理思想”的基础工作之一，是对已经形成和尚待完善的、具有中国特色和时代特色的地理思想的全面整理和系统阐释。

很多优秀的地理学家历来关注中国地理学发展，完成了较为丰富的学术论著，其中不乏关于地理思想方面的阐述。这些学术论著的特点在于：第一，关于“中国20世纪初叶以来”这一时期的“地理思想”的详细论述的成果尚少；第二，阐述“分支”地理学发展的论著较多，而阐述“整体”地理学发展的论著较少；第三，关注较多的是地理“具体”知识而不是地理“思想”知识；第四，已有“地理学家个体”的地理思想的研究而尚无“地理学家群体”的地理思想的研究；第五，关于地理“实际应用”的阐述较多而关于地理“本身发展”的阐述较少；第六，虽然已有关于地理思想的论述，但关注的仅是地理思想的“基本内涵”和“具体应用”而没有论述地理思想的“形成背景”、“完善过程”和“实践检验”。这些学术论著为从事我国20世纪初叶以来地理思想发展的系统研究奠定了必要基础。

很多优秀的中国地理学家以大量的地理科学实践为基础，在不同的分支学科和不同的认识层次上，形成了“地理综合体与地球陆地表层思想”、“人地关系地域系统及其协调共生思想”、“T型结构与区域发展思想”、“地域分异与地理区划思想”、“资源节约与经济发展思想”、“主体功能区规划思想”、“成熟的但未系统阐释的地理思想”和“虽然处于萌芽状态但非常先进的地理思想”等。他们的地理思想是中国20世纪初叶以来地理思想的重要组成部分。他们或因年事已高而无充足的精力或因科研任务紧迫而无充足的时间，或因谦虚谨慎而不想论述自己的地理思想，而没有全面阐释他们自己来源于地理科学实践的地理思想。同时，一些已经仙逝的地理学家如黄秉维、周立三和周廷儒等的地理思想在他们生前也没有得以全面阐释。无法或很难全面整理和系统阐释他们的地理思想——不仅包括地理思想的“基本内涵”和“具体应用”，而且包括“形成背景”、“完善过程”和“实践检验”——这已成为中国地理学思想的憾事。再者，对于尚健在但年事已高的老地理学家地理思想的全面整理和系统阐释，也成为迫在眉睫的抢救性研究工作。

这些优秀的地理学家，因正承担着为国家或地方社会经济发展决策服务的重大任务

而尚没有充足的时间来系统研究中国20世纪初叶以来的地理思想。他们期待有较好地理学理论基础、一定实证研究经历和比较坚实的科学哲学基础的地理工作者对此进行系统研究。

我们在进行一定的地理实证研究和掌握科学哲学的基础上，从20世纪90年代初开始关注和研究中国20世纪初叶以来的地理思想问题。根据考察和评价科学思想的一般原则，从元地理学等角度，逐渐形成了研究中国20世纪初叶以来地理思想的框架。

三、中国20世纪初叶以来地理思想研究的理论基础

由于“地理思想研究是在高于各分支学科具体科学原理和方法的层次上，对地理学的普遍性理论和方法论加以概述、总结和演绎开拓的研究”，所以，如何“研究”和“表达”中国20世纪初叶以来的地理思想，是困扰与阻碍地理思想研究的重要难题之一。对于这个难题，我们遵循马克思关于理论思维创造的最高原则——“历史与逻辑统一原则”，提出了“研究”与“表达”地理思想的三个互补的理论预设。

（一）理论基础Ⅰ——地理思想的基本范畴

如何把握或从哪些方面去把握“专家地理思想”，特别是中国专家地理思想呢?《思想史的写法》将“思想”划分为“精英思想”和“一般思想”。《中国科学思想史》将“科学思想”概括为“具体的科学思想”、“一般的科学思想”、“科学观”和“科学方法”。所以，第一，地理思想可以概括为“专家思想”和“公众思想”；第二，“中国20世纪初叶以来地理思想研究”拟研究的地理思想主要是指“专家思想”，包括各种具体的地理思想、系统的地理思想、地理科学观和地理研究方法（论）。

（二）理论基础Ⅱ——地理思想的基本角度

应该从哪些角度去研究和表达影响地理思想的因素呢?《地理学基础》阐述了地理学发展的动力机制问题。中国20世纪初叶以来的专家地理思想是地理理论思维和地理实践研究综合作用的产物，是“多样的地理环境”、“不同的发展需求”、“一定的科学技术”、“有关的哲学思想”、“主要的科学共同体”、“杰出的地理学家”和“输入的国外地理思想”以及“继承的传统文化思想”等多维因素综合作用的函数。所以，对中国20世纪初叶以来地理思想的研究，应该从“地理环境”、“地理科学实践”、“科学技术”、“哲学思想”、“科学共同体”、“杰出的地理学家”和“输入的国外地理思想”以及“继承的传统文化思想”等角度进行多维系统综合研究。

（三）理论基础Ⅲ——地理思想的概念范畴

如何把握或用“什么”把握地理思想的“形成背景”、“完善过程”、“基本内涵”和“具体应用”以及“实践检验”进而阐明“系统的地理思想”呢?《科学思想的概念基础》认为科学思想的产生和传播最重要的基础是“科学概念以及概念框架”。《中国哲学史方法论发凡》阐述了要注重“思想的发展与概念范畴的演变的密切关系”的思想。《哲学通论》论述道：“科学概念是对常识概念的超越”。*Thematic Origins of Scientific Thought: Kepler to Einstein* 阐述了科学概念的形成不仅包括经验的“现象维”和逻辑的“分析维”而且包括文化的“基旨维”思想。所以，第一，对地理思想要用“概念范

畴”或“概念和概念框架”去把握；第二，对“地理概念和概念框架”不仅要从“现象维”和“分析维”而且要从“基旨维”去把握；第三，对中国20世纪初叶以来地理思想的研究应主要从“现象维”、“分析维”和“基旨维”把握“地理科学概念范畴及其演变”。

四、中国20世纪初叶以来地理思想研究的基本内容

（一）系统梳理有中国特色和时代特色的各种具体地理思想

从世界地理范围、中国地理发展历史、中国地理应用价值和中国地理潜在价值等方面，在考察中国20世纪初叶以来地理科学发展情况的基础上，根据学科归属、应用领域和影响程度以及形成基础等多方面因素，系统地梳理出若干具有中国特色和时代特色的各种具体地理思想。

（二）逐一研究有中国特色和时代特色的各种具体地理思想

对系统梳理出来的具有中国特色和时代特色的各种具体的地理思想，诸如“地理综合体与地球陆地表层思想”、“人地关系地域系统及其协调共生思想”、“T型结构与区域发展思想”、“地域分异与地理区划思想”、“资源节约与经济发展思想”和“主体功能区规划思想”等进行逐一研究。这种研究包括每一种地理思想的形成背景、完善过程、基本内涵和具体应用以及实践检验。这方面的研究，根据所确定的地理思想的种类或个数，可以划分成若干专题：①有中国特色和时代特色的自然地理学思想研究；②有中国特色和时代特色的人文地理学思想研究；③有中国特色和时代特色的区域地理思想研究；④有中国特色和时代特色的历史地理思想研究。

（三）研究世界地理思想对有中国特色和时代特色的地理思想的影响

中国20世纪初叶以来的很多有中国特色和时代特色的地理思想的萌生、形成和发展，不仅来源于中国地理学家在中国复杂多样的地理环境中的地理科学实践，而且深受世界地理特别是地理思想及其发展的影响。这种影响的路径是多元的，包括中国地理学家接受英国、美国、法国和俄罗斯等国家世界一流学者的教育培养，中国地理学家从英国、美国、法国和俄罗斯等国家世界一流学者的学术著作中获得的直接或间接的影响。所以，要充分考虑世界地理思想对有中国特色和时代特色的各种具体的地理思想的直接或间接影响。

（四）研究哲学思想和科学思想对有中国特色和时代特色的地理思想的影响

中国20世纪初叶以来的各种具体地理思想的萌生、形成和发展，除了受世界地理思想和地理科学实践影响外，深受哲学思想特别是科学哲学思想的影响以及其他学科乃至科学发展的影响。中国很多优秀的地理学家，在从事地理科学实践的同时，就对所从事的地理科学实践的内容和过程进行了科学哲学的考察与研究。这项主动自觉地运用科学哲学的研究，促成了有中国特色和时代特色的地理思想的形成和完善。这项研究将系统研究哲学思想特别是科学哲学思想和科学思想对中国20世纪初叶以来的地理思想的形成和发展的影响。这将为优秀的中国地理学家自觉地吸收哲学思想和科学思想，进而

促进有中国特色和时代特色的地理学自觉创建提供哲学和科学基础。

（五）研究地理科学实践对有中国特色和时代特色的地理思想的影响

中国20世纪初叶以来形成的有中国特色和时代特色的各种具体地理思想，像很多具体地理思想一样，其形成和发展都有坚实的地理科学实践基础。中国很多优秀的地理学家长期致力于全国或地方的综合科学考察和区域发展规划等方面的地理科学实践工作，在地理科学实践的基础上，面对科学考察对象和发展规划对象的复杂性以及既有的理论的不完备性，进行自觉或不自觉的理论归纳抽象，形成了指导新的地理科学实践的、有中国特色和时代特色的地理思想。从事地理科学实践活动，成为一切有中国特色和时代特色地理思想萌生、形成和发展的必要条件。所以，要充分重视地理科学实践对有中国特色和时代特色的地理思想的影响。

（六）逐一研究有中国特色和时代特色的各种地理研究方法

中国的地理学家在大量的实证研究中，针对中国的具体环境和具体问题，不仅运用既有的各种地理研究方法，而且提出了很多有中国特色和时代特色的各种地理研究方法。第一，对各种地理思想所对应的“地理研究方法”进行逐一研究，在研究方法的基础上进行“地理研究方法论”的探索；第二，力争总结出与“地理‘归纳’方法论”互补的“地理‘演绎’方法论”，乃至具有特殊意义的“地理‘演绎-归纳’方法论”。其中，“地理‘演绎-归纳’方法论”可能是创建具有中国特色和时代特色的地理学进而开始“辩证综合阶段发展”的方法论基础。

（七）阐释有中国特色和时代特色的“系统的地理思想”和地理科学观

仅有各种有中国特色和时代特色的具体的地理思想，而没有有中国特色和时代特色的“系统的地理思想”，还不足以创建出有中国特色和时代特色的地理学。“系统的地理思想”不同于各种具体的地理思想，也不是各种具体的地理思想的集合。综观中国20世纪初叶以来地理思想乃至地理发展历程，可以确信，形成“有中国特色和时代特色的系统的地理思想”的条件已经基本具备。促使其尽早形成的关键，是对有中国特色和时代特色的各种具体的地理思想的“系统化”。而如何进行“系统化”呢？遵循学科及其发展的一般规律，我们认为应该这样：从“地理学的研究对象”、“地理学的研究核心”、“地理学的研究维度”、“地理学的基本性质”和“地理学的基本价值”等对逐一研究的各种具体的地理思想进行系统化，将其系统化为“系统的地理思想”。同时，运用库恩的“范式”理论，对有中国特色和时代特色的“地理科学观”进行系统研究，阐明有中国特色和时代特色的“系统的地理思想”是如何影响中国地理学“范式转换”以及创建有中国特色和时代特色的地理学的战略路径。

（八）前瞻有中国特色、时代特色和世界影响以及影响世界的地理思想

有中国特色和时代特色的地理学的最重要标志是有中国特色和时代特色的系统地理思想得到世界公认，成为世界地理学的主流思想和影响世界发展进程的地理思想。这方面的研究，将在前述研究和把握科学发展趋势的基础上，探讨具有中国特色、时代特色和世界影响的主要的地理思想是什么，以及怎样才能使其尽快地成为世界地理学的主流

思想、怎样才能使其尽快成为影响世界发展进程的地理思想。

五、中国 20 世纪初叶以来地理思想研究的研究方法

（一）“纯粹理性方法”与“实践理性方法”的综合方法

对于各种具体的地理思想和“系统的地理思想”等这样的理性知识的研究，拟遵循康德的“批判”思想，即“实践理性批判”和“纯粹理性批判”思想，对表达“地理思想”的地理概念及其系统进行实践检验和理性检验等方面的研究。

（二）“形式逻辑方法”与“辩证逻辑方法”的综合方法

对各种具体的地理思想和“系统的地理思想”等理性知识进行实践检验和理性检验后，拟运用逻辑思维方法中的“形式逻辑方法”与“辩证逻辑方法”，对表达“地理思想”的地理概念及其系统进行概念、判断和推理等方面的研究。

（三）“历史辩证法”与“自然辩证法”的综合方法

各种具体的地理思想和“系统的地理思想”不仅是对客观存在的各种地理现象和地理过程的科学反映，而且这个科学反映是一个辩证的历史发展过程。所以，对各种具体的地理思想和“系统的地理思想”等理性知识的研究，拟进行“历史辩证法”与“自然辩证法”的综合研究。

（四）“论著研究方法”与“访谈研究方法”的综合方法

很多地理思想尚未通过专门的学术论著的形式系统地阐述或表达出来，或者零散地表现在有关的研究成果中，或者存在于“非文本化”的学术交流与学术活动中。这决定了“学术访谈”在这项研究中的特殊重要作用。“学术访谈”法，一方面可以弥补“学术论著”尚未表述的地理思想的不足，另一方面可以弥补“学术论著”虽然表述了地理思想的内容而尚未表述地理思想的形成过程等方面的不足。“学术访谈”包括“直接访谈”和“间接访谈”互补的两个方面。“直接访谈”是指对地理学家本人进行直接访谈进而了解其地理思想及其形成过程的学术访谈；“间接访谈”是指通过对其他学者的学术访谈来间接地了解地理学家的地理思想及其形成过程的学术访谈。

第六节　地理科学的发展趋势

从地理科学史特别是地理学思想史看，地理科学的理论发展始终是围绕着地理环境的整体性、差别性和人地性这三个地理环境的基本特征、认识方法和科学应用而展开的。可以确信，地理科学的发展趋势，仍然是在对地理环境的这三种特征以及认识和科学运用上。地理科学势必以人地关系地域系统核心概念的形成和完善，以及所引导的人地关系地域系统共生理论的形成为现代和后现代的发展趋势。在 21 世纪的中后叶，已经基本形成的人地关系地域系统共生理论及其形式化的人地关系方程组，势必在人类实现美好未来特别是中国的科学发展的过程中发挥着重要作用。作为地理科学发展过程中的现代地理科学的发展趋势必然是这一长远趋势的重要环节或组成部分。

一、地理科学发展的客观基础

白光润教授在“21世纪中国地理科学发展方略探析”中阐述了21世纪地理科学发展的时代背景，这是地理科学发展的客观基础。环境问题、高效精细利用空间的问题、地域文化的整合与保护问题和空间信息革命的问题，是地理科学在21世纪应该更加系统研究的主要问题。

（一）环境问题

环境问题是21世纪人们越来越关注的问题。为解决环境问题，在20世纪后半期人类的认识中已经产生了一个很大的科学门类，那就是环境科学。但是实践发展证明，仅靠环境科学并不能全部解决人类对环境的认识、适应和治理的问题。除了污染问题以外，还有自然生态的破坏问题、自然环境的容量问题（如适度人口、土地承载力等）、全球变化及其区域响应问题、人类干扰下自然过程问题等都需要地理科学的理论方法解决。可持续发展战略的实施离开区域协调就不可能实现。

（二）空间问题

近些时候，不少学者撰文讨论知识经济时代的区位和区域理论的问题。较为普遍的看法是区位理论将被弱化和改造。可以肯定地说，传统的区位理论将要更新，但是区位理论弱化的看法是不能同意的。北京大学、清华大学和中国科学院知识高度密集的高新产业的飞速发展，引起了中外研究者的兴趣。这个事实告诉我们，即使是网络非常发展的今天，知识的实际距离依然非常重要。随着人口的增加、城市化步伐的加快以及政治地域的相对稳定，信息化带来的精确的、无库存的灵敏的生产形式，对空间精细和高效利用的要求越来越高；而对空间不仅仅是静态配置而且要有机管理。这一强大的高水准的社会需要对21世纪的地理科学而言是难得的机遇和严峻的挑战。

（三）文化问题

未来社会面临强大的现代文化的冲击波，一方面西装、英语、广告、流行音乐、现代媒体、现代艺术、现代体育和现代科学技术越来越冲击世界各个角落，加之交通的便捷和交往的频繁，仿佛大家都生活在一个国家和一个社会之中，世界显得单调；另一方面，人类对多样性的地域文化、民间文化、民族文化和土著文化的体验与保护欲比以往任何时期都更强烈，旅游将成为21世纪最主要和最经常的消费之一。地域文化的整合与保护问题的研究将是地理科学的重要内容。

二、地理科学的核心概念的发展

地理科学的核心概念的形成、发展和完善将引导地理科学的理论发展的未来趋势。现在看来，从中国地理学对全世界的地理学的贡献的角度，这个核心概念应该是“人地关系地域系统”。这个地理科学的核心概念仍然需要通过形式化不断发展和完善。

（一）地理科学概念的含义及其作用

作为人类把握世界的形式及其成果之一的科学，是理论形态的知识，其最基本的知识单元是科学概念。《自然辩证法百科全书》和《科学认识论简明教程》等比较系统地阐述了科学概念问题。由于地理科学概念是科学概念的下位概念，所以，这些关于科学概念的理论知识同样适合于地理科学概念。科学概念是反映事物本质属性的思维形式。在认识过程中，只有形成科学的概念，才能把握住事物的本质和规律。概念、判断和推理是理性认识的三种基本形式。抽象思维的过程，就是运用概念进行判断和推理的过程。其中，概念又是构成判断、推理的基本单位，是最基本的思维形式。科学概念的形成是认识过程中的一次重要飞跃，它标志着人们的认识由感性阶段深入到了理性阶段。

科学认识的成果都是通过制定各种概念来加以总结和概括的。各门科学都有自己一系列的科学概念。科学理论的完整体系，就是由科学概念、与这些概念相应的基本规律或基本原理（判断）以及用逻辑推理得到的结论三者构成的。科学概念作为认识的一定阶段的总结，是以浓缩的形式表现大量知识的一种手段，也是帮助我们认识和掌握客观现象之网的网上纽结。

概念是实践发展的产物，科学概念是在科学实践中逐步形成和发展起来的。概念的内涵是否正确和外延是否恰当，都要由实践来检验。随着实践的发展，概念的内涵和外延也在不断地发生变化。科学概念随着科学实践的深入而不断地得到补充和修正。科学概念的产生和发展的历史构成了科学发展史的重要内容。

概念也是抽象思维的结果，科学概念是经过反复的科学抽象而逐步形成的。去掉次要的或非本质的属性，暂时割断事物的某些联系，才能概括出其本质属性，从而形成关于某类事物的科学概念。科学概念作为科学抽象的结果，在形式上是抽象的、主观的，但在内容上则是具体的、客观的。科学概念上形式和内容的统一及主观和客观的统一，也是抽象和具体的统一。科学概念的抽象程度越高，它的适用范围就越广，就越具有普遍性。

地理科学在21世纪乃至更久远未来的发展，其主要的方面是地理科学概念特别是核心概念的发展。中国的地理科学对全世界的地理科学的重大贡献，也就在于中国的地理学家所提出的地理科学的核心概念的正确性和抽象性。那么这个核心概念可能是什么呢？

（二）地理科学的核心概念——人地关系地域系统

一般来说，新理论的产生都是以新概念的提出为先导的。新的科学概念在实践中的应用，有时能导致技术和工程上的重大突破。作为科学的核心概念"人地关系地域系统"，很可能导致"人地关系地域系统共生理论"的形成。

1. 核心概念的构成原则

核心的科学概念是无法自发地形成的，而是由科学家自觉构建出来的。它是在科学概念形成的一般路径的基础上，遵循"历史与逻辑的统一"的原则构建出来的。

地理科学的科学概念的产生和发展的形式基本上与一般意义的科学概念的产生和发展的形式是一样的，主要有以下几种：①将长期混淆不清的概念区分开来；②用正确的概念取代错误的概念；③在新的科学事实面前引入新的概念；④一门科学的新概念移植到其他学科中去；⑤两种不同的甚至对立的概念，相互融合产生新的概念。其中，有创见性的科学概念的提出，对科学理论的建立具有十分重要的意义。人地关系地域系统就是中国地理学（家）具有创见性的地理科学的科学概念。

地理科学的核心概念的构成应该遵循“历史与逻辑的统一”的原则。在核心概念的形成中，逻辑的方法采取的是以历史——核心概念的客观基础的历史及对其认识的历史的发展为前提的理论分析。逻辑的分析如果不以历史发展为前提，就会失去事实的或客观的基础，变成脱离实际的空洞抽象。历史的方法采取的是以逻辑分析为依据的历史描述。历史的描述如果不以逻辑分析为依据，历史的系统就变成了历史事件杂乱无章的集合。在核心概念的形成过程中，既不存在不包含历史要素的逻辑分析，也不存在不包含逻辑的历史描述，历史和逻辑是统一的。

2. 核心概念及其未来发展

在第二章中，我们比较系统地讨论了“人地关系地域系统是地理学的研究核心”方面的问题。这也隐含了“人地关系地域系统”这个科学概念的形成是历史的和逻辑的统一的思想。从对人地关系本身和区域本身发展的历史过程看，人地关系的自身发展必然是区域性的人地关系，区域（关系）的自身发展也必然是人地关系的；从发展的未来过程看，人地关系必然与区域系统结合成为人地关系地域系统。从对人地关系的认识和对区域的认识的历史过程看，人地关系和区域也必然结合成人地关系地域系统。基于双重历史的逻辑分析也表明，人地关系地域系统的存在是符合逻辑的。因此，人地关系地域系统是遵循“历史与逻辑的统一”的原则而创立的核心概念。

在这个“人地关系地域系统”核心概念之下，应该有与地理科学研究维度——空间秩序、时间序列和动因机制有关的三个下位概念：人地关系地域系统的空间秩序、人地关系地域系统的时间序列和人地关系地域系统的动因机制。如果将这个“人地关系地域系统”核心概念与人地关系论中的“人地协调论”结合起来，应该有理论性和实践性都很强的“人地关系地域系统共生理论”，其最高目标是为实现人地关系地域系统的协调共生和控制共生提供理论根据。这一在21世纪中势必形成的人地关系地域系统的系统理论，应该有一个“统一的人地关系地域系统方程”。如果没办法写出人地关系地域系统方程的话，就努力去构造一组方程：“人地关系”的方程、“地域关系”的方程和“发展过程”的方程。如果还没有办法构造出这三个分方程的话，就将关于“人地关系”的方程降级成关于“‘人地关系’中的‘人的方程’”和“‘人地关系’中的‘地的方程’”的整合；将关于“地域关系”的方程降级成关于“地域差距”的方程；将“发展过程”的方程降级成关于“历史过程”的方程和“未来过程”的方程的整合。这一系列工作的目标，就是试图建立地理科学的统一方程。

三、现代地理科学的发展趋势与前沿课题

关于现代地理科学在21世纪如何发展这一问题，已成为很多杰出地理学家、地理战略科学家和地理工作者高度重视的重大而基础性的问题之一。国家自然科学基金委员会组编、吴传钧院士和郑度院士等完成的《自然科学发展战略调研报告·地理学》、国家自然科学基金委员会地球科学部主持完成的《地球科学“十一五”发展战略》、陆大道院士和蔡运龙教授的《我国地理学发展的回顾和展望》、郑度院士和陈述彭院士的《地理学研究进展与前沿领域》、宋长青研究员和冷疏影研究员的“21世纪中国地理学综合研究的主要领域”等论著和报告中，都阐述了现代地理科学的发展趋势和前沿课题。因为地理科学是地球科学的一部分，所以，地理科学的发展趋势要从地球科学的发展趋势来认识。《地球科学“十一五”发展战略》等著作阐述了地球科学的发展态势与特点。

（一）地球科学的基本特征

1. 地球科学的国家需求

《国家中长期科学和技术发展规划纲要（2006—2020）》对地球科学的发展特别是关于“地球系统过程与资源、环境和灾害效应”方面的研究进行了阐述。从科学前沿的角度看，其主要研究方向有：地球系统各圈层（大气圈、水圈、生物圈、地壳、地幔、地核）的相互作用，地球系统中的物理、化学、生物过程及其资源、环境与灾害效应，海陆相互作用理论，地基、海基、空基、天基地球观测与探测系统及地球模拟系统，地球系统科学理论等。

2. 地球科学的基本特点

地球科学作为基础科学，其研究对象是极其复杂的行星地球。基于理解地球系统的过去、现今和未来及其可居住性的研究带来的挑战，超出了单一和传统学科的能力范围。地球科学的发展需要数学、物理、化学、天文学、生物学和技术科学的理论、方法和现代技术的支持。而地球科学的诸多研究又带动着其他基础科学的发展，如缘于大气科学的非线性研究、为了认识地球深部的高温高压的模拟实验研究，以及始于矿物超导特性的研究都逐渐发展成为当今科学的前沿领域。基于现代科学技术的迅猛发展趋势，地球科学研究具有明显的大科学特征，具体表现为：第一，地球科学涉猎的是复杂的多时空尺度的基本地球过程及其相互作用，其时间尺度从几秒钟的地震活动到几十亿年的地球演化，空间尺度从矿物微区研究到全球环境变化；第二，基本地球过程的研究依赖于海量科学数据，地球科学是数据密集型的科学，因而更加重视应用现代观测、探测、实验和信息技术对基本科学数据的系统采集、积累与分析；第三，地球科学前沿研究与高新技术发展融为一体，重大科学问题的解决需要跨学科的持续有效的联合研究，这使一系列针对地球科学难题的大型研究计划应运而生。

资源、生态与环境问题的综合性和复杂性，使地球科学研究必须立足于全球，从地球的整体观、系统观和多时空尺度上，认识发生在地球系统及各圈层中的物理、化学、生物过程及其相互作用。以全球环境变化为例，深入的研究使大家越来越认识到地球的大气圈、水圈（含冰雪圈）、生物圈、岩石圈、地幔和地核是一个密切联系而又相互作用的整体。通过了解地球系统的整体行为及地球系统过去和现在的状态，预测地球系统未来的变化趋势。地球科学的思维和方法论正在从局部观向整体观拓展，由线性思维走向复杂性思维，从注重分析转变为分析与综合集成相结合。

实践证明，研究复杂的地球过程及其重大的资源、环境和灾害问题，并非单一学科和传统的概念与手段所能完成。在许多重要的交叉点上蕴含着更多的突破机会、新的生长点和解决途径，要求加强学科间的交叉、渗透和综合集成；同时，研究群体和基地的作用日益突出。近年来，国际科学界推出了科学计划间的“合作伙伴关系”（partnership）、“交叉项目”（inter-project）和“交叉计划”（inter-programme）等科学组织形式和活动，促进了地球科学的突破。地球科学的重大科学成就，无一不是学科交叉、综合集成和协同研究的结果。

不同学科的交叉与融合，不是学科间的简单拼凑，而是针对重大的地球科学问题发挥不同学科各自优势，通过对各学科的信息进行有效的综合和集成，建立地球系统作用与过程的模型，以实现地球系统研究的重大突破。

在地球系统科学与全球变化研究的方法论中，从原始数据采集到数据分析评价和解释判断，再到概念模型的建立和数值模拟与验证，每一环节都与现代高新技术尤其是空间信息技术的应用密不可分。以遥感、地理信息系统和全球卫星定位技术为代表的高科技技术在地球科学中的广泛应用，使地球科学研究进入了一个综合模型研究时代。这不仅大大提高了地学研究取得第一手资料的质量和效率，而且促进了一些新思想和新理论的诞生。

以地、空和天基相结合的多时空多手段全方位的立体观测平台已成为地球科学获取全球信息的主要途径，实现了对地球系统全方位的观测和探测；现代计算机技术和模拟已成为地球系统过程演化和预测的重要手段；大型科学试验既是建立地球系统模型的基础，又是对模型进行验证的重要保证。

3. 地球科学研究资源的中国优势

地球科学的全面发展与系统创新，需要大量丰富的“地球科学资源”的系统研究。我国不仅拥有丰富的自然资源，而且拥有丰富的社会、经济和人文资源。这决定了中国在地球科学领域有发挥更大作用的客观基础。

(1) 科学研究的自然资源的优势

我国具有著称于世界的独特的自然条件，开展地球科学研究的地域优势明显。环太平洋、中亚和特提斯三大构造域在中国境内汇聚，决定了中国大陆岩石圈结构的复杂性和在全球地质演化中的重要意义。中国的地史记录之完整和丰富，在世界上是少有的；从地球动力学过程来看，中国大陆各陆块一直处在运动和相互作用中，从诸多方面为研究当代地球动力学过程提供了实例，成为具有全球意义的得天独厚的野外研究实验室。漫长演化历史与复杂的动力学过程造就了地貌单元的多元性与全球代表性。我国拥有青藏高原、黄土高原、岩溶高原、高山峡谷区、丘陵区、广阔的陆架海、边缘海及横穿多地貌单元的河流。多样化的地质地貌类型、土壤类型和气候条件形成了多样化的生态系统，包括森林、草原、荒漠、湿地、海洋和海岸海岛自然生态系统以及多种多样的农田生态系统。我国位于地球环境变化速率最大的亚洲季风区，东临太平洋，发育着宽阔的陆架海和典型的边缘海，海-陆-气之间的物质和能量循环具有全球意义，已成为当前世界气候研究的一个关键地区。我国气候的南北分带与区域垂直分带在世界上具有典型性。青藏高原对我国以及东亚的气候格局有着重要的控制作用，也是影响全球大气环流和气候演变的重要因素。

(2) 科学研究的社会、经济和人文资源的优势

中国人口众多，是世界上最大的发展中国家。改革开放以来，经济快速发展，国家对基础科学研究的投入逐年增长，建设创新性国家的战略部署使基础科学的发展处于关键的战略机遇期。随着全面建设小康社会和工业化进程的推进，经济社会发展对能源和各种资源的需求日益快速增长；环境污染问题和资源瓶颈约束问题日益突出；随着经济总量的扩大和财富的积累，自然灾害频繁发生，造成的损失也越来越巨大。我国悠久历史和多样性的自然地理环境的相互作用，使我国拥有丰富的人文资源，而且具有鲜明的地域性。我国及某一地区的区域发展，面临着如何将这个区域的经济发展与社会发展之间协调起来的问题和成功经验。以上这些，都是我国可以在地球科学特别是关于地球的人类活动效应方面进行系统研究的重要科学研究资源。

（二）现代地理科学的发展趋势

郑度院士和陈述彭院士的《地理学研究进展与前沿领域》非常系统地阐述了地理科学的发展趋势等问题。作为可持续发展战略科学基础的地球系统科学，跨越一系列自然科学与社会科学，将全球尺度和区域尺度研究相融合。地理学传统的地球整体观被赋予全新的内涵；地理学虽然包括了自然和社会两方面的内容，但要实现跨越学科的综合集成却面临着新的挑战。各国地理学家都在不断追求，以期使地理学的研究水平逐步提高，为建立现代地理学而努力。从近期的发展看，现代地理学有如下一些明显的动态和趋势。

1. 相邻学科的交叉、渗透与融合

现代科学发展的基本特点之一，是从单一运动形态的研究走向多运动形态及相互渗透和相互联系的综合研究。相邻学科之间的横向交叉、渗透和融合成为明显的趋势，跨学科、多层次的综合研究势不可挡。地球的整体观念和圈层相互作用的研究，极大地推动了地球系统科学的发展。系统论、信息论、控制论、协同论、耗散结构和突变论等横断科学的概念、理论和方法与地理学综合性和整体性的认识和方法论不谋而合。它们为地理综合体的研究提供了理论武器，促进了地理学的现代化。地球表层是地理学的传统研究对象，以地球表层为研究客体的基础学科主要有地理学和生态学，应用领域则有环境科学与资源科学，大型项目计划和任务如国际地圈生物圈计划、人与生物圈计划、国土开发整治等。这些必然促进相邻学科之间的汇合、交叉和渗透，淡化传统的学科界限。学科的汇合以及理论和方法的移植，提高了地理学的水平，不断开拓新的研究领域，形成新的边缘学科和交叉学科。

2. 地理学内部的综合研究的加强

地理学领域各分支和专门学科的发展对综合研究的要求越来越迫切，为深入分析基础上的综合集成和在综合指导下的深化研究打下了更坚实的基础。20 世纪 30 年代以来，地理学专业分化的趋势比较明显，但它并不足以否定“分科越细，综合越重要”的原则。20 世纪 70 年代以来，综合倾向逐渐增强，在自然地理和人文地理内部或它们之间的综合与统一方面都有明显的反应。进一步专业分化和更高层次的综合同步进行。长期以来，自然地理和人文地理割裂对立的“二元论”，阻碍了地理学整体综合研究的发展。随着社会经济的发展和科学技术的进步，人类活动对自然环境的作用越来越大，其影响也更加显著。地理学应重视人文因素的影响及其反馈的研究，重视和发展与人文因素有关的分支学科，并促进与自然地理各学科间的渗透和融合。在人类对自然环境影响日益强烈的今天，人地关系更紧密地交织在一起，并且扩展成为全球环境变化问题。自然地理研究原则上不是纯自然主义的，它也研究人对自然环境的作用及其反馈；人文地理研究也离不开自然环境和生态学的基础。多数学者认为，无论从地理学发展史、地理思维和社会实践看，统一的地理学或综合的地理学是客观存在的，并且是社会发展所需要的。

3. 地理过程的微观研究的进一步深化

从发展趋势看，微观研究的深化主要表现为由静态、类型和结构的研究转变为动态、过程和机制的研究及其进一步的动态监测、优势调控及预测预报。从总体上看，地形发育、径流形成、元素迁移转化、土壤发育形成、植被演替、土地退化和城市化等都属于地理研究。历史过程和现代过程的研究是预测未来的根据。例如，冰川、冻土、沼泽和湖泊等特殊自然综合体与周围自然环境的变化密切相关，作为古地理重建历史过程研究对象的冰芯、湖岩和树木年轮等是全球环境变化的信息载体，其地球化学研究和精确测年断代将提供指标可靠与信息全面的环境与气候变化的连续记录和模式，并为全球环境变化预测提供依据。地理系统中界面过程的研究综合性更强、难度更大。随着人类活动加剧，人文地理过程越来越重要。如发展中国家普遍存在的伴随工业化而出现的城市化过程，由于人类不合理活动导致的土地退化过程及其整治等。

4. 应用研究领域的拓宽

针对描述性和认识性传统研究的局限，地理学家早就提出了建设地理学的方向。侧重于综合性较强的建设地理学，是有目的地改造和管理周围环境的科学。它发挥地理学综合性的特色，应用定量方法，直接参与经济规划与设计方案的拟订，主要研究合理利用自然资源、环境保护、人口和经济的合理配置以及综合地理战略与地理工程。传统上地理研究的主要服务对象为农业，而现在却在非农业应用领域受到越来越多的重视。地理学为社会服务的应用研究领域更趋多元化，开始向城市建设、建筑业、旅游业、采矿业、交通运输业、防灾减灾和生态环境保护等方面扩展，其研究内容也更多样化。从基础研究到实践应用通常需要有应用理论作桥梁，因而地理学比较重视发展应用理论。协调自然生态与社会经济两个子系统的平衡发展，控制环境污染与抑制生态退化，改善人类生存环境是最紧迫的重大问题，各国地理学家在这方面的研究相当活跃。

5. 实验与研究手段的现代化

当代科学技术如计算机技术、空间技术、分析测试技术等的重要进展，对地球科学的发展产生了巨大的影响。遥感、遥测技术，特别是对地观测系统、全球导航卫星系统和卫星网络通信系统的建立和应用，大大提高了地理研究的效率和质量。现在，可以进行大区域的综合研究，分析地理综合体的性质、结构、空间分布及时间演化。关于物质能量的定量测试和测年技术手段等各个环节的任何新进展，都为地理学研究水平的提高带来新的契机。例如，通过对冰芯、树木年轮的精确分析，不仅建立了高分辨率的气温降水变化序列，还能监测到有关大气污染的动态变化。要了解某些自然过程的规律性，常常需要在室内进行模拟实验研究，如风化作用、河床演变过程、坡面沟谷发育、径流形成、风沙移动、冰川变化、低温冻土的实验模拟与动力学模型的建立等。模拟实验研究领域不断拓展，使我们对自然界的认识也日益深化。随着经验的积累和方法的逐步完善，数量化方法将得到普遍的应用并逐步走向精密化。数学模式可表达经验概念和实验结果，也可揭示内在关系和规律。计算机和空间技术相结合，使地理信息系统成为现代地理学的强大技术手段。随着地理信息系统朝着具有统一标准的多层次分布式系统方向，和遥感技术紧密结合与直接接口，以及具有专家系统水平的智能分析和决策等方面的深入发展，它必将为地理研究带来新的突破。

6. 理论思维模式的转变

地理学传统的思维模式是以观察材料和事实为基础，从相互关系中去认识和阐述规律及概括理论，属于经验归纳型综合。在传统模式的基础上，现代地理学的综合模式有以下三个特点。①有更强的整体观念。更多地从系统整体出发，注意发展从理论假设出发进行演绎，使分析与综合、归纳与演绎互相补充、辩证统一。②综合的内容更加深广。包括空间与时间、质量与数量、静态与动态、内部与外部、自然和人文等方面；深入研究系统的结构功能及动态演变过程。③综合的方法更具有逻辑性和精确性。多通过结构分析、功能评价、过程监测与动态预测等途径来解决，并且可能用形式化语言、图解模式和数学模式等来表达综合的结果。更多的地理学家意识到传统综合模式的局限性，结合各自研究实践积极发展系统综合集成的理论与方法。理论思维模式的这种逐渐转变，必将把现代地理学研究推向系统综合集成的新水平。

无论从学科发展角度还是经济建设与社会进步的国家需求看，地理学面临着严峻的困难和新的挑战，同时也迎来了发展的有利契机。当今世界面临着人口、资源、环境和发展的一系列重大问题。在我国的现代化建设实践中，也有许多问题需要解决，如自然资源开发利用、农业生产潜力的发挥与提高和环境评价、预测与保护，以及产业布局与区域规划、乡村发展与城镇化、自然灾害及减缓对策、国土整治与区域发展等。这些都对地理学家提出了新的要求，迫使和推动着地理学的发展。中国地理学家在了解评价自然环境与资源、协调人地关系、促进区域发展和改善生态环境等方面都将作出积极的贡献。同时，在现代地理学的基础研究和前沿领域也存在着创新、突破的前景。

（三）现代地理科学的前沿课题

1. 陆地表层过程与格局的综合研究

陆地表层系统，包括与人类密切相关的环境、资源和社会经济在时空上的结构、演化、发展及其相互作用，是地球表层最复杂、最重要和受人类活动影响最大的一个子系统。因此，对它的研究是地理科学未来发展的重要领域。当前，人们日益关注与人类生存密切相关的陆地表层环境的状况和变化趋势。从本质上看，陆地表层的环境变化是特定地域上地表过程的方式和强度在人为或自然因素作用下发生改变的结果。陆表过程的研究将朝微观深化和宏观综合两个方向发展，关键在于地理系统中界面过程的综合研究。其主要意义在于：能有效地研究开放系统间物质、能量和信息交换，从而促进地理学向理论方面深入；界面过程研究实际上是系统之间接口的研究，将促进发展地理学的综合方法，导致跨学科、跨部门的相互渗透和相邻学科成就的引进。陆地表层系统具有时空分布不均匀性的显著特点，对全球问题的认识水平在很大程度上取决于对其地域分异的了解和研究的深度。将陆地表层划分为不同的地域类型，研究不同地域类型的过程、结构和演化，比较其异同，是陆地表层格局研究的重要内容。在研究陆地表层过程中，也要关注海陆相互作用，特别是海洋对陆地过程的影响和作用。从全球环境变化领域、地球系统科学和全球经济一体化的形势看，也需要一个比较好的便于应用的兼顾自然和人文两方面的区域框架，并根据客观实际变化而及时更新。我国幅员广阔，东临太平洋，西靠欧亚大陆腹地，南北跨越热带、亚热带和温带，山地高原众多，季风气候显著，既有湿润的森林又有极端干旱的荒漠，形成东部季风区、西部干旱区和青藏高原高寒区三大自然区并列的独特格局。复杂多样的自然环境为不同区域、类型和自然过程的比较研究提供了广阔的舞台。对地表过程和格局相互关系的综合研究，将促进全球环境变化区域响应的研究，成为发展陆地表层系统科学的基础理论。近期主要研究方向包括：水文循环过程与水量转化机理及其物理实验模拟；流域系统中物质迁移过程及其对区域环境的影响；坡地侵蚀发育过程与坡地的改良利用；土地演变过程及其调控机理；土壤-植被-大气连续系统过程及区域尺度转换；生命元素、污染物质、重金属和稀土的环境生物地球化学过程及其健康效应；自然地域系统的综合研究；典型地区环境演化过程等。

2. 全球环境变化及其区域响应

因大气中 CO_2 及其他温室气体浓度增加可能导致的全球变暖，已引起公众和各国政府的密切关注。针对气候变化、臭氧层损耗减薄、生物多样性保护以及荒漠化等全球环境变化问题，已分别制订有关国际公约，开展合作，以促进人类社会的可持续发展。地球和地表自然界是有机的整体，全球各个圈层之间的相互作用密切。随着人口增长、社会发展和科技进步，人类活动对地理环境的影响更加强烈。人类对某一地区施加的影响，会对其他地区产生作用，而今天的措施又将对未来产生影响。当今瞩目的全球环境变化问题是与长期以来人类活动影响的缓慢累积过程有着密切关系的。全球环境变化研究在过去、目前和未来，都是地理学的重要研究领域；在国际地圈-生物圈计划（IGBP）和国际全球变化人文因素计划（IHDP）的推动下，不断开拓新的研究领域。全球环境变化及其区域响应，涉及古地理环境演变、土地利用和土地覆被变化、减轻自然灾害、典型区域环境定位研究，以及全球环境变化的对策等众多领域。我国的青藏高原与黄土高原和全球环境变化关系十分密切，是地理学可以发挥特长和显示才干的领域。结合我国国情和地理学的特点，当前主要研究方向包括：全新世的古地理环境演变，特别是近 2000 年来历史时期的气候环境变化；极地、高山和冰冻圈的综合研究；土地利用和土地覆被变化及其驱动力；全球环境变化及其对环境脆弱地区的影响与响应；全球环境变化的战略对策研究等。其中，全球环境变化的社会经济对策，涉及自然地带推移变化、土地利用与农林牧业的结构与布局、能源结构调整、海岸带的防御措施，以及自然资源合理利用和自然灾害防治等。

3. 自然资源保障与生态环境建设

水资源、土地资源和生物资源，是地球人类家园支撑系统的重要组成部分。我国自然资源的人均占有量少、空间分布不均衡，经济高速发展对自然资源的压力加大。长期以来掠夺式的开发和不合理的经营管理导致自然资源枯竭、环境退化和生物多样性丧失等一系列问题，成为制约我国社会经济可持续发展的严重障碍。可持续发展要求在不同尺度的区域内，社会经济发展与人口、资源、环境保持和谐、协调的关系。因此，应综合研究我国各类自然资源的格局、过程和动态，从整体性出发研究各类自然资源之间的相互关系，揭示其组合特征和演变规律。应研究自然资源和生态环境之间、不同区域的资源与环境之间，特别是人类活动与资源、环境之间的相互关系，揭示自然资源的时空变化规律并评估自然资源开发利用的环境效应，阐明人类经营活动对自然资源和生态环境的影响，提出其调控机制与对策。土地退化和生态环境恶化具有明显的区域差异。要划分不同的地域类型，对其成因机制、动态过程及发展趋势进行全面系统的研究，提出宏观整治战略及生态环境建设的总体部署与途径。资源与环境领域的主要研究方向为：水循环演变规律及水资源、水环境动态评价的理论方法，水资源高效利用途径及优化配置决策；土地质量演变机理及其可持续利用，水土资源的耦合机理及其调控；环境质量评价、预测与区划；生态与环境公益功能及资产价值评估，典型区域生态与环境的定位动态监测与趋势预测；生态地理区划及环境脆弱区域的研究；重点区域（如黄河流域、西北干旱区、东南沿海快速发展区等）生态与环境演变机理及调控。

4. 区域可持续发展及人地系统的机理与调控

地球表层存在着明显的区域差异，不同的地域，其人口、资源、环境和发展的内涵也不同。区域的可持续发展研究是地理学更能发挥优势的领域。区域经济增长和社会稳定发展要建立在有效控制人口增长、合理利用自然资源和逐渐改善环境质量的基础上，并且应当促进不同类型地区的协调与均衡，缩小区际发展水平差距。区域可持续发展研究需要将人口、资源、环境与发展作为一个整体，研究它们之间的结构功能和相互作用的机理，预测其发展趋势，拟订调控与管理对策，提出不同类型区域可持续发展的优化模型。人地系统是人地关系地域系统的简称，是一个由自然、经济和社会子系统组成的复杂系统。人地关系地域系统是地球表层的“人”（人类及其经济社会活动）与“地”（自然环境）在特定地域中相互联系、相互作用而形成的一种动态结构。人地系统包括人对地的依赖性和人的能动作用，它随着人类社会的发展而变化。历史经验表明：人和地之间应保持和谐、协调的关系；人类应当自觉地按照客观规律利用和改造地，妥善处理好两者的关系，才能达到可持续发展目标。人地系统研究具有跨学科的特点，其中心目标是协调人地关系，重点研究人地系统的优化，并落实到区域可持续发展上。在人地关系协调中，人口与经济社会发展同自然资源和环境之间，存在着直接和间接的反馈作用并相互交织在一起。自然资源与自然环境对人类活动有促进与抑控作用；人类对自然系统投入可控资源、治理自然灾害、改善环境质量、开发各种资源，从而实现产出并予以优化。任何区域开发、区域规划和区域管理必须以改善区域人地相互作用结构、开发人地相互作用潜力和加快人地相互作用在地域系统中的良性循环为目标。目前，更强调研究成果的实用性、前瞻性和指导作用。这一领域当前的主要研究方向包括：区域可持续发展的指标体系；社会经济要素空间分异规律及其结构优化；人类聚落及城市化研究；人文因素对自然环境影响及其调控；区域可持续发展机理及区域系统结构优化与调控；人地系统的动力学机制，包括人地系统的结构、功能、开放程度及其稳定性；人地系统类型分析及其地域分异；人地系统演替过程的动态模拟及系统调控等。

5. 地球信息科学和“数字地球”战略研究

地球信息科学是地球系统科学、空间技术和信息科学等交叉融合的产物。它以信息流为手段，研究地球系统的物质流、能量流和人流的运动状态和方式。地球信息科学的多学科性，使它能够为地球系统中许多研究领域的综合集成及大型地学问题的研究和解决提供强有力的支持，以至于形成全新的研究和解决方案。地球信息科学的形成和发展，作为信息时代地理科学的研究方向，有着广泛的社会需求。对地观测与信息技术的发展，使人类有能力对全球性问题进行系统研究，促进了地球系统科学研究的现代化与信息化。“数字地球”的核心思想是用数字化的手段，整体性地研究解决全球问题和最大限度地利用信息资源。它不仅为地球的可视化提供平台，而且为地球科学实验提供一个基本模型框架。利用这个框架，可以重演地球整体各圈层的演变与相互作用的历史，评价现状，预测未来。地球信息科学研究则为“数字地球”关键技术的解决奠定科学基础，其发展将有助于推动“数字地球战略与中国对策”的研究。当前地球信息科学研究领域的主要方向包括：时空信息的认知，时空信息的表达、解释与反演；地理数据模型与信息机理的研究；多源数据融合，大型地学数据库的建设与更新，地学知识发现；地学信息图谱、地图语言与认知，地理信息模型等地学信息时空分析与模型研究；地学数据采集与数据处理、虚拟仿真的基础设施和信息共建共享的规范、标准与立法等。

（四）地理科学综合研究主要领域

中国地理学会副理事长、曾任国家自然科学基金委员会地球科学部副主任的宋长青研究员，作为我国地理科学发展战略和发展规划的战略地理科学家，吸收整合了孙鸿烈等专家的意见，在《21世纪中国地理学综合研究的主要领域》一文中，阐述了地理科学综合研究方向的确定原则和主要综合研究领域。

1. 地理科学综合研究方向的确定原则

地理科学综合研究方向的确定原则包括：①鼓励基于生态系统网络台站观测的地理过程研究。②强调从系统、综合的思想出发，以对过程和要素的深入理解带动对地理景观格局变化的研究。③强调自然与人文综合研究，无机与有机研究结合，宏观与微观研究结合。④重视模型、模拟方法在描述和反演地理真实中的作用。⑤关注新经济要素、社会、文化、政治在人文过程中的作用。⑥鼓励人文作用对环境变化影响程度的定量研究。⑦重视不同尺度的研究，尤其关注百年与十年尺度和全球及区域尺度，着力探索不同尺度之间的关系。⑧强调从人类需求和空间行为入手研究人对环境的作用以及人对环境变化的适应性。⑨面向实际需求发掘基础研究问题。

2. 地理科学综合研究的主要领域

地理科学综合研究应围绕人地关系地域系统，着重开展重要地理过程、特殊地理单元、前沿方向性领域的研究，包括：土地利用或土地覆被变化过程及生态环境效应，寒区现代地表过程对气候变化的响应，干旱化过程与北方人地关系演化，土壤侵蚀与水土保持，风成过程与风成环境，湖泊及流域、湿地生态过程与服务功能，污染物的区域环境过程，城市化与区域发展，资源环境的可持续性，灾害形成机制与综合风险管理和区域综合研究等。重视对地理学基础理论提升、系统科学研究思路的形成、学科交叉与综合研究方法的发展，以及现代科学技术的引入等全局性科学问题的研究，并将这些问题的研究贯穿于各个方向和科学问题中。遥感与地理信息系统作为地理学的重要分支，一方面为地理学的发展提供了强大的技术支撑；另一方面，它的发展又受到地理学、信息科学和物理学等多个学科发展的强烈影响。深入分析遥感与地理信息系统的发展趋势、优先研究方向与科学问题，不仅将对全面提升地理学研究水平产生重要影响，而且也会对遥感与地理信息系统自身的科学体系拓展发挥积极作用。

（1）土地利用或土地覆被变化过程及生态环境效应

在深化土地利用或土地覆被时空结构变化的基础上，重点研究以下内容：①土地利用或土地覆被变化的人文和自然驱动机制。针对当前国际研究的热点，深入探讨和充分吸纳新的方法和技术，结合我国特殊的自然环境，尤其是人文特征研究土地利用或土地覆被变化的双重驱动机制。②土地利用或土地覆被结构与生态过程的相互作用。不同的土地利用或土地覆被结构产生不同的土壤、水文及营养物质循环过程。针对我国不同地区的环境特点，开展基于土地利用或土地覆被结构特征之上的生态过程研究，是未来的主要方向。③土地利用或土地覆被变化对区域和全球变化的影响和响应。土地利用或土地覆被变化的重要驱动因素之一是全球环境变化，区域土地覆被特征又是全球变化的重要指示和核心贡献者。探讨土地利用或土地覆被变化与全球变化的关系及响应速率是非常重要的研究内容。

（2）寒区现代地表过程对气候变化的响应

注意与过去环境演变的衔接，突出现代寒区地表过程对气候变化的响应。研究的重点可以围绕以下四个方面展开：①过去2000年以来区域环境变化。研究不同区域代用指标与现代气候因子之间的关系；结合现代过程中温室气体成分的观测，反演过去温室气体对全球变化的响应过程。着重研究特征指标与环境变化的定量关系。②冰冻圈对现代全球变化的响应。研究冰川和积雪的时空分布特征，冻融过程中不同类型区不同阶段活动层的水热耦合特征与过程，陆面过程中热量和水分变化及空间分布，高原地表热通量和蒸散发量反演的卫星遥感方法。着重以水热变化为主线。③生态地理过程对气候变化的响应。研究典型生态系统有机碳累积、分配、迁移过程对气候变化的响应机理，典型群落环境因子阈值及其对气候变化的响应特征，典型生态地理区对气候变化的响应与适应研究。着重以有机碳—群落—生境—生态地理区为主线。④气候环境与地表过程相互作用的机理。研究气候变化与大气环流和生态类型分布的关系，模拟现代气候环境特征和地表景观分布格局，预测未来环境变化情景，探讨应对未来环境变化的策略。着重模拟过程参数的研究。

（3）干旱化过程与北方人地关系演化

突出两方面内容：一是研究近 2000 年来北方短尺度气候变化以及人地关系的演化，着重研究基于生物代用指标、历史文献和考古记录之上的高分辨率气候突变事件与干旱化及人类活动变化的关系；二是研究变化环境下（气候变化与经济社会发展）的现代地表水文和生态过程，着重研究水-生态-经济耦合关系，为精细管理自然资源和调整人类利用资源的行为提供决策依据。研究的重点可以围绕以下三个方面展开：①气候变化过程与重大气候事件。加强代用指标的现代过程研究，定量复原过去 2000 年气候状况，包括小冰期、中世纪暖期、隋唐暖期，研究百年尺度和十年尺度的重大气候事件与气候变化的关系。②重大气候事件与干旱化（湖泊和绿洲沙漠化）、人类活动。采用历史文献和考古记录，定量、半定量复原重大气候事件对湖泊、绿洲沙漠化、沙尘暴过程，对新石器文明、对农业生产的影响。从而定量、半定量地研究对环境有重要意义的人文要素在历史时期的变化，认识人类活动对我国北方干旱区湖泊和绿洲沙漠化的贡献。③变化环境下的现代地表生态水文过程。发展综合集成研究方法，探讨界面水分转化机理，研究生态需水规律，为流域水资源和自然资源管理提供决策支持系统。着重研究模型与遥感信息同化（LDAS）和多目标参数率定，基于大气-植被-土壤-冻土-积雪系统耦合的出山口径流变化，基于水-生态-经济耦合系统的冰雪-森林-绿洲（城市）-荒漠-湖泊系统的生态需水规律，地表水与地下水的转换，发展水-生态-经济-管理耦合模型，以实现流域水资源和其他自然资源的精细管理为目的的虚拟地理环境建设。

（4）土壤侵蚀与水土保持

一方面需要在不同区域开展规范化的同步研究，同时也要针对特殊侵蚀环境和过程开展特色研究。研究的重点可以围绕以下四个方面展开：①土壤侵蚀过程。研究水力、风力、重力侵蚀、人为侵蚀与特殊侵蚀，着重风水混合侵蚀、冻融侵蚀发生演变过程的动力学特征。②土壤侵蚀预报模型。研究土壤侵蚀因子的合理表达及定量评价、坡面水蚀预报模型、小流域分布式水蚀预报模型、区域水土流失宏观评价模型、风蚀预报模型、农业非点源污染预报模型等，着重研究陡坡、长坡条件下土壤侵蚀预报模型和我国北方风蚀模型。③不同类型水保措施的防蚀机理、适用性与效应，重大生态工程对环境的影响。④侵蚀过程研究中示踪技术与方法，侵蚀机理试验观测中的新技术与新方法，以及水保效应评价的新方法。

（5）风成过程与风成环境

围绕风成过程研究的野外观测、室内外模拟，开展学科交叉的系统研究，突出风成过程中的动力学研究。研究的重点可以围绕以下六个方面展开：①颗粒流动。主要研究单颗粒在气流作用下的启动机理、在气流中的运动学特征，以及颗粒与地表、颗粒与颗粒、颗粒与气流的相互作用和大量沙粒运动的条件。②风成地貌动力。主要研究风成地貌形态及其气流场特征、风成地貌表面风沙蚀积规律、风成地貌的空间组合与移动规律。③沙尘及其传输。主要研究沙尘释放过程与机理、跃移层与悬移层之间的过渡关系，以及沙尘流量结构、输移和沉积过程。④风成环境。主要研究风成环境（如沙漠与沙漠化土地）的形成过程、风成过程对全球变化的响应与反馈。⑤风成过程控制。主要研究风成灾害评价、风成灾害防治原理。⑥针对我国实施的火星探测计划开展火星风成过程的预研究，并配合火星探测计划开展风成过程的长期研究。

（6）湖泊及流域

注重湖泊和流域在地表物质输移过程研究中的连续作用，以水的运动带动物质的迁移和转化；注重人类活动对湖泊演化的影响及效应，突出地理学研究湖泊及流域的独特视角。研究的重点可以围绕以下六个方面展开：①湖泊演化过程中人文影响因素的定量区分。主要研究湖泊生命周期与演化、人与自然相互作用的湖泊响应、河湖关系演变与洪水灾害响应。②湖泊生态水文过程。主要研究大型浅水湖泊中动力作用导致的水土界面微环境变化的过程与机理、动力作用引发的水生生物的生境变化及其对生态系统上行效应改变的机理、水动力作用对生态系统影响的机制。③流域生态水文过程。开展山坡水文过程影响机理试验研究、流域植被参数化与流域蒸散发计算研究、土地利用或土地覆被变化的流域水文过程响应情景分析，研究水文过程的规律与不确定性研究的新理论和新方法。④变化环境下湖泊-流域物质输移过程与机理，物质包括水、土、化学物质（营养盐及污染物）。研究水沙、化学物质的耦合与相互作用，入湖、入海泥沙通量和营养盐对全球气候变化和人类活动的响应，大江大河的泥沙灾害形成机理与防治。⑤湖泊-流域地表过程数字表达与模拟。主要研究数字流域框架结构、流域基础数据库建立、流域地表过程模拟与模型集成、流域仿真与虚拟，着重地表过程模拟与建模。⑥湖泊-流域健康与管理。主要研究湖泊-流域健康标准与评价指标体系、湖泊-流域生态服务价值与生态功能区、水文-生态-水环境综合模拟模型、退化生态系统修复原理与技术、湖泊-流域综合管理的理论与方法。

（7）湿地生态过程与服务功能

注重不同人类利用方式驱动下的湿地生态过程，如生境与生物之间的关系；以生态过程带动水分过程的研究，注意生态过程对水文过程的影响，为退化湿地的诊断和修复研究奠定基础。研究的重点可以围绕以下七个方面展开：①水陆交互作用下湿地的双向演替过程以及由此导致的其他生态过程的响应，如不同湿地组分的生产力与承载力动态和重要物种栖息地面积和质量的变化。②关键种和功能种团在维持湿地生态系统稳定中的作用。③迁徙水鸟生境保护网络的空间配置（布局）。④湿地生态系统自然净化功能的效益评估。⑤湿地生态系统对人类活动与全球变化的响应如湿地生态过程对不同开发利用方式的响应、冻土湿地对气候变暖的响应、干旱区湿地对北方干旱化的响应和滨海湿地对海平面上升和地面沉降的响应，以及如何量化区分人类活动和全球变化的影响。⑥湿地生态系统的退化机理与恢复模式如原地修复与异地补偿和湿地生态系统的结构补偿和功能恢复等，重视人类调控作用的积极影响。⑦重要湿地生态系统关键服务功能的时空分异，以及不同干扰强度下自然资产的货币化评估。

(8) 土壤生物与土壤过程及其对土壤质量的影响

研究不同土壤类型中土壤生物的类群特征及其对土壤物理和化学特征形成的作用，探讨土壤生物过程与植物根际环境的交互作用，为了解土壤质量变化规律，增强土壤质量改善措施的效果提供科学依据。研究的重点可以围绕以下四个方面展开：①土壤生物类群的特征及其与环境因子的关系。探讨主要功能土壤生物类群特征与土壤类型的关系、影响土壤生物特征的气候与植被因子，尤其是环境变化条件下土壤生物的响应过程。②土壤微生物与矿物和有机物相互作用过程。主要研究土壤微生物与矿物、腐殖质的界面行为，探讨交互作用对土壤物理和化学性质形成过程的影响以及对土壤养分转化、动态与有效性的影响等。③土壤微生物与污染物转化、自然消纳。主要研究土壤微生物群体结构及其对环境变化的反应动力过程，探讨不同空间和时间尺度上污染物质和生物组分的生物地球化学转化和传输，以及土壤微生物对污染物的活性影响和固定机理。④土壤污染环境的生物修复。主要研究作物根际土壤系统中微生物和根系分泌物对土壤中污染生物有效性的影响和制约机理，探讨污染物在根-土界面的形态、迁移、转化和固定作用及其污染过程的微观机理，认识土壤-植物-微生物交互效应诱发的污染物根际快速降解机理，开发污染土壤的修复技术。

(9) 污染物的区域环境过程

将污染物迁移与转化研究从物理环境延伸到生态系统和人群，注重环境过程在区域尺度的表现。研究的重点可以围绕以下三个方面展开：①区域尺度的污染物源汇关系。探讨复杂环境条件下污染物的来源、定量源解析和主要归趋，污染物随大气和河水的长距离输送过程和输送通量。②污染物在主要环境介质间的界面迁移。重点研究污染物在大气和土壤之间、大气和水体之间以及沉积物和上覆水之间的动态交换，动植物对污染物吸收的动态过程，污染物在多介质复杂环境中的行为与归趋。③区域尺度的有毒污染物暴露及风险。侧重区域人群对有毒污染物暴露的定量分析、污染物在生物网中的富集途径和程度、典型污染物的生态风险分析以及上述研究的基本方法学框架。

(10) 城市化过程与区域发展

着重研究城市化过程和区域发展、全球化及区域关联、生态-城市与生态-区域复合系统、变化条件下的区域发展格局，以及对区域发展格局的组织与规划。研究的重点可以围绕以下七个方面展开：①研究规范的城市实体地域和城市功能地域的空间识别系统，建立支撑城市化和区域发展的环境-社会动力学过程研究的观测与数据采集网络，完善城市与区域研究的信息平台，增强城市与区域研究的实验科学成分及其原始创新的技术能力。②中国城市化过程的理论研究。探究不同发展阶段的城市化驱动机制，探讨中国城市化的特点、成因、方向、路径及其区域差异，着重探讨制度、信息化、科技进步、产业转型、消费方式和环境伦理等新因素对城市化的作用机理。③城市空间过程与社会过程对区域发展的影响机制。着重探讨人口迁移与人口空间重组、产业布局、土地配置，以及社会空间结构与社会极化对城市体系的规模结构、职能结构和空间结构的作用及其区域效应。④空间可达性、可亲近性及关联程度表达。着重探讨度量方法与空间识别系统，不同要素（产业、技术、制度、文化等）与空间关联的耦合机制，空间可达性及关联度与区域创新体系、区域经济网络的关系，地缘经济、地缘政治与全球化对区域发展格局的影响。⑤区域差异、比较优势及发展模式优化。着重设计经济过程，规范空间组织结构，为政策的制定和调整提供空间表达基础。建立基于主要可变参数动态模拟基础之上的未来情景模式。⑥城市与区域发展复杂性基础理论的研究。这一研究过去一向薄弱，要鼓励少数人填补空白、走向世界；结合“构建和谐社会”的目标，加速启动社会地理、文化地理、行为地理领域的理论与方法论研究。⑦探索区域、城市与生态相互作用的动力过程；构建以人为本的社会与生态相和谐的城市与区域评价指标体系。

（11）资源环境的可持续性

着重研究区域发展过程中资源的约束作用与替代资源的可行性，以及发展前提下的生态与环境保护。研究的重点可以围绕以下四个方面展开：①城市与区域发展地域分异的自然资源基础条件评价。包括自然资源组合的地域特征、资源价值化及相互耦合关系在空间上的表征、比较价值优势、高效利用的技术对策，以及替代资源的可行性评估。②城市与区域发展生态与环境效应的科学诊断。包括生态与环境公益性功能的表达及价值核算、区域发展对其公益性功能损害的补偿机制。③城市与区域可持续发展的关键物质保障。着重虚拟水量供需平衡的定量评价与计算、社会资源对虚拟水战略的适应性能力，以及虚拟水战略对国家或地区的水资源、生态、经济、社会和文化的影响和虚拟水战略下国家或地区应对策略选择等。④城市与区域可持续发展的能源供应保障。包括城市和区域产业结构演进与能源供应结构多元化发展的内在协调机理、城市合理空间组织发育与能源使用效率有效改善的耦合性研究。

（12）灾害形成机制与综合风险管理

强调实测数据质量、评价方法和模型研究的重要性，高度重视人类社会自身接受风险的水平，加强对灾害形成过程中人类作用机制的综合研究，特别强调灾害脆弱性与恢复性的定量分析与模型研究。探讨对中国有效甚至对全球有效的综合灾害风险管理模式。研究的重点可以围绕以下三个方面展开：①影响区域安全的主要灾害风险类型的脆弱性、恢复性评价体系与评价模型。②不同时空尺度的灾害风险水平的区域划分。③不同类型灾害风险应急控制预案情景分析等。研究内容可以包括：灾情评估指标与模型、灾害危险范围确定和危险度分区、灾害风险分析与评价模型、灾害脆弱性与恢复性评价模型、灾害监测预警预报的原理和方法、综合灾害风险管理方式和减灾应急预案制定方法与技术、灾害防治工程设计关键参数的确定、工程结构优化和安全性分析、生态工程与土木工程在减灾体系中的互补与协调机制、减灾工程的规范化与技术标准等。

（13）区域综合研究

选择典型区域，针对主要问题开展综合研究。研究内容包括四个方面：①综合实验观测，综合航天和航空及地面点、线、面的联合观测。综合观测是开展过程研究获取数据的基本手段。针对不同空间尺度的研究，所采用的观测方法不同。其目的是针对区域多种环境要素展开多尺度立体观测，从而为理解陆地表层过程提供数据支持。②综合自然和人文因素的相互作用。现代地理过程受自然和人文的双重驱动，将人文活动对地理过程的影响纳入研究过程始终是当代地理研究的潮流。探索自然和人文因素作用研究的方法，认识自然和人文相互作用特征是未来地理研究的重要方向。③研究尺度转换方法。当代地理学研究的特点之一就是尺度多样化特点，从不同尺度研究地理过程将成为重要研究内容，而不同尺度的转换则是研究的关键。④建立区域综合模型。区域地理过程的综合的数学表达，尤其是考虑自然和人文多种要素的模型建立是未来研究的重要内容之一。

问题与讨论

一、常规性问题与讨论

1. 地理科学的发展模式是什么？
2. 地理科学发展的动力有哪些？
3. 哲学思想是怎么影响地理科学的发展的？
4. 举例说明科学共同体在地理科学发展中的重要作用。
5. 举例说明大地理学家在地理科学发展中的重要作用。
6. 举例说明区域发展在地理科学发展中的重要作用。
7. 如何理解地理科学发展的模式？
8. 在近代地理学时期，分化出了哪些重要的地理学分支学科？
9. 古代地理学、近代地理学和现代地理学产生在哪些国家？
10. 现代地理学为什么产生在美国而不是在德国？
11. 现代地理科学形成有哪些背景？
12. 分析现代地理科学形成的社会背景。
13. 分析现代地理科学形成的科技背景。
14. 现代地理科学有哪些基本特征？
15. 为什么要进行中国 20 世纪初叶以来的地理学思想及其发展的研究？
16. 地理科学概念有什么重要作用？
17. 地理科学核心概念构成要遵循什么原则？
18. 21 世纪最重要的地理科学的核心概念是什么？
19. 现代地理科学有哪些主要发展趋势？
20. 在阅读文献资料的基础上，请你回答中国地理科学有哪些前沿领域。

二、研究性问题与讨论

1. 请你在系统收集和阅读地理大发现的资料的基础上，阐述地理大发现及其对近代地理科学发展的重要作用。

2. 请你根据老师所介绍的参考资料，阐述一到三位地理学家的地理科学成就及其对地理科学发展的作用。

3. 请你检索有关中国杰出地理学家如黄秉维院士、吴传钧院士、竺可桢院士、陆大道院士、郑度院士和孙鸿烈院士以及李旭旦教授、李春芬教授、胡焕庸教授等对地理科学发展趋势或前沿领域的论述。

4. 请你检索有关中国杰出地理学家如黄秉维院士、吴传钧院士、竺可桢院士、陆大道院士、郑度院士和孙鸿烈院士以及李旭旦教授、李春芬教授、胡焕庸教授的学术成就方面的资料，了解他们对中国近、现代地理科学发展的贡献。

5. 请就某一位地理学家的某一地理思想，阐述其地理思想的形成条件、形成过程和基本内涵及今后发展的可能性。

6. 请你思考应该怎样建立起“人地关系地域系统”的方程或方程组，可以从物理学借鉴哪些成就。

主要参考文献

《走向21世纪的中国地球科学》调研组. 1995. 走向21世纪的中国地球科学. 郑州：河南科学技术出版社
阿尔夫雷德·赫特纳. 1983. 地理学：它的历史、性质和方法. 王兰生，译. 北京：商务印书馆
爱因斯坦. 2017. 爱因斯坦文集：第一卷. 许良英，李宝恒，赵中立，等编译. 北京：商务印书馆
白光润. 2006. 地理科学导论. 北京：高等教育出版社
贝尔格 J I C. 1997. 气候与生命. 王勋，等译. 北京：商务印书馆
毕思文，许强. 2002. 地球系统科学. 北京：科学出版社
波德纳尔斯基. 1986. 古代的地理学. 梁昭锡，译. 北京：商务印书馆
蔡建明，李树平，于璟. 1992. 现代地理科学. 重庆：重庆出版社
蔡拓. 1994. 当代全球问题. 天津：天津人民出版社
蔡运龙. 1990. 地理学的实证主义方法论——评《地理学中的解释》. 地理研究，9（3）：95-104
蔡运龙，Bill Wyckoff. 2011. 地理学思想经典解读. 北京：商务印书馆
蔡运龙，叶超，陈彦光，等. 2011. 地理学方法论. 北京：科学出版社
陈才. 2001. 区域经济地理学. 北京：科学出版社
陈传康. 1982. 二十世纪科学思潮的变革与地理学发展. 自然科学史研究，（2）：251-260
陈传康. 1988. 自然地理学、地球表层学和综合地理学. 地理学报，43（3）：258-264
陈传康. 1990. 综合自然地理学发展趋势. 地理研究与开发，9（7）：2-6
陈传康. 1998. 区域综合开发的理论与案例. 北京：科学出版社
陈传康. 2005. 综合探究的理性与激情. 北京：商务印书馆
陈国阶. 1985. 论地理学的现代化问题. 地理学报，40（3）：264-272
陈其荣. 1995. 自然辩证法导论：自然论、科学论和方法论的新综合. 上海：复旦大学出版社
陈其荣. 2007. 当代科学技术哲学导论. 上海：复旦大学出版社
楚义芳. 1988. 地理学的逻辑方法和基本法则. 地理学报，43（3）：250-257
大卫·哈维. 1996. 地理学中的解释. 高永源，等译. 北京：商务印书馆
德芒戎 A. 2004. 人文地理学问题. 葛以德，译. 北京：商务印书馆
格雷戈里 K J. 2006. 变化中的自然地理学性质. 蔡运龙，等译. 北京：商务印书馆
葛剑平. 1996. 森林生态学建模与仿真. 哈尔滨：东北林业大学出版社
顾基发. 2007. 综合集成方法体系与系统学研究. 北京：科学出版社
顾凯平，高孟宁，李彦周. 1992. 复杂巨系统研究方法论. 重庆：重庆出版社
郭廷彬. 1989. 国际地理学发展趋势及我国的研究对策. 地理科学进展，（2）：1-3
国家科学技术委员会等. 1994. 中国21世纪议程：中国21世纪人口·环境与发展白皮书. 北京：中国环境科学出版社
国家自然科学基金委员会. 1995. 地理科学. 北京：科学出版社
国家自然科学基金委员会地球科学部. 2006. 地球科学“十一五”发展战略. 北京：气象出版社
哈肯 H. 1984. 协同学. 徐锡申，等译. 北京：原子能出版社
哈特向 R. 1996. 地理学的性质：当前地理学思想述评. 叶光庭，译. 北京：商务印书馆
哈特向 R. 1997. 地理学性质的透视. 黎樵，译. 北京：商务印书馆
韩渊丰，张治勋，赵汝植. 1993. 区域地理的理论与方法. 西安：陕西师范大学出版社
赫维人，潘玉君. 2002. 新人文地理学. 北京：中国社会科学出版社

黑格尔. 2006. 精神哲学. 杨祖陶，译. 北京：人民出版社
胡焕庸. 1990. 胡焕庸人口地理选集. 北京：中国财政经济出版社
黄秉维. 1981. 国际地理学研究动向. 地理科学，1 (1)：2-10
黄秉维. 1999. 现代自然地理学. 北京：科学出版社
黄秉维文集编辑组. 2003. 地理学综合研究. 北京：商务印书馆
霍洛韦 S L，等. 2008. 当代地理学要义. 黄润华，孙颖，译. 北京：商务印书馆
基钦 R，等. 2006. 人文地理学研究方法. 蔡建辉，译. 北京：商务印书馆
江景波，华楠. 1997. 城市土地利用规划. 上海：同济大学出版社
金吾伦. 1997. 跨学科研究引论. 北京：中央编译出版社
景贵和. 1990. 综合自然地理学. 北京：高等教育出版社
康德. 2004. 纯粹理性批判. 邓晓芒，译. 北京：人民出版社
克拉克 G L，费尔德曼 M P，格特勒 M S. 2005. 牛津经济地理学手册. 刘卫东，等译. 北京：商务印书馆
拉兹洛 E. 1998. 进化：广义综合理论. 闵家胤，译. 北京：社会科学文献出版社
李灿光，潘玉君. 2007. 区域发展研究：发展条件与空间结构. 北京：科学出版社
李春芬. 1982. 地理学的传统与近今发展. 地理学报，37 (1)：1-7
李春芬. 1993. 李春芬地理文选. 杭州：浙江教育出版社
李德顺. 1987. 价值论. 北京：中国人民大学出版社
李润田. 1992. 现代人文地理学. 开封：河南大学出版社
李双成. 2013. 自然地理学研究范式. 北京：科学出版社
李喜先. 2005. 科学系统论. 北京：科学出版社
李旭旦. 1979. 现代地理学的几个问题. 地理知识，(9)：1-3
李志才. 1995. 方法论全书Ⅲ：自然科学方法论. 南京：南京大学出版社
李祖扬. 1992. 科学认识论简明教程. 天津：南开大学出版社
林超. 1981. 试论地理学的性质. 地理科学，1 (2)：97-104
林超. 1993. 林超地理学论文选. 北京：北京大学出版社
林定夷. 2006. 问题与科学研究. 广州：中山大学出版社
刘昌明，岳天祥，周成虎. 2000. 地理学中的数学模型与应用：1934～1999 年《地理学报》中的数学模型及公式汇编. 北京：科学出版社
刘昌明，郑度，陆大道. 2005. 地理学研究的发展方向. 地理学报，60 (4)：531-545
刘大春. 1998. 科学哲学通论. 北京：中国人民大学出版社
刘盛佳. 1990. 地理学思想史. 武汉：华中师范大学出版社
刘兴堂，梁炳成，刘力，等. 2008. 复杂系统建模理论、方法与技术. 北京：科学出版社
陆大道. 2003. 2002 中国区域发展报告. 北京：商务印书馆
罗伯特 · 迪金森. 1984. 近代地理学创建人. 葛以德，译. 北京：商务印书馆
马蔼乃. 2005. 地理科学导论. 北京：高等教育出版社
美国国家研究院地学、环境与资源委员会地球科学与资源局重新发现地理学委员会. 2002. 重新发现地理学. 黄润华，译. 北京：学苑出版社
美国科学院，等. 1996. 怎样当一名科学家：科学研究中的负责行为. 何传启，译. 北京：科学出版社
牛文元. 1992. 理论地理学. 北京：商务印书馆
牛文元. 1995. 持续发展导论. 北京：科学出版社
欧阳康. 1998. 哲学研究方法论. 武汉：武汉大学出版社
潘玉君. 1993. 景观生态学与沙漠化问题的理论研究. 中国地质灾害与防治学报，2 (1)：25-29，24
潘玉君. 1995a. 地理科学. 哈尔滨：哈尔滨地图出版社

潘玉君. 1995b. 中国北方古代文明的地理基础. 中国社会科学，(6)：187-189
潘玉君. 1996. 走进人类中心主义——兼向余某昌先生请教. 自然辩证法研究，(4)：55-59
潘玉君. 1997. 人地关系地域系统协调共生的应用理论初步研究. 人文地理，(4)：79-83
潘玉君. 1998. 地理科学和地理信息系统. 哈尔滨：哈尔滨工业学出版社
潘玉君. 2001. 地理学基础. 北京：科学出版社
潘玉君. 2003a. 地理环境整体性的理论探讨. 地理科学，(3)：271-276
潘玉君. 2003b. 区域生态环境建设补偿问题的初步探讨. 经济地理，(3)：520-523
潘玉君. 2006. 试论人文地理学思想史的范式. 人文地理，(3)：127-128
潘玉君. 2009. 区域生态安全与经济发展的时间序列. 北京：科学出版社
潘玉君. 2010. 区域生态安全与经济发展的空间结构. 北京：科学出版社
潘玉君. 2013. 构建地理学发展的哲学基础. 地理学报，(2)：284-288
潘玉君 . 2018. 试论人地关系地域系统理论逻辑基础//《纪念吴传钧先生诞辰 100 周年文集》编辑组 . 人文与经济地理学的创新发展：纪念吴传钧先生诞辰 100 周年文集 . 北京：商务印书馆：336-343
潘玉君. 2019. 地理学思想史：通论和年表. 北京：中国社会科学出版社
潘玉君，李天瑞. 1995. 困境与出路——全球问题与人地共生. 自然辩证法研究，(6)：1-9
潘玉君，刘化，等 . 2024. 地理学思想史：空间秩序识别与划分通史 . 北京：中国社会科学出版社
潘玉君，罗明东. 2007. 义务教育发展区域均衡系统研究：区域教育发展及其差距实证研究. 北京：北京大学出版社
潘玉君，马佳伸，肖翔，等. 2018. 主体功能区区划研究：基于人地关系地域系统的云南省实证研究. 北京：科学出版社
潘玉君，武友德. 2005. 可持续发展原理. 北京：中国社会科学出版社
潘玉君，武友德. 2006. 地理历史学与中国历史进程的地理基础. 云南师范大学学报（哲学社会科学版），(3)：163-168
潘玉君，武友德. 2007. 区域发展研究：发展阶段与约束条件. 北京：科学出版社
潘玉君，武友德. 2009. 地理科学导论. 北京：科学出版社
潘玉君，武友德. 2014. 地理科学导论. 2 版. 北京：科学出版社
潘玉君，武友德 . 2021. 地理科学导论 . 3 版 . 北京：科学出版社
潘玉君，武友德，华红莲. 2007. 区域现代化实证研究. 北京：科学出版社
潘玉君，武友德，张谦舵，等. 2011. 省域主体功能区区划研究. 北京：科学出版社
潘玉君，武友德，汤茂林，等. 2019. 地理学思想史：专论和专史. 北京：中国社会科学出版社
潘玉君，姚辉，张谦舵，等 . 2023. 中国义务教育地理：时空结构、预警与均衡发展 . 北京：科学出版社
潘玉君，伊继东，孙俊，等. 2014. 中国民族地理. 北京：科学出版社
潘玉君，张谦舵. 2007. 试论可持续发展的地域公平性. 中国人口资源与环境，(1)：41-43
潘玉君，张谦舵，等 . 2023. 地理科学类专业研究 . 北京：北京大学出版社
潘玉君，张谦舵，肖翔，等. 2016. 中国民族地理通论. 北京：科学出版社
潘玉君，郑度，杨勤业，等 . 2023. 地理学思想史：以中国为中心的地理学大事年表长表 . 北京：中国社会科学出版社
潘玉君，郑度，杨勤业 . 2024. 前瞻与引领地理科学发展的经典文献：重读黄秉维先生的“自然地理学一些最主要的趋势”//《地理学报》90 周年精品论文解读编委会 .《地理学报》90 周年精品论文解读：上卷 . 北京：商务印书馆：431-435
皮特 R. 2007. 现代地理学思想. 周尚意，等译. 北京：商务印书馆
普雷斯顿·詹姆斯. 1982. 地理学思想史. 李旭旦，译. 北京：商务印书馆
钱学敏. 2008. 钱学森科学思想研究. 西安：西安交通大学出版社

钱学森. 1994. 论地理科学. 杭州：浙江教育出版社
任美锷. 1991. 任美锷地理论文选. 北京：商务印书馆
石玉林. 2006. 资源科学. 北京：高等教育出版社
舒马赫 E F. 1984. 小的是美好的. 虞鸿钧，郑关林，译. 北京：商务印书馆
宋长青，冷疏影. 2005. 21 世纪中国地理学综合研究的主要领域. 地理学报，60（4）：546-552
苏贾 E W. 2004. 后现代地理学：重申批判社会理论中的空间. 王文斌，译. 北京：商务印书馆
孙鸿烈. 2007. 中国自然资源综合科学考察与研究. 北京：商务印书馆
孙鸿烈，张荣祖. 2004. 中国生态环境建设地带性原理与实践. 北京：科学出版社
孙小礼. 1993. 自然辩证法通论：第二卷：方法论. 北京：高等教育出版社
孙正聿. 1998. 哲学通论. 沈阳：辽宁人民出版社
唐锡仁，杨文衡. 2000. 中国科学技术史：地学卷. 北京：科学出版社
王建. 2001. 现代自然地理学. 北京：高等教育出版社
王其藩. 1994. 系统动力学. 北京：清华大学出版社
王维. 1996. 科学基础论. 北京：中国社会科学出版社
王铮，丁金宏. 1994. 理论地理学概论. 北京：科学出版社
威廉·邦奇. 1991. 理论地理学. 石高玉，译. 北京：商务印书馆
魏格纳 A. 1997. 大陆和海洋的形成. 张翼翼，译. 北京：商务印书馆
魏宏森. 1985. 系统科学方法论导论. 北京：人民出版社
魏宏森，曾国屏. 1996. 系统论：系统科学哲学. 北京：清华大学出版社
吴传钧. 1990. 国际地理学发展趋向述要. 地理研究，9（3）：1-14
吴传钧. 1991. 论地理学的研究核心. 经济地理，15（3）：1-6
吴传钧. 2002. 20 世纪中国学术大典：地理学. 福州：福建教育出版社
吴传钧. 2008. 发展中的中国现代人文地理学. 北京：商务印书馆
伍光和，田连恕，胡双熙，等. 2007. 自然地理学. 北京：高等教育出版社
武友德，潘玉君. 2004. 区域经济学导论. 北京：中国社会科学出版社
西蒙 A H. 1985. 关于人为事物的科学. 杨砾，译. 北京：解放军出版社
西蒙 A H. 1987. 人工科学. 武夷山，译. 北京：商务印书馆
徐建华. 1996. 现代地理学中的数学方法. 北京：高等教育出版社
徐樵利，谭传风. 1994. 山地地理系统综论. 武汉：华中师范大学出版社
许国志. 1994. 系统科学大辞典. 昆明：云南科学技术出版社
杨健，赵国庆，严守权. 2000. 经济数学模型化过程分析. 北京：中国人民大学出版社
杨开忠. 1991. 论地理学体系建设. 地理学报，（4）：488-494
杨吾扬. 1989. 理论地理学的科学问题. 地理科学，9（2）：105-112，195
杨吾扬. 1998. 地理学思想简史. 北京：高等教育出版社
杨吾扬，梁进社. 1997. 高等经济地理学. 北京：北京大学出版社
约翰斯顿 R J. 1999. 地理学与地理学家. 唐晓峰，等译. 北京：商务印书馆
约翰斯顿 R J. 2000. 哲学与人文地理学. 蔡运龙，江涛，译. 北京：商务印书馆
约翰斯顿 R J. 2005. 人文地理学词典. 柴彦威，等译. 北京：商务印书馆
曾菊新. 2002. 地理科学的理论与实践. 武汉：湖北科技出版社
曾菊新，李家清. 2008. 地理科学与地理教育研究. 武汉：湖北科技出版社
曾珍香，顾培亮. 2000. 可持续发展的系统分析与评价. 北京：科学出版社
张岱年. 2003. 中国哲学史方法论发凡. 北京：中华书局
张远广，符清华. 1998. 人地关系与人地关系浅析. 人文地理，3（2）：17-21
郑度. 1991. 90 年代的地理学. 地理研究，10（2）：102-105

郑度. 1997. 自然地域系统研究. 北京：中国环境科学出版社
郑度. 2010. 20世纪中国知名科学家学术成就概览·地学卷：地理学册. 北京：科学出版社
中国大百科全书总编辑委员会《地理学》编辑委员会. 1990. 中国大百科全书·地理学. 北京：中国大百科全书出版社
中国地理学会. 1997. 面向21世纪的中国地理科学. 上海：上海教育出版社
中国地理学会. 2004. 地理学发展方略和理论建设. 北京：商务印书馆
中国科学技术协会，中国地理学会. 2007. 2006—2007地理科学学科发展报告. 北京：中国科学技术出版社
中国科学院地学部地球科学发展战略研究组. 2009. 21世纪中国地球科学发展战略报告. 北京：科学出版社
竺可桢. 2004. 竺可桢全集：第4卷. 上海：上海科技教育出版社
左大康. 1990. 现代地理学辞典. 北京：商务印书馆
Bak P. 1996. How Nature Works：The Science of Self-organized Criticality. New York：Springer-Verlag
Bradshaul M，Weaver R. 1993. Physical Geography. St. Louis：Mosby
Gleick J. 1988. Chaos：Making a New Science. New York：Viking Penguin Inc
Scott R C. 1995. Physical Geography. St. Pawl：West Publishing Company